Thilo Hampke

Handwerker- oder Gewerbekammern?

Ein Beitrag zur Lösung der gewerblichen Organisationsfrage

Thilo Hampke

Handwerker- oder Gewerbekammern?
Ein Beitrag zur Lösung der gewerblichen Organisationsfrage

ISBN/EAN: 9783743422711

Hergestellt in Europa, USA, Kanada, Australien, Japan

Cover: Foto ©Suzi / pixelio.de

Manufactured and distributed by brebook publishing software (www.brebook.com)

Thilo Hampke

Handwerker- oder Gewerbekammern?

Handwerker- oder Gewerbekammern?

Ein Beitrag
zur Lösung der gewerblichen Organisationsfrage

von

Dr. Thilo Hampke,
zweitem Sekretär des Königlichen Commerz-Collegiums zu Altona.

Jena
Verlag von Gustav Fischer
1893.

Seinen lieben Eltern

in Dankbarkeit

gewidmet

vom Verfasser.

Inhalt.

Vorwort.

In neuerer Zeit hat die Handwerkerfrage die Aufmerksamkeit wissenschaftlicher Kreise mehr und mehr auf sich gezogen. Besonders ist jedoch der Teil der Handwerkerfrage, welcher sich mit der gewerblichen Organisation beschäftigt, in den Vordergrund der Tagesdiskussion getreten, seitdem der Herr Staatsminister Dr. von Bötticher am 24. November 1891 erklärte, daß die Regierung sich mit der Ausarbeitung eines Gesetzentwurfes beschäftige, welcher Handwerker- oder Gewerbekammern schaffen solle. Ein und ein halbes Jahr sind seit dieser ersten Erklärung von Seiten der Regierung vergangen, und noch immer liegt dieser in Aussicht gestellte Gesetzentwurf nicht vor, weil, wie der Herr Staatsminister Dr. von Bötticher am 6. Dezember 1892 gelegentlich der Interpellation Hitze im Reichstag erklärte, sich zu große Schwierigkeiten der Lösung dieser Frage entgegenstellen.

Die gewerbliche Organisationsfrage, die bereits seit dem Jahre 1847 eine Rolle in Deutschland spielt, hat erst einmal durch Dr. Rudolf Grätzer in seinem Werk „Die Organisation der Berufsinteressen", Berlin 1890, im II. Kapitel eine zusammenfassende Darstellung erfahren. Dieser Autor, der in seinem Werk alle Berufsinteressen behandelte, konnte naturgemäß nicht speziell in alle Einzelheiten der Bewegung auf dem Gebiete der gewerblichen Interessenvertretung eingehen. Bei ihm haben die Bestrebungen der Handwerker selbst nur eine geringe Berücksichtigung erfahren. Die beiden anderen Autoren, welche die Frage der wirtschaftlichen Interessenvertretung behandeln, Prof. Dr. von Kaufmann, „Die Vertretung der wirtschaftlichen Interessen", Berlin 1879 und Steinmann-Bucher, „Die Nährstände und ihre zukünftige Stellung im Staate", Berlin 1886, berühren zwar vielfach die

Frage der gewerblichen Interessenvertretung, bringen sie jedoch, da sie ebenfalls die Vertretung aller Wirtschaftsinteressen im Auge hatten, nicht im Speziellen zur Darstellung.

Nachdem Verfasser bei seiner ersten wissenschaftlichen Arbeit, „Der Befähigungsnachweis im Handwerk", Jena 1892, die Handwerkerfrage und namentlich die verschiedenen Stadien der Handwerkerbewegung kennen gelernt hatte, und nachdem schon damals vielfach die Bestrebungen der Handwerker, welche auf Schaffung von Handwerkerkammern gerichtet waren, seine Aufmerksamkeit erregt hatten, wurde er durch die Bemerkung des Herrn Staatsministers Dr. von Böttiсher im Reichstag, daß Handwerker- oder Gewerbekammern errichtet werden sollten, auf Betrachtungen geführt, deren Resultat vorliegende Arbeit ist.

Bei derselben mußte es sich vor allen Dingen darum handeln, die bereits bestehenden gewerblichen Interessenvertretungen in ihrer Organisation zur Darstellung zu bringen, um einen Ueberblick darüber zu erhalten, wie derartige Organisationen gebildet sein sollen. Dieser Darstellung ist das erste Kapitel gewidmet. Dem Zweck der Arbeit entsprechend, mußte dann die Bewegung, welche auf Schaffung von gewerblichen Interessenvertretungen gerichtet war, eingehend zur Darstellung gebracht werden. Der Verfasser glaubte bei diesem Teil seiner Arbeit mit einer gewissen Breite vorgehen zu müssen, da die Begriffe Handwerk und Gewerbe, mit denen in dieser Bewegung operiert wurde, sehr vieldeutige sind und auch fortwährend in wechselndem Sinne gebraucht werden. Verfasser hielt es sodann für erforderlich, bis auf die Entstehung der Bewegung in den Jahren 1847 und 1848 zurückzugehen, weil diese damals zu einem praktischen Versuche, den Gewerberäten, führte, deren Wirksamkeit und Schicksal für einen neuen etwaigen Versuch der gewerblichen Organisation von der höchsten Bedeutung sind.

Nach dieser eingehenden historischen Schilderung im zweiten Kapitel mußte der Verfasser zu den verschiedenen Vorschlägen und zu den Hauptstreitfragen der gewerblichen Organisation Stellung nehmen. Dieser kritischen Betrachtung sind das dritte, vierte und fünfte Kapitel gewidmet.

Was nun die Quellen anbetrifft, aus denen der Verfasser schöpfte, so wurden außer der nationalökonomischen Fachlitteratur, hauptsächlich die Protokolle der Handwerker- und Innungstage berücksichtigt. Nach unendlicher Mühe ist es dem Verfasser gelungen, alle diese in Deutschland zerstreuten Protokolle zu erhalten, so daß er bei der Darstellung dieses Teiles überall aus den Urquellen schöpfen konnte. Außerdem wurden Handwerker- und Gewerbezeitungen nebst Jahresberichten von Gewerbe- und Handels- und Gewerbekammern zum Studium herangezogen. Die Reichstags- und Landtagsverhandlungen, die sich mit der behandelten Frage beschäftigten, wurden nebst den Protokollen der Gewerbekammertage ꝛc. ebenfalls benutzt. Der Verfasser suchte sodann auch durch Verkehr mit Innungsmeistern und Mitgliedern von Gewerbevereinen sich über die Ansichten der Handwerker selbst in Bezug auf diese Frage zu unterrichten.

Bei der Herbeischaffung des zur Darstellung nötigen Materials wurden folgende Bibliotheken benutzt:

1) in Berlin: die Königliche Bibliothek, die Universitätsbibliothek, die Bibliothek des staatswissenschaftlichen Seminars, die des Reichstages, die des Landtages, die des preußischen statistischen Bureaus, die des statistischen Reichsamts und die der Aeltesten der Kaufmannschaft,
2) in Halle: die Universitätsbibliothek und die Bibliothek des staatswissenschaftlichen Seminars,
3) in Dresden: die Bibliothek der Gehestiftung,
4) in Straßburg: die Universitätsbibliothek,
5) in Nürnberg: die Bibliothek des Gewerbemuseums,
6) in Hamburg: die Kommerzbibliothek und die Bibliothek der Gewerbekammer,
7) in Bremen: die Bibliothek der Gerwebekammer,
8) in Altona: die Bibliothek des Königlichen Commerz-Collegiums.

Allen diesen Bibliotheken sei für ihr groẞes Entgegenkommen im Ausleihen von Büchern hier der gebührende Dank ausgesprochen.

Ferner sei den Herren Geheimrat Prof. Dr. Conrad-Halle, Prof. Dr. Schmoller-Berlin, Prof. Dr. Stieda-Rostock, Prof. Dr. Stockbauer-Nürnberg, Regierungsrat Dr. Hesse-Darmstadt, Generalsekretär der Centralstelle für Gewerbe, Dr. Jacobi, Konsulenten der bremischen Gewerbekammer, Nagel, Sekretär der Hamburger Gewerbekammer, Fabrikbesitzer Berghausen-

Cöln, Vorsitzendem des Verbandes deutscher Gewerbevereine, Romberg, Direktor der Cölnischen Fachschule, Schwindt, Präsidenten des badischen Landesgewerbeverbandes und Herrn Dr. Hirsch, zweitem Geschäftsführer des Centralverbandes deutscher Industrieller, an dieser Stelle der wärmste und herzlichste Dank für die Unterstützung, die sie mir durch Rat oder durch Litteratur zu Teil werden ließen, ausgesprochen.

Möge der Beurteiler vorliegender Darstellung der Schwierigkeiten gedenken, welche der Bearbeitung einer Tagesfrage, die im politischen Meinungsstreit steht, sich entgegenstellen.

Altona, im Juni 1893.

Der Verfasser.

Einleitung.

Bereits seit einer Reihe von Jahrzehnten wird in Deutschland in berufenen Kreisen nachdrücklich hervorgehoben, daß auf dem Gebiete der gewerblichen Interessenvertretung in den meisten deutschen Staaten nicht diejenige Fürsorge getroffen ist, welche der Gewerbestand, einschließlich des Handwerks, notwendig erfordert. Man ist sich im Allgemeinen völlig darüber klar, daß die Information der Verwaltung und Legislative über die gewerblichen Interessen des Landes von sachverständigen Stellen erteilt werden muß, die mit dem praktischen Leben innige und stete Fühlung besitzen. Ueber die Art der Organisation dieser Interessenvertretungen gehen jedoch die Ansichten noch jetzt weit auseinander.

Der Handel und die Großindustrie haben in den Handels-, resp. Handels- und Gewerbekammern, die ziemlich zahlreich über Deutschland verbreitet sind, Organisationen gefunden, durch welche sie in sachgemäßer Weise ihre Wünsche und Bedürfnisse bei der Regierung zum Ausdruck bringen können. Je länger, je mehr haben Handel und Großindustrie ihren Einfluß und ihre Rechte durch diese Körperschaften geltend zu machen gewußt.

Die Landwirtschaft, welche sich schon frühzeitig in freien Vereinen organisierte, hat in diesen eine Interessenvertretung gefunden, die durch das Landes-Oekonomie-Kollegium und den deutschen Landwirtschaftsrat eine erhöhte Bedeutung und Wirksamkeit gegenüber der Regierung erlangte.

Für den mittleren und kleinen Gewerbestand, namentlich für das sogenannte Handwerk, fehlen bis auf einige wenige Ausnahmen derartige Interessenvertretungen noch vollständig.

Diesen Mangel der gewerbepolitischen Organisation hat der Kleingewerbestand stets schwer empfunden und daher durch unermüdliche Agitation denselben zu beseitigen gesucht. Diese Bestrebungen haben jedoch nicht zum Ziele geführt, teils weil man noch bis vor kurzer Zeit den Wert derartiger Interessenvertretungen unterschätzte und ziemlich allgemein glaubte, daß auf dem Wege der freien Vereinigung das gleiche Resultat sich erreichen lasse, teils weil die Versuche, die man in Preußen sowohl mit den Gewerberäten wie mit den neuen preußischen Gewerbekammern gemacht hatte, mißglückt sind. Eine mißlungene gesetzgeberische Aktion erzeugt nur zu leicht ein Odium gegen die bezüglichen Institutionen, auch wenn sie auf anderen Grundlagen errichtet werden sollen.

Trotz dieser ungünstigen Erfolge erlahmte die Bewegung, namentlich unter den Kleingewerbetreibenden selbst, nicht, und jetzt endlich scheint dieselbe Aussicht auf Erfolg zu haben, denn am 24. November 1891 erklärte der Herr Staatsminister Dr. von Bötticher in seiner Entgegnung auf die Interpellation Hitze, daß eine Organisation des gesamten Handwerks in der Form von Handwerker- oder Gewerbekammern von der Regierung in Aussicht genommen sei. Aus den weiteren Ausführungen des Staatsministers ging deutlich hervor, daß man sich über die nähere Ausgestaltung dieser Organisation in den Regierungskreisen nicht völlig klar war, sondern daß darüber noch in den betreffenden Ministerien Beratungen stattfanden. Die Berechtigung solcher Organisationen war jedoch von seiten der Regierung hiermit ausdrücklich anerkannt worden.

Gerade um die Frage, ob Handwerker- oder Gewerbekammern zu schaffen wären, wurde schon seit Jahrzehnten in den beteiligten Kreisen gestritten, es war daher natürlich, daß man nun von neuem mit besonderem Nachdruck das Für und Wider der Art der Organisation in der Presse erörterte, und daß nach dieser oder jener Seite ein Druck auf die beteiligten Regierungskreise auszuüben versucht wurde.

Da jedoch die von dem Staatsminister Dr. von Bötticher in Aussicht gestellte Gesetzesvorlage nicht so schnell dem Reichstag zuging, wie es die dem sogenannten organisierten Handwerke freundlichen Parteien erwartet hatten, so wurde am 6. Dezember 1892 wiederum die Regierung von dem Abgeordneten Hitze und Genossen interpelliert, um zu erfahren, wie weit die Regierung mit ihrem Organisationsplan gekommen sei.

In seiner Beantwortung dieser Interpellation erklärte der Staatsminister Dr. von Bötticher, die Frage wäre noch nicht zu völliger Spruchreife gelangt, da man auf die mannigfachsten Schwierigkeiten gestoßen. Es sei zwar ein Organisationsplan aufgestellt, über den bereits am 25. und 26. November 1892 mit sachverständigen Interessenten aus den gewerbetreibenden Kreisen zu Berlin im Reichsamt des Innern Verhandlungen stattgefunden hätten, doch sei man noch zu keinem abschließenden Resultate gelangt.

Der Herr Minister führte noch aus, daß die Handwerkerkammern, diesen Ausdruck brauchte der Redner, nicht nur konsultative Organe, sondern auch Selbstverwaltungskörper werden sollten, denen mannigfache Kompetenzen zuzuweisen seien.

Da jedoch der Ausdruck Handwerkerkammer häufig promiscue für Gewerbekammer gebraucht wird, so ist aus der Redewendung des Ministers kein Schluß auf die Art der Organisation möglich, und auch heute scheint, wie aus der maßgebenden Presse hervorgeht, diese Haupt- und Kardinalfrage noch nicht völlig entschieden zu sein.

Wir haben geglaubt, gerade weil diese gewerbepolitische Frage nun schon seit fast fünf Jahrzehnten eine Rolle in Deutschland spielt und in neuster Zeit durch das Vorgehen der Regierung zu einer brennenden geworden ist, ein nicht ganz unnützes Werk zu unternehmen, wenn wir diese bisher gesetzgeberisch noch ungelöste Frage in ihren verschiedenen Stadien von einem unparteiischen Standpunkte aus darzustellen versuchen.

Wir maßen uns selbstverständlich nicht an, die Frage zu lösen, sondern wollen nur die sich entgegenstehenden Anschauungen sine ira et studio zur Darstellung bringen, um dann auf Grund unserer Studien zu denselben selbst Stellung zu nehmen.

Erstes Kapitel.

Die in Deutschland bestehenden gewerblichen Interessenvertretungen und ihre gegenwärtige Organisation.

Während die Großindustrie in den meisten deutschen Staaten in den zahlreichen Handels-, resp. Handels- und Gewerbekammern eine Interessenvertretung gefunden hat, ist bisher der Kleingewerbestand und besonders das Handwerk nur in sehr geringem Maßstabe in derartige Organisationen aufgenommen[1]).

Man muß zwischen Staaten unterscheiden, welche eine gewerbliche Interessenvertretung neben den Handelskammern, und solchen, welche Gewerbe- und Handelskammern besitzen, die dann meist als Sektionen konstituiert sind, welche in mehr oder weniger fester Verbindung zu einander stehen. Reine Gewerbekammern existieren überhaupt nur fünf, zu Bremen, Hamburg, Lübeck, Weimar und Leipzig. Die beiden bei Kaufmann: „Die Vertretung der wirtschaftlichen Interessen in den Staaten Europas, Berlin 1879" erwähnten elsaß-lothringenschen Gewerbekammern zu Markirch und Bischweiler bestehen nicht mehr[2]). Außer diesen reinen Gewerbekammern giebt es noch einige, die mit Handelskammern in Verbindung stehen. Solche Handels- und Gewerbekammern existieren in Sachsen und Bayern.

In Sachsen bestehen vier derartige Organisationen zu Dresden, Chemnitz, Plauen und Zittau. Die fünfte sächsische Gewerbekammer zu Leipzig ist

---

1) Die Handels- und Gewerbekammern 2c. des Deutschen Reiches, zusammengestellt vom Bureau des Deutschen Handelstages.

Verzeichnis der in Deutschland bestehenden Handels- und Gewerbekammern, kaufmännischen Korporationen und wirtschaftlichen Vereine, zusammengestellt bei der Königl. Eisenbahn-Direktion zu Altona, Elberfeld 1887.

Hager: Taschenbuch für Mitglieder der Handelskammern, Gewerbekammern, kaufmännischen Korporationen, kommerziellen und industriellen Vereinen, Halberstadt 1890.

2) von Kaufmann: Die Vertretung der wirtschaftlichen Interessen in den Staaten Europas, die Reorganisation der Handels- und Gewerbekammern und die Bildung eines volkswirtschaftlichen Centralorgans, Berlin 1879, S. 430.

vollständig von der dortigen Handelskammer getrennt. In Sachsen sind also beide Formen der gewerblichen Interessenvertretung vorhanden.

In Bayern bestehen acht Handels und Gewerbekammern zu München, Passau, Ludwigshafen, Regensburg, Bayreuth, Nürnberg, Würzburg und Augsburg. Im Ganzen findet daher der Gewerbestand Deutschlands in siebzehn Gewerbe- resp. Handels- und Gewerbekammern eine gesonderte Vertretung seiner Interessen.

Außerdem existieren noch acht württembergische Handels- und Gewerbekammern zu Calw, Heidenheim, Heilbronn, Ravensburg, Reutlingen, Rottweil, Stuttgart, Ulm und vier sachsen-meiningensche Handels- und Gewerbekammern zu Hildburghausen, Meiningen, Saalfeld und Sonneberg.

Diese zwölf Körperschaften stellen nur dem Namen nach Gewerbekammern dar, eigentlich sind sie reine Handelskammern, denn sie bilden nur ein Kollegium. Sie sind genau so organisiert wie die übrigen Handelskammern, und eine gesonderte Interessenvertretung des Gewerbes hat in ihnen nicht statt.

In den übrigen Staaten findet der Gewerbestand, soweit er in das Firmenregister eingetragen ist, in den Handelskammern seine Vertretung, doch entbehrt er überall einer gesonderten Organisation. Da Kleingewerbetreibende und Handwerker nur in seltenen Fällen eine eingetragene Firma besitzen, so fallen diese in den Handelskammern ganz aus.

Eine Handelskammer, nämlich die in Osnabrück, hat zu ihren Sitzungen Vertreter des Kleingewerbestandes zugezogen, um auf diese Weise dem Handwerk Gelegenheit zu geben, seine Wünsche zum Ausdruck zu bringen.

In Osnabrück hat man drei Innungsmeister zu den Verhandlungen berufen, die nebst fünf ebenfalls zugezogenen Delegierten der landwirtschaftlichen Vereine an den Beratungen teilnehmen [1]).

In allerneuester Zeit ist auch von dem Königlichen Kommerz-Kollegium zu Altona bei Gelegenheit seiner Reorganisation der Versuch gemacht worden, dem Kleingewerbestande eine besondere Vertretung zu geben. Es wurde neben fünf anderen Sektionen auch eine solche für Angelegenheiten des Handwerks gebildet, die aus zwei Mitgliedern des Kommerz-Kollegiums und aus sechszehn von dem Plenum des Kollegiums zugezogenen Handwerkern besteht. Diese Sektion tritt auf Berufung des Vorsitzenden zusammen, der, wenn der vierte Teil der Mitglieder darauf anträgt, die Sektion berufen muß. Die Thätigkeit der Sektion ist eine vorbereitende. Alle von ihr gefaßten Entschließungen sind dem Plenum des Königlichen Kommerz-Kollegiums zur Entscheidung vorzulegen. Ueber die Wirkung dieser neuen Orga-

1) Jahresbericht der Handelskammer zu Osnabrück über das Jahr 1891, S. 23.

nisationsform ist jedoch kein Urteil möglich, da dieser Versuch zu neu ist, um ein solches zu ermöglichen [1]).

Diese Versuche der betreffenden Handelskammern sind wohl aus dem Gefühl entsprungen, daß der Kleingewerbebestand, namentlich das Handwerk, ebenfalls eine Interessenvertretung haben müsse, und daß die Handelskammern in ihrer bisherigen Organisation die Interessen des Kleingewerbes nicht in genügender Weise wahrzunehmen vermöchten.

Man muß anerkennen, daß die Handelskammern, soweit es in ihren Kräften stand, vielfach versucht haben, auch die Interessen des Kleingewerbes mit zu vertreten; wenn dies ihnen nicht in befriedigender Weise gelang, so lag der Grund in ihrer Organisation, die sie nicht dazu befähigte.

Schließlich ist in Baden in neuester Zeit dem Bedürfnis nach einer Interessenvertretung des Gewerbebestandes dadurch Rechnung getragen worden, daß am 22. Juni 1892 ein neues Gesetz, die Errichtung von Gewerbekammern betreffend, erlassen ist, nach welchem entweder für sich oder in Verbindung mit den bereits bestehenden Handelskammern neue Gewerbekammen geschaffen werden können. Zur Errichtung einer derartigen Gewerbekammer ist es jedoch in Baden bisher noch nicht gekommen.

In einzelnen Staaten giebt es sodann keine gewerblichen Organisationen, sondern nur vom Staate subventionierte Privatvereine, unter denen der hessische Landesgewerbeverein eine besondere Stellung einnimmt. Die Organisation dieses Vereins soll deshalb ebenfalls kurz zur Darstellung kommen.

„Gehen wir zur Schilderung der Organisation der bestehenden gewerblichen Interessenvertretungen selbst über, so wollen wir die hanseatischen Gewerbekammern, die viel Gemeinsames besitzen, zusammen zur Darstellung bringen.

Die älteste dieser drei Gewerbekammern ist die zu Bremen. Sie wurde durch Art. 88 § 150 und Art. 92 und 93 der bremischen Verfassung vom 22. III. 1849 zugleich mit der dortigen Handelskammer ins Leben gerufen und durch Gesetz vom 6. X. 1875 reformiert [2]). Die nächst älteste Gewerbekammer ist die zu Lübeck. Dieselbe wurde schon im Jahre 1867 geschaffen; hatte jedoch eine ungenügende Organisation. Umgestaltet wurde dann die Kammer durch Gesetz vom 21. XI. 1877, welches noch in Geltung steht.

1) Dr. R. Ehrenberg: Das Königl. Kommerz-Kollegium in Altona, Altona 1892, S. 51 fg.

2) Dr. J. Jacobi: Die Bremische Gewerbekammer in den Jahren 1849—1884.

L. Nagel: Die hanseatischen Gewerbekammern, ihre Organisation und Wirksamkeit. Jahrb. f. Ges. u. Verw. VII, S. 561 fg.

Die jüngste der hanseatischen Gewerbekammern ist die zu Hamburg, welche durch das Gesetz vom 18. XII. 1872 ins Leben trat[1]).

Die hanseatischen Gewerbekammern sind von den Handelskammern vollständig getrennt, und haben ihr eigenes Sekretariat. Nach § 24 des Bremischen Gesetzes kann bei Gegenständen, welche zugleich das Gewerbe und den Handel berühren, die Gewerbekammer in ihrer Gesamtheit oder mittelst eines Ausschusses mit der Handelskammer (oder einem Ausschusse derselben) beraten. Durch Kommissionen sind nicht nur in Bremen, sondern auch in Hamburg und Lübeck gemeinsame Beratungen hin und wieder gepflogen worden.

Die hanseatischen Kammern sind nicht bloße Vertretungen des Kleingewerbes, sondern es sind für sie auch die Fabrikanten und Großindustriellen wählbar und wahlberechtigt.

Dieselben haben natürlich, sofern sie nicht bloß Gewerbetreibende, sondern zugleich Großkaufleute, Mitglieder der Börse oder der Kaufmannskonvente sind, auch für die Handelskammer das aktive und passive Wahlrecht, können daher optieren, ob sie in der Handels- oder Gewerbekammer ihre Interessenvertretung erblicken wollen.

In allen drei Hansestädten machen die Großindustriellen von ihrer Wahlberechtigung zur Gewerbekammer bescheidenen Gebrauch, doch haben sich stets in ihnen Fabrikanten befunden; zwischen Fabrik und Handwerk in der Mitte stehende Gewerbetreibende haben allen drei Organisationen ebenfalls jederzeit angehört.

Wenn die Beteiligung der Großindustriellen, wie der Industriellen überhaupt, bisher eine ziemlich geringe gewesen ist, so wird doch von den hanseatischen Gewerbekammern der allergrößte Wert auf die Erhaltung dieses Elementes in der Kammer gelegt.

Ausgeschlossen von beiden Interessenvertretungen, sowohl von der Handels- wie von der Gewerbekammer sind überall die kleineren Kaufleute, Krämer &c.[2]).

Die Wähler müssen Staatsbürger und selbständige Gewerbetreibende sein; in Hamburg und Lübeck sind jedoch auch unselbständige Gesellen, welche das Bürgerrecht haben, wahlberechtigt, aber nicht wählbar.

Da jedoch mit dem Bürgerrecht keine sozialen Vorteile mehr verknüpft sind, dasselbe daher nur von einem beschränkten Teil der Bürger erworben wird, so ist die Zahl der wirklich zur Wahl Berechtigten viel geringer, als

---

1) von Kaufmann: Die Vertretung der wirtschaftlichen Interessen in den Staaten Europas, die Reorganisation der Handels- und Gewerbekammern und die Bildung eines volkswirtschaftlichen Centralorgans, Berlin 1879, S. 285 fg.

2) R. Maresch: Gewerbekammern, im Handwörterbuch der Staatswissenschaften, III. Bd. S. 1034 fg.

sie sein könnte, wenn die Wahl nicht an das Bürgerrecht geknüpft wäre. Besonders scharf zeigt sich dies bei den Gesellen, die nur selten das Bürgerrecht erwerben, daher nur in geringer Zahl zur Wahl berechtigt sind. Die Wahlbeteiligung der unselbständigen Gewerbetreibenden ist in Hamburg und Lübeck noch obenein eine ziemlich geringe.

In Bremen und Hamburg ist die gesamte Wählerschaft in Gewerbsgruppen nach der technischen Verwandtschaft geteilt, jedoch ohne Unterschied zwischen Großindustrie und Handwerk. In Bremen bestehen 10 solcher Gruppen mit 60 namhaft gemachten Gewerbszweigen (wobei es jedoch in der 8. Gruppe heißt: „und alle sonstigen Gewerbetreibenden"); die 9. und 10. Gruppe bilden alle Gewerbetreibenden in Vegesack und Bremerhaven. In Hamburg bestehen dagegen 15 Gruppen mit 174 Gewerbszweigen. Lübeck hat keine Gewerbeliste und keine Wählergruppen. Jeder, der im lübeckischen Freistaate ein Gewerbe, mit Ausnahme der in Tit. II §§ 29—37 der Gewerbeordnung angeführten, betreibt, ist dort wahlberechtigt [1]).

Der Wahlmodus ist in Bremen ein indirekter, in Hamburg und Lübeck dagegen ein direkter. Die Urwähler wählen in Bremen in den neben der Gewerbekammer bestehenden Gewerbekonvent, der dazu berufen ist, über Angelegenheiten, welche die Interessen des bremischen Gewerbewesens berühren, zu beraten. Die Urwähler wählen in jeder Gruppe für 10 ihrer

---

1) Die gegenwärtigen Mitglieder der drei hanseatischen Gewerbekammern setzen sich aus folgenden Berufsständen zusammen. Es gehören ihnen an

I. in Hamburg: je ein Cigarrenfabrikant, Stockfabrikant, Buchdrucker, Schlossermeister und Waagenfabrikant, Maurermeister und Architekt, Uhrmacher, Tischler und Mobilienhändler, Tuchbereiter, Maler, Tapezierer, Schuhmacher, Schneider, Bäcker, Schlachter und Rauchfleischhändler, Klempner.
Von diesen 15 Mitgliedern sind alle bis auf 3 Innungsmeister.

II. in Lübeck: je ein Maler, 2 Maurermeister, Klempner, Schuhmacher, Böttcher, Schneider, Tischler, Schmied, Schlachter, Civilingenieur, 2 Fabrikanten, 1 früherer Fabrikant, Gerichtschemiker.
Von diesen 15 Mitgliedern sind alle bis auf 5 Innungsmeister.

III. in Bremen: je ein Baumeister und Architekt, Gold- und Silberwarenfabrikant (große Fabrik, ca. 400 Arbeiter), 2 Schlachter, Bildhauer, 2 Tischler, Maschinenfabrikant und Eisengießereibesitzer (ca. 150 Arbeiter), 2 Tapezierer, Mineralwasserfabrikant, Grobbäcker, Schornsteinfeger, Schneider, Schmied, Drahtwarenfabrikant, Tischler (große Bau- und Möbeltischlerei mit Dampfbetrieb), Drechsler, Zimmermeister, Schuhmacher, Maler.
Von diesen 21 Mitgliedern sind alle bis auf 3 Mitglieder von Innungen.

Es sind also, obwohl sich diese Gewerbekammern auf das ganze Gewerbe mit Einschluß der Großindustrie erstrecken, doch nur wenige Fabrikanten in ihnen vertreten. Das Hauptkontingent bilden die Handwerker, die fast ausnahmslos Innungen angehören.

Mitglieder einen Vertreter in den Gewerbekonvent, dieser wählt dann aus seiner Mitte die 21 Mitglieder der Gewerbekammer. Alle zwei Jahre wird der dritte Teil des Konventes neu gewählt, das Ausscheiden aus demselben hat auch den Austritt aus der Gewerbekammer zur Folge.

In Hamburg wählt jede der 15 Gruppen einen Vertreter in die Gewerbekammer, von denen jährlich drei ausscheiden. In Lübeck wählen sämtliche Wahlberechtigte zusammen die 15 Mitglieder, von denen alle zwei Jahre fünf austreten.

Nur der Sekretär der Hamburger Kammer ist Staatsbeamter und wird vom Senat bestätigt. Die Kosten werden in allen drei Kammern aus Staatsmitteln bestritten.

Die Hauptaufgabe aller drei Organisationen ist eine konsultative. Sie sind beratende Organe, die über alle in Gewerbeangelegenheiten zu erlassenden Gesetze gehört werden müssen.

Die bremische Gewerbekammer ist sodann berufen, auf alles, was für das Gewerbewesen dienlich sein kann, fortwährend ihr Augenmerk zu richten, darüber zu beraten und dem Senat auf dessen Antrag oder auch unaufgefordert gutachtlich zu berichten, wie auch die ihr zur Förderung des Gewerbeverkehrs angemessen scheinenden Maßregeln bei den zuständigen Behörden zu beantragen.

Die gleiche Bestimmung gilt für die lübeckische Kammer, nur mit dem Zusatz, daß dieselbe auch desfallsige Wünsche und Beschwerden des Gewerbestandes zu beachten habe. Die Hamburger Kammer hat die gleichen Kompetenzen.

Die bremische Kammer ist außerdem berufen, für bremische Gewerbestatistik zu sorgen und auf die Hebung der Gewerbe hinzuwirken.

Behufs besserer Erfüllung dieser letzteren Aufgabe hat die Kammer außer dem juristischen auch einen technischen Konsulenten, derselbe ist zugleich Direktor der technischen Anstalt für Gewerbetreibende, sowie der mit derselben verbundenen Sammlungen, und Leiter einer mit diesem Institute verbundenen Zeichenschule; auch hat er im Auftrage der Kammer Reisen zum Zwecke der Berichterstattung über auswärtige gewerbliche, technische und künstlerische Leistungen und Einrichtungen zu unternehmen. Dieser technische Konsulent ist Staatsdiener und wird auf Vorschlag der Gewerbekammer vom Senat ernannt, während der juristische, und zwar immer nur auf die Dauer von sechs Jahren, von ihr gewählt wird und, ebenso wie in Lübeck, nicht den Charakter eines Staatsdieners besitzt.

Gemeinsam ist allen drei Kammern die Befugnis, Beisitzer zu dem gewerblichen Schiedsgericht zu wählen. Besonders bemerkenswert für die bremische Kammer ist, daß zur Erleichterung des geschäftlichen Verkehrs zwischen dem Senat und der Gewerbekammer zu gemeinsamer Beratung über gewerbliche Angelegenheiten durch Gesetz vom 20. XI. 1879 eine Behörde für Gewerbeangelegenheiten eingesetzt ist, die aus 3—5 alljährlich gewählten Mitgliedern der Gewerbekammer und aus der Gewerbekommission des Senats besteht.

Die Gewerbekammern in Hamburg und Lübeck entsenden zwei Vertreter in die Verwaltung der Gewerbeschulen ihrer Stadt und ernennen alljährlich die öffentlichen gewerblichen Sachverständigen, deren Gutachten in Hamburg die Gewerbekammer beglaubigt und nach Liquidierung der Kosten aus den bei ihr geleisteten Zahlungen honoriert. Ferner bedienen sich die Gerichte, namentlich das Amtsgericht, in vielen Fällen bei Einziehung von Gutachten der Vermittelung der Gewerbekammer.

Durch Gesetz vom 22. I. 1879 erhielt sodann noch die Hamburger Gewerbekammer die Befugnis, die von den gewerblichen Korporationen ausgestellten Lehrbriefe zu beglaubigen, und soweit erstere fehlen, diese selbst auszustellen; ferner genehmigte der Senat, daß die Gewerbekammer die ihr eingereichten Lehrverträge daraufhin zu prüfen habe, ob sie zur Begründung eines soliden Lehrverhältnisses geeignet wären und ob sie überhaupt auf gesetzlicher Grundlage beruhten. Jedoch fehlt ein Zwang zum schriftlichen Abschlusse von Lehrverträgen und zum Einreichen derselben an die Gewerbekammer.

Das bedeutendste Recht ist jedoch erst durch Gesetz vom 2. II. 1882 der Hamburger Gewerbekammer verliehen worden, durch welches bestimmt wurde, daß die Aufsichtsbehörde für die Innungen aus einem Senator als Vorsitzendem und zwei von der Gewerbekammer zu entsendenden Mitgliedern bestehen soll, und daß diese Behörde zugleich als höhere Verwaltungsbehörde zu fungieren habe.

Die hanseatischen Gewerbekammern, deren Organisation wir hiermit zur Darstellung gebracht haben, sind also nicht allein konsultative Organe, sondern ihnen sind auch mehr oder weniger weitgehende Funktionen als Selbstverwaltungskörper übertragen [1]).

Die Organisation der Gewerbekammer für das Großherzogtum Sachsen-Weimar-Eisenach ist eine gänzlich andere [2]). Neben derselben besteht keine besondere Handelskammer, sie hat die Interessen nicht nur der Groß-

1) L. Nagel: Die hanseatischen Gewerbekammern, ihre Organisation und Wirksamkeit. Jahrb. f. Ges. u. Verw. III, S. 579 fg.

2) R. Maresch: Gewerbekammern, im Handwörterbuch der Staatswissenschaften, III. Bd. S. 1037.

Erster Bericht der Gewerbekammer für das Großherzogtum Sachsen-Weimar-Eisenach (für die Zeit vom 13. Mai 1878 bis 30. September 1879), Weimar 1879.

industrie, sondern auch des Kleingewerbes zu vertreten. Jedoch befinden sich auch Vertreter des Handelsstandes mit in der Kammer.

Die Gewerbekammer zu Weimar besteht kraft Verordnung vom 5. V. 1877 und besitzt 22 Mitglieder.

Dieselben setzen sich zusammen aus drei von der Regierung, sechs von je einem Bezirksausschuß und zwölf von den als wahlberechtigt anerkannten Gewerbevereinen des Landes gewählten Personen.

Zu diesen tritt noch ein Großherzoglicher Regierungskommissar, welchem zugleich die Funktionen eines geschäftsführenden Mitgliedes der Gewerbekammer übertragen sind. Wählbar sind alle im Großherzogtum domizilierten Personen, welche 25 Jahre alt und nicht von den staatsbürgerlichen Rechten ausgeschlossen sind. Zuerst haben die Gewerbevereine, dann die Bezirksausschüsse, und zuletzt hat die Regierung zu wählen. Zur Teilnahme an den Wahlen sind nur die wirklichen Mitglieder der behördlich als wahlberechtigt anerkannten Gewerbevereine, nach Maßgabe der von dem Staats-Ministerium, bezüglich der Gewerbekammer genehmigten Statuten dieser Vereine, zugelassen.

Die Dauer der Wahlperiode ist eine vierjährige, alle zwei Jahre scheidet die Hälfte aus. Wiederwahl ist zulässig. Die Gewerbekammer genießt eine staatliche Unterstützung. Ihre Aufgaben sind insbesondere:

„alljährlich dem Großherzoglichen Staatsministerium, Departement des Innern, über den Zustand der Industrie des Großherzogtums, über wünschenswerte Verbesserungen und die Mittel zur Ausführung derselben Bericht zu erstatten;

demselben auf Verlangen über Gegenstände des Gewerbelebens, sowie des öffentlichen Verkehrs Gutachten abzugeben;

statistische Notizen über Gegenstände der Gewerbs-Industrie zu sammeln und zu diesem Zwecke von den Gewerbetreibenden die erforderliche Auskunft zu erwirken;

als Vertreterin der Gewerbs-Interessen ihr aus den Kreisen der Gewerbetreibenden zugehende, sowie selbständig von ihr gefaßte Anträge an das Großherzogliche Staatsministerium zu richten."

Die Gewerbekammer soll sich sodann zur Hantierung der nötigen Unterlagen für ihre Beratungen, soweit thunlich, der Gewerbevereine bedienen. Sie soll diese zu beleben suchen und auf eine organische Verbindung derselben untereinander hinwirken.

Die Kompetenzen sind also wesentlich beschränkter, als bei den hanseatischen Gewerbekammern. Die Weimarer Kammer hat das Besondere, daß sie in enge Verbindung zu den Gewerbevereinen gebracht ist, auf die sie fördernd einwirken soll. Zur Erledigung der laufenden Arbeiten, sowie zur Behandlung aller derjenigen Geschäfte, welche ihm von der Kammer überwiesen werden, besteht ein ständiger Ausschuß, welcher aus dem Regierungskommissar, den beiden Vorsitzenden und vier weiteren Mitgliedern der Kammer gebildet wird. Derselbe soll in der Regel viermal im Jahre zusammentreten. Die Gewerbekammer selbst tritt nur auf Berufung der Regierung zusammen [1]).

Die fünfte reine Gewerbekammer, die zu Leipzig, ist genau so organisiert wie die übrigen Gewerbeabteilungen der sächsischen Handels- und Gewerbekammern; sie soll deshalb mit diesen zusammen zur Darstellung kommen.

Im Königreich Sachsen wurden durch das Gewerbegesetz vom 15. X. 1861 fünf Handels- und Gewerbekammern in Dresden, Leipzig, Chemnitz, Plauen und Zittau errichtet. Durch das Gesetz vom 23. VI. 1868 wurden die Bestimmungen über diese Kammern reformiert und in der Verordnung vom 16. VII. 1868 ausdrücklich bestimmt, daß in Leipzig die Handels- und die Gewerbekammer vollständig getrennte Kollegien bilden sollten, während die vier übrigen vereint thätig sind. Der Bezirk der einzelnen Kammern ist ebenfalls durch die Verordnung vom 16. VII. 1868 bestimmt.

In die Gewerbekammer sind wahlberechtigt nach diesem Gesetz alle dem Bezirk angehörigen Gewerbetreibenden, welche

a) als Kaufleute oder Fabrikanten mit weniger als 10 Thalern, aber mindestens mit 1 Thaler besteuert oder
b) ohne zu ersteren zu gehören, im Gewerbekataster mit mindestens 1 Thaler angesetzt,
c) 25 Jahre alt und
d) nicht vom Gemeindestimmrecht oder den staatsbürgerlichen Rechten ausgeschlossen sind.

Diese Bestimmungen wurden beim Fortfall der Gewerbesteuer in Sachsen geändert [2]). Das darauf bezügliche Gesetz vom 2. VIII. 1878

---

1) Nach dem letzten Jahresbericht bestand die Gewerbekammer außer dem Regierungskommissar (1889) aus Mitgliedern, die folgende Berufsstände repräsentierten. Es gehörten ihr an

je ein Rentier und Bergwerksbesitzer, Geheimer Hofrat und Museumsdirektor, Direktor der Großherzogl. Kunstschule, Glaser, Kommerzienräte, Färbereibesitzer, Architekt, Bürgermeister, Mechanikus, Professor und Hofbildhauer, 2 Bauunternehmer, Schneidemühlenbesitzer, Teppichfabrikant, Portefeuillefabrikant, Kaufmann, Fabrikbesitzer, Mühlenbesitzer, Tuchmacherobermeister.

Es sind die Kleingewerbetreibenden verhältnismäßig gering in dieser Kammer vertreten. Neben zwei Bauunternehmern befindet sich nur ein Glaser, ein Mechaniker und ein Tuchmacherobermeister als Repräsentanten des Kleingewerbes in der Kammer.

2) Die Darstellung von R. Maresch im Handwörterbuch der Staatswissenschaften im Artikel „Gewerbekammer“, III. Bd. S. 1057, ist in Bezug auf diesen Punkt unrichtig.

sagt: „Hinsichtlich des geordneten Census für die Wahlen zu den Handels- und Gewerbekammern tritt an die Stelle der ordentlichen Gewerbesteuer das im Ortskataster eingetragene, nach § 17 d und § 21 des Einkommensteuergesetzes vom 2. Juli 1878 abgeschätzte Einkommen, und zwar nach Höhe

a) von über 600 M. für die Stimmberechtigung und Wählbarkeit zu den Gewerbekammern;

b) von über 1900 M. für die Stimmberechtigung und Wählbarkeit zu den Handelskammern [1]).

Es sind also alle Gewerbetreibenden, seien es Kaufleute, Fabrikanten oder Handwerker, zur Gewerbekammer stimmberechtigt und wählbar, welche weniger als 1900, aber mindestens 600 M. gewerbliches Einkommen besitzen.

Zu den sächsischen Gewerbekammern ist also, ganz im Gegensatz zu den hanseatischen Gewerbekammern auch der kleinere Kaufmann stimmberechtigt und wählbar, jedoch befindet sich meist nur ein, selten mehrere Mitglieder des Kaufmannsstandes in der Gewerbekammer.

Die sächsischen Gewerbekammern sind Organisationen, in denen nur der Kleingewerbestand vertreten ist, es finden sich in ihnen jedoch stets auch kleine Fabrikanten und Personen, die zwischen Fabrik und Handwerk stehen. Die Großindustrie ist von den Gewerbekammern gänzlich ausgeschlossen, da ein Optionsrecht für diese nicht besteht [2]).

Die Kleinkaufleute sind hauptsächlich deshalb mit in die Gewerbekammer aufgenommen, weil sich schwer eine Grenze zwischen dem kleinen Handwerker und Kaufmann aufstellen läßt. Ein kleiner Handwerker ist häufig so sehr gleichzeitig Kleinkaufmann, daß ein beträchtlicher Teil seines Einkommens seiner Thätigkeit als Kaufmann zu danken ist.

Die Wahlen sind in Sachsen indirekte. Die Urwahlen erfolgen nach räumlichen Wahlabteilungen. Die Zahl der Wahlmänner ist durch die Einsetzungsordnung bei den Handelskammern mindestens auf das Doppelte, bei den Gewerbekammern mindestens auf das Dreifache der Mitglieder festgesetzt. Die Wahlen erfolgen auf 6 Jahre, alle 3 Jahre wird die Hälfte der Mitglieder erneuert. Vakanzen, welche in der Zwischenzeit eintreten, werden durch die Wahl der Kammer ersetzt. Jede Kammer wählt ihren Vorsitzenden und dessen Vertreter. Die Mitglieder fungieren unentgeltlich, sie haben jedoch Anspruch auf Entschädigung der Reisekosten. Die Kosten werden von den Gewerbetreibenden aufgebracht.

---

1) Denkschrift, betreffend Aenderung der gesetzlichen Bestimmungen über die Handels- und Gewerbekammern im Königreich Sachsen, Leipzig 1892, S. 5.

2) R. Maresch: Gewerbekammern, im Handwörterbuch der Staatswissenschaften, Bd. III, S. 1037.

Die sächsischen Handels- und Gewerbekammern sind ebenfalls konsultative Organe. Dieselben besitzen folgende Kompetenzen:

„Sie haben dem Ministerium des Innern und der Regierungsbehörde als sachverständige Organe in Fragen zu dienen, welche Handel und Gewerbe des ganzen Landes oder des Bezirkes angehen. Soweit es die Verhältnisse irgend gestatten, sollen dieselben, beziehentlich die Handels- oder die Gewerbekammer bei jeder wichtigen Angelegenheit dieser Art gehört werden. Die Kammern sind ferner, eine jede in ihrem Bereiche, die Vertreter der gemeinschaftlichen Handels- und Gewerbeinteressen und befugt, selbständige Anträge und Wünsche an das Ministerium des Innern oder die Regierungsbehörde des Bezirks zu richten. Schließlich haben die Kammern noch jährlich einen Bericht an das Ministerium des Innern zu erstatten [1]).

In Bayern wurde die ursprüngliche Organisation der Handels- und Gewerbekammern durch die Königliche Verordnung vom 2. VIII. 1848 (durch welche auch eine Gewerbekammer in München eingeführt wurde) ins Leben gerufen, dann aber durch Verordnung vom 27. I. 1856 und durch Verordnung vom 20. XII. 1868 umgestaltet und schließlich durch die Verordnung vom 25. X. 1889 neu organisiert [2]).

In Bayern liegt die Förderung und Vertretung der Interessen des

---

1) Die Mitglieder der 5 sächsischen Gewerbekammern setzten sich im Jahre 1891 aus folgenden Berufsständen zusammen. Es gehörten dazu

in Leipzig: je ein Schlosser, Buchbinder, Dekorationsmaler, Ratszimmermeister, Direktor des Reudnitzer Spar- und Vorschußvereins, Zimmermeister, Schuhmacher, Schankwirt und Eiswerksbesitzer, Klempner, Schornsteinfeger, Bäcker, Fleischer, Tapezierer, Baumeister und Tischler;

in Plauen: je ein Maurermeister, Nähmaschinenhändler, Klempner, Schneider, Gerber, Agent, Hutmacher, Tischler, Wollwarenfabrikant, Maschinenfabrikant, Glaser, Schlosser, Stickmaschinenbesitzer, Posamentier, Instrumentenfabrikant;

in Zittau: Uhrmacherei, Anfertigung und Handel mit Juwelen, Gold- und Silberarbeitern, Leinenfabrikation, Baumschule und landwirtschaftliches Saatgeschäft, Baugewerbe, Kürschnerei, Fabrikation baumwollener Hosenzeuge und Konfektion derselben Stoffe, Buchdruckerei, Baugewerbe, Gerberei, Fabrikation von Orleansstoffen, Fleischerei;

in Dresden: je ein Buchdruckereibesitzer, Uhrmacher, Hofschneider, Kürschner, 2 Bäcker, Schnittwarenhändler, 2 Fleischer, 2 Tischler, Buchbinder, Baumeister, Färber, Schuhmacher, Zirkelschmied, Schmied, Schlosser, Kürschner, Glaser;

in Chemnitz: je ein Maurermeister, Klempner, Buchdrucker, Kaufmann, Maler, Lohgerber, Schuhmacher, Fleischer, Bäcker, Kunstschlosser, Maschinenbauer, Kürschner, Glaser, Weber, Posamentier.

2) Hager: Taschenbuch für Mitglieder der Handelskammern, Gewerbekammern, kaufmännischen Korporationen, kommerziellen und industriellen Vereine, Halberstadt 1890, S. 23.

Handels, der Industrie und der Gewerbe den Handels- und Gewerbekammern und den Bezirksgremien für Handel und Gewerbe ob. Für jeden Regierungsbezirk hat eine Handels- und Gewerbekammer zu bestehen. Hier sind also schon durch Gesetz die Bezirke festgesetzt.

Bezirksgremien für Handel und Gewerbe werden nur für Orte oder Bezirke, wo ein Bedürfnis hierfür obwaltet, auf Rechnung der Beteiligten mit Genehmigung des Staatsministeriums des Innern, Abteilung für Landwirtschaft, Gewerbe und Handel gebildet. Die Sitze dieser Organe, sowie deren Bezirke werden ebenfalls vom Staatsministerium des Innern bestimmt.

Die Handels- und Gewerbekammern besitzen in Bayern folgende Kompetenzen: „Dieselben haben den Staatsbehörden als begutachtende sachverständige Organe in Fragen zu dienen, welche Handel, Industrie und Gewerbe betreffen. Dieselben sind, soweit thunlich, bei jeder wichtigen Angelegenheit dieser Art zu hören. Sie sind ferner zur Wahrnehmung der Interessen an Handel, Industrie und Gewerbe des betreffenden Regierungsbezirkes berufen und daher befugt, die zur Förderung derselben geeigneten Einrichtungen zu beraten und bei der zuständigen Behörde anzuregen.

Dieselben üben die ihnen durch besondere Gesetze, Verordnungen und Ministerial-Vorschriften übertragenen Funktionen aus. Ihnen kann sodann mit ihrer Zustimmung die Verwaltung oder die Aufsicht über die Verwaltung von Anstalten und Einrichtungen, welche zur Förderung des Handels, der Industrie und der Gewerbe bestehen, übertragen werden.

Dieselben haben alljährlich, und zwar längstens bis Ende Mai, an das Staatsministerium des Innern, Abteilung für Landwirtschaft, Gewerbe und Handel, einen Bericht über die Lage, die Verhältnisse und die Bedürfnisse des Handels, der Industrie und der Gewerbe ihres Bezirks zu erstatten und können hierbei bezügliche Wünsche und Anträge vorbringen und begründen.

Schließlich haben sie mit den im Regierungsbezirke bestehenden Handels- und Gewerbegremien den erforderlichen Verkehr zu unterhalten und in allen wichtigeren Fragen, sowie bei Erstattung des Jahresberichtes sich ihrer Mitwirkung zu versichern.

Die bayrischen Handels- und Gewerbekammern bestehen aus zwei Abteilungen:

1) der Handelskammer für Handel und Industrie,

2) der Gewerbekammer für die übrigen Gewerbe.

Wahlberechtigt sind zur Handelskammer alle Personen, welche am Sitz der Kammer selbständig ein zur Gewerbesteuer veranlagtes Gewerbe betreiben und als Inhaber oder persönlich haftende Teilhaber der betreffenden Handelsfirma im Handelsregister eingetragen sind (ausgenommen Apotheker), ferner die am Sitze der Kammer wohnenden Vorstandsmitglieder derjenigen Handelsgeschäfte betreibenden Aktiengesellschaften und eingetragenen Genossenschaften, welche ebendaselbst ihren Sitz haben.

Zur Gewerbekammer sind wahlberechtigt alle übrigen Personen, welche am Sitze der Kammer selbständig ein zur Gewerbesteuer veranlagtes stehendes Gewerbe betreiben und in Orten mit einer Bevölkerung von: mehr als 20000 Einwohnern mindestens 5 M., mehr als 4000—20000 Einwohnern mindestens 4 M., 4000 und weniger Einwohnern mindestens 3 M. Gewerbesteuer entrichten.

Die Eintragung einer Firma in das Handelsregister ist hier also das Hauptscheidungsmerkmal zwischen Handels- und Gewerbekammer. Es können sich daher auch in der bayrischen Gewerbekammer Kaufleute, d. h. kleine Krämer, die keine eingetragene Firma haben, befinden, und dies ist vielfach in denselben der Fall.

Ferner gehören zu den Kammern, außer den am Sitz der Kammer wohnhaften, auch noch auswärtige Mitglieder. Als solche fungieren die Abteilungs-Vorsitzenden der Handels- und Gewerbegremien des Regierungsbezirks, beziehungsweise deren Stellvertreter; dieselben schließen sich den entsprechenden Abteilungen der Kammer an.

Die Wahl zur Handels- und Gewerbekammer ist eine direkte. Jedoch sind nur diejenigen zur Teilnahme an der Wahl berechtigt, welche in die Wählerlisten eingetragen sind. Zu diesem Zwecke erläßt die Distriktspolizeibehörde mindestens sechs Wochen vor dem Wahltage unter Anberaumung einer Frist von 14 Tagen eine öffentliche Aufforderung zur Anmeldung des Anspruchs auf Aufnahme in die Wählerlisten.

Die Wahlen erfolgen auf sechs Jahre. Alle drei Jahre scheidet die Hälfte aus.

Jede Abteilung wählt aus ihrer Mitte einen Vorsitzenden und einen Stellvertreter desselben. Der Vorsitzende der Handels-Abteilung ist zugleich Vorstand der Handels- und Gewerbekammer.

Die Mitglieder versehen ihre Stellen unentgeltlich, jedoch haben die auswärtigen Mitglieder Anspruch auf Ersatz der Baarauslagen für die Reise (Eisenbahnbillets und sonstige Fahrkosten).

Die Kosten der Handels- und Gewerbekammern werden durch Zuschüsse aus Kreis- und Centralfonds für Industrie und durch Beiträge der Wahlberechtigten gedeckt.

Für jede Kammer wird von der Königl. Regierung, Kammer des Innern, ein Königl. Kommissär ernannt. Derselbe hat den Sitzungen in der Regel beizuwohnen. Er kann jederzeit das Wort verlangen, ein Stimmrecht steht ihm jedoch nicht zu.

Den Bezirksgremien für Handel und Gewerbe liegt die Förderung und Vertretung der Interessen des Handels, der Industrie und der Gewerbe ihres Bezirks in gleicher Weise, wie den Handels- und Gewerbekammern ob. Sie haben bei der Ernennung der Handelsmäkler und Handelsrichter nach Maßgabe der bestehenden Vorschriften mitzuwirken. Sie liefern den Handels- und Gewerbekammern Materialien zur Erstattung des Jahresberichtes und haben außerdem die sonstigen, ihnen von den Handels- und Gewerbekammern oder den Distrikts-Verwaltungsbehörden ihres Bezirks zugehenden, auf ihren Wirkungskreis bezüglichen Ansinnen zu erledigen.

Die Bezirksgremien bestehen in der Regel aus zwei Abteilungen. Es kann jedoch für einen Ort auch nur ein Handels- oder nur ein Gewerbegremium gebildet werden [1]).

---

1) Nach den letzten Jahresberichten (1891) bestanden die Mitglieder der bayrischen Gewerbekammern aus folgenden Berufsständen: Es gehörten ihnen an

I. Zu München: je ein Schreiner, Bildhauer, Schuhmacher, Maurermeister, Hafner, Hofgoldschmied, Metzger, Kunstschlosser, Maler, Buchbinder, Schneider und Konditor.

Ferner bestehen noch Bezirksgremien mit gewerblichen Mitgliedern in Rosenheim, Reichenhall-Berchtesgaden und Traunstein-Trostberg.

II. Zu Passau: je ein Zinngießer, Schneider, Drechsler, Gürtler, Seifensieder, Sattler, Buchdruckereibesitzer, Mechaniker, Baumeister, Uhrmacher, Goldschmied und Kunstfärber.

Ferner bestehen noch Bezirksgremien in Passau, Landshut, Zwiesel und Neuburg.

III. Zu Ludwigshafen: je ein Glaser, 2 Baumeister, Maler, Schreiner, 2 Schlosser.

Ferner bestehen Bezirksgremien in Annweiler, Bergzabern, Edenkoben, Frankenthal, Germersheim, Grünstadt, Homburg, Kaiserslautern, Kirchheimbolanden, Kusel, Landau, Neustadt, Pirmasens, Speyer und Zweibrücken.

IV. Zu Regensburg: je ein Galanteriewarenhändler, Zinngießer, 2 Spengler, Schneider, Instrumentenfabrikant, Schlosser, Maler, Getreidehändler, Bäcker, Schreiner, Schuhmacher.

Ferner bestehen Bezirksgremien in Amberg und in Weiden.

V. Zu Bayreuth: je ein Baumeister, Buchbinder, Seifensieder, Schneider, Schlosser, Gerber, Bierbrauer und 2 Schreiner.

Ferner bestehen Bezirksgremien in Bamberg, Forchheim, Hof, Kulmbach, Lichtenfels, Münchberg, Naila und Wunsiedel.

VI. Zu Nürnberg: je ein Blechspielwarenfabrikant, Schmied, Schuhmacher, Bäcker, Reißzeugfabrikant, Holzspielwarenfabrikant, Schleifmühlenbesitzer, Baumeister, Drechsler, Zinngießer, Konditor, Gürtler, Schreiner, Zimmermeister, Restaurateur, Metzger.

Ferner bestehen Bezirksgremien in Ansbach, Dinkelsbühl, Eichstätt, Erlangen, Fürth, Rothenburg, Schwabach und in Weißenburg.

VII. Zu Würzburg: je ein Posamentier, Baumeister, Metzger, Schreiner, Buchbinder, Juwelier, Kupferschmied, Spengler, Drechsler, Gastwirt, Lackierer.

Die Bezirksgremien haben sich jedoch wenig bewährt und nur geringe Lebensfähigkeit erlangt [1]).

In Württemberg bestehen bereits seit der Verordnung vom 19. IX. 1854 Handels- und Gewerbekammern, diese wurden umgestaltet durch Verordnung vom 17. II. 1858 und reorganisiert durch Gesetz vom 4. VII. 1874, nach Maßgabe dessen sie jetzt existieren. Diese acht württembergischen Handels- und Gewerbekammern sollen zwar nach Artikel 1 des Gesetzes als Organe des Handels- und Gewerbestandes dienen und die Gesamtinteressen der Handel- und Gewerbetreibenden ihres Bezirks wahrnehmen, sie sind jedoch in Wirklichkeit reine Handelskammern, in denen der Kleingewerbestand keine gesonderte Vertretung findet.

Es sind zur Wahl nach dem Gesetz diejenigen Handel- und Gewerbetreibenden und Handelsgesellschaften berechtigt, welche

1) als Inhaber einer mit Gewerbesteuer belegten Firma in das für den Bezirk der Handels- und Gewerbekammer geführte Handelsregister eingetragen sind oder, sofern dies nicht der Fall ist,

2) in dem Kammerbezirk zur Gewerbesteuer veranlagt sind und ihre Aufnahme in die Wählerliste vor der Wahl rechtzeitig angemeldet haben und infolge dieser Anmeldung in die Wählerlisten aufgenommen worden sind.

Es sind also, da Handwerker in den seltensten Fällen eine eingetragene Firma haben, nur diejenigen Kleingewerbetreibenden zur Wahl berechtigt, die zur Gewerbesteuer veranlagt sind und ihre Eintragung in die Wählerliste rechtzeitig beantragt haben. Geschieht schon diese Eintragung in die Wählerlisten wegen der Unbequemlichkeit, die mit ihr verbunden ist, verhältnismäßig selten von Seiten der Kleingewerbetreibenden, so unterbleibt sie noch meist absichtlich aus einem anderen Grunde.

Diejenigen, welche nämlich ihre Eintragung in die Wählerlisten beantragt haben und daher wahlberechtigt sind, haben zu den Kosten der Kammer, die als Zuschläge zur Gewerbesteuer erhoben werden, beizutragen, während die anderen frei sind; und zwar müssen sie, vorausgesetzt, daß ihre Gewerbesteuerpflichtigkeit fortdauert, in den drei ihrer Aufnahme in die Wählerliste folgenden Kalenderjahren ihre Beiträge zahlen, auch wenn sie vor Ablauf dieser Zeit ihre Streichung in der Wählerliste beantragen.

Ferner bestehen Bezirksgremien zu Aschaffenburg, Lohr, Marktbreit, Miltenberg, Schweinfurt und in Kitzingen.

VIII. Zu Augsburg: je ein Kommerzienrat, Schlosser, Schuhmacher, Spengler, Hofbuchdruckereibesitzer, Gärtner, Sattler, Bierbrauer, Baumeister, Bäcker, Cafetier, Schreiner.

Bezirksgremien bestehen in Kempten, Memmingen, Krumbach und in Donauwörth.

1) Landgraf: Bericht über die Errichtung von Gewerbekammern, Karlsruhe 1881, S. 13 fg.

Die Folge ist natürlich die, daß sehr wenige Kleingewerbetreibende von ihrem Wahlrecht Gebrauch machen, so daß daher auch selten ein Mitglied des Kleingewerbestandes in die Handels- und Gewerbekammer eintritt. Kaufmann führt an, daß Oberamtstädte in Württemberg vorhanden waren, in denen nicht ein einziger der nicht im Handelsregister eingetragenen Gewerbtreibenden seine Aufnahme in die Wählerliste verlangte [1]). Da diese Handels- und Gewerbekammern nur ein Kollegium bildet, so kann von einer gesonderten Vertretung des Gewerbestandes nicht eigentlich die Rede sein.

Aehnlich ist auch das Verhältnis bei den vier sachsen-meiningenschen Handels- und Gewerbekammern zu Hildburghausen, Meiningen, Saalfeld und Sonneberg. Dieselben bilden ebenfalls nur ein Kollegium.

Nach einer Verfügung vom 22. XII. 1888, betreffend die Handels- und Gewerbekammer im Kreise Meiningen, müssen von den 21 Mitgliedern dieser Organisation nach § 2 ein Drittel aus den Vertretern des Kleingewerbes und Handwerkerstandes entnommen werden [2]).

Bei Zweifel über die Zugehörigkeit zu dem Kleingewerbe oder Handwerkerstand entscheidet bei Prüfung der Wahl die Kammer selbständig. Durch eine weitere Verfügung vom 3. VII. 1889 ist die Wahlberechtigung und Mitgliedschaft zu dieser Kammer in folgender Weise festgesetzt.

Für die Handels- und Gewerbekammer sind wahlberechtigt und wählbar:

„Wer im Kammerbezirk Handel, Gewerbe oder Bergbau betreibt und Einkommensteuer oder mindestens 3 M. terminlich Klassensteuer bezahlt, und zwar, wenn er

a) 25 Jahre alt ist,

b) seit mindestens einem Jahr im Bezirk ein Geschäft besitzt und

c) sich im Genuß der bürgerlichen Ehrenrechte befindet.

Desgleichen sind unter den aufgeführten Voraussetzungen wahlberechtigt und wählbar die Vertreter der im obigen Bezirke befindlichen Gewerbeanlagen, Geld- und Kreditinstitute, oder Handelsniederlassungen von Privatpersonen, des Fiskus, der Gemeinden und Aktiengesellschaften, welche Einkommensteuer oder mindestens 3 M. terminlich Klassensteuer entrichten oder doch, anlangend die fiskalischen Anlagen, falls sie Privatpersonen gehörten, zu entrichten haben würden, ebenso die Vertreter der in dem erwähnten Bezirke befindlichen Sparkassen, Spar- und Vorschußvereine und sonstiger Genossenschaften im Sinne der Reichsgesetzgebung, welche zur Einkommensteuer oder zur Klassensteuer mit mindestens 3 M. terminlich herangezogen

1) Kaufmann: Die Vertretung der wirtschaftlichen Interessen in Deutschland, Berlin 1879, S. 467.

2) Sammlung der Ausschreiben der landesherrlichen Oberbehörden, Nr. 51, Bd. IX.

sind, oder, wenn dies nicht der Fall ist, deren jährlicher Reingewinn einen der gedachten Besteuerung entsprechenden Betrag erreicht.

Die Wahlstimme einer Aktiengesellschaft, Genossenschaft oder einer anderen vorbezeichneten Vereinigung darf nur durch ein in das Handels- bezw. Genossenschaftsregister eingetragenes Vorstandsmitglied, die einer Person weiblichen Geschlechts oder einer unter Vormundschaft stehenden Person durch einen mindestens 25 Jahre alten und im Genuß der bürgerlichen Ehrenrechte befindlichen Bevollmächtigten bezw. durch den Vormund vertreten werden.

Das Stimmrecht des Fiskus wird durch diejenigen Beamten ausgeübt, welchen von dem Herzoglichen Staatsministerium, Abteilung der Finanzen, die Leitung der betreffenden Unternehmung übertragen ist.

Wer nach vorstehenden Bestimmungen in dem Handelskammerbezirke mehrfach stimmberechtigt ist, darf gleichwohl nur eine Wahlstimme abgeben."

Es ist hier ausdrücklich ausgesprochen, daß mindestens ein Drittel der Mitglieder dem Kleingewerbe angehören muß. In den Bestimmungen, die für die anderen Kammern in Kraft stehen, ist dies nicht der Fall, doch ist auch bei ihnen die Wahlberechtigung nicht auf die Eintragung in das Handelsregister beschränkt, so daß in ihnen Kleingewerbetreibende, soweit sie nur 3 M. terminliche Klassensteuer bezahlen, wahlberechtigt sind.

Diese Kammern haben als begutachtendes und sachverständiges Organ in Fragen zu dienen, welche Handel, Gewerbe und Industrie betreffen, sie sind zugleich Vertreterin der Interessen derselben und deshalb befugt, selbständig an die Landes- wie Reichsregierung Anträge zu stellen.

Wie wir erwähnten, ist am 22. VI. 1892 in Baden ein neues Gesetz, die Gewerbekammern betreffend, erlassen worden. Bereits nach dem badischen Gewerbegesetz vom 24. IX. 1862 konnte die Regierung, wo sich ein Bedürfnis zeigte, die Errichtung von Gewerbekammern veranlassen, welchen die Wahrung und Förderung des gemeinsamen Interesses aller oder einzelner Klassen des Gewerbestandes eines Ortes oder Landesteiles obliegen sollte.

Die Errichtung war also eine fakultative, und in Wirklichkeit wurde keine einzige derartige Gewerbekammer ins Leben gerufen, während acht Handelskammern entstanden. Auch nach dem neuen Gesetz vom 22. VI. 1892 ist die Errichtung der Gewerbekammern eine fakultative, denn diese können nach § 1 nur bei Zustimmung der Mehrheit der beteiligten Gewerbetreibenden für eine Gemeinde oder für eine Mehrzahl von Gemeinden errichtet werden, und auch jetzt ist es infolge dieser Bestimmung noch nicht möglich gewesen, eine derartige Gewerbekammer ins Leben zu rufen, so daß aller Wahrscheinlichkeit nach dieses Gesetz ebenso wie das frühere auf dem Papier bestehen bleibt.

Die neuen badischen Gewerbekammern sollen die Interessen des handwerksmäßigen Kleingewerbes vertreten, und zwar sind unter diesem alle selbständigen Gewerbetreibenden zu verstehen, die

a) lediglich Sachen für andere handwerksmäßig herstellen, bearbeiten oder verarbeiten und zur Gewerbesteuer nicht oder mit weniger als 10000 M. veranlagt sind;

b) bei Nichtzutreffen der vorstehenden Bestimmung ihre Aufnahme in die Wählerliste selbst beantragen.

Man hat hier die Grenze zwischen der Wahlberechtigung zur Handels- und zur Gewerbekammer ziemlich hoch nach oben verschoben und den noch höher Besteuerten ein Optionsrecht gelassen. Die Feststellung der Bezirke und Sitze der Gewerbekammern, die Bildung von Abteilungen für einzelne oder mehrere Orte des Bezirks oder für einzelne Gewerbegruppen, die Bestimmung über die Zahl der Mitglieder der Kammer, beziehungsweise der angeordneten Abteilungen derselben erfolgt nach Erhebung der in den beteiligten Kreisen bestehenden Wünsche durch Verfügung des Ministeriums des Innern. Diese Bestimmungen sind analog den für die preußische Handelskammern in Geltung stehenden gebildet. Die Kompetenzen der neuen Kammern sind folgende: „Sie können auf Hebung des Kleingewerbes abzielende Anträge und Wünsche an die zu deren Erledigung zuständigen Behörden richten und sind verpflichtet, diese Behörden in der Förderung des Kleingewerbes, insbesondere durch thatsächliche Mitteilungen und Erstattung von Gutachten, zu unterstützen, sowie alljährlich über Lage und Gang des Kleingewerbes in ihrem Bezirke während des vorhergegangenen Jahres an das Ministerium des Innern Bericht zu erstatten.

Die Kammern können ferner zur Mitwirkung bei der Leitung und Beaufsichtigung von der Förderung des Gewerbes dienenden öffentlichen Anstalten und Einrichtungen herangezogen werden. Sie sollen schließlich, soweit thunlich, vor gesetzlicher oder behördlicher Regelung von wichtigeren, die Interessen des Kleingewerbes unmittelbar berührenden Angelegenheiten mit ihrer gutachtlichen Aeußerung gehört werden."

Die Wahl der Mitglieder erfolgt in geheimer Abstimmung auf den Zeitraum von sechs Jahren, alle drei Jahre scheidet die Hälfte der Mitglieder aus. Die Beitragspflicht zu den Kosten der Kammer geschieht nach Beitragsklassen, welche von der Kammer mit Staatsgenehmigung nach Maßgabe des zur Steuer veranlagten Einkommens der Wahlberechtigten aus dem Gewerbebetrieb festgesetzt werden [1]).

1) Gewerbe-Anzeiger, zugleich Nachrichtenblatt des Verbandes deutscher Gewerbevereine, I. Jahrgang, Nr. 16.

Wir müssen noch einer Interessenvertretung des Gewerbestandes gedenken, die bisher in der Litteratur fast gar keine Beachtung gefunden hat. Wir meinen den hessischen Landesgewerbeverein [1]).

Derselbe hat den Zweck, den vorhandenen Zustand des Gewerbewesens im Großherzogtum zu erforschen und durch gemeinsames Streben sowohl den Umfang als die höhere Ausbildung der Gewerbe zu befördern, überhaupt auf die Hebung des inländischen Gewerbestandes nach Möglichkeit hinzuwirken. Er bildet ferner ein Organ, durch welches der Staatsregierung Berichte und Gutachten über gewerbliche Angelegenheiten erstattet werden.

Die Geschäfte dieses Vereins werden unter der oberen Leitung und Aufsicht des Großherzogl. Ministeriums des Innern und der Justiz von der Großherzogl. Centralstelle für die Gewerbe wahrgenommen; deren Beamte vom Staate ernannt und besoldet werden. Es findet hier also eine direkte Verbindung zwischen dem Landesgewerbeverein und der Regierung statt.

Zur Beratung der dem Verein obliegenden Aufgaben und zur Bearbeitung derselben in gemeinsamen Sitzungen bestehen ein engerer und ein weiterer Ausschuß. Dem engeren Ausschuß gehören außer dem Präsidenten der Großherzogl. Centralstelle an:

ein von der Regierung zu ernennender weiterer Beamter;

der Vorsitzende der Handwerkerschulkommission;

der Vorstand der chemischen Prüfungs- und Auskunftsstation;

ein Fabrikinspektor und

Sechs vom weiteren Ausschusse des Landesgewerbevereins auf die Dauer von drei Jahren zu wählende Mitglieder, für welche für den Verhinderungsfall drei Ersatzmänner bestimmt werden.

Der engere Ausschuß hat die Großherz. Centralstelle bei der Erledigung der Geschäfte zu unterstützen und namentlich alle ihm seitens der Großh. Regierung zur Bearbeitung oder Begutachtung überwiesenen Angelegenheiten zu erledigen.

Der weitere Ausschuß besteht

a) aus den Mitgliedern des engeren Ausschusses;

b) aus 48 auf die drei Provinzen nach Maßgabe ihrer Mitgliederzahl verteilten Vereinsangehörigen, welche die Generalversammlung auf je drei Jahre wählt;

c) aus den zeitigen Vorsitzenden der dem Landesgewerbeverein angehörigen Ortsgewerbevereine oder ihrer Stellvertreter, im Falle der erste Vorsitzende bereits Mitglied des Ausschusses ist oder verhindert sein sollte.

---

1) Satzungen des Gewerbevereins für das Großherzogtum Hessen.

Zur Bearbeitung von Fragen, welche eingehende Fachkenntnis erfordern, können die Ausschüsse besondere Kommissionen wählen. Ausschußsitzungen werden nach Bedarf abgehalten. Außer diesen Ausschußsitzungen findet dann noch jährlich eine Generalversammlung des Landesgewerbevereins statt. Die Großherzogl. Centralstelle ist also gleichsam das Sekretariat des Landesgewerbevereins, deren Beamten vom Staat besoldet sind.

Der Landesgewerbeverein für das Großherzogtum Hessen erhielt allein nach dem Voranschlag für 1892/93 einen staatlichen Zuschuß von 61 905 M., so daß sich die zu seiner Verfügung stehende Summe auf 81 000 M. belief. Der Landesgewerbeverein mit der Centralstelle für Gewerbe ist ebenfalls eine gewerbliche Interessenvertretung, der mannigfache Funktionen der Selbstverwaltung zustehen. Sie hat wegen ihrer festen Verbindung mit der Regierung bisher sehr segensreich im Interesse des hessischen Gewerbestandes zu wirken verstanden.

Hiermit sind die gewerblichen Interessenvertretungen Deutschlands, in denen auch der Handwerkerstand zur Geltung kommt, erschöpft.

In Preußen bestehen nur Handelskammern, in denen der Handel und die Industrie, soweit sie in das Handelsregister eingetragene Firmen besitzen, eine Vertretung finden. In Preußen hat es zwar an Versuchen, auch dem Kleingewerbe eine Interessenvertretung zu geben, nicht gefehlt, doch ist sowohl derjenige mit den Gewerberäten sowie der erst 1884 mit den Gewerbekammern unternommene Versuch gescheitert, so daß, da bereits alle neuen preußischen Gewerbekammern wieder aufgelöst sind, der Kleingewerbestand jetzt keine Vertretung findet. In den übrigen deutschen Staaten bestehen teils Handelskammern, teils sind überhaupt keine derartige Interessenvertretungen vorhanden.

Außer in Deutschland existieren in Europa nur noch in Frankreich und in Oesterreich gewerbliche Interessenvertretungen.

In Frankreich wurden die chambres consultatives des arts et manufactures durch Gesetz vom 12. IV. 1803 ins Leben gerufen[1]). Sie sollten ursprünglich als offizielle Organe der Industrie dienen. In der ersten Zeit lediglich aus Industriellen gebildet, wurden später die Handeltreibenden in gleicher Weise zugelassen, wie in den Handelskammern auch die Industrie ihre Vertretung erhielt. Sie unterscheiden sich von den Handelskammern nur durch einen geringeren Umfang ihres Bezirks und eine minder mannigfache Vertretung der wirtschaftlichen Interessen, sowie dadurch, daß ihre Kosten nicht, wie bei den Handelskammern, durch alle der Gewerbesteuer

---

1) R. Maresch: „Gewerbekammern" im Handwörterbuch der Staatswissenschaften, Bd. III, S. 1037 fg.

Unterworfenen aufgebracht, sondern von der Gemeinde des Standortes gedeckt werden und sie im Conseil supérieur du commerce nicht vertreten sind. Auf Grund des Dekrets vom 17. I. 1872 bestehen ungefähr noch 100 derartige chambres consultatives des arts et manufactures in Frankreich, die dem Ministerium für Ackerbau und Handel unterstehen.

In Oesterreich-Ungarn existieren Handels- und Gewerbekammern bereits seit dem Jahre 1850[1]). Dieselben wurden durch Gesetz vom 29. VI. 1868 reorganisiert. In diesen findet, namentlich seit der Neukonstituierung vom Jahre 1884, auch das Kleingewerbe seine Vertretung. Diese Kammern zerfallen in der Regel in eine Handels- und eine Gewerbesektion. Die Wahlberechtigung ist von einem Erwerbssteuerbetrage abhängig.

1) R. Maresch: „Gewerbekammern" im Handwörterbuch der Staatswissenschaften, Bd. III, S. 1038.

Zweites Kapitel.

Darstellung der auf Schaffung von Handwerker- oder Gewerbekammern gerichteten Bestrebungen.

A. Die preußischen Gewerberäte.

Neben der politischen Bewegung vollzog sich im Jahre 1848 eine von ganz anderen Motiven hervorgerufene, höchst eigenartige wirtschaftliche Bewegung, die ihren schärfsten Ausdruck in der damaligen Handwerkerbewegung fand. In dieser trat zum ersten Male das Verlangen nach gesonderten gewerblichen Interessenvertretungen hervor.

Die ersten Handelskammern waren in Preußen unter der Herrschaft Frankreichs und daher durch Dekrete der französichen Regierung nach Analogie der von Napoleon I. reorganisierten, französischen Handelskammern im Rheinlande und in der Stadt Emden ins Leben gerufen. Eine eigentliche Organisation der Handelskammern über die ganze preußische Monarchie wurde erst durch die Königl. Verordnung über die Errichtung von Handelskammern vom 11. II. 1848 vorgenommen. Nach dieser Verordnung sollten die Handelskammern die Gesamtinteressen der Handels- und Gewerbetreibenden ihres Bezirkes wahrnehmen. Man hatte hier neben dem Handel auch die Gewerbe erwähnt. Es geschah dies nur, um denjenigen Teil des gewerblichen Verkehrs, welcher in den engsten, untrennbaren Beziehungen zum Handel steht und doch bei einer engeren Auffassung des letzteren Ausdrucks nicht mitgetroffen wird, nicht auszuschließen. Eine Vertretung des Kleingewerbes war damit nicht gemeint. Die Kleingewerbetreibenden, die zu diesen Handelskammern nicht wahlberechtigt und wählbar waren, konnten daher auch diese, so organisierten Handelskammern nicht als ihre Interessenvertretungen anerkennen, sie traten deshalb, als kurz nach der Verordnung vom 11. II. 1848 eine große Handwerkerbewegung entstand, auch ganz besonders für eigene Interessenvertretungen ein.

Namentlich die Handwerker litten schwer unter der Wirtschaftskrise der Jahre 1847 und 1848, und der Notstand hatte damals in den Handwerkerkreisen außerordentliche Ausdehnung angenommen. Die Handwerker, statt die Ursachen der Notlage da zu suchen, wo sie waren, und sich darüber klar zu werden, daß vorübergehende Geschäftsstockungen dieselben hervorgerufen hatten, wandten ihre Aufmerksamkeit der aufkommenden Gewerbefreiheit zu, beschuldigten diese, alles Uebel veranlaßt zu haben, und erwarteten eine Aufbesserung ihrer Verhältnisse nur von der Wiederherstellung der mittelalterlichen Zunfteinrichtungen und von der Schaffung eigener Interessenvertretungen [1]).

Nachdem schon durch zahlreiche Petitionen aus Handwerkerkreisen die Bewegung einen umfassenderen Charakter angenommen hatte, traten im Juni 1848 zu Hamburg 187 Gewerbetreibende zusammen, um über die gemeinsame Lage zu beraten. Die Verhandlungen dieser ersten Abgeordneten-Versammlung des deutschen Handwerker- und Gewerbestandes fanden vom 2. — 6. Juni 1848 statt. Dieselben sollten vornehmlich den Zweck haben, das Frankfurter Parlament und den von diesem niedergesetzten Ausschuß für Arbeits-, Handels- und Gewerbefragen auf die Schäden im Handwerk aufmerksam zu machen. Ein Programm, welches die Forderungen, die damals die Handwerker in der Hauptsache stellten, enthielt, war von dem Hamburger Verein für Hebung des Handwerkerstandes bereits entworfen. Dieses Programm, das bei den Verhandlungen die Zustimmung der Versammlung fand, umfaßte drei Hauptteile, betitelt die Organisation der Gewerbe, Handel und Gewerbe und Staat und Gewerbe [2]).

In dem ersten Teil, betreffend die Organisation der Gewerbe, verlangte man unter Abteilung E: „Als beratende, verwaltende und richterliche Behörde steht an der Spitze des gesamten Gewerbestandes

1) eine Gewerbekammer, gebildet a) durch Abgeordnete aus den Innungen und Gilden, b) durch Abgeordnete aus dem Gesellenstande, c) durch Hinzuziehung Sachverständiger;

2) ein Gewerberat; derselbe wird gebildet a) durch Wahl der Gewerbekammer, b) durch Abgeordnete oder Kommissarien des Staats;

3) ein Gewerbegericht, gebildet a) durch Mitglieder des Gewerberats, b) durch richterliche Personen, c) durch Geschworene, welche die Gewerbekammer erwählt.

In der Abteilung III, „Staat und Gewerbe", war das Verhältnis, welches die genannten Organisationen zum Staat einnehmen sollten, näher bezeichnet. Folgende fünf Thesen legen dasselbe dar:

---

1) Handwörterbuch der Staatswissenschaften, IV. Bd., S. 369, Artikel „Handwerk", von Professor Stieda.

2) Verhandlungen der ersten Abgeordneten-Versammlung des norddeutschen Handwerker- und Gewerbestandes zu Hamburg den 2.—6. VI. 1848, Hamburg 1848, S. 20 fg.

1) Der Staat ist im Gewerberat durch Kommissarien vertreten.

2) Jeder Gewerbetreibende hat bei dem Bürgerwerden seinen Fähigkeitsnachweis durch den Gewerberat nachzuweisen.

3) Jeder Bürger, welcher ein Gewerbe ausüben will, hat den Fähigkeitsnachweis vor Ausübung desselben zu liefern.

4) Die Staatsarbeiten, durch den Gewerberat taxiert, sollen durch denselben den betreffenden Innungen und Gilden in ihrer Gesamtheit überwiesen werden.

5) Verpflichtung des Staats, vor Einführung neuer, die gewerblichen Interessen berührenden Gesetze die betreffenden Gesetzentwürfe der Gewerbekammer und dem Gewerberat zur Begutachtung vorzulegen.

Man verlangte also Gewerbekammern, Gewerberäte und Gewerbegerichte. Die Gewerbekammer, bestehend aus von den Innungen gewählten Arbeitgebern und Arbeitnehmern, sollte vor allen Dingen ein konsultatives Organ sein. Sie sollte die das Gewerbe betreffenden Gesetzentwürfe begutachten, welche der Staat verpflichtet war, ihr vorzulegen.

Der Gewerberat, bestehend aus von den Gewerbekammern gewählten Gewerbetreibenden und vom Staate ernannten Kommissarien, war ebenfalls gutachtlich zu hören, ihm sollte jedoch auch die Durchführung des Befähigungsnachweises übertragen werden. Sodann hatte er alle für den Staat nötigen Arbeiten zu taxieren und diese dann den Innungen und Gilden zur Ausführung zu überweisen.

Die Hamburger Versammlung erklärte sich mit diesem Programm in seinen Grundzügen einverstanden, ging jedoch nicht auf eine nähere Beratung der einzelnen Punkte ein, sondern faßte nur den Beschluß, zu betonen, daß sie die Gewerbefreiheit als ein Unglück für die deutsche Nation betrachte, und daß diese Ansicht das Resultat einer praktischen Erfahrung wäre, zu der sie nicht allein im Hinblick auf Deutschland, sondern auch auf andere Länder gekommen sei.

Der Hauptredner in dieser Versammlung, Professor Winkelblech aus Cassel, der mit den anwesenden Gewerbetreibenden in der Verurteilung der Gewerbefreiheit übereinstimmte, machte praktische Vorschläge, wie der bedrückten Lage der Gewerbe abzuhelfen sei. Er sagte: „Man müsse darauf dringen, daß eine allgemeine Organisation der Arbeit an die Stelle der halben Maßregeln trete. Der Mittelstand müsse sich des Schutzes erfreuen, der ihm fehle, die Versammlung möge daher erklären, daß allein durchgreifende, alle Industriezweige umfassende Zunftverfassung Deutschland vor dem Schicksal Frankreichs und Englands und vor den Gefahren des Kommunismus schützen könne.

An die Stelle der alten künstlichen müsse eine neue natürliche Zunftverfassung treten. Man möge in Paris anderer Meinung sein, die Revolution habe dort erst begonnen, sie sei keine politische, sondern eine soziale. Das Vorwalten der juristischen Elemente in unserem Parlament gebe Grund zu der Vermutung, daß es dem System der freien Konkurrenz huldige, aber die wahre Freiheit des Produzenten bestehe darin, daß ihm eine, seinen Kräften entsprechende Erwerbssphäre gesichert sei. Unsere Staatsökonomen und Rechtsgelehrten wollten zwar ebenfalls das Wohl der Gesellschaft, sie irrten sich jedoch in der Wahl der Mittel, und darum sei der deutsche Mittelstand berufen, neben der politischen Kammer eine soziale Kammer zu fordern, und auch er hoffe, daß mit Hilfe eines solchen Organs zur Vereinigung sämtlicher Intelligenten der Gewerbetreibenden Deutschland im Stande sein werde, allen Völkern, selbst das ruhmwürdige Frankreich nicht ausgenommen, den Schlüssel zur Lösung der sozialen Frage zu liefern."

Diese Idee eines sozialen Parlaments, welches die soziale Frage lösen sollte, fand allgemeinen Beifall. Es wurde einstimmig folgender, vom Professor Winkelblech formulierter Antrag angenommen. Man fordere:

„Die Errichtung einer sozialen Kammer (Soziales Parlament), welche die ganze soziale Gesetzgebung zu beraten und die gefaßten Beschlüsse der politischen Kammer (Politisches Parlament), der die Feststellung der ganzen politischen Ordnung zusteht, zur Entscheidung vorzulegen hat.

Die Mitglieder dieser Kammer sollen von sämtlichen sozialen Ständen nach einem, die Vertretung aller besonderen Berufsgeschäfte hinlänglich verbürgenden Wahlgesetz erwählt werden.

Eine gemeinschaftliche, einem jeden Glied der bürgerlichen Gesellschaft die seiner Arbeitskraft entsprechende Erwerbssphäre sichernde soziale Gesetzgebung für ganz Deutschland und zwar mit Ausschluß aller Partikularrechte [1]).

Mehrere andere Deputierte trugen ebenfalls ihre Wünsche in Betreff der zukünftigen Gestaltung der gewerblichen Interessenvertretung vor. Ein Redner verlangte z. B. statt bisheriger Gilden Vereinigungen sämtlicher Gewerbe unter Gewerbekommissionen oder sogenannten Gewerberäten, welche wiederum einem Arbeitsministerium untergeordnet sein sollten.

Ein anderer Redner führte aus, es möge in der zu entwerfenden allgemeinen deutschen Gewerbeordnung die Bildung einer deutscher Gewerbekammer beschlossen werden. Außerdem forderte Redner Spezial-Gewerbekammern in den einzelnen Staaten und unter diesen wiederum eine durch

1) Wir sind auf diese Materie etwas eingegangen, weil auf den meisten folgenden Handwerkertagen die Forderung nach einem sozialen Parlament in Verbindung mit derjenigen der Handwerker- oder Gewerbekammern erhoben wurde.

Gewerbetreibende aus ihrer Mitte gewählte Vertretung für einzelne Kreise. Hier war an ein vollständiges System solcher gewerblichen Interessenvertretungen gedacht.

Es traten daher schon auf dem ersten Handwerkertag von den verschiedensten Seiten Wünsche in Bezug auf Errichtung von gewerblichen Interessenvertretungen in mannigfacher Form hervor.

Da man sich nicht an den Entwurf einer deutschen Gewerbeordnung in Hamburg wagen konnte, weil nur der Gewerbestand eines kleinen Teils von Deutschland vertreten war, so wurde die Berufung eines allgemeinen deutschen Handwerker- und Gewerbekongresses nach Frankfurt a. M. beschlossen. Es wurde Frankfurt a. M. gewählt, weil gerade dort das deutsche Parlament tagte, und man mit diesem in Verbindung treten wollte. Dieser Kongreß sollte den Entwurf zu einer allgemeinen deutschen, zeitgemäßen Handwerker- und Gewerbeordnung ausarbeiten und dem hohen Parlament vorlegen.

In dieser Weise vorbereitet, wurde am 15. VII. 1848 in Frankfurt a. M. der von 116 Handwerksmeistern aus 24 deutschen Einzelstaaten beschickte Handwerker- und Gewerbekongreß eröffnet [1]).

Gleich nach dem Zusammentritt dieses Handwerker- und Gewerbekongresses sandte man eine Adresse an die gleichzeitig tagende Nationalversammlung, in der als Zweck des Kongresses eine gründliche Prüfung der Gebrechen des deutschen Handwerker- und Gewerbestandes, die Entwerfung einer, alle Kreise der gewerblichen Thätigkeit umfassenden, organisch gegliederten, zeitgemäßen, deutschen Handwerker- und Gewerbeordnung und die Gründung eines mit dem Reichsministerium in direkte Verbindung tretenden Organs zur Förderung und Wahrung der Interessen des deutschen Handwerker- und Gewerbestandes angegeben wurde. Man ersuchte sodann die Nationalversammlung, den volkswirtschaftlichen Ausschuß zu beauftragen, mit dem Gewerbekongreß in gemeinschaftliche Unterhandlungen zu treten.

In meist stürmischen Sitzungen tagte das Handwerkerparlament bis zum 18. August und unterbreitete als das Endergebnis seiner Beratungen der verfassunggebenden Nationalversammlung den Entwurf einer allgemeinen Handwerks- und Gewerbeordnung, der sich auf einen feierlichen, von Millionen Unglücklicher besiegelten Protest gegen die Gewerbefreiheit stützte.

Die Abgeordneten des Handwerker- und Gewerbestandes, heißt es in dem Vorwort zum Entwurf der Gewerbeordnung, aus allen Gauen Deutsch-

---

1) Verhandlungen des ersten Deutschen Handwerker- und Gewerbekongresses, gehalten in Frankfurt a. M. vom 14. VII. bis 18. VIII. 1848. Herausgegeben im Auftrage des Kongresses von G. Schirges, Darmstadt 1848.

lands durch die gleichen Leiden zusammengeführt, beschwören die Männer, welche das Volkswohl beraten, daß sie, um größerem Unheil vorzubeugen, den aus der Erfahrung allgemach hervorgehenden Rat der Fachmänner hören und in einem besonderen Artikel des Reichsgrundgesetzes die gänzliche Aufhebung der Gewerbefreiheit, soweit sie noch in Deutschland besteht, gewährleisten [1]).

Diese Bestimmung, sowie die Errichtung einer allgemeinen deutschen Gewerbekammer als gesetzliches Organ, um die Bedürfnisse des Gewerbestandes zur Kenntnis des gesetzgebenden Parlaments zu bringen, sind die beiden Artikel, von deren Aufnahme in das Reichsgrundgesetz die Gewerbetreibenden ihr ganzes Heil erwarten.

Man wolle, daß nicht nur dem Gewerbestand überlassen bleibe, seine Angelegenheiten selbständig zu ordnen, sondern es müßten auch Organe geschaffen werden, welche, von jedem fremden Einflusse frei, den Gewerbestand bis zu den höchsten Staatsgewalten vertreten könnten. Aufgabe dieser Organe sollte es vorzüglich sein, die aus eigener Wissenschaft und Erfahrung gefundenen Mittel zur Hebung des Handwerker- und Gewerbestandes den obersten Staatsgewalten zu unterbreiten und auf diese Weise den Weg zur praktischen Lösung eines großen Teils der sozialen Fragen anzubahnen, an welcher Polizei und Theoretiker sich bisher vergebens versucht hätten. Als solche Organe dachte man sich die Innungsvorstände, Gewerberäte und Gewerbekammern.

Die näheren Normen über diese Organisationen waren in den Paragraphen 7—17 festgesetzt, welche wir wegen der Wichtigkeit dieser Bestimmungen für die späteren Gewerberäte wörtlich folgen lassen.

Sie lauteten:

§ 7.

Die Innungen ordnen ihre inneren Gesamtinteressen selbständig durch gesetzmäßige Beschlüsse.

§ 8.

Jede Innung wählt aus sich einen Vorstand, welcher ihre Beschlüsse, nach Maßgabe des Spezialstatuts, vollzieht und durch die Wahl gesetzlich bevollmächtigt ist, die Innung vor Gericht und sonst überall nach außen zu vertreten.

Die gewerblichen Streitigkeiten zwischen Meistern, Gesellen und Lehrlingen werden zunächst vor das Vermittelungsamt des Vorstandes gebracht.

---

1) Entwurf einer allgemeinen Handwerker- und Gewerbeordnung für Deutschland. Beraten und beschlossen von dem Deutschen Handwerker- und Gewerbekongreß zu Frankfurt a. M. in den Monaten Juli und August 1848, Hamburg 1848.

§ 9.

Der Gewerberat ist die freigewählte Behörde aller Innungen einer Stadt oder eines Bezirkes.

§ 10.

Sämtliche Gewerbe werden in so viele Kategorien geteilt, als Mitglieder des Gewerberates gewählt werden sollen, und jede Kategorie stellt durch Urwahlen sämtlicher dazu gehöriger Meister ein Mitglied und einen Ersatzmann zum Gewerberat.

Alljährlich scheidet ein Dritteil der Mitglieder aus dem Gewerberat, welches unverzüglich durch eine neue Wahl zu ergänzen ist. Die ersten zwei Ausscheidungen geschehen durchs Los, die späteren erfolgen nach dem Dienstalter.

Die Mitglieder des Gewerberats werden vereidet.

§ 11.

Der Gewerberat teilt sich in ein Gewerbegericht und einen Verwaltungsausschuß.

Jede Abteilung zieht einen besonderen Schriftführer zu.

Plenar-Sitzungen finden nach Ermessen des Vorsitzenden des Verwaltungs-Ausschusses statt, oder wenn von einem Dritteil der Mitglieder des Gewerberates eine solche verlangt wird.

§ 12.

Das Gewerbegericht besteht aus mindestens 4 Mitgliedern und einer vom Staate beizugebenden und von demselben zu besoldenden richterlichen Person mit Sitz und Stimme.

§ 13.

Das Gewerbegericht entscheidet:

a) über die nach § 8 nicht gütlich beizulegenden Streitgegenstände;
b) über die aus dem Gewerbebetrieb entspringenden Streitigkeiten und Ansprüche zwischen den Gewerbtreibenden untereinander;
c) über die Grenzen und Befugnisse der einzelnen Gewerbe gegeneinander.

Bei appellablen Gegenständen entscheidet das kompetente Obergericht in zweiter und letzter Instanz.

§ 14.

Zum Verwaltungs-Ausschuß sind mindestens fünf Mitglieder erforderlich. Derselbe hat die gemeinschaftlichen Interessen der Gewerbtreibenden seines Bezirks wahrzunehmen, sämtliche Innungsinstitute desselben zu überwachen und alljährlich oder, wenn es nötig, in kürzeren Zeitabschnitten über Lage und Bedürfnisse des Gewerbestandes an die Gewerbekammern zu berichten, auch durch ein Mitglied die Meisterprüfung zu leiten.

§ 15.

Alle Ausfertigungen und Erkenntnisse der Innungs-Behörden sind stempelfrei.

§ 16.

Es sollen Spezial-Gewerbekammern gebildet werden, welche den gesetzgebenden Stände-Kammern beratend zur Seite stehen und sich sowohl mit den Gewerberäten, als mit den Arbeitsministerien über alle gewerblichen Angelegenheiten zu benehmen haben.

Diese Spezial-Gewerbekammern werden durch die Gewerberäte gewählt.

§ 17.

Eine allgemeine deutsche Gewerbekammer versammelt sich jedesmal gleichzeitig mit dem deutschen Parlament an dessen Sitz; ihre Aufgabe ist es, rechtsverbindliche Beschlüsse zur Herstellung übereinstimmender Spezial-Statuten für die gleichen Innungen zu fassen und die den gewerblichen Interessen entsprechenden allgemeinen Maßregeln und Gesetze zu beantragen.

Die Mitglieder dieser Kammer werden durch direkte Urwahlen der sämtlichen deutschen Innungs-Meister, im Verhältnis von einem Sechstel der National-Vertreter, gewählt. Die Berufung geschieht durch das Reichsministerium.

Sollte in der deutschen Nationalversammlung die Errichtung einer allgemeinen industriellen Kammer beschlossen werden, so würden die Handwerke und technischen Gewerbe darin mit drei Fünftel der sämtlichen Abgeordneten zu vertreten sein.

Der von den Innungen seines Bezirkes gewählte Gewerberat sollte also in ein Gewerbegericht und einen Verwaltungsausschuß zerfallen. Dieser Ausschuß war den Gewerbekammern unterstellt, denen er zu berichten hatte. Derselbe war jedoch auch Selbstverwaltungskörper, denn er hatte die Innungen zu überwachen und die Meisterprüfung zu leiten.

Die Spezial-Gewerbekammern sollten als konsultative Organe den Ständekammern zur Seite stehen und mit den Gewerberäten nach unten und dem Arbeitsministerium nach oben wegen gewerblicher Fragen in Verbindung treten.

Eine allgemeine deutsche Gewerbekammer, die sich jedesmal gleichzeitig mit dem deutschen Parlament an dessen Sitz versammelte, bildete die Krone des ganzen Systems.

Es hatten sich also die noch im Juni in Hamburg ziemlich unbestimmt auftretenden Pläne zu einem festen System verdichtet.

Die Debatte über diese Paragraphen, die am 9. und 10. August stattfand, wurde hauptsächlich von Professor Winkelblech zu einem Abschluß gebracht, dieselbe bietet jedoch keine besonders erwähnenswerten Momente [1]). Alle die gewünschten Organisationen sollten nur von Innungsmeistern gewählt werden. Man wollte also gesonderte Interessenvertretungen für das Kleingewerbe schaffen. Es kann nicht unsere Aufgabe sein, auch auf die Bestimmungen, mit denen der Kongreß die Gewerbefreiheit zu beseitigen gedachte, hier einzugehen, dieselben waren extrem zünftlerisch und fanden unter den deutschen Handwerkern, bis auf einige Handwerkerkreise Bayerns, Badens und der Pfalz, die der Gewerbefreiheit huldigten, fast allgemeine Billigung.

Alle diese Petitionen und Kongresse verfehlten nicht auf die deutsche Nationalversamlung Eindruck zu machen. Der mit der Ausarbeitung einer Gewerbeordnung beauftragte Ausschuß legte eine solche, begleitet von zwei Minoritätsvoten, am 26. Februar 1849 der Nationalversammlung vor.

Dieser Entwurf trug in vieler Beziehung den Wünschen der Handwerker Rechnung, in ihm waren auch Gewerberäte und Gewerbekammern vorgesehen. Die geplante Gewerbeordnung kam jedoch nicht zu Stande. Die Nationalversammlung beschloß auf die Beratung einer Gewerbeordnung gar nicht einzugehen, sondern überwies alles angesammelte Material, die Petitionen, Berichte, Verhandlungsprotokolle 2c., der künftigen Reichsgesetzgebung zur Benutzung.

Kam auf diese Weise vorläufig keine allgemeine Gewerbeordnung zu Stande, so wurde doch in einigen Staaten dem Drängen der Handwerker nachgegeben. Es wurden in diesen Gesetze erlassen, die den Wünschen der Handwerker sehr weit entgegenkamen. Am meisten bemühte man sich in Preußen, dieselben zu erfüllen.

Hier entstand die Frage, ob etwa durch eine provisorische Verordnung, unbeschadet der Rücksichten auf die Verhandlungen des Frankfurter Parlaments, den dringendsten Bedürfnissen und Wünschen der Handwerker entsprochen werden könne. Es war zu diesem Zwecke ein Entwurf ausgearbeitet worden, der Abänderungen in Vorschlag brachte, die zu einer provisorischen Verordnung geeignet sein könnten [2]).

Das Ministerium wünschte jedoch die Ansichten der Gewerbetreibenden hierüber selbst zu vernehmen. Es wurde daher für zweckmäßig befunden, eine Vorberatung über diesen Entwurf mit den Beteiligten des Gewerbe-

---

1) Verhandlungen des ersten Deutschen Handwerker- und Gewerbekongresses, gehalten zu Frankfurt a. M. vom 17. VII. bis 18. VIII. 1848. Herausgegeben im Auftrage des Kongresses von G. Schirges, Darmstadt 1848, S. 167 fg.

2) Th. Risch: Die Handwerksgesetzgebung Preußens und der größeren Staaten Deutschlands, Berlin 1861, S. 85 fg.

standes zu veranstalten, zu welchem Zwecke, den von mehreren Seiten eingegangenen Anträgen entsprechend, Abgeordnete der Provinzial-Handwerker-Vereine eingeladen wurden. Mit Rücksicht auf die durch den Raum gebotene Zahl der Teilnehmer und darauf, daß das Ministerium mit den Wünschen der verschiedenen Handwerkerklassen aus allen Gebieten des Staates schon in mannigfacher Art bekannt geworden, wurden aus den Centralvereinen jeder Provinz nur drei Deputierte eingeladen, aber auch wegen der Gewerbegerichte und Gewerberäte zwanzig dem Kaufmann- und Fabrikantenstande angehörende Gewerbetreibende hinzugezogen. Unter Mitwirkung von sechszehn Meistern, acht Gesellen und zwanzig Kaufleuten und Fabrikanten wurden dann die Vorberatungen über den vorgelegten Entwurf vom 14.—30. Jan. 1849 vorgenommen und die Arbeiten so beschleunigt, daß am 9. Febr. 1849 bereits die betreffende Verordnung publiziert werden konnte, welche die Errichtung von Gewerberäten und verschiedene Abänderungen der Gewerbeordnung vom 17. Jan. 1845 gesetzlich sanktionierte.

Bei den Verhandlungen trat man am 26. Jan. 1849 der Frage näher, was hinsichtlich der Errichtung von Gewerberäten zu bestimmen sein dürfte. Man war damit einverstanden, daß unter dem Gewerberat eine gewerbliche Orts- oder Bezirksbehörde zu denken sei, welche die von der Kompetenz des Gewerbegerichts ausgeschlossenen, gleichwohl aber für gewisse Gebiete der Gewerbsamkeit mit Sachkunde zu regelnden Angelegenheiten im Verwaltungswege zu ordnen habe [1]).

Schon bei der vorhergehenden Beratung über die Gewerbegerichte hatte man mannigfache Funktionen den Gewerberäten zugewiesen. Unter Zustimmung aller Abgeordneten wurde bestimmt, daß der Gewerberat alle Interessen des Handwerks- und Fabrikbetriebes wahrzunehmen, die gemeinsamen Angelegenheiten mehrerer oder aller Innungen seines Bezirkes zu erledigen und zweckmäßige Einrichtungen, wie die Errichtung von Gewerbehallen, Vorschußkassen ꝛc., zu befördern habe. Außerdem sollte ihm die Ueberwachung der Durchführung der Vorschriften über die Verwaltung der Innungsangelegenheiten, über die Meister- und Gesellenprüfungen, über die Annahme und Behandlung der Gesellen, Gehilfen, Arbeiter und Lehrlinge, über die festgestellten Beschränkungen der Arbeitsbefugnisse und über sonstige gewerbliche Verhältnisse zustehen.

Seine Ansichten und Wahrnehmungen über alle diese Angelegenheiten sollte der Gewerberat, auch ohne vorhergegangene Aufforderung, zur Kenntnis

1) Verhandlungen, betreffend die Beratung des Entwurfs einer Verordnung zur Ergänzung der Allgemeinen Gewerbeordnung vom 17. I. 1845, des Entwurfes einer Verordnung über die Errichtung von Gewerbegerichten und vorgenannter Entwürfe selbst.

der Behörden bringen können. Es war demselben also das Recht der Initiative zugestanden. Auf Verlangen sollte er sodann den Behörden Gutachten über gewerbliche Fragen erstatten.

Hier wurde zum ersten Mal ausgesprochen, daß der Gewerberat nicht nur die Interessen des Kleingewerbes, wie man dies auf den Handwerkertagen geplant hatte, sondern auch die des Fabrikbetriebes zu vertreten habe.

Die Versammlung wurde dann von dem Vorsitzenden aufgefordert, sich darüber auszusprechen,

„ob sie das Gewerbegericht, wie es nach den bisherigen Anträgen gebildet werden solle, für geeignet halte, die Obliegenheiten des Gewerberats zu erfüllen, oder ob und in welcher Art dasselbe zu ergänzen oder neben demselben ein besonderer Gewerberat zu errichten sein dürfte?"

Bei der Diskussion gelangte man zu der Ueberzeugung, daß das Gewerbegericht in der beantragten Zusammensetzung den an den Gewerberat zu stellenden Anforderungen nicht genügen könne, teils weil die bei dem Geschäftskreise des Gewerberats mitbeteiligte Klasse der Handeltreibenden im Gewerbegericht nicht vertreten sei, teils weil die Gesamtheit der dem Gewerbegericht und dem Gewerberate zugewiesenen Kompetenzen für die Mitglieder des Gewerbegerichts zu groß sei.

Von mehreren Seiten wurde der Antrag gestellt, einen besonderen Handwerkerrat zu bilden, welcher in den geeigneten Fällen mit dem daneben zu bildenden Fabrikenrate und mit dem Handelsrate (der Handelskammer) zusammentreten möge. Dieser Antrag fand jedoch bei der Mehrzahl der Abgeordneten keine Unterstützung. Die Ansicht der Mehrheit neigte sich vielmehr dahin, daß zur Wahrnehmung der ineinander greifenden Interessen des Handwerker-, des Fabriken- und des Handelsstandes ein vom Gewerbegerichte getrennter, gemeinschaftlicher Gewerberat aus Mitgliedern der genannten drei Klassen zu errichten sei. Dieser müsse in drei verschiedene Abteilungen zerfallen, damit in denselben die nur einen der drei Zweige des Gewerbebetriebes berührenden Angelegenheiten in getrennten Sitzungen beraten werden könnten. In denjenigen Fällen, in welchen verschiedene Interessen ineinander griffen, hätten die beteiligten Abteilungen sich zu gemeinschaftlichen Beratungen zu vereinigen. In den Geschäftskreis, welcher durch die bestehenden Gesetze den Handelskammern zugewiesen sei, solle der Gewerberat nicht eingreifen, dagegen in den geeigneten Fällen mit dem Gewerbegericht in Verbindung treten, um mit diesem gemeinschaftlich die den beiderseitigen Geschäftsbereich berührenden allgemeinen Fragen zu erledigen.

Hinsichtlich der Zusammensetzung des Gewerberates waren die Abgeordneten über folgende Vorschläge einverstanden:

1) Im Gewerberat soll a) der Handwerkerstand, b) der Fabrikenstand,

c) der Handelsstand, und zwar jeder Stand durch eine gleiche, jedoch ungerade Zahl gewählter Mitglieder vertreten sein.

2) Die geringste Zahl der Mitglieder soll für jeden Stand auf fünf bestimmt werden.

3) In dem Handwerker- und in dem Fabrikenstande sollen die beiden Klassen der Arbeitgeber und Arbeitnehmer gleiche Vertretung erhalten, jedoch mit der Maßgabe, daß das zur Erlangung der ungeraden Mitgliederzahl in jeder Abteilung erforderliche Mitglied aus der Klasse der Arbeitgeber zu wählen ist.

Die Zuziehung von Handlungsgehülfen bei der Bildung der Abteilung des Gewerberates für den Handelsstand wurde von der Mehrheit der Abgeordneten aus dem Fabrikanten- und Handelsstande mit sechs gegen drei Stimmen für unzulässig erachtet, weil die Stellung der Handlungsgehülfen für die Vertretung der Handelsinteressen im Gewerberate, durch welche die Teilnahme selbständiger Handeltreibender bedingt werde, nicht geeignet erscheine. Die Mehrheit der Abgeordneten des Handwerksstandes stimmte für die Zulassung der Handlungsgehülfen.

Im Uebrigen sollen nach den übereinstimmenden Gutachten sämtlicher Abgeordneten

4) die Bedingung der Wahlberechtigung und der Wählbarkeit nach den für die Bildung der Gewerbegerichte vorgeschlagenen Grundsätzen bestimmt,

5) die Vorsitzenden der einzelnen Abteilungen von den Mitgliedern jeder Abteilung aus ihrer Mitte, der Vorsitzende des ganzen Gewerberates von den vereinigten Abteilungen aus der Mitte sämtlicher Mitglieder gewählt,

6) die einzelnen Gewerberäte, den Vorschlägen über die Einsetzung der Gewerbegerichte entsprechend, auf den Antrag einer der beteiligten Innungen nach Anhörung der übrigen Innungen und der Gemeindevertreter errichtet, und

7) die Geschäftsregulative für die einzelnen Gewerberäte von dem Ministerium für Handel und Gewerbe bestätigt werden.

Schließlich wurde von einem Mitgliede des Handelsstandes beantragt, den Handeltreibenden die Befugnis vorzubehalten, die Teilnahme an der Bildung des Gewerberates abzulehnen, wenn sie dieselbe für ihre Interessen nicht vorteilhaft fänden. Nachdem hierauf von den Abgeordneten des Handwerkerstandes entgegnet worden war, daß ihrerseits die Vertretung des Handelsstandes in dem Gewerberate nur im Interesse der Handeltreibenden vorgeschlagen sei und daß sie, wenn der Handelsstand die Teilnahme verweigern sollte, für sich und für den Fabrikantenstand nur die Befugnis beanspruchten, in solchen Fällen ohne Zuziehung von Handeltreibenden den Gewerberat für Handwerker- und Fabriken-Angelegenheiten zu bilden, verständigte man sich dahin, daß überhaupt die Vertretung der verschiedenen Stände in dem Gewerberate den jedesmaligen gewerblichen Verhältnissen des Bezirkes nach Anleitung der vereinbarten allgemeinen Grundsätze anzupassen sein werde.

In der Schlußsitzung vom 30. Januar, in welcher der Minister für Handel, Gewerbe und öffentliche Arbeiten, von der Heydt, zu den Beschlüssen der Versammlung Stellung nahm, erklärte derselbe, er sei damit einverstanden, daß die zu Frankfurt a. M. gefaßten Beschlüsse unter Beachtung der bei den jetzigen Beratungen vorgekommenen Verabredungen für die Gewerberäte maßgebend seien. Es gehe seine Absicht dahin, die Bestimmungen wegen der Gewerberäte, damit sie sofort für die ganze Monarchie zur Anwendung kommen könnten, mit der Verordnung wegen Ergänzung der Gewerbeordnung zu verbinden, zumal in dieser Verordnung vielfach auf die Teilnahme und Entscheidung der Gewerberäte hingewiesen werde.

Am 9. Febr. 1849 wurde sodann die Verordnung gemäß den Beschlüssen der Berliner Abgeordnetenversammlung erlassen. Obgleich der Gewerberat hauptsächlich Handwerkerinteressen zu vertreten hatte, so war doch von den Interessenten selbst beschlossen worden, die Fabrikanten und sogar die Handeltreibenden wegen der Solidarität der Interessen dieser Stände hinzuzuziehen. Jedoch sollte jede Sektion ihre Sonderinteressen in besonderen Sitzungen beraten können, und nur allgemeine Angelegenheiten sollten unter Zusammentritt aller drei Gruppen beraten werden[1]).

Ob die Sektionen für sich allein das Recht haben sollten Beschlüsse zu fassen, darüber waren in der Versammlung keine Entscheidungen getroffen worden. Ueberhaupt war über das Verhältnis dieser drei Sektionen zum Plenum nichts Näheres bestimmt.

Wie genau sich die Verordnung vom 9. Febr. 1849 an die Berliner Beschlüsse hielt, möge aus folgenden Bestimmungen derselben erhellen.

Nach dieser Verordnung sollte für jeden Ort oder Bezirk, wo wegen eines erheblichen gewerblichen Verkehrs ein Bedürfnis zu einem Gewerberate obwaltet, ein solcher auf Antrag der Gewerbetreibenden, nach Anhörung der gewerblichen und kaufmännischen Korporationen und der Gemeindevertreter, mit Genehmigung des Ministeriums für Handel, Gewerbe und öffentliche Arbeiten errichtet werden. Die Einrichtung war also eine fakultative.

Die Gewerberäte sollten die allgemeinen Interessen des Handwerks und Fabrikbetriebes in ihrem Bezirke wahrnehmen und die zur Förderung desselben geeigneten Einrichtungen beraten und anregen. Außerdem hatte der Gewerberat in vielen einzelnen Fällen sein Gutachten und seine Entscheidung

1) Landgraf: Bericht über die Errichtung von Gewerbekammern, erstattet durch das Mitglied des ständigen Ausschußes der Großh. Landesgewerbehalle, Karlsruhe 1881, S. 6 fg.

abzugeben und die Befolgung der Vorschriften über das Innungswesen, die Meister- und Gesellenprüfungen, die Annahme und Behandlung der Gesellen, Gehülfen, Lehrlinge und Fabrikarbeiter, die festgestellte Abgrenzung der Arbeitsbefugnisse und sonstige gewerbliche Verhältnisse rc. zu kontrolieren[1]).

Die Mitglieder waren zu gleichen Teilen aus dem Handwerkerstande, aus dem Fabrikstande und aus dem Handelsstande zu wählen. Der Gewerberat zerfiel in drei Abteilungen. In der Handwerker- und Fabrikabteilung sollten nicht nur die Arbeitgeber, sondern Arbeitnehmer eine Vertretung haben. An Orten, wo kein Gewerberat bestand, hatten die Gemeindebehörden dessen Funktionen zu übernehmen.

Die Verordnung enthielt sodann noch wichtige Anordnungen in betreff des Handwerks selbst. Sie führte für sehr zahlreiche Gewerbe den Befähigungsnachweis wieder ein. Darüber, welche Arbeiten zu den unter den einzelnen Handwerken begriffenen Verrichtungen gehören, hatte der Gewerberat mit Berücksichtigung der über ihre Abgrenzung getroffenen Anordnung zu entscheiden.

Die gleichzeitige Ausübung mehrerer Handwerke durch dieselbe Person konnte sodann, wenn dadurch erhebliche Nachteile entstanden, nach Anhörung der beteiligten Innungen und des Gewerberats durch Ortsstatut beschränkt werden.

Den Fabrikinhabern war die Beschäftigung von Handwerksgesellen, nur soweit sie sich derselben zur unmittelbaren Erzeugung und Fertigmachung ihrer Fabrikate bedienten, gestattet.

Fabrikinhaber, welche ein Gewerbe ausübten, ohne die Befähigung zum handwerksmäßigen Betriebe desselben nachgewiesen zu haben, durften außerhalb ihrer Betriebsstätten nicht mehr Gesellen beschäftigen.

Inhaber von Magazinen zum Detailverkauf von Handwerkerwaren durften sich mit deren Anfertigung nicht mehr befassen, wenn sie nicht die erforderliche Meisterprüfung bestanden hatten.

Es folgen noch spezielle Bestimmungen über das Verfahren bei den Prüfungen der Gesellen, Gehülfen und Lehrlinge, sowie über die Organisation der Prüfungsbehörden, welche das Prinzip der Verordnung noch deutlicher ausprägten.

Handwerksmeister durften sich zu den technischen Arbeiten ihres Gewerbes nur der Gesellen, Gehülfen und Lehrlinge ihres speziellen Handwerks bedienen, soweit nicht von dem Gewerberate eine Ausnahme gestattet wurde.

Gesellen und Gehülfen durften in ihrem Gewerbe nur bei Meistern ihres Handwerks in Arbeit treten rc.

Man muß zu dem Urteil gelangen, daß diese Verordnung mit dem Entwicklungsgange der gewerblichen Gesetzgebung in Preußen nicht über-

1) Schönberg: Handbuch der politischen Oekonomie, Tübingen 1886, II. Bd., S. 458 fg.

einstimmt, daß der seit 1810 bestehenden Gewerbefreiheit vielfach darin zu nahe getreten wurde. Die Verordnung war im Interesse des Handwerks erlassen. Die Regierung wollte durch dieselbe alles thun, was zur Herstellung des Wohles der so zahlreichen gewerbetreibenden Klasse beitragen konnte. Es war mit einem Worte eine Verordnung von Handwerkern für Handwerker.

Welches war der Erfolg dieser Verordnung vom 9. Februar 1849?

Die Spitze derselben bildete der Gewerberat, und da gerade dieser über die Ausführungen der neuen gewerblichen Bestimmungen zu wachen hatte, so konnten diese nicht ordentlich in Kraft treten, wenn nicht überall Gewerberäte errichtet wurden.

In ganz Preußen sind auf Grund dieser Verordnung 96 Gewerberäte entstanden, die sich meist nach sehr kurzem, fruchtlosen Bestehen wieder auflösten. Nur vier vermochten ihr Dasein bis zum Anfang der sechsziger Jahre zu fristen, bis endlich im Jahre 1864 auch der letzte, der Gewerberat zu Berlin, zu Grabe getragen wurde.

Die Gründe, welche zur schnellen Vernichtung einer von den Interessenten so heiß ersehnten Institution führten, sind verschiedenartige. Wir wollen versuchen dieselben klar zu legen.

Die Errichtung der Gewerberäte war eine fakultative. Es war ein Antrag der Beteiligten dazu erforderlich, welcher nach Anhörung der bereits bestehenden Korporationen und der Gemeindevertreter vom Handelsminister vollzogen werden mußte. Beteiligt waren außer den Handwerkern noch die Industriellen und Kaufleute, denn aus diesen drei Ständen war der Gewerberat zu bilden.

Derselbe sollte nach § 2 die allgemeinen Interessen des Handwerks und Fabrikbetriebs in seinem Bezirke vertreten, von einer Wahrung der Interessen auch des Handelsstandes ist nirgends in der Verordnung die Rede. Es war sogar ausdrücklich in den Vorberatungen zu Berlin betont worden, in den Geschäftskreis, welcher durch die bestehenden Gesetze den Handelskammern zugewiesen sei, solle der Gewerberat nicht eingreifen. Der Handelsstand hatte daher selbst da, wo Handelskammern nicht bestanden, gar kein Interesse an der Bildung von Gewerberäten, denn die Handelsabteilung des Gewerberats hatte nicht die Funktionen einer Handelskammer zu erfüllen, sie war nur ein moralisches Korrektiv für die beiden anderen Abteilungen. Ganz richtig war deshalb auch von einem Mitgliede des Handelsstandes bei der Vorberatung in Berlin beantragt worden, den Handeltreibenden die Befugnis vorzubehalten, die Teilnahme an der Bildung des Gewerberates abzulehnen, wenn sie dieselbe für ihre Interessen nicht vorteilhaft fänden.

Man verständigte sich damals schließlich dahin, daß überhaupt die Vertretung der verschiedenen Stände in dem Gewerberate den jedesmaligen gewerblichen Verhältnissen des Bezirkes anzupassen sei [1]).

Diese Auffassung war jedoch bei Ausführung der Verordnung nicht maßgebend, wie aus der Verfügung vom 30. Dez. 1850, betreffend die Ausführung der in einzelnen Gemeindebezirken nicht zu Stande zu bringenden Errichtung eines Gewerberates, hervorgeht [2]). Dieselbe besagt: „Die Verordnung vom 9. Febr. 1849 weist dem Gewerberat eine Wirksamkeit zu, welche in die gesamten gewerblichen und sozialen Verhältnisse eingreift und von welcher sich ein günstiger Erfolg nur bei gleichmäßiger Vertretung aller beteiligten Klassen des Gewerbestandes im Gewerberate erwarten läßt. Um diesen zur umsichtigen Würdigung der verschiedenen Interessen zu befähigen, welche in der einen oder anderen Richtung der gewerblichen Thätigkeit sich geltend machen, sollen die Mitglieder des Gewerberates, nach dem § 5 Alinea 1, zu gleichen Teilen aus dem Handwerkerstande, aus dem Fabrikstande und aus dem Handelsstande gewählt werden. Demzufolge kann der Gewerberat, als das in § 2 bezeichnete gemeinsame Organ des Gewerbestandes, nur da ins Leben treten, wo alle beteiligten Klassen der Gewerbetreibenden das Bedürfnis fühlen, durch Vertreter aus ihrer Mitte die gewerblichen Interessen wahrzunehmen und bei der Regelung der gewerblichen Verhältnisse mitzuwirken. Wenn daher, wie es in N. geschehen, im Widerspruch mit den früher von den gewerblichen Korporationen der Kaufmannschaft, der Stadtverordnetenversammlung und dem Magistrate zu N. ausgegangenen übereinstimmenden Anträgen auf Errichtung eines Gewerberates bei der demnächst ausgeschriebenen Wahl, selbst bei den angeordneten wiederholten Wahlterminen, sich nunmehr die Mitglieder des Handelsstandes, sowie die Fabrikinhaber und Fabrikarbeiter sämtlich und außerdem fast alle Arbeitnehmer des Handwerkerstandes von einer Beteiligung ausgeschlossen haben, und die Erzielung eines befriedigenden Ergebnisses nach Ihrem Bericht nicht zu erwarten steht, so muß hieraus gefolgert werden, daß der Gewerbestand in seiner überwiegenden Mehrheit nunmehr selbst die Errichtung des Gewerberats nicht wünscht, und so wenig unter diesen Umständen Veranlassung vorliegt, den Beteiligten die für entbehrlich erachtete Institution auf-

1) Verhandlungen, betreffend die Beratung des Entwurfs einer Verordnung zur Ergänzung der Allgemeinen Gewerbeordnung vom 17. I. 1845, des Entwurfs einer Verordnung über die Errichtung von Gewerbegerichten und vorgenannter Entwürfe selbst, Berlin 1849, S. 43.

2) Th. Risch: Die Verordnung vom 9. II. 1849, betreffend die Errichtung von Gewerberäten, Gewerbegerichten und verschiedene Abänderungen der Allgemeinen Gewerbeordnung in Verbindung mit den darauf bezüglichen obrigkeitlichen Erlassen, Berlin 1853, S. 1 fg.

zudringen, ebensowenig kann den, nur von einem Teile der Handwerksmeister gewählten Vertretern diejenige Wirksamkeit eingeräumt werden, welche nach den Bestimmungen des Gesetzes einem von den verschiedenen Klassen der Wähler des Handwerks-, des Fabriken- und des Handelsstandes gewählten Gewerberate beizulegen ist."

Nur der Stand der Handwerksmeister hatte ein direktes Interesse an der Errichtung von Gewerberäten, die anderen Stände besaßen es mehr oder weniger nicht. Es mußte ihnen zum Teil sogar daran liegen, die Errichtung der Gewerberäte zu hindern, um die Durchführung der in der Verordnung vom 9. Febr. 1849 eingeführten gewerblichen Beschränkungen zu hindern.

Es mußte also die Errichtung von Gewerberäten daran scheitern, daß sich außer den Handwerksmeistern alle anderen Stände meist von der Wahl fern hielten. Ebenso mußte ein bereits konstituierter Gewerberat seine Wirksamkeit einstellen, wenn bei der vorschriftsmäßigen Neuwahl seiner Mitglieder eine Klasse des Gewerbestandes sich gar nicht beteiligte, weil daraus gemäß der Verfügung vom 30. Dez. 1850 gefolgert werden mußte, daß ein Teil des Gewerbestandes den Gewerberat nicht weiter wünsche. An dem Mangel des Interesses der Beteiligten mußte diese Institution scheitern. Die Handeltreibenden und Industriellen sahen nach wie vor ihre Interessenvertretung in der Handelskammer und nicht in dem Gewerberat, der weniger eine Interessenvertretung, als vielmehr eine handwerkerliche Behörde war. Sodann scheiterte auch die Verordnung vom 9. Febr. 1849 an der mangelhaften Kompetenz, die den Gewerberäten eingeräumt war.

Dieselben hatten zwar die Befugnis, die Befolgung der Vorschriften über das Innungswesen und die gewerblichen Verhältnisse zu überwachen, die Behörden hatten jedoch nicht die Verpflichtung, dem Gewerberat auf Erfordern über die Motive ihrer Entscheidungen Rechenschaft zu geben. Die Ueberwachung bestand also nur in Anzeigen oder, richtiger gesagt, in Denunziationen an die Behörden und in Erstattung von Gutachten, wenn diese wirklich verlangt wurden.

Der Gewerberat war ferner mit der Ueberwachung der Durchführung von Maßregeln betraut, die nicht mehr den gegebenen gewerblichen Verhältnissen entsprachen und die sich daher nicht mehr durchführen ließen [1]). Fabrikanten waren häufig, wenn sie überhaupt bestehen wollten, gezwungen, die im einseitigen Interesse des Handwerkerstandes erlassenen Maßregeln fortwährend zu übertreten. Es ist Thatsache, daß der größte Teil der beschränkenden Maßnahmen auf dem Papier stehen blieb, da dieselben überhaupt nicht durchgeführt werden konnten.

Die Handwerker im Gewerberat suchten selbstverständlich auf möglichst strenge Durchführung der in ihrem Interesse erlassenen Bestimmungen zu

1) Schönberg: Handbuch der politischen Oekonomie, Tübingen 1886, II. Bd., S. 458 fg.

halten, und so mußte ganz von selbst eine erbitterte Gegnerschaft zwischen der Handwerks- und der Fabrikantenabteilung des Gewerberates entstehen.

Je mehr das Gesetz wegen seiner weitgehenden Beschränkungen den Handwerkerstand befriedigte und beförderte, um so mehr stieß es bei den Fabrikanten auf Widerstand. Dieser würde noch stärker hervorgetreten und diese Gesetzgebung viel früher als ein Hemmnis des gewerblichen Fortschrittes, namentlich auf dem Gebiete der Industrie, und als eine Verletzung berechtigter Interessen und Ansprüche erschienen sein, wenn die gesetzlichen Bestimmungen streng durchgeführt worden wären. Wenn der Gewerberat nicht zu Stande kam, so fehlte das überwachende und ausführende Organ. Die Praxis der Kommunalbehörde, die an seine Stelle trat, war eine milde, und schon aus diesem Grunde suchten die Fabrikanten das Zustandekommen der Gewerberäte möglichst zu hindern.

Die Thätigkeit des Gewerberates war ferner dadurch behindert, daß man ihn in drei Abteilungen geteilt hatte, die zu gemeinschaftlichen Sitzungen zusammentreten konnten. Der Schwerpunkt des ganzen Gewerberates mußte selbstverständlich in der Handwerksabteilung liegen, denn diese hatte gemäß der Tendenz des ganzen Gewerbegesetzes nach der zünftlerischen Seite hin den meisten Beratungsstoff. Die einzelne Abteilung des Gewerberates durfte jedoch nach einer Verordnung vom 4. Okt. 1850 ihre Beschlüsse nicht ohne Zustimmung der anderen Abteilungen bekannt geben, wodurch diese Abteilungen wiederum lahm gelegt wurden. Eine andere Verordnung vom 7. Nov. 1850 sagt über dieses Verhältnis zwischen Abteilungen und Plenum:

„Wenn die Verordnung vom 9. Febr. 1849 im § 16 die Beratung der zum Geschäftsbereiche des Gewerberates gehörigen Angelegenheiten, soweit solche die Interessen der verschiedenen Abteilungen berühren, den gemeinschaftlichen Sitzungen aller oder der beteiligten Abteilungen zuweist, in anderen Fällen aber von der Erledigung in getrennten Sitzungen der einzelnen Abteilungen redet, so folgt aus der Zusammenstellung beider Absätze dieses Paragraphen noch keineswegs, daß in dem letzteren Falle den einzelnen Abteilungen in Bezug auf die Ausführung der aus ihren Beratungen hervorgegangenen Beschlüsse eine größere Wirksamkeit habe beigelegt werden sollen, als in dem Falle des gemeinschaftlichen Interesses mehrerer Abteilungen diesen zusammen durch die Wortfassung im ersten Absatze übertragen worden, wonach sie den Gegenstand durch ihre Beratung und Beschlußfassung zu einem Wirksamwerden des Gewerberates selbst vorzuberaten habe. Der § 2 der Verordnung vom 9. Febr. 1849 weist vielmehr die dem Gewerberate zustehenden Befugnisse nur dem ganzen Gewerberate, nicht einzelnen Abteilungen zu, und an allen Stellen der vorgedachten Verordnung, wo es sich um die Wirksamkeit des

Gewerberates handelt, ist immer nur der Gewerberat als ein Ganzes genannt, nicht aber ist dessen Wirksamwerden als von einzelnen Abteilungen ausgehend gedacht.

Die Gutachten und Entscheidungen, welche der Gewerberat abzugeben berufen ist, greifen tief in die gewerblichen und sozialen Verhältnisse ein. Darüber, ob eine Angelegenheit nur die Interessen einer Abteilung berührt, oder deren Entscheidung zu einer weitgreifenden Wirkung Veranlassung giebt und deshalb zu einer gemeinschaftlichen Beratung und Erledigung mehrerer Abteilungen sich eignet, können leicht Meinungsverschiedenheiten entstehen und die Entscheidung des Gewerberates als solchen wird oft eine andere sein, als die Beschlußfassung einer einzelnen Abteilung solche zunächst in Aussicht genommen hatte.

Das Gesetz hat deshalb die Zusammensetzung des Gewerberates aus Mitgliedern des Handwerks-, des Fabriken- und des Handelsstandes und beziehungsweise die gleichmäßige Vertretung dieser drei Klassen in dem Gewerberate angeordnet, um diesen zu einer umsichtigen Würdigung der verschiedenartigen Interessen, welche in der einen oder anderen Richtung der gewerblichen Thätigkeit sich geltend machen, zu befähigen. Demnach muß aber auch durch die Organisation des Geschäftsbetriebes der Gewerberäte Vorsorge getroffen werden, daß, wenn auch ein Gegenstand vorläufig nur als das Interesse einer oder mehrerer Abteilungen betreffend erachtet worden, doch die Prüfung nicht ausgeschlossen ist, ob die darüber seitens der einzelnen Abteilungen in abgesonderter Beratung getroffenen Beschlüsse in der That nur einseitige Interessen angehen oder für mehrseitige von Einfluß sind.

Dies ist nur dadurch zu erreichen, und der dem Gewerberat überwiesene Standpunkt, sowohl den Behörden als den Gewerbetreibenden und dem Publikum gegenüber, kann nur dann gesichert werden, wenn in Absicht der Form, in welcher die Beschlüsse der Gewerberatsabteilungen demnächst zu einer Geltung nach außen hin gelangen sollen, der von der dortigen Königlichen Regierung aufgestellte Grundsatz festgehalten wird, daß dies nur von Seiten des Gewerberates als solchen und in seiner Gesamtheit geschehen dürfe. Nur wenn dies beobachtet wird, ist es dem Gewerberate und dessen Vorsitzenden möglich, Beschlußfassungen der Einzelabteilungen, bevor sie in das Leben treten, einer nochmaligen Prüfung und eventuell anderweitigen Erledigung von dem Standpunkte des gesamten Gewerberates aus zu unterwerfen, und wenn der Gewerberat als solcher mit der Abteilung in Widerspruch tritt, welche die Sache vorweg beraten hatte, die Angelegenheit in angemessener Weise zum Austrag zu bringen.

Dem Gesetz, welches nur dem Gewerberate selbst die im § 2 der Verordnung vom 9. Febr. 1849 ausgesprochenen Befugnisse beilegt, ist hiernach vollkommen entsprochen, wenn darauf gehalten wird, daß alle Entscheidungen, Begutachtungen und Anträge der Gewerberäte, auch wenn sie von einzelnen Abteilungen ausgehen und vorberaten werden, doch immer nur nach einer vorgängigen Kenntnisnahme von Seiten des Gesamtgewerberates, und nur als Entscheidungen, Begutachtungen und Anträge des letzteren, unter dessen Namen und unter derjenigen Unterschrift ausgehen, welche nach der Vorschrift des genehmigten Geschäftsregulativs für die Ausfertigungen der Beschlüsse 2c. des Gewerberates vorgesehen ist. Eine nachteilige Beschränkung der Wirksamkeit der Abteilungen kann hierin in keiner Weise gefunden werden. Ueberdies entspricht es dem eigenen wohlverstandenen Interesse der Gewerbetreibenden und des Gewerberates, daß keiner Abteilung gestattet wird, ohne Vorwissen des Plenums mit Anträgen, Gutachten oder Entscheidungen hervorzutreten, welche mit den Ansichten der anderen Abteilungen oder des ganzen Gewerberates in Widerspruch stehen könnten. Es mögen die Mitglieder der verschiedenen Abteilungen wohl erwägen, wohin es führen würde, und in welcher Weise die Gewerberäte durch die, vom einseitigen Standpunkt des Sonderinteresses geleiteten Beschlüsse der einzelnen Abteilungen ihre Wirksamkeit beeinträchtigen und gefährden müßten, wenn jede Abteilung für sich und unbekümmert um die abweichenden Ansichten der anderen Abteilungen nach außen hin thätig sein wollte. Endlich beschleunigt auch das den angegebenen Grundsätzen entsprechende Verfahren die Erledigung der betreffenden Angelegenheiten, indem es deren sonst erforderliche und den Behörden nach den Bestimmungen des § 2 unzweifelhaft zustehende Verweisung zur gemeinsamen Erörterung durch das Plenum entbehrlich macht [1]).

Diese itio in partes war ebenfalls mit ein Hauptgrund für das Scheitern der Gewerberäte. Diese Organisationen waren in Abteilungen nach verschiedenen Ständen geteilt worden; da man jedoch richtig vermutete, daß diese Beschränkung der Stände auf sich selbst leicht egoistische Sonderbestrebungen zu Tage fördern müßte, war den Abteilungen nicht das Recht gegeben, selbständige Beschlüsse zu fassen.

Das Plenum sollte der Hemmschuh für einseitige Bestrebungen der Sektionen sein. Dadurch mußte sich jedoch das Verhältnis zwischen den einzelnen Abteilungen untereinander und zwischen diesen und dem Plenum zu einem gespannten gestalten.

1) Th. Risch: Die Verordnung vom 9. II. 1849, betreffend die Errichtung von Gewerberäten, Gewerbegerichten und verschiedenen Abänderungen der Allgemeinen Gewerbeordnung in Verbindung mit den darauf bezüglichen obrigkeitlichen Erlassen, Berlin 1853, S. 16 fg.

Namentlich die Handwerksabteilung faßte häufig einseitige Beschlüsse, die sie dann dem Plenum zur Vollziehung vorlegen mußte. Dieses stieß dieselben vermöge der Majorität der vereinigten Kaufleute und Industriellen meist um, und so entstand dann die große Abneigung auch der Handwerker gegen den Gewerberat.

Dieselben traten daher in der Folgezeit stets dafür ein, daß den einzelnen Abteilungen das Recht der selbständigen Beschlußfassung zugestanden werden müsse, wenn der Gewerberat Lebensfähigkeit erlangen solle, um sich auf diese Weise von der ihnen feindlichen Majorität der Kaufleute und Industriellen zu befreien [1]).

Gerade in den für den Handwerkerstand damals wichtigsten Angelegenheiten, namentlich in allen denjenigen, welche die Frage behandelten, ob eine gewerbliche Verrichtung zum Handwerk gehöre oder nicht, stand dem Kleingewerbe, da der Industrielle mit seinen eigensten Interessen beteiligt war, eine feindliche Majorität gegenüber.

Eine solche Scheidung nach Ständen mußte ganz von selbst die sich schon entgegenstehenden Interessen zuspitzen und ein segensreiches Zusammenwirken zum Wohle der Allgemeinheit illusorisch machen.

Wie die Gewerberäte in Preußen in den ersten fünf Jahren gewirkt haben, geht deutlich aus den Verhandlungen, die sich an den Erlaß des Gesetzes vom 15. Mai 1854 knüpfen, hervor.

Die Handwerker, die bald sahen, daß der Gewerberat so, wie er funktionierte, ihnen nichts nützte, hatten sich mit Petitionen an das Abgeordnetenhaus gewendet, in denen sie unter anderem Ausscheidung der unselbständigen Mitglieder aus dem Gewerberate forderten und ferner dafür eintraten, daß jede Abteilung des Gewerberates selbständig für sich beschließen dürfe. Die Regierung erkannte die Reformbedürftigkeit der Institution der Gewerberäte an und brachte bereits am 28. März 1854 einen Gesetzentwurf ein, der wenigstens teilweise den Wünschen der Handwerker entsprach.

Derselbe lautete in Bezug auf die Organisation des Gewerberates [2]):

§ 1.

„Zur Teilnahme an der Wahl der Mitglieder des Gewerberates (§ 1 ff. der Verordnung vom 9. Febr. 1849) und der Stellvertreter sind fortan nur diejenigen berechtigt, welche ihr Gewerbe selbständig betreiben und an den Gemeindewahlen teilzunehmen befugt sind.

---

1) von Kaufmann: Die Vertretung der wirtschaftlichen Interessen in den Staaten Europas, Berlin 1879, S. 95 fg.

2) Sammlung sämtlicher Drucksachen der Zweiten Kammer aus der zweiten Session der III. Legislaturperiode 1853—1854, Bd. IV, Nr. 230.

§ 2.

Die Wahl des Vorsitzenden des Gewerberates, sowie des Stellvertreters bedarf der Bestätigung der Regierung.

Wird die Bestätigung versagt, so ist eine neue Wahl vorzunehmen; wird auch diese Wahl nicht bestätigt, so ernennt die Regierung aus der Mitte des Gewerberates den Vorsitzenden, beziehungsweise den Stellvertreter.

§ 3.

Die Kommunalbehörde ist befugt, einen Kommissarius zu bestellen, welcher den Sitzungen des Gewerberates beiwohnen, von dessen Verhandlungen Kenntnis nehmen und denselben auch zu außerordentlichen Sitzungen berufen kann.

§ 4.

Zur Aufbringung der Kosten für die laufende Geschäftsführung des Gewerberates sind nur die wahlberechtigten Gewerbetreibenden (§ 1) verpflichtet."

Man hatte also nicht nur den Arbeitnehmern, sondern auch noch den selbständigen Gewerbetreibenden, die nicht an den Gemeindewahlen teilzunehmen befugt sind, die Wahlberechtigung genommen. Die übrigen Bestimmungen dieser Gesetzesvorlage waren mehr nebensächlicher Natur.

Die Motive des Entwurfs sagen:

„Inzwischen habe sich nach den gemachten Erfahrungen vielfach der Wunsch ausgesprochen, daß in der Wahlberechtigung eine Aenderung getroffen werde, da den unselbständigen Gewerbetreibenden, bei dem Wechsel ihres Aufenthaltsortes, oftmals eine zulängliche Kenntnis der lokalen gewerblichen Verhältnisse und Interessen abgehe und deren Gleichstellung mit den Arbeitsherren, zu denen sie sonst in untergeordnetem Verhältnis stehen, zur Lockerung dieses Verhältnisses Anlaß gebe. Es kommt ferner in Betracht, daß, sowohl für die Befähigung zu den Wahlen für die zweite Kammer, als für die Gemeinde-Vertretung in den Städten, andere Grundlagen festgestellt worden sind. Da die Gewerberäte ihrem Zweck, ihrer Stellung und Wirksamkeit nach als Kommunal-Institute aufzufassen sind, so empfiehlt es sich, wie der § 1 in Vorschlag bringt, das Wahlrecht an dieselben Bedingungen zu knüpfen, von denen es für die Gemeinde-Vertretung abhängig ist.

Da das Wahlrecht nach § 8 der Verordnung auch als Vorbedingung für die Wählbarkeit gilt, so folgt aus obiger Bestimmung zugleich, daß fortan eben jene Bedingungen neben den sonstigen Erfordernissen des § 8 auch für die Wählbarkeit maßgebend sind, ohne daß es einer ausdrücklichen Bestimmung hierüber bedürfte.

Mit Rücksicht darauf, daß hiernach die unselbständigen Gewerbetreibenden und ein Teil der selbständigen Gewerbetreibenden von dem aktiven und passiven Wahlrecht ausgeschlossen werden, dürfte es angemessen sein, die Aufbringung der Kosten für die laufende Geschäftsführung, welche nach § 21 der Verordnung auf sämtliche Gewerbetreibenden des Bezirks zu verteilen sind, den Wahlberechtigten allein zuzuweisen, wie dies im § 4 geschieht.

Außer diesen Bestimmungen ist noch in dem § 2, bei der Wahl des Vorsitzenden und seines Stellvertreters statt der bloßen Anzeige an die Regierung (§ 19 der Verordnung) die Bestätigung der letzteren vorbehalten worden, um einer ungeeigneten Leitung der Geschäfte, wie sie mitunter vorgekommen, vorbeugen zu können, und ferner im § 3 eine Bestimmung aufgenommen, durch welche der Kommunalbehörde auch bei dem Gewerberate, als einem Kommunalinstitute, die ihrer Stellung entsprechende Einwirkung gesichert wird.

Man führte also hauptsächlich als Gründe für das Ausscheiden der Arbeitnehmer in den Motiven an, daß die Arbeiter wegen des häufigen Wechsels ihres Wohnsitzes mit den einschlägigen Verhältnissen nicht genug vertraut wären und daß das Arbeitsverhältnis zwischen ihnen und dem Arbeitgeber durch die gemeinsamen Beratungen gelockert werde.

Dieser Entwurf wurde, bevor er im Plenum zur Verhandlung kam, einer Kommission überwiesen, die am 4. April 1849 Bericht erstattete [1]). Die Kommission erklärte sich in der Hauptsache mit dem Gesetzentwurf einverstanden, und nur geringe Modifikationen wurden von ihr vorgenommen. Namentlich nahm man das Ausscheiden der Arbeitnehmer aus dem Gewerberate einstimmig in der Kommission an. Dieselbe begründete ihren Standpunkt in folgender Weise:

„Als bei der Vorberatung der Verordnung vom 9. Febr. 1849 die Fabrikinhaber und Handwerksmeister die Aufnahme des unselbständigen Elements des Gewerbestandes in den Gewerberat befürworteten, hätten sie offenbar übersehen, daß eine hohe technische Qualifikation mit der Unfähigkeit zur Beurteilung der allgemeinen Gewerbsinteressen und zur Ausübung politischer Funktionen sehr wohl vereinbar ist. Wenn Kenntnisse und Urteilsfähigkeit durch die Gelegenheit zur Erlangung und Uebung derselben bedingt sind, und wenn es feststeht, daß nur den selbständigen Handwerksmeistern und Fabrikinhabern die Handhabung der kommerziellen, administrativen und legislatorischen Beziehungen ihres Berufs

1) Sammlung sämtlicher Drucksachen der Zweiten Kammer aus der zweiten Session der III. Legislaturperiode, Bd. IV, Nr. 244.

anheimfällt, während der technische Teil den unselbständigen Mitgliedern des Gewerbes oft ausschließlich obliegt, so folgt daraus, daß der Regel nach den Gesellen, Gehülfen und Werkführern die allgemeinen Verhältnisse ihres Gewerbes nur wenig bekannt sein können. Gerade diese hätte der Gewerberat zu beraten, und es sei deshalb klar, daß eine Beteiligung der unselbständigen Elemente schade. Das Ausscheiden der unselbständigen Mitglieder aus dem Gewerberate sei demnach wünschenswert. Wenn die Meister und Fabrikherren die Interessen der selbständigen Genossen wahrnehmen, förderten sie auch das der unselbständigen Berufsgenossen mit. Das Wohlergehen der letzteren stehe im unlösbaren Zusammenhang mit dem der ersteren.

Wenn es feststehe, daß die Meister und Fabrikherren zur Beurteilung und Vertretung der Gewerbsinteressen vorzugsweise befähigt und daß sie bei Aufrechterhaltung der Gewerbefreiheit außer Stande sind, sich auf Kosten der Gesellen, Gehülfen und Arbeiter ungebührliche Vorteile zuzuwenden, so wird das Ausscheiden der letzteren aus dem Gewerberate durch deren mittelbares Interesse geboten. Es ist dies um so mehr der Fall, als dadurch die Scheinvertretung derselben wegfällt, welche möglicherweise von den Meistern und Fabrikherren gemißbraucht werden kann, um sich momentane Vorteile zu verschaffen. Gehen die Beschlüsse des Gewerberates von diesen allein aus, so bleibt ihnen bei derartigen Versuchen die ganze moralische Verantwortlichkeit, und die Regierung wird die Pflicht erkennen, die Interessen der Berufsgehilfen um so kräftiger zu vertreten. Als die Fabrikherren und Handwerksmeister ihre Verwendung für die Aufnahme der Gewerbsgehülfen in den Gewerberat eintreten ließen, konnte ein praktisches Bedürfnis für diese Maßregel nicht geltend gemacht werden. Sie geschah vielmehr unter dem Eindruck der Zeitrichtung des Jahres 1848, der abstrakt-liberalen Doktrinen, deren Fundamentalirrtum darin besteht, daß sie einen gesellschaftlichen Mechanismus voraussetzen, daher an die Möglichkeit der nachhaltigen Bevorzugung einzelner Klassen auf Kosten der Allgemeinheit glauben, woraus die Notwendigkeit einer Vertretung jeder Klasse folgt.

Die Regierung glaubte damals dieser Zeitrichtung Rechnung tragen zu müssen, und sie ist gegenwärtig gezwungen, die Zurücknahme dieser Konzession zu fordern, nachdem die Erfahrung gelehrt, daß die Organisation der gewerblichen Vertretung daran gescheitert ist."

In diesen Ausführungen wurde also die Hauptschuld an dem Scheitern der Gewerberäte auf den Umstand geschoben, daß in denselben gleichzeitig die Arbeiter eine Vertretung fanden, und wirklich scheint dieses Moment einen erheblichen Einfluß ausgeübt zu haben, wie aus den Verhandlungen im Hause der Abgeordneten selbst hervorgeht.

Bereits am 6. April 1854 trat das Haus in die Beratung über den Entwurf ein [1]).

In der Debatte stimmten fast alle Redner darin überein, daß die Arbeitnehmer aus dem Gewerberat auszuscheiden seien, nur wollten einige derselben ihnen eine Beteiligung bei Fragen lassen, die ihr Interesse näher berührten. Ein diesbezüglicher Antrag wurde jedoch abgelehnt, nachdem der Minister von der Heydt darauf hingewiesen hatte, daß der Gewerberat nirgends Entscheidungen über die Verhältnisse der Arbeiter zu fällen habe, sondern nur gutachtliche Aeußerungen abgeben könne. Wo sich der Gewerberat z. B. mit der Arbeitszeit rc. beschäftige, bestehe schon im Gesetz ausdrücklich die Vorschrift, die Beteiligten zu hören. Die Regierung habe genau die Ursachen, die das geringe Gedeihen der Gewerberäte veranlaßten, geprüft. Sie habe gefunden, daß zwei Hauptgründe dafür vorhanden wären. Erstens habe das Verhältnis der Gewerberäte zu den Kommunalbehörden zu fortwährenden Streitigkeiten zwischen beiden geführt. Die Ueberhebung der Gewerberäte gegenüber den Kommunalbehörden sei die Veranlassung, im gegenwärtigen Gesetz das Verhältnis zwischen beiden streng zu regeln.

Ferner sei die Zuziehung der Gesellen die Hauptursache gewesen, daß der Gewerberat nicht die Stellung einnehmen konnte, welche die Handwerksmeister selbst für ihn erlangen wollten. Der Gewerberat habe kein Vertrauen genossen. Der Grund liege darin, daß Gesellen mit im Gewerberat saßen, das sei auch die hauptsächlichste Ursache gewesen, daß fast alle Gewerberäte aufgelöst wurden, so daß nur noch 22 in der gesamten Monarchie beständen. Sodann hätten die Arbeitnehmer, wenn sie aus dem Gewerberate entfernt würden, nicht mehr zu den Kosten beizutragen. Diese seien ihnen viel unangenehmer gewesen, als der Beisitz im Gewerberat für sie Wert gehabt habe. Im Laufe der Debatte wies der Minister nochmals ausdrücklich darauf hin, daß nach eingehenden Berichten der Regierungen die meisten Gewerberäte deshalb aufgelöst seien, weil die Meister nicht mit den Gesellen hätten zusammen beraten wollen.

Das Gesetz wurde sodann unverändert im Hause angenommen. Von 96 unter dem Druck der Handwerkerbewegung im Jahre 1849 und 1850 entstandenen Gewerberäten existierten 1854 also nur noch 22. Daß jedoch die Ursache der Auflösung so zahlreicher Gewerberäte keineswegs allein an der Teilnahme der Arbeitnehmer lag, lehrte die Folgezeit, denn es wurden nicht etwa neue Gewerberäte in Preußen errichtet, sondern die 22 bestehenden lösten sich nach Verlauf von weiteren sieben Jahren bis auf vier auf. Es be-

1) Stenographischer Bericht über die Verhandlungen der Zweiten Kammer, II. Bd., 46. Sitzung am 6. IV. 1854.

standen 1861 nur noch Gewerberäte zu Aachen, Berlin, Bromberg und Trier. Auch diese vier, die kümmerlich ihr Dasein gefristet hatten, lösten sich auf, bis 1864 der Berliner Gewerberat als der letzte zu Grunde ging.

Inzwischen hatte der Gedanke der Gewerbefreiheit immer mehr in Deutschland Verbreitung gefunden. In Oesterreich wurde durch das Gewerbegesetz vom Jahre 1859 die Gewerbefreiheit eingeführt, und in verschiedenen deutschen Staaten waren derartige Gesetze in Vorbereitung. Der Kongreß deutscher Volkswirte trug seit 1858 den Gedanken der Gewerbefreiheit in die Massen hinein, und so begann sich auch in Preußen eine energische Reaktion gegen die beschränkenden Bestimmungen der Verordnung vom 9. Febr. 1849 zu zeigen [1]). Ein Resultat dieser Reaktion war ein im Jahre 1860 gestellter Antrag der Herren Veit, Duncker, Müller und Genossen im preußischen Abgeordnetenhause, der auf Beseitigung der Gewerberäte und der Beschränkungen der Verordnung vom 9. Febr. 1849 abzielte. Dieser Gesetzentwurf wollte in der Hauptsache die Gewerbeordnung vom 17. Januar 1845 wiederherstellen.

Die Motive zu diesem Antrag befassen sich sehr eingehend mit den Gewerberäten. Sie sagen über diese Institution:

„Die Gewerbeordnung vom 17. Jan. 1845 war erst seit wenigen Jahren erlassen, als das Jahr 1848 mit seiner politischen und sozialen Aufregung und den materiellen Notständen, die es mit sich führte, in ganz Deutschland einen stürmischen Drang nach veralteten Zunftordnungen hervorrief, von denen man sich die Heilung von Gebrechen versprach, die in ganz anderen Zuständen ihren Grund hatten. Die unaufhaltsamen Fortschritte in dem wirtschaftlichen Gesamtleben der Nation, die in Folge der vermehrten Kommunikationsmittel, der gesteigerten Fabrikthätigkeit und des durch beide Faktoren gänzlich umgestalteten Weltmarktes eingetreten waren, übten auch auf das Handwerk, das sich den allgemeinen Gesetzen des Verkehrs nicht entziehen konnte, einen bestimmenden Einfluß aus. Indem dieses jedoch jenem Umschwung einen zähen Widerstand entgegensetzte, mußte es die nachteiligen Wirkungen desselben an sich erfahren, ohne sich die Vorteile anzueignen, die ihm daraus hätten erwachsen können.

Wäre der Gewerbeordnung von 1845 der nötige Spielraum gegeben worden, um ihre Wirksamkeit zu entfalten, so würde sich gezeigt haben, daß sie den berechtigten Forderungen der Handwerker zu entsprechen wohl geeignet war. Denn indem sie im Sinne der Gewerbefreiheit den freien Wettbewerb zwischen dem innungsmäßig gestalteten und dem innungsfreien Gewerbe zuläßt, hätte sich bald herausstellen müssen, auf welcher Seite für das Ge-

1) Eugen Jäger: Die Handwerkerfrage, Berlin 1887, S. 40 fg.

deihen und die Blüte des Gewerbestandes am besten gesorgt sei. Es wurde ihr nicht vergönnt, diesen Beweis zu führen. Die preußische Staatsregierung, dem Sturme des Jahres 1848 nachgebend, oktroyierte vielmehr die Verordnung vom 9. Febr. 1849, welche in das Gebiet der gewerblichen wie der persönlichen Freiheit die empfindlichsten Eingriffe machte, während sie den Forderungen der lautesten Petenten, die auf Innungszwang und auf vermeintliche materielle Vorteile hinausgingen, die ihnen aus dem Innungsverbande erwachsen sollten, gleichwohl nicht gerecht werden konnte. Daß die Verordnung von 1849 auch einzelne wohlthätige Anordnungen, namentlich in Bezug auf das Trucksystem der Fabrikherren und die weitere Ausbildung des Kassenwesens der Arbeiter, getroffen hat, soll an dieser Stelle nur vorläufig erwähnt werden.

In den elf Jahren, die seit dem Erlaß der in Rede stehenden Verordnung verflossen sind, haben die Handwerker Zeit gehabt, sich über dieselbe ein Urteil zu bilden. Sie haben nicht umhin gekonnt, wahrzunehmen, daß die großartige wirtschaftliche Bewegung, in der wir begriffen sind, unbekümmert um jene Verordnung ihren Weg gemacht hat, so daß die engherzigen Verbote derselben immer unhaltbarer geworden sind, daß aber, wie im Einzelnen weiterhin nachgewiesen werden soll, auch die Vorteile sich nicht einstellten, auf die man gerechnet hatte. Es ist daher dringend geboten, jene Bestimmungen im allseitigen Interesse der Konsumenten wie der Produzenten endlich durch ein Gesetz abzuschaffen. Diese Beseitigung duldet um so weniger einen Aufschub, als sich in den letzten Jahren überall in Deutschland die regste Thätigkeit auf dem Gebiete der gewerblichen Gesetzgebung im Geiste der Gewerbefreiheit entfaltet hat und Preußen in Gefahr steht, seinen alten Ruhm, an der Spitze der gewerblichen Entwickelung des deutschen Vaterlandes zu stehen, durch den Vorgang von Staaten verdunkelt zu sehen, die sich eben erst aus den Fesseln des Zunftzwanges mühsam losringen.

Unter diesen Umständen schlagen die Antragsteller die Aufhebung der Verordnung vom 9. Febr. 1849 vor, bleiben jedoch im Wesentlichen bei der allgemeinen Gewerbeordnung von 1845 stehen, aus der sie gleichfalls die der Gewerbefreiheit widerstrebenden Bestimmungen entfernt wissen wollen."

Die Motive sagen dann weiter über die Gewerberäte folgendes: „Die Begründung von gewerblichen Organen, die eine Zwischeninstanz zwischen den Handwerkern und deren Aufsichtsbehörden bilden sollten, war einer der Lieblingswünsche des Jahres 1848. Die Verordnung von 1849 hat einen Gewerberat geschaffen, der (§ 2) die allgemeinen Interessen des Handwerks- und Fabrikbetriebes in seinem Bezirk wahrzunehmen und die zur Förderung desselben geeigneten Einrichtungen zu beraten und anzuregen hat. Obgleich der Handwerkerstand den Gewerberat ursprünglich für sich allein beantragt hatte, dehnt ihn das Gesetz auf den Fabrikbetrieb aus und zieht überdies im § 3, im Widerspruch mit dem § 2, auch den Handelsstand zur Mitbeteiligung heran, indem es anordnet, daß der Gewerberat aus drei Abteilungen bestehen soll. Man hätte nun meinen sollen, daß eine so weitgreifende Organisation dazu bestimmt gewesen sei, die bereits bestehenden gewerblichen Organe, insbesondere die Handelskammern, zu absorbieren. Dies war nicht der Fall. Es scheint vielmehr, daß man von einem lediglich aus Handwerkern bestehenden Gewerberate Uebergriffe in das wirtschaftliche Verkehrsleben befürchtete, die man gleich im Entstehen dadurch paralysieren wollte, daß man den Handwerkern Fabrikanten und Kaufleute zur Seite stellte [1]). Die letzteren sind daher in der durch das Gesetz angeordneten Mischung nur die beschwichtigenden, aufhaltenden, im Notfalle widerstrebenden Elemente, ohne daß sie an den Gegenständen der gewerberätlichen Beratungen ein wahres Interesse haben, denn diese ihre eigentlichen und wirklichen Interessen sind in den Handels- und Gewerbekammern vertreten, zu denen der Gewerberat von vornherein in eine schiefe und unklare Stellung treten mußte. Daß unter diesen Umständen die Beteiligung der Kaufleute und Fabrikanten an den Wahlen zum Gewerberat, wie späterhin an den Arbeiten desselben, eine äußerst geringfügige gewesen ist, wird Niemand Wunder nehmen, nicht minder, daß der im Anfange große Eifer der Handwerker in dem Maße erkaltete, als die Erfahrung sie lehrte, daß die Förderung der Interessen, die sie von der Errichtung des Gewerberates erwartet hatten, durch denselben in keiner Weise begünstigt wurde.

Es muß überhaupt als einer der Hauptmängel der Verordnung von 1849 bezeichnet werden, daß sie in peremtorischer Weise in die gegebenen Zustände hineintrat, ohne die Kompetenz des von ihr geschaffenen Gewerberates gesetzlich abzugrenzen oder ihre neuen, in altbewährte Prinzipien tief eingreifenden Bestimmungen mit der bisherigen Gesetzgebung in Einklang zu setzen. So erwuchsen dem Gewerberat auch daraus an vielen Orten die erheblichsten Schwierigkeiten, daß seine Stellung zum Magistrat, der uralten Gewerbsobrigkeit, nicht geordnet war. Die widrigsten Streitigkeiten über Neben- oder Unterordnung nahmen in den ersten Jahren nach Erlaß der Verordnung von 1849 das Interesse der Handwerker wie der Magistrate mehr als billig in Anspruch. Der Sieg verblieb den letzteren, und der Gewerberat ist eine neue Unterbehörde des Magistrats geworden, die, statt mitten im Leben zu stehen, nur das immer bedenklicher anwachsende Schreibwerk vermehrte.

1) Vergleiche Seite 42 fg. dieser Schrift.

Fast überall, wo ein Gewerberat errichtet war, ist derselbe eingegangen, und es empfiehlt sich, ihn da aufzuheben, wo er sich erhalten hat. Dies ist auch deshalb wünschenswert, weil ihm Befugnisse zugewiesen werden, die mit der Gewerbefreiheit wie mit der Freizügigkeit unverträglich sind. Ob und unter welchen Formen der ursprüngliche Gedanke des Gewerberats sich verwirklichen lasse, ist eine Frage, die zunächst der Gewerbestand selbst durch zweckmäßige Benutzung des Vereinsrechtes zu beantworten haben wird; wie weit er dabei durch partikulare gesetzliche Bestimmungen zu unterstützen ist, wird die Zukunft lehren."

Die in den Motiven enthaltenen Anschauungen scheinen uns vollkommen den wirklichen Verhältnissen zu entsprechen. Dieser Veit-Duncker'sche Entwurf gelangte im Hause nicht zur Erledigung, er war jedoch der Anlaß, daß die Handwerker Preußens, welche die zu ihrem Schutze erlassene Verordnung vom 9. Febr. 1849 bedroht sahen, wieder zu einem Handwerkertage zusammentraten, um gegen diese gewerbefreiheitlichen Bestrebungen Front zu machen [1]).

Der preußische Landeshandwerkertag fand vom 27.—31. August 1860 zu Berlin statt. Die dort versammelten Handwerker sprachen sich einmütig gegen die Gewerbefreiheit aus und verlangten Erhaltung der beschränkenden Bestimmungen vom Jahre 1849, die sie zum Teil noch weiter nach der zünftlerischen Seite ausgebaut wissen wollten. In Bezug auf die Bestimmungen über die Gewerberäte trat man warm für deren Erhaltung ein, wollte jedoch, daß die einzelnen Abteilungen Selbständigkeit erlangten, damit die Handwerksabteilung nicht stets von einer ihr feindlichen Majorität abhängig sei. Die Ansicht fast aller Redner ging dahin, der Gewerberat hätte gut funktionieren können, wenn ihm nicht die Handels- und Fabrikabteilung zugefügt worden wäre. Einige Redner wollten diese beiden Abteilungen entfernt wissen, andere verlangten, daß die Industrieabteilung erhalten bleibe und nur der Handel ausscheide, und zwar führte man als Begründung dieser letzten Forderung ins Feld, daß sich schwer eine Grenze zwischen Handwerk und Fabrik werde finden lassen. Bei der Abstimmung siegte die extreme Richtung. Es wurden die Gewerberäte als notwendig anerkannt und das Ausscheiden sowohl des Fabrik- wie Handelsstandes aus denselben als wünschenswert bezeichnet.

Auch bei der Regierung war die Frage der Reform der Gewerbegesetzgebung eine brennende geworden. Sie hatte daher am 16. Juni 1860 an sämtliche Königliche Regierungen eine Cirkular-Verfügung gerichtet,

---

1) Verhandlungen des im Jahre 1860 vom 27.—31. VIII. zu Berlin abgehaltenen preußischen Landes-Handwerkertages nebst den dabei aufgenommenen Protokollen, Berlin 1860, S. 17 fg.

in der sie Gutachten über das bestehende Gewerbegesetz einforderte. Man fragte speziell dabei an, ob es sich empfehle, um die Institution des Gewerberats zu beleben, die Handelsklasse aus dem Gewerberat zu entfernen [1]).

Doch bevor die Regierung auf Grund dieser Umfrage Schritte thun konnte, wurde bereits am 31. Januar 1861 von den Abgeordneten Müller, Reichenheim und Genossen wiederum ein Entwurf eines Gewerbegesetzes eingebracht, welcher unter Beseitigung der Gewerberäte in weiterem Maßstabe die Gewerbefreiheit in Preußen herstellen wollte [2]). Dieser Gesetzentwurf wurde einer Kommission überwiesen, die sich gründlich mit der gewerblichen Reformfrage beschäftigte. Dieselbe ging auch sehr ausführlich auf die Bestimmungen über die Gewerberäte ein.

Man erklärte in dieser Kommission, die Gewerberäte hätten sich, hauptsächlich wohl wegen der ihnen gestellten unlösbaren, weil mit dem gegenwärtigen Standpunkt des Gewerbewesens unvereinbaren Aufgaben der Abgrenzung der Arbeitsgebiete, vollkommen überlebt. Die vom Minister eingeforderten Gutachten hätten sich dahin ausgesprochen, daß selbst eine andere Organisation der Gewerberäte nicht zu einer Wiederbelebung führen würde, indem die Gewerbetreibenden ihr Interesse lieber durch die Kommunalbehörden wahrnehmen ließen. Die meisten Regierungen wären daher für Aufhebung der Gewerberäte eingetreten.

Uebrigens wünschten aber auch diejenigen Mitglieder der Kommission, welche den Gewerberat überhaupt beseitigt wissen wollten, an Stelle desselben eine Vertretung der allgemeinen Gewerbsinteressen der Handwerker eingeführt zu sehen. Für ein solches Bedürfnis wurde u. a. die Thatsache angeführt, daß sich in Berlin, neben dem als zwecklos erkannten Gewerberat, ein Verein der Innungsvorstände gebildet habe und daß seitdem die kleinlichen Zwistigkeiten unter den verschiedenen Gewerbetreibenden und deren Ursachen beseitigt worden wären. Aufgabe der Reorganisation sei die Umwandlung des Gewerberats in eine Gewerbekammer, nach Analogie der Handelskammer, oder, wie ein anderes Mitglied meinte, Zuziehung der Handwerker zu den letzteren. Dazu halte man den Handwerkerstand vollkommen reif; auch er interessiere sich sehr wesentlich bei Zolltarifs- und anderen handels- und gewerbepolitischen Fragen. Endlich aber wurde von einer dritten Seite, und zwar von verschiedenen Mitgliedern, ausgeführt:

„Die Frage, wie Gewerbekammern im Sinne der obenerwähnten Be-

1) Th. Risch: Die Handwerksgesetzgebung Preußens und der größeren Staaten Deutschlands, Berlin 1860, S. 88 fg.

2) Stenographische Berichte über die Verhandlungen des Hauses der Abgeordneten, Bd. IV, Anlage Nr. 14, und Bd. VI, Anlage Nr. 139, Berlin 1861.

merkungen zu bilden, sei, zumal beim Ineinanderfließen von Fabrik und Handwerk, eine sehr schwierige; eine zur Vertretung der gewerblichen Interessen sich bildende freie Assoziation sei ohne Zwangsbeitritt als Wahlkörper nicht denkbar; die Verordnung von 1849 wolle auch nur an denjenigen Orten oder Bezirken, wo dazu ein Bedürfnis obwaltet, Gewerberäte einführen. Diese Bestimmung könne man bestehen lassen; sie entspreche den in Betreff der Einführung von Handelskammern und Gewerbegerichten erlassenen gleichen Normen; man hebe diese Bestimmungen doch nicht deshalb wieder auf, weil sich nicht überall, wo es die Verhältnisse wünschenswert erscheinen ließen, schon ein Bedürfnis dazu angekündigt habe.

Für Beibehaltung des Instituts der Gewerberäte hätten sich ausdrücklich eine Zahl von Petitionen, ingleichen der Landeshandwerkertag ausgesprochen. Nur werde von einigen Seiten die Ausscheidung der beiden Abteilungen, resp. der Mitglieder aus dem Stande der Fabrikunternehmer und aus dem der Kaufmannschaft, von anderen wenigstens die der letzteren beantragt. Dies sind Kategorien, für welche allerdings teils kaufmännische Korporationen (zu Berlin, Stettin, Danzig, Magdeburg, Tilsit, Memel und Elbing), teils nach dem Gesetz vom 11. Febr. 1848 Handelskammern bestehen. Auch nach Ausscheidung der Handelsabteilung — denn die Abteilung der Fabrikanten sei nach der gegenwärtigen Gestalt der Industrie, bei dem engen Zusammenhange und Ineinanderfließen von Fabrikation und handwerksmäßigem Gewerbebetrieb, im Gewerberat nicht zu entbehren — sowie nach Wegfall aller als gemeinschädlich erkannter Kompetenzen bleibe dem Gewerberate immer noch der allgemeine Beruf, worauf die Handwerker 1848 einen so großen Wert legten, zur Wahrnehmung der allgemeinen Interessen des Handwerks und zur Beratung und Anregung der für dessen Förderung geeigneten Einrichtungen zu dienen.

Man könne es der Zeit überlassen, ob der Handwerkerstand künftig, auch nach Beschränkung der Kompetenzen des Gewerberates auf dessen allgemeineren Beruf im § 2 Abs. 1 der Verordnung von 1849, durch größere Teilnahme das Institut wieder beleben und dessen Nützlichkeit anerkennen werde und ob demnächst dasselbe, nach Analogie der Handelskammern, eine größere Bedeutung gewinnen werde, sowie ob neben dem Gewerberate, resp. zum Teil an dessen Stelle, die Einführung der nach der Verordnung vom 9. Febr. 1849 zu errichtenden Gewerbegerichte, deren Beförderung sich nach Ansicht der Kommission jedenfalls für die Fabrikarbeiter-Verhältnisse empfehle, mehr Anklang finden werde.

Aus allen diesen Gründen scheine es nicht an der Zeit, schon jetzt ein definitives Urteil über die Aufhebung oder das Fortbestehen und die Reorganisation der Gewerberäte abzugeben."

Demnächst wurde auch die beantragte Resolution:

„Der Gewerberat ist aufzuheben, wogegen Gewerbekammern, welche die allgemeinen gewerblichen Interessen zu vertreten haben, nach Bedürfnis ins Leben zu rufen sind"

bei Stimmengleichheit (6 gegen 6 Stimmen) abgelehnt. Es blieb daher alles beim Alten.

In dieser Kommission konnte man sich zu einer Aenderung oder Aufhebung der Bestimmungen über die Gewerberäte nicht entschließen. In ihr wurde wieder die Frage der Bildung von Gewerbekammern angeregt, aber wegen der entgegenstehenden Schwierigkeiten nicht weiter in Angriff genommen. Nachdem 1864 der letzte Gewerberat zu Berlin aufgelöst war, blieben die gesetzlichen Bestimmungen über diese Institution weiter in Kraft, bis sie durch Erlaß der neuen Gewerbeordnung vom 21. Juli 1869 formell beseitigt wurden.

Auf dem preußischen Landeshandwerkertage zu Berlin war der Wunsch hervorgetreten, wiederum einen allgemeinen deutschen Handwerkertag ins Leben zu rufen, der die Grundzüge einer Gewerbeordnung aufstellen sollte. Der Hauptzweck dieses Handwerkertages sollte darin bestehen, gegen die sich überall in Deutschland regenden gewerbefreiheitlichen Anschauungen, die namentlich durch die Kongresse deutscher Volkswirte Verbreitung fanden, einen einheitlichen Protest zu erheben.

Zum ersten Male seit dem Jahre 1848 kam wiederum ein allgemeiner deutscher Handwerkertag zustande, der vom 5. bis 8. September 1862 zu Weimar abgehalten wurde [1]). Diese Versammlung war zahlreich besucht, denn 294 Delegierte kamen aus den verschiedensten Teilen Deutschlands dort zusammen. Es wurde hier gegen die maßlose Gewerbefreiheit Protest erhoben, die, wie man aus Erfahrung wisse, die Stütze und den Kern der staatlichen Existenz vernichte und ein unübersehbares Proletariat schaffe. Sie zerstöre das Familienleben und leiste einer maßlosen Entsittlichung Vorschub [2]). Die wichtigste That dieser Handwerkerversammlung war die Schaffung eines allgemeinen deutschen Handwerkerbundes, der die gefährdeten Interessen des Handwerkerstandes wahrnehmen sollte. Derselbe erfreute sich jedoch keiner langen Existenz, denn schon im Jahre 1864 ging er sang- und klanglos zu Grunde. Auch in Weimar spielte die Frage der gewerblichen Interessenvertretung eine Rolle.

1) Die stenographischen Verhandlungsberichte des Deutschen Handwerkertages zu Weimar vom 5.—8. IX. 1862. Im Auftrage des Deutschen Handwerkerbundes herausgegeben von C. Lust, Berlin 1862.

2) Eugen Jäger: Die Handwerkerfrage, Berlin 1887, S. 58 fg.

Die Innung zu Bielefeld hatte eine Vertretung des Handwerkerstandes nach Art von der des Handels in den Handelskammern gefordert. In der Debatte über diesen Punkt führte ein Redner aus, man könne die Innungen nicht als maßgebend und ausreichend für die Vertretung des Handwerks erachten. In Preußen seien derartige Organisationen zwar geschaffen worden, doch hätten dieselben keine Lebensfähigkeit besessen, weil auch Fabrikanten und Kaufleute in ihnen vertreten gewesen wären. Diese beiden Stände hätten kein Interesse an dem Gewerberate gehabt, da sie bereits in den Handelskammern eine genügende Vertretung gefunden, ferner habe immer eine Allianz zwischen diesen beiden Wirtschaftsgruppen stattgefunden, wodurch die Ansichten des Handwerkerstandes unterdrückt worden seien. Es müßten spezielle Handwerkerkammern errichtet werden, damit der Handwerker nicht aller Vertretung baar bleibe. Redner behauptete sodann, der Handelsstand verdanke sein gewaltiges Emporblühen im Wesentlichen der ständigen Vertretung seiner Interessen durch die Handelskammern, eine Behauptung, die häufig auf Handwerkertagen wiederkehrt, die jedoch so absurd ist, daß sie keiner Widerlegung bedarf.

Es sei daher dringend erforderlich, daß die Handwerker solche Vertretungen erhielten. Diesen Organisationen müßten die Innungen in der Weise untergeordnet sein, daß sie dort ihre Anträge stellten und daß darauf die Kammer die Sache reguliere und dieselbe der Landesvertretung resp. dem Ministerium gegenüber vertrete. Auf diesem Kongreß trat man also für Handwerkerkammern, d. h. für reine Vertretungen des Handwerkerstandes ein [1]).

Zu Weimar hatte man den Vorort des allgemeinen deutschen Handwerkerbundes, zu dem Hamburg gewählt war, mit der Ausarbeitung einer Handwerks-Ordnung beauftragt. Der Vorort entledigte sich des Auftrages, indem er einen Entwurf zu einer solchen ausarbeitete und dieser wurde auf dem zweiten allgemeinen deutschen Handwerkertage zu Frankfurt a. M., der vom 25.—28. September 1863 stattfand, zur Beratung gestellt [2]).

In der Hauptsache entsprach derselbe vollkommen den vom Frankfurter Handwerkerparlament 1848 aufgestellten Grundsätzen. Auch die Bestimmungen über den Gewerberat waren genau den damaligen Beschlüssen nachgebildet. In jedem Bundesstaat dachte man einen Landesgewerberat, neben dem noch Provinzial- oder Kreisgewerberäte errichtet werden sollten.

---

1) Diese Forderungen decken sich ungefähr mit denjenigen, welche heute vom Handwerkerstande aufgestellt werden.

2) Der zweite Deutsche Handwerkertag zu Frankfurt a. M. vom 25.—28. Sept. 1863. Nach den stenographischen Aufzeichnungen herausgegeben vom Präsidium des Deutschen Handwerkerbundes, Frankfurt a. M. 1863.

Jeder Gewerberat sollte in eine Verwaltungs- und eine richterliche Behörde zerfallen. Er sollte Gutachten erteilen und auch selbständig Anträge stellen können. Der Gewerberat war, wie im Jahre 1848, als ein Verknüpfungspunkt zwischen Handwerk und Staatsgewalt geplant.

In der Debatte über diesen Entwurf trat nur der Wunsch hervor, es möge der Titel Gewerberat in Handwerksrat umgewandelt werden. Dieser Vorschlag fand allgemeine Billigung. Man erklärte sich sodann mit den Grundzügen des Entwurfes einverstanden. Es wurden auch die Gesetzesvorschläge in Bezug auf die anderen Punkte der Gewerbeordnung gebilligt und eine Kommission von sieben Mitgliedern ernannt, welche eine Denkschrift betreffs des Erlasses einer allgemeinen deutschen Gewerbeordnung ausarbeiten sollte, die man dann, nachdem sie von dem folgenden Handwerkertag genehmigt wäre, allen Regierungen zu unterbreiten gedachte. Diese Kommission hatte ihr Mitglied, den Regierungsrat von Campe aus Bückeburg, mit der Ausarbeitung der Denkschrift beauftragt. Derselbe entledigte sich seiner Aufgabe zur Zufriedenheit der anderen Kommissionsmitglieder, und die von diesen genehmigte Denkschrift wurde dem allgemeinen deutschen Handwerkertag zu Köln, der vom 26.—28. September 1864 stattfand, zur Begutachtung vorgelegt und dort genehmigt [1]).

Diese Denkschrift, welche die Grundzüge zu einer allgemeinen deutschen Handwerkerordnung in der Form enthielt, wie sie zu Frankfurt im Vorjahre beschlossen war, führte als besondere Begründung des Titel I, welcher vom Handwerkerrat handelte [2]), folgendes an:

„Es ist bereits in den einleitenden Worten hervorgehoben, wie dem Handwerkerstande das Mitraten und Mitthaten in seinen eigenen Angelegenheiten genommen ist. Soll sich der Handwerkerstand sein ihm unter den jetzigen Verhältnissen sehr erschwertes Dasein sichern können, so muß er notwendigerweise mit größerer Selbständigkeit, mit Selbstverwaltung die ihm vorgezeichnete Aufgabe in die Hand nehmen. Wenn heutiges Tages anderen Ständen ein ähnliches Zugeständnis gemacht ist, wenn überall ein freierer, frischerer Geist die hohe Bedeutung der Selbstregierung zu würdigen gelernt hat, so verlangt das mehr und mehr wiedererwachte Standesbewußtsein der Handwerker, daß sie in dieser Beziehung nicht länger zurückgesetzt werden dürfen. Der Kleingewerbestand erstrebt nur diejenige Selbständigkeit, die sich in die heutigen staatlichen Einrichtungen naturgemäß eingliedert, die aber

---

1) Der dritte Deutsche Handwerkertag zu Köln vom 26.—28. Sept. 1864. Nach den stenographischen Aufzeichnungen im Auftrage des Präsidiums des Deutschen Handwerkerbundes herausgegeben von Nic. Schüren, Aachen.

2) Nic. Schüren: Zur Lösung der sozialen Frage, eine volkswirtschaftliche Studie, 3. Aufl., Berlin und Leipzig 1878, S. 241 fg.

durch die Form, wie sie vorgeschlagen ist, einerseits vor Willkürlichkeiten und Uebergriffen bewahren, wie sie andererseits die Handwerksgenossen antreiben soll, in ihrer Berufsthätigkeit nicht laß und lahm zu werden.

Handwerkerräte hat man schon im Jahre 1848 in Vorschlag gebracht. Für die nicht innungsmäßigen Gewerbe, z. B. Fabriken und Handel, bestehen Gesichtspunkte und Grundsätze, die der Handwerker zu vertreten sich nicht berufen fühlt; sowie umgekehrt der Fabrikant und Kaufmann das Handwerk nicht zu vertreten weiß. Deshalb hat sich auch das Institut der aus allen Gewerbsklassen zusammengesetzten Gewerberäte als lebensfähig nicht bewährt.

Das vorgeschlagene Mittel der Bildung von Handwerkerräten erscheint übrigens weder schwierig noch kostspielig, da die Handwerkerräte durch zu wählende Handwerker besetzt und das Amt derselben als Ehrenamt unentgeltlich verwaltet wird. Zum Vorsitz und zur Leitung braucht nur ein Staatsbeamter, bezw. Gemeindebeamter delegiert zu werden. Die Handwerksgerichte aber können als Bestandteile bestehender Justizbehörden durch Delegationen einiger, beziehungsweise nur eines Richters und durch Beigabe gewählter Handwerker, welche im Ehrenamt unentgeltlich fungieren, zusammengesetzt werden."

Nach dieser Begründung war dem Titel I folgende Form gegeben:

Der Handwerkerrat.

1) In jedem der deutschen Bundesstaaten sind verwaltende Staatsbehörden unter dem Namen Handwerkerräte zu errichten.

2) Dieselben ressortieren zu den Angelegenheiten des betreffenden Ministeriums oder der betreffenden obersten Landesbehörde, in den freien Städten zu den Angelegenheiten der Senate.

3) Die Handwerkerräte stufen sich instanzmäßig ab vom Landes-Handwerkerrat zum Provinzial-Handwerkerrat und endlich zum Orts-Handwerkerrat, welcher letzterer sich in dem Orte befindet, wo die Innungen ihren Sitz haben.

4) Die Handwerkerräte führen die aufsehende Leitung und die Kontrole über die Angelegenheiten der Handwerkskorporationen im Ganzen und im Einzelnen.

5) Der Landes-Handwerkerrat hat über alle solche Regierungsvornahmen, welche dem Gebiete der Handwerker angehören, das Recht und die Pflicht zur Abgabe von Gutachten, er ist auch berechtigt, für irgendwelche Zwecke auf diesem Gebiete die Initiative zu ergreifen und bei den obersten Staatsbehörden Anträge zu stellen.

6) Neben den Handwerkerräten sind in den deutschen Bundesstaaten Handwerkergerichte zu errichten, welche sich instanzmäßig abstufen und in den Streitigkeiten der Handwerkskorporationen, der Meister, der Gesellen und der Lehrlinge gegeneinander entscheiden, wenn solche Streitigkeiten nicht von den Innungsvorständen auf gütlichem Wege geschlichtet werden.

In Titel II und III, die von den Handwerkskorporationen und den Meistern handelten, waren noch mannigfache Aufgaben für den Handwerkerrat vorgesehen.

So sollte der Landeshandwerkerrat die Grenze zwischen den innungsmäßig technischen und den anderen nicht innungsmäßigen Gewerben bestimmen. Gewerbliche Gruppen, welche Korporationen werden wollten, hatten sich an den Handwerkerrat zu wenden, ebenso stand diesem die Entscheidung über die Auflösung von Innungen zu. Das Aufsichtsrecht über die Innungen und die Bestätigung der Innungsstatuten sollte ebenfalls dem Handwerkerrate zufallen. Bei der Meisterprüfung hatte mindestens ein Mitglied desselben zugegen zu sein ꝛc. In der Hauptsache wollte man Korporationen nach dem Muster der preußischen Gewerberäte schaffen, doch sollten dieselben nur Handwerker umfassen [1]).

Auf diesen drei allgemeinen deutschen Handwerkertagen trat man also für Institutionen ein, wie sie ursprünglich auf dem Handwerkerparlament zu Frankfurt im Jahre 1848 angestrebt worden waren.

Wir wollen an dieser Stelle nur noch die kompetentesten Urteile, wie sie in späteren Verhandlungen hervorgetreten sind, anführen.

Auf dem dritten norddeutschen Handwerkertag zu Hannover im Jahre 1868 äußerte Herr Panse-Berlin: „Die Gewerberäte genügten den gehegten Erwartungen nicht, und fragt man nach dem Grunde dieser Erscheinung, so ist nur zu antworten, sie sind gescheitert durch die Schuld der Beteiligten an deren egoistischer Auffassung ihrer Standesinteressen, welche einem Ausgleich derselben hinderlich war [2])."

Ein anderer Redner, Todt-Minden, führte dazu noch aus:

„Die Unfruchtbarkeit der Thätigkeit der Gewerberäte resultierte hauptsächlich aus dem Umstande, daß neben dieser Institution noch die sogenannten Handelskammern, in denen die Großindustriellen den Schwerpunkt bildeten, bestanden, und daß die Regierung mehr Gewicht auf die Beschlüsse

—

1) Stieda: „Handwerk" im Handwörterbuch der Staatswissenschaften, IV. Bd., S. 376 fg.

2) Der dritte Norddeutsche Handwerkertag zu Hannover am 14., 15. und 16. IX. 1868, Hannover 1868, S. 59 fg.

dieser Korporationen legte, als auf jene, in denen auch der Handwerker vertreten war. Unter solchen Verhältnissen verstand es sich von selbst, daß die Großindustriellen mehr für sich, als für den Handwerkerstand sorgten. Die Gewerberäte hatten sich der Protektion der Regierung nicht zu erfreuen. Ich sage es ganz offen, fast der ganze preußische Beamtenstand sah den Gewerberat als eine Institution an, welche in seine Rechte eingriff. Aus diesem Grunde hatte der Gewerberat niemals Unterstützung von dieser Seite zu erwarten, hieran und infolge der geringen Beteiligung der Handwerker — es ist z. B. in Minden vorgekommen, daß Handwerker, nur um die kleine Abgabe von 3 Gr. 4 Pf. nicht mehr zahlen zu müssen, für Aufhebung der Gewerberäte stimmten — ist diese Institution zu Grunde gegangen."

Die Ausführungen des letzten Redners betreffs der Stellung der Beamten gegenüber den Gewerberäten scheinen einseitige zu sein. Es dürften hier allein kommunale Beamte gemeint sein, mit denen allerdings häufig Differenzen vorkamen, die wegen der mangelhaften Fixierung der Kompetenzen der Gewerberäte fast unvermeidlich waren.

Der Kommissionsbericht des preußischen Abgeordnetenhauses über den Entwurf des Handelskammergesetzes vom Jahre 1870 äußert sich dahin [1]): Die Erfahrungen, welche mit der in den sogenannten Gewerberäten gegebenen Vertretung der Handwerker in Preußen vor zwanzig Jahren gemacht worden sind, raten direkt von einer Wiederholung dieses Versuches ab. Diese Organe haben mindestens keinen Nutzen gestiftet. Wurden sie zuerst durch die Unverträglichkeit der drei darin zusammengesetzten Elemente, des Handwerker-, des Fabrikanten- und des Handelsstandes, lahm gelegt, so verfolgten sie nach dem ziemlich durchgängigen Ausscheiden der beiden letztgenannten Elemente in beschränktester Einseitigkeit mit der modernen Wirtschaftswelt ganz unvereinbare und deshalb vergebliche Forderungen gewerblicher Abschließung und Gebundenheit und gingen überall mehr oder minder bald an gänzlicher Teilnahmlosigkeit der Handwerker selbst zu Grunde.

In der Debatte über diesen Gesetzentwurf sagte der Handelsminister Graf von Itzenplitz über die Gewerberäte: „Dieselben waren nicht lebensfähig, weil neben den Handwerkern auch die Kaufleute in ihnen saßen. Daher kamen verschiedene Interessen, welche ihre besondere Vertretung verlangten."

In derselben Debatte erwiderte der Abgeordnete Laßwitz auf die Ausführungen des Grafen Itzenplitz: „Der Minister scheint zu irren, wenn er glaubt, daß die Gewerberäte daran gestorben sind, daß die Kaufleute

---

1) Verhandlungen des Abgeordnetenhauses von 1869, Bd. I, Aktenstück Nr. 46.

mit darin saßen. Die Kaufleute haben die Gewerberäte nicht gemordet, sie sind auch nicht Schuld an dem Tode derselben, sondern etwas ganz anderes ist die Ursache, nämlich die damalige Regierung, denn diese hatte den Gewerberäten das Gift präpariert, an dem sie gestorben sind. Durch die Verordnung über die Errichtung von Gewerberäten wurde zugleich eine Begrenzung der Arbeiten, eine Scheidung der Handwerke, der Fabrikanten, des Handels u. s. w. angeordnet, kurz es erschien eine so reaktionäre Ergänzung zur damaligen Gewerbeordnung, daß dadurch der Zankapfel nicht nur in die Gewerberäte, sondern in den Handel, die Industrie und das Handwerk, kurz in die ganze Arbeiterwelt hineingetragen wurde.

Meine Herren, ich selbst habe das Unglück gehabt, einem Gewerberate anzugehören, und was wurde dort verhandelt? Es wurde verhandelt darüber, wo hört der Handwerksbetrieb auf und wo fängt der Fabrikbetrieb an. Ich weiß, daß wir sechs Sitzungen verbracht haben, um eine Formel zu finden, in welcher festgestellt werden sollte, was Fabrikbetrieb ist. Das Ende war, diese Formel wurde nicht gefunden. Sie war nicht zu finden. Ich weiß, daß die meisten Sitzungen zugebracht wurden mit Diskussionen darüber, ob eine Treppe vom Zimmermann oder vom Tischler gemacht werden dürfe, ob der Comtoirsessel von einem Tischlermeister allein, oder auch vom Tapezierer und wer weiß von wem noch zu fertigen sei u. s. w. Ueber solche Dinge verhandelte man damals, und man war der Meinung, daß durch dergleichen Abgrenzungen und Einschränkungen dem Handwerkerstande aufgeholfen werde, und der damalige Oberbürgermeister von Breslau, ein gewiß tüchtiger Verwaltungsmann, ließ die Handwerkerstände zusammenkommen und sagte ihnen: „Wir werden Tag und Nacht darüber nachdenken, wie wir auf Grund dieser Verordnung dem Handwerkerstande aufhelfen können." Wenn ich mich aber daran erinnere, so deucht es mir, als seien es nicht 20 Jahre her, sondern 100 Jahre. Heute ist dergleichen Ding eine Unmöglichkeit."

Wir wollen auf weitere Kritiken über die Gewerberäte nicht mehr eingehen, da sie nichts Neues bieten. Grätzer faßt sein Urteil über diese Institution in folgenden 4 Thesen zusammen[1]).

1) Sie vertraten zu verschiedenartige, häufig sich kreuzende Interessen.

2) Ihre Kompetenz war eine mangelhaft umschriebene und brachte sie häufig mit anderen Behörden — namentlich den Magistraten — in Kollision, worin sie meist unterlagen.

3) Der korporative Geist, welcher sie hätte beseelen müssen, wenn auf Erfolg gerechnet werden konnte, war nicht einmal bei den Handwerkern vor-

---

1) R. Grätzer: Die Organisation der Berufsinteressen, Berlin 1890, S. 96.

handen, geschweige bei den anderen Berufszweigen, welche die daneben bestehenden Handelskammern zu ihren Organen wählten.

Hierzu kam, als in der Zeitströmung liegendes Motiv, daß sie

4) in Verbindung gebracht waren mit einem zünftlerischen Geiste, welcher nun einmal — ob mit Recht oder Unrecht bleibe dahingestellt — sich der Richtung jener Zeitepoche entgegenzusetzen suchte und daher in maßlosen zünftlerischen Postulaten und der modernen Produktionstechnik vergeblich sich entgegenstellenden Maßregeln ihr Heil suchten und fanden.

Diese Thesen geben die Hauptgründe wieder, die zur Vernichtung der Gewerberäte führten. Wir wollen nur noch zwei Gründe, die uns ebenfalls von besonderer Wichtigkeit zu sein scheinen, nachtragen. Die Gewerberäte gingen ferner deswegen zu Grunde, weil sie in drei Abteilungen nach Ständen zerfielen, die ihre egoistischen Sonderinteressen zur Geltung zu bringen suchten, und weil ferner Arbeitnehmer, wenigstens bis 1854, mit im Gewerberat saßen, die erstens über allgemeine gewerbliche Fragen nicht genügend orientiert sein konnten, um segensreich an den Verhandlungen teilzunehmen, die aber zweitens durch ihren Beisitz bei den Arbeitgebern Abneigung gegen diese Institution erregten.

Wir haben geglaubt, diesen ersten Organisationsversuch des Handwerks so eingehend darstellen zu müssen, weil uns aus ihm zweierlei klar hervorzugehen scheint, erstens, daß man den Handwerkerstand nicht auf sich allein beschränken darf, wie dies in der Handwerkerabteilung der Fall war, wenn ein gedeihliches Wirken solcher Institutionen herbeigeführt werden soll, und daß man zweitens solche Institutionen nicht fakultativ ins Leben rufen darf, weil sie dann von zu vielen Zufälligkeiten abhängig sind und sehr leicht an der Interessenlosigkeit und falschen Sparsamkeit der Handwerker zu Grunde gehen.

B. Die Bewegung vom ersten norddeutschen Handwerkertag zu Quedlinburg im Jahre 1867 bis zum Handwerkertag zu Magdeburg im Jahre 1882.

Nachdem durch die Ereignisse des Jahres 1866 der Norddeutsche Bund zustande gekommen war, trat auch die Handwerkerbewegung, welche seit dem Handwerkertage zu Köln im Jahre 1864 geschlummert hatte, wiederum hervor.

Die Kleingewerbetreibenden glaubten, daß sich der Norddeutsche Bund bald mit dem Erlaß einer gemeinsamen Gewerbeordnung befassen und daß diese, der allgemeinen Zeitströmung gemäß, in freiheitlichem Sinne ausfallen werde. Sie wollten daher rechtzeitig zu einer etwa zu erlassenden Gewerbeordnung Stellung nehmen, um ihre Wünsche in Betreff derselben zur Geltung zu bringen. Aus diesem Grunde wurde der erste norddeutsche Handwerkertag nach Quedlinburg berufen, der vom 5.—7. August 1867 stattfand[1]). In der Hauptsache war auch diese Handwerkerversammlung ein Protest gegen die Gewerbefreiheit. Die Tendenz der Anschauungen der versammelten Kleingewerbetreibenden kam am schärfsten in folgender, fast einstimmig gefaßten Resolution zum Ausdruck:

„Der Norddeutsche Handwerkertag protestiert Namens des Handwerkerstandes des Norddeutschen Bundes gegen Einführung der zügellosen Gewerbefreiheit in Norddeutschland und erklärt, daß er die durch die korporative Verfassung des Handwerkerstandes mit obligatorischer Innungspflicht geregelte und geschützte Selbstverwaltung, die Lehrlingspflicht, die Gesellen- und Meisterprüfung für die unentbehrliche Grundlage eines allgemeinen Gewerbegesetzes für den Norddeutschen Bund halte. Sollte indessen wider Erwarten auf gesetzlichem Wege Gewerbefreiheit für Handwerker eingeführt werden, so wünsche und verlange der Handwerkerstand die Einführung der zügellosen Gewerbefreiheit für alle Stände."

Bei der Forderung der korporativen Verfassung des Handwerker-

1) Die Verhandlungen des ersten Norddeutschen Handwerkertages zu Quedlinburg am 5., 6. und 7. VIII. 1867, Berlin 1867.

standes mit obligatorischer Innungspflicht hatte man nicht allein an die obligatorische Innung, sondern auch an die Schaffung von Gewerberäten gedacht, denn in der Debatte wurde mehrfach auf die preußischen Gewerberäte verwiesen [1]). In einer an den Bundesrat gerichteten Petition legte man sogar auf diese ein Hauptgewicht. Nachdem in derselben das Prinzip der Gewerbefreiheit verurteilt war, fuhr die Petition fort: „Unseres unmaßgeblichen Erachtens müßte die Revision der deutschen Gewerbeverfassung damit beginnen, daß zunächst überall Organe (Gewerberäte) geschaffen werden, die die Bedürfnisse des Handwerkers und des gesamten Gewerbebetriebes erforschen und die Abänderungsvorschläge für die Gesetzgebung aus der Erfahrung ableiten Vielleicht darf mit Einsetzung solcher Organe die Bundesgesetzgebung ihre Aufgabe schon als erfüllt betrachten, indem sie das weitere der Selbstverwaltung unter Aufsicht der Regierung überlassen kann. Wir halten die Gleichförmigkeit der gewerblichen Verfassung überhaupt nicht für das richtige Prinzip, da wir glauben, daß die lokalen Verhältnisse, die überall entscheidend sein müssen, aber überall verschieden sind, gerade eine Verschiedenartigkeit in der Gewerbeverfassung bedingen, dergestalt daß sich nicht in der Gleichmäßigkeit, sondern in der Mannigfaltigkeit die höchste Gerechtigkeit und die beste Gewerbeverfassung ausdrückt.

Der norddeutsche Handwerkertag zu Quedlinburg hat dem hohen Bundesrat seine Bedenken, gegen den Versuch schon jetzt eine durchgreifende Ausgleichung der verschiedenen Gewerbeverfassungen herbeizuführen, nicht verschweigen zu dürfen geglaubt. Der Handwerkertag ist der Ansicht, daß die heute noch maßgebende Theorie der zügellosen Gewerbefreiheit bereits in den Todeszuckungen liegt und daß sie nicht lange mehr einer Verständigung über eine vernünftige, dem Fortschritt der Zeit entsprechende, bildungsfähige Gewerbeordnung ihr terroristisches Veto entgegensetzen wird. Inzwischen ist keine Gefahr im Verzuge, denn gerade unter der Herrschaft derjenigen Gesetze, welche der anderen volkswirtschaftlichen Schule ein Dorn im Auge sind, hat die deutsche Industrie einen Aufschwung genommen, wie in keinem gewerbefreien Lande.

Trotz der schlechten Erfahrungen, welche in Preußen mit den Gewerberäten gemacht worden waren, trat man wieder für solche ein und glaubte, daß diese schon allein die gewerbliche Reformfrage zu lösen imstande sein würden. Natürlich sollten die Gewerberäte nicht genau wie die preußischen zusammengesetzt sein. Da über ihre Organisation nichts gesagt wurde, ist nicht festzustellen, wie dieselben im einzelnen gestaltet sein sollten.

---

1) Eugen Jäger: Die Handwerkerfrage, Berlin 1887.

Bereits vom 16.—18. April 1868 tagte der zweite norddeutsche Handwerkertag zu Dresden[1]). Diese schnelle Berufung einer neuen Handwerkerversammlung war nötig geworden, weil inzwischen die norddeutsche Bundesregierung eine Vorlage zu einer neuen Gewerbeordnung für Deutschland im Bundestag eingebracht hatte. In der Hauptsache verwarf man diesen Entwurf und trat für obligatorische Innung und Befähigungsnachweis ein. Die allgemeinen Angelegenheiten des Handwerks sollten, nach Ansicht des Handwerkertages, durch Gewerbekammern geregelt werden, welche in gewerblichen Angelegenheiten als Stützpunkt der Regierung zu dienen hätten. Man nannte die gewerblichen Interessenvertretungen jetzt Gewerbekammern, sprach sich aber wiederum nicht über ihre eigentliche Organisation aus.

Noch in demselben Jahre tagte der dritte norddeutsche Handwerkertag vom 14.—16. Sept. 1868 zu Hannover. Die Bundesregierung hatte am 8. Juli 1868 das sogenannte Notgewerbegesetz erlassen. Gegen dieses wollte man Protest einlegen und darauf hinwirken, daß in der in naher Aussicht stehenden Gewerbeordnung der Handwerkerstand gemäß den früheren Wünschen berücksichtigt werde. In dieser Versammlung ging man auch auf die Gewerbekammerfrage näher ein.

Der Vorstand der vereinigten Zünfte und Gilden in Hannover hatte einen umfassenden Antrag eingebracht, der das Zunftwesen regeln sollte.

Man beantragte eine allgemeine Organisation, die sich aus Orts- und Provinzialzünften zur allgemeinen deutschen Handwerkerzunft zusammenzusetzen hätte. Am Sitz jeder Provinzialhauptstadt sollte sich eine Gewerbekammer befinden[2]). Die Mitglieder derselben waren aus den selbständigen Handwerkern der Provinz zu wählen. Die Gewerbekammer sollte alljährlich gutachtliche Berichte über den Stand des Gewerbes in ihrer Provinz, Vorschläge über Verbesserungen, statistische Erhebungen über die Zahl der Meister, Gesellen und Lehrlinge ꝛc. veranstalten[3]).

---

1) Stenographischer Bericht über die Verhandlungen des zweiten norddeutschen Handwerkertages zu Dresden am 16., 17. und 18. IV. 1868 nebst Beilagen. Herausgegeben von Wilhelm Zeidler, Vorsitzenden des zweiten norddeutschen Handwerkertages. Dresden, S. 142 fg.

2) Der dritte norddeutsche Handwerkertag zu Hannover am 14., 15. u. 16. IX. 1868. Nach dem stenographischen Bericht und den übrigen Akten des Handwerkertages bearbeitet und zusammengestellt von dem zeitigen Vorort Hannover, 1868, S. 155 fg.

3) Stieda: „Handwerk" im Handwörterbuch für Staatswissenschaften, Bd. IV, S. 377.

Die Gewerbekammer war also hauptsächlich als konsultatives Organ gedacht. Sie sollte aus selbständigen Handwerkern gewählt werden. Unter dem Begriff Handwerker hatte man jedoch auch die Industriellen verstanden, wie dies deutlich daraus hervorgeht, daß die hannoversche Resolution an einer anderen Stelle aussprach: „Großindustrie und Handwerk sollen sich nicht als gegensätzlich, sondern als notwendig einander ergänzende Zweige der Gesamtindustrie ansehen und durch Einrichtungen, die neben gleichzeitiger Respektierung der naturgemäßen Einzelsphäre auch eine zweckmäßige organische Verbindung und Verbrüderung beider Gewerbsbetriebe fördern, zur Lösung der sozialen Frage gemeinschaftlich die Hand bieten.

Die Verbrüderung von Großindustrie und Handwerk sollte in den Gewerbekammern herbeigeführt werden, wie die Debatte deutlich zeigt. Herr Panse-Berlin führte in derselben aus, die preußischen Gewerberäte hätten die Innungen in Gemeinsamkeit mit dem Fabrikbetriebe geleitet. Man wolle, wie es scheine, ein ähnliches Verhältnis beider Arten des Gewerbebetriebes jetzt anstreben. Es sei bei der oben angeführten Resolution erörtert, daß es sich nicht darum handele, die Großindustrie überhaupt zu bekämpfen, sondern nur darum, die beiden Interessen auszugleichen, sie in Einklang zu bringen. Dasselbe Ziel hätten auch die Gewerberäte verfolgt, in denen Handwerker neben Fabrikanten vertreten waren. Redner ging dann noch auf die Gewerberäte näher ein, wie bereits früher (vergl. S. 60) zur Darstellung gebracht ist.

Die obige Resolution war von Dr. Laufkötter-Hannover begründet worden. Derselbe führte über das Verhältnis von Handwerk und Industrie folgendes aus:

„Es wäre ebenso verkehrt, zu behaupten, nur derjenige dürfe ein Gewerbe betreiben, der zünftig gelernt hat, wie die Forderung unrichtig sein würde, das Handwerk solle nicht neben dem Fabrikbetrieb bestehen dürfen. Beide Arten des Gewerbebetriebes sind notwendige Faktoren der gesamten Industrie. Es kommt nur darauf an, daß beide in den richtigen Grenzen sich halten, sich gegenseitig ergänzen und somit ausgleichen. Daß der Handwerkerstand in dieser Beziehung den guten Willen zum Entgegenkommen hat, soll die vorgeschlagene Resolution aussprechen. Der Handwerkerstand muß es sich zur Aufgabe machen, die gegen ihn waltenden Vorurteile zu vertreiben; er selbst muß in der Großindustrie nicht einen Fluch für das Handwerk erblicken; er muß ferner zeigen, daß er billigen

1) Der dritte norddeutsche Handwerkertag zu Hannover am 14., 15. u. 16. Sept. 1868. Nach dem stenographischen Bericht und den übrigen Akten des Handwerkertages bearbeitet und zusammengestellt von dem zeitigen Vorort Hannover, 1868, S. 157.

und verständigen Forderungen nachzugeben bereit ist, daß er endlich den Willen hat, die Hand zu reichen zu einer zweckmäßigen Lösung der sozialen Frage im Allgemeinen."

Man wollte jetzt also nicht mehr Gewerberäte, die sich auf einen engen Bezirk beschränkten und hauptsächlich Verwaltungskörper für handwerkerliche Interessen waren, geschaffen wissen, sondern man trat für Gewerbekammern ein, die den Bezirk einer ganzen Provinz zu umfassen hätten und in denen nicht nur Handwerker, sondern auch Industrielle eine Interessenvertretung finden sollten, denn nur unter Respektierung der Einzelsphäre jeder dieser beiden Gewerbsgruppen unter gleichzeitiger Verbindung beider könne das Gedeihen des Gewerbes gefördert werden.

Die Handwerker hatten also bereits selbst eingesehen, daß eine Beschränkung der Gewerbekammern auf das Kleingewerbe nur eine einseitige und unfruchtbare Thätigkeit solcher Organisationen herbeiführen werde. Man verstand also unter einer Gewerbekammer jetzt nicht mehr eine Vertretung des Handwerks, sondern eine solche der ganzen Industrie. An diesem Gesichtspunkt wurde in der Folgezeit vorläufig festgehalten.

Vom 20.—22. Sept. 1869 tagte der vierte norddeutsche Handwerkertag zu Halle a. d. Saale. Derselbe beschäftigte sich hauptsächlich mit der Frage, wie sich der Handwerkerstand zu dem bereits am 21. Juni 1869 erlassenen neuen Gewerbegesetz zu stellen habe [1]). Auf diesem Handwerkertage wurde die Gewerbekammerfrage nur flüchtig gestreift.

Es muß wunderbar erscheinen, daß man gerade auf dem Hallischen Handwerkertage sich nicht eingehender mit dieser Frage beschäftigte, da vom Minister für Handel und Gewerbe am 4. Jan. 1869 im preußischen Abgeordnetenhause ein Entwurf zu einem Handelskammergesetz eingebracht worden war [2]).

Es lag nahe, daß jetzt, wo die seit der Verordnung vom 11. Febr. 1848 bestehenden Bestimmungen über die preußischen Handelskammern geändert werden sollten, die Handwerker um so energischer für ebensolche Vertretungen in Form von Gewerbekammern eintraten. Der Hallische Handwerkertag that dies nicht, weil der auf demselben vertretene Handwerkerstand bereits in dieser Beziehung weitgehende Schritte gethan hatte.

---

1) Der vierte norddeutsche Handwerkertag zu Halle a. S. am 20., 21. u. 22. IX. 1869. Nach dem stenographischen Bericht und den übrigen Akten des Handwerkertages bearbeitet und zusammengestellt vom Vorort Halle. Halle a. S. 1870, S. 34.

2) G. Schmoller: Zur Geschichte der deutschen Kleingewerbe im 19. Jahrhundert, Halle 1870, S. 699.

Nachdem am 4. Jan. 1869 der Gesetzentwurf, die Handelskammern betreffend, im preußischen Abgeordnetenhause eingebracht worden war, traten einen Monat später, am 4. Febr., die Vorstände sämtlicher Berliner Innungen zusammen und beschlossen, je eine Petition an das Haus der Abgeordneten, an das Herrenhaus und an das Königl. Staatsministerium zu richten, um darin die zufolge des erwähnten Gesetzentwurfes und unabhängig von demselben für alle Handwerker und Gewerbetreibenden sich mit Notwendigkeit ergebenden und allgemein bestehenden Wünsche unumwunden auszusprechen.

Zehn Berliner Innungsvorstände wurden mit der Ausarbeitung der Petition betraut. Nachdem sie die im Anhang citierte Petition entworfen hatten, wandten sie sich mit einem Aufruf vom 10. Febr. 1869 an die Berufs- und Handwerksgenossen und baten um Beitritt und Unterstützung ihrer Bestrebungen [1]).

Die Petition sprach sich in sehr scharfen Worten dagegen aus, daß nach dem neuen Gesetzentwurf die Handelskammer dem Kleingewerbestande zum Vormund gesetzt werden sollte.

Man wünschte, daß gleichzeitig mit den Handelskammern für den Handwerker- und Gewerbestand Gewerbekammern errichtet würden, welche aus den Vertretern aller selbständigen Gewerbetreibenden bestehen, die auf Grund des § 19 des Gewerbesteuergesetzes vom 20. Mai 1820 den Betrieb eines selbständigen Gewerbes anzumelden verpflichtet und nicht als Kaufleute an der Wahl für die Handelskammer bereits teilzunehmen berechtigt sind.

Man trat hier für Gewerbekammern ein, die Handwerk und Großindustrie gleichzeitig umfassen sollten. Es wurde der Ausschluß der Industriellen aus der Handelskammer verlangt. Die Petition stand also auf dem Standpunkte, den man bereits auf dem Handwerkertag zu Hannover angedeutet hatte. Diesen Gewerbekammern waren ganz analoge Befugnisse wie den Handelskammern zugedacht.

Sie sollten das Recht und die Pflicht haben

1) die Gesamtinteressen der Gewerbetreibenden ihres Bezirks wahrzunehmen und die Central- wie sonstigen Behörden in der Förderung der Gewerbe durch thatsächliche Mitteilungen und Erstattung von Gutachten zu unterstützen;

2) sich ebenfalls vollkommen frei und selbständig zu konstituieren;

3) nicht minder zur Durchführung ihrer Zwecke sämtliche

1) Vergleiche den Anhang dieser Schrift.

Gewerbetreibende ihres Bezirks nach dem Klassen- und Einkommensteuerfuße zu besteuern;

4) ebenso zur Verwahrung ihrer Mitgliederbeiträge die Gemeindekassen-Verwaltung an ihrem Sitze zu benutzen;

5) gleichfalls bis spätestens Ende Juni über die Lage und den Gang der Gewerbe während des vorhergehenden Jahres an den nicht bloß als Minister für den Handel, sondern auch für die Gewerbe bestehenden und sich demgemäß bezeichnenden Staatsminister, wie an die Bezirksregierungen und sonst beteiligten Behörden zu berichten.

6) auch in anderen und besonderen Fällen unmittelbar dem Gewerbeminister und den übrigen Behörden Bericht zu erstatten und Anträge anzubringen;

7) die für den gewerblichen Betrieb und Absatz, das gewerbliche Arbeitsnachweisungs-, Lehrlings- und Fortbildungswesen bestehenden öffentlichen Einrichtungen und Anstalten zu beaufsichtigen oder zu verwalten;

8) in entsprechender Weise bei einem herzustellenden gewerblichen Schiedsgerichtswesen mitzuwirken;

9) je nach der Verschiedenheit der einzelnen Gewerbszweige sich, sofern ein betreffender Gewerbszweig mindestens zehn Mitglieder zählt und ein Bedürfnis dafür vorliegt, in besondere Abteilungen zu spalten, in welchem Falle alsdann nur die allgemeinen Angelegenheiten der Gesamtgewerbekammer verbleiben, während die besonderen, namentlich die Beaufsichtigung oder Verwaltung der für die besonderen Gewerbszweige bestehenden öffentlichen Einrichtungen und Anstalten (z. B. Schlachthäuser ꝛc.) der bezüglichen Zweiggewerbekammer zu überweisen sind;

10) würde der Regel nach innerhalb jedes Stadt- oder Landkreises mindestens eine Gewerbekammer zu errichten sein und im Uebrigen der Gesetzentwurf über die Handelskammern als Grundlage für ein Gewerbekammergesetz im Allgemeinen maßgebend bleiben können."

Die Kompetenzen dieser Kammern waren leidlich präzis bezeichnet. Die Petenten schadeten sich jedoch durch ihre phrasenvolle Sprache, die, wie wir später sehen werden, in dem Abgeordnetenhause mit gerechter Ironie getadelt wurde. Die Petenten gingen ferner darin viel zu weit, daß sie für jeden Stadt- oder Landkreis eine solche Organisation forderten und diese Korporationen dann noch in Zweiggewerbekammern geteilt wissen wollten.

Der Gedanke der Schaffung solcher Gewerbekammern hatte inzwischen so unter den Handwerkern gezündet, daß der preußische Handwerkerbund ein eigenes Organ unter dem Titel „Gewerbekammer" im Anfange des Jahres 1869 herausgab [1]).

Nachdem wir so die Forderungen der Handwerker betreffs der gewerblichen Organisationsfrage in der Weise zur Darstellung gebracht haben, wie sie auf den vier ersten norddeutschen Handwerkertagen zum Ausdruck kamen, müssen wir beleuchten, welche Aufnahme die von den Handwerkern gemachten Vorschläge bei dem Bundestage fanden. Bei Beratung der neuen Gewerbeordnung war den Wünschen der Handwerker betreffs der obligatorischen Innung und des Befähigungsnachweises gar nicht Rechnung getragen worden. Wie stellte sich der Reichstag des Norddeutschen Bundes zur Gewerbekammerfrage?

In der 25. Sitzung am 23. April 1669 bei Beratung der für die Innungen festzusetzenden Bestimmungen kam auch dieser Punkt zur Sprache [2]).

Der jetzige Finanzminister Dr. Miquel hatte in seiner Eigenschaft als Abgeordneter folgenden Antrag gestellt [3]):

Nach § 106 in der Gewerbeordnung einzuschieben

§ 107.

Den Landesgesetzen bleibt es vorbehalten, Gewerbekammern zu errichten, welche von den in das Handelsregister nicht eingetragenen oder zu der Handelskammer nicht wahlberechtigten Gewerbetreibenden eines bestimmten Kreises gewählt werden und berufen sind, die gemeinsamen Interessen dieser Gewerbetreibenden zu vertreten, Berichte den Behörden zu erstatten, Anträge bei denselben zu stellen, gemeinsame gewerbliche Einrichtungen und Bildungsanstalten zu begründen, zu verwalten oder zu beaufsichtigen, auch berechtigt sind, die durch die Erfüllung ihrer gesetzlichen Aufgaben entstehenden Kosten durch Umlagen auf die Gewerbetreibenden ihres Bezirks zu decken.

Dr. Miquel trat hier also für Kammern ein, die nur Kleingewerbetreibende, sowohl Handwerker wie Kaufleute umfassen sollten. Die von ihm gedachte

---

1) Stenographischer Bericht über die Verhandlungen des ersten sächsischen Handwerkertages zu Dresden am 31. III. 1869. Dresden 1869, S. 24.

2) Stenographische Berichte über die Verhandlungen des Reichstages des Norddeutschen Bundes, 1. Legislaturperiode, Session 1869, I. Bd., S. 535 fg.

3) Stenographische Berichte über die Verhandlungen des Reichstages des Norddeutschen Bundes, 1. Legislaturperiode, Session 1869, III. Bd., S. 420, Aktenstück Nr. 115 (11).

Kammer würde ungefähr den heutigen sächsischen und bayerischen Gewerbekammern entsprochen haben. Aus dem Antrage geht nicht hervor, ob der Antragsteller an gesonderte Gewerbekammern dachte oder ob er dieselben in Verbindung mit den Handelskammern bringen wollte.

Während der Verhandlung lief ein Antrag des Abgeordneten Dr. Stephani ein, welcher den ersten Teil des Miquel'schen Antrages bis zu den Worten „Anträge bei denselben zu stellen" zu dem seinigen machte.

Die Ursache für die nochmalige Einbringung des ersten Teiles des Miquel'schen Antrages lag darin, daß der Abgeordnete Dr. Miquel gar nicht zur Begründung seines Antrages im Hause erschienen war, unserer Ansicht nach ein Zeichen, daß der Abgeordnete Dr. Miquel seinem Antrage selbst nicht große Bedeutung beimaß. Dr. Stephani hielt namentlich die Bestimmung des Miquel'schen Antrages für bedenklich, in der gesagt war, daß die Gewerbekammern berechtigt seien, die durch Erfüllung ihrer gesetzlichen Aufgaben entstehenden Kosten durch Umlagen auf die Gewerbetreibenden ihres Bezirks zu decken. Er war der Ansicht, die Gewerbetreibenden könnten unter sich die Kosten jederzeit selbst aufbringen. Weshalb die Kleingewerbetreibenden in Bezug auf den Kostenpunkt anders behandelt werden sollten wie der Handelsstand und die Großindustrie in den Handelskammern, begründete der Abgeordnete nicht näher. Es dürfte wohl nicht möglich sein, stichhaltige Gründe dafür beizubringen.

Der Abgeordnete Dr. Stephani wollte nur den Landesgesetzgebungen die fakultative Möglichkeit bieten, überhaupt Gewerbekammern da zu bilden, wo Handelskammern bestehen und wo das Bedürfnis nicht geleugnet werden könnte, daß auch die Gewerbetreibenden eine besondere Vertretung erhalten, welche ihnen durch die Handelskammern nicht, wenigstens nicht ausreichend, gewährt werden kann.

„Je mehr ich von der Ueberzeugung," so führte Dr. Stephani aus, „durchdrungen bin, daß ein Fortbestehen der alten Innungen unmöglich ist und daß namentlich irgend einer gewerblichen Genossenschaft nicht mehr die ausschließliche Vertretung der gewerblichen Interessen überlassen werden kann, um so mehr halte ich es für Pflicht, daß in der Gewerbeordnung irgend eine Möglichkeit dargeboten werde, diese entstandene Lücke wieder auszufüllen und den gewerblichen Interessen eine andere geregelte Vertretung zu geben. Das soll geschehen durch diesen Antrag, der den Landesgesetzgebungen vorbehält, Gewerbekammern einzuführen."

Aber auch aus einem anderen Grunde hatte der Abgeordnete Dr. Stephani den Antrag gestellt. Er sagte:

„Auch für diejenigen, die der Meinung sind, daß eine Disposition der Gesetzgebung zur obligatorischen Begründung von Gewerbekammern nicht nötig ist, kann mein Antrag insofern nichts Bedenkliches haben, als er nur der Landesgesetzgebung das Recht hierzu vorbehält. Dazu ist allerdings eine wesentliche Veranlassung für die Angehörigen Sachsens gegeben, indem wir in Sachsen diese Einrichtung haben, und wenn ich auch nicht sagen will, daß diese Gewerbekammern in sehr ausgedehnter und ausgiebiger Weise sich bis jetzt wohlthätig erwiesen haben, so wird es doch nicht zu leugnen sein, daß für die Gewerbetreibenden das Bedürfnis der Fortexistenz vorhanden ist.

Bei uns in Sachsen würde es sich so gestalten; unsere Gewerbekammern beruhen ausschließlich auf der sächsischen Gewerbeordnung [1]), natürlich wird mit Eintritt des Bundesgesetzes die sächsische Gewerbeordnung in Fortfall kommen, und damit die Basis für die sächsischen Gewerbekammern entzogen sein. Aus diesem Grunde scheint es mir notwendig, daß in das Bundesgesetz die fakultative Bestimmung aufgenommen wird, daß da, wo die Gewerbekammern bestehen, sie fortbestehen, und wo es gewünscht wird, sie neu eingeführt werden können. Ich empfehle Ihnen daher im Interesse der einzelnen Bundesländer diesen meinen Antrag anzunehmen."

Der königlich sächsische Bevollmächtigte zum Bundesrat, Geheimer Rat Dr. Weinlig, machte den Abgeordneten Dr. Stephani auf einen Irrtum aufmerksam. Durch Annahme des neuen Gewerbegesetzes würden keineswegs die sächsischen Gewerbekammern in ihrer Existenz gefährdet. Es müßten sonst auch in das Gesetz Bestimmungen über Handelskammern aufgenommen werden, die in vielen Bundesstaaten bereits beständen. Es würde Niemand schließen, daß, weil die Handelskammern im Gewerbegesetz nicht erwähnt sind, sie nun durch die Nichterwähnung beseitigt würden. Dasselbe gelte von den Gewerbekammern.

Der Abgeordnete von Hennig erwiderte dem Antragsteller Dr. Stephani, daß er Bestimmungen über Gewerbekammern für durchaus überflüssig halte. Der Redner wies darauf hin, daß sich die Gewerberäte für Preußen als vollständig lebensunfähig nach allen Richtungen hin erwiesen hätten. Von den sächsischen Gewerbekammern behaupteten die einen, man könne ihnen wohl nachsagen, daß sie doch vielleicht einiges Gute bewirkt hätten; von den anderen würde dies auf das lebhafteste bestritten und gesagt, die Gewerbekammern trieben nichts als dummes Zeug, und sie behelligten die Behörden mit allerlei Anträgen, auf die diese einzugehen nicht imstande seien. Sie vermehrten überflüssigerweise das Schreibereiwesen, das bei den Behörden doch schon genug vertreten sei.

---

1) Gewerbegesetz vom 15. X. 1861, §§ 112—125.

Man solle freie Vereine bilden, wenn diese tüchtig wären, würden sie vollständig in der Lage sein, bei den Behörden sich diejenige Geltung zu verschaffen, die ihnen gebühre. Derartigen Vereinen dürfe nicht ein Besteuerungsrecht zugebilligt werden. Der Versuch mit Gewerbekammern würde seiner Ansicht nach zu keiner praktischen Wirkung führen. Dr. Stephani erwiderte hierauf, daß, wenn man in Preußen schlechte Erfahrungen mit den Gewerberäten gemacht habe und glaube jetzt keine besseren zu machen, so beabsichtige er nicht Preußen diese Wohlthaten aufzudrängen. Er wolle nur allen Teilen des Norddeutschen Bundes, die in Gewerbekammern einen Vorteil finden, diesen lassen. In Sachsen beständen die Gewerbekammern nicht ohne Segen. Da kein Zwang ausgeübt werden solle, möchte man doch den Antrag annehmen. Neben den Handelskammern müßten auch die rein gewerblichen Interessen eine Vertretung finden, wie die Interessen des größeren Handels durch die Handelskammern.

Nur der Abgeordnete von Wedemeyer trat für Gewerbekammern ein, jedoch war ihm der Miquel'sche Antrag sympathischer, weil derselbe ausdrücklich die Befugnisse darlegte, welche den Gewerbekammern beigelegt werden sollten. Auch dieser Redner ging auf die preußischen Gewerberäte ein. Er sagte:

„Die Gewerberäte hätten nichts genützt, sie hätten auch nichts nützen können, weil die Gewerbetreibenden, um welche es sich hier handelt, bei der Komposition derselben von Haus aus in der Minorität waren und es so eine Vertretung der Gewerbetreibenden in den bisherigen Gewerberäten überhaupt nicht gab. Gerade in diesen Kreisen der Gewerbetreibenden ist es sehr schmerzlich empfunden worden, daß ihre Mitgewerbetreibenden, aber in vieler Beziehung Konkurrenten, die von ganz entgegengesetzten Interessen geleitet sind, nach der früheren preußischen Gesetzgebung mit ihnen in einen Topf geworfen wurden, welche sie in den früheren Gewerberäten von Haus aus majorisierten. Die Kleingewerbetreibenden empfinden es sehr schmerzlich, daß die Handeltreibenden in den Handelskammern eine solche Vertretung haben und wünschen sehnlichst, daß ebenfalls für die Handwerker, die Kategorie der Gewerbetreibenden, um welche es sich hier handelt, eine ähnliche Organisation geschaffen werde.

Inzwischen brachten im Hause die Abgeordneten Hasenclever, Fritzsche und Dr. Schweitzer ein Unteramendement zu dem Antrag Miquel des Inhalts ein, daß

in Zeile 4 hinter dem Wort „Gewerbetreibenden" einzuschalten sei: „und gewerblichen Lohnarbeitern";

und in Zeile 5 hinter den Worten „gewählt werden" einzuschalten sei:

„welche zur einen Hälfte aus Arbeitgebern, zur anderen Hälfte aus Arbeitern bestehen müssen“ [1]).

Dieser sozialdemokratische Antrag bezweckte also, daß die Lohnarbeiter zur Wahl der Gewerbekammer berechtigt sein sollten und daß ferner die Mitglieder der Kammer zu gleichen Teilen aus Arbeitgebern und Arbeitnehmern zu bestehen hätten.

Der erste Teil des Amendements wurde angenommen, der zweite fiel jedoch bei der Abstimmung durch. Der Antrag Miquel mit dem Unterantrag Hasenclever wurde sodann ebenfalls abgelehnt. Dasselbe Schicksal ereilte den engeren Antrag des Dr. Stephani. Die Verhandlungen verliefen daher resultatlos.

Dieses Ergebnis war um so leichter erklärlich, als man sich gerade damals in der Kulminationszeit der Lehren des Manchestertums befand und also eine unparteiische Würdigung der Gründe, welche für die korporative Zusammenfassung des gewerblichen Standes sprachen, nicht erwarten konnte. Es herrschte damals leider die Ansicht, daß man nur durch Wegräumung aller Schranken zu einem einheitlichen Gewerberecht kommen könnte. Daß hierbei vielfach zu weit gegangen wurde, wird heute wohl ziemlich allgemein anerkannt und am deutlichsten durch die seitdem erlassenen zahlreichen bessernden Gewerbegesetze bewiesen. Grätzer hat vollkommen Recht, wenn er betont, daß auch schon deshalb die Forderungen derjenigen Handwerker, welche für Gewerbekammern eintraten, um so weniger erfüllt werden konnten, als sie sich mit Postulaten des Zunftwesens verquickten, die noch viel weniger Aussicht auf Realisierung haben konnten [2]).

Es kann, wenn man diese allgemeine Stimmung in Betracht zieht, die nicht nur die Volksvertretung beherrschte, sondern mit der auch die Regierung übereinstimmte, nicht wunderbar erscheinen, daß auch im preußischen Landtage diese Frage einen ähnlichen Verlauf nahm. Wie wir bereits erwähnten, hatte am 4. Jan. 1869 die preußische Regierung einen Gesetzentwurf, die Handelskammern betreffend, eingebracht. Eine Neuregelung des Handelskammerwesens war hauptsächlich dadurch notwendig geworden, daß in den seit 1848 zu Preußen gekommenen Landesteilen abweichende Gesetze über diese Materie bestanden. Man wollte eine Unifizierung des Rechts herbeiführen, sodann stand das Gesetz für Preußen schon seit dem 11. Febr. 1848 in Kraft und durch die seitdem mannigfach veränderten Verhältnisse war ebenfalls eine Neuregelung der gesetzlichen Bestimmungen nötig geworden [3]).

---

1) Nach diesem Antrage sollten, wie in den früheren preußischen Gewerberäten, die Arbeitnehmer ebenfalls in solchen Organisationen eine Vertretung finden.

2) Grätzer, Die Organisation der Berufsinteressen. Berlin 1890, S. 98 fg.

3) R. Stegemann: Gesetz über die Handelskammern vom 24. II. 1870. Mit Einleitung, Commentar und Sachregister, Berlin 1892.

Der § 1 des neuen Entwurfes lautete: „Die Handelskammern haben die Bestimmung, die Gesamtinteressen der Handel- und Gewerbetreibenden ihres Bezirks wahrzunehmen und die Provinzial- und Centralbehörden in der Förderung des Handels und der Gewerbe durch thatsächliche Mitteilungen und Erstattung von Gutachten zu unterstützen."

Man hatte im Anschluß an die Ausdrucksweise der Verordnung vom 11. Febr. 1848 neben dem Handel auch die Gewerbe erwähnt. Es geschah dies, wie die Motive ausdrücklich sagen, um denjenigen Teil des gewerblichen Verkehrs, welcher in den engsten, untrennbaren Beziehungen zum Handel steht und doch bei einer engeren Auffassung des letzteren Ausdrucks von diesem nicht mitgetroffen wird, nicht auszuschließen. Das Handwerk könne und solle, so erklärte man, in den Handelskammern keine Vertretung finden [1]). Ein Mißverständnis in dieser Hinsicht sei aber auch ebensowenig für die Folge zu besorgen, wie bisher hervorgetreten.

Dieses Mißverständnis hatte jedoch unter den Handwerkern Preußens sehr wohl stattgefunden. Die im Anhang citierte Petition geht hauptsächlich von dem Gesichtspunkte aus, daß die Handelskammern das Kleingewerbe mitvertreten sollten [2]). Der Gesetzentwurf wurde an eine Kommission für Handel und Gewerbe verwiesen, die einen schriftlichen Bericht erstattete, der wegen Schlusses des Landtages nicht mehr im Plenum des Hauses zur Verhandlung kam. Der Bericht zeigt so recht, wie man damals über wirtschaftliche Interessenvertretungen dachte. Er sagt:

„Wenn es darauf ankäme, die Institution der Handelskammern zuerst bei uns einzuführen, so würde die Frage, ob es überhaupt als ein Bedürfnis anzuerkennen sei, eine Aenderung der Staatsgewalt und deshalb einen besonderen Akt der Gesetzgebung dafür in Anspruch zu nehmen, einer sehr zweifelsvollen Erwägung unterliegen. Die Handelskammern sollen nach ihrer bisherigen Bestimmung eine Interessenvertretung des größeren Handels- und Gewerbestandes sein und insbesondere die Staatsverwaltung in der Sorge für diese Zweige der materiellen Kultur mit ihren Erfahrungen unterstützen. Eine solche Vertretung kann für dieses wie für andere Gebiete des wirtschaftlichen Lebens und für alle Interessen im ganzen Bereiche der bürgerlichen Gesellschaft schon auf dem Wege der freien Vereinigung mit voller Wirkung zustande kommen."

---

1) Motive zum Entwurf eines Gesetzes über die Handelskammern. Anlagen zu den stenographischen Berichten über die Verhandlungen des Hauses der Abgeordneten während der II. Session der 10. Legislaturperiode, III. Bd., Aktenstück Nr. 169.

2) Auch auf den Handwerkertagen zu Weimar, Frankfurt und Köln war dieses Mißverständnis bereits hervorgetreten. Vergleiche S. 56 fg. dieser Schrift.

Es wurde dann auf die mannigfachen freien Vereinigungen, auf die Handelskammern Englands, die nur auf dem Boden freier Fachgenossenschaft erwachsen seien, verwiesen. Man wird nicht fehlgehen, so fuhr der Bericht fort, wenn man erwartet, daß auch bei uns in solchen, von dem freien Anerkenntnisse des Bedürfnisses hervorgerufenen und fortwährend getragenen und genährten Vertretungen ein frischeres Leben pulsieren werde, als in so mancher, durch Anordnung der Staatsgewalt geschaffenen und erhaltenen Handelskammer. Man wies ganz besonders auf die kaufmännischen Korporationen und den deutschen Handelstag hin, die freie Vereinigungen seien und gute Erfolge erzielten.

Durch die Zeitdauer ihres Bestehens und durch die Größe ihrer Zahl haben sich die Handelskammern solchergestalt in unserem Staatsorganismus eingebürgert, der Handelsstand hat sich so sehr daran gewöhnt, durch sie seine Wünsche, Ansprüche und Rechte bei der Regierung geltend zu machen, sie haben auch unverkennbar in der Erfüllung ihrer Aufgabe so vielen Nutzen gestiftet, sind insbesondere den Behörden durch Mitteilungen, Anträge und Gutachten vielfach eine Quelle so schätzbarer Erfahrungen gewesen, daß es nicht die Absicht sein darf, aus prinzipiellen Bedenken gegen die ursprüngliche Notwendigkeit einer derartigen Gesetzgebung gegenwärtig deren Fortbestand und Fortentwickelung vereiteln zu wollen [1]).

Daß bei einer derartigen Grundanschauung der Kommission auf Berücksichtigung der Handwerkerforderung wegen Neuerrichtung von Gewerbekammern nicht zu hoffen war, liegt auf der Hand.

Der Kommissionsbericht ging sodann auf die Forderung der Handwerker ein und führte aus: „Es ist zwar in einer Petition, unterzeichnet „der Landesvorort des preußischen Handwerkerbundes“, der Antrag gestellt worden, die Gesetzesvorlage dahin umzuändern, daß die Handwerksmeister ebenfalls eine besondere Vertretung in den Handelskammern erhalten und diese in eigentliche Handels- und Gewerbekammern umgestaltet werden.“ Es zielt dies ab auf Erneuerung des Versuches, welchen die Gesetzgebung vor zwanzig Jahren mit der Errichtung von Gewerberäten machte, in denen der Handwerkerstand, der Fabrikenstand und der Handelsstand, jeder mit ein Drittel der Mitglieder vertreten war [2]). Dieser Versuch hat bekanntlich mit dem baldigen Absterben der neuen Schöpfung geendet und fordert nicht zur

---

1) Anlagen zu den stenographischen Berichten über die Verhandlungen des Hauses der Abgeordneten während der II. Session der 10. Legislaturperiode, Bd. IV, Aktenstück Nr. 320.

2) Wir glauben nicht, daß diese Forderung auf Wiederholung des Versuchs der Gewerberäte schließen läßt. Wir sind vielmehr der Ueberzeugung, daß die Petenten an Organisationen gedacht hatten, wie sie jetzt in Sachsen und Bayern bestehen.

Wiederholung auf. Die damalige Kombination der entgegengesetzten Elemente, einerseits der Gewerbe- und Handelsfreiheit, andererseits der zünftigen Gebundenheit, bezweckte deren Versöhnung und Ausgleichung, führte aber nur zu erbitterten Kämpfen, deren Ausgang gegenseitige Lähmung oder Ausscheiden des einen Elements und einseitige Geltung des anderen war.

Die Handelskammern sind zwar ihrer wesentlichen Aufgabe nach nicht auf Wahrnehmung der Interessen des Kleingewerbes hingewiesen, indessen haben sie auch bisher schon dem Gewichte der Verkettung aller und jeder, großer und kleiner Industrie-Elemente willig nachgegeben, und sie werden dies in Zukunft um so mehr thun, als sie, nunmehr durch das Mittelglied der Genossenschaften in eine gewisse kollegiale Beziehung zu den Kleingewerben treten. Im Uebrigen konnte die Kommission ein inneres Bedürfnis, dem Stande der Handwerker durch Aenderung der Gesetzgebung eine besondere Vertretung zu sichern, nicht anerkennen. Diejenigen, welche aus dem Dasein unserer Handelskammern ohne weiteres die Berechtigung und Notwendigkeit von Handwerkerkammern folgern, mögen nicht übersehen, daß bei Erörterung dieser Frage schon die außerordentliche lokale Verschiedenheit der Interessen des Handels und der Fabrikindustrie zu Resultaten führt, welche dem Handwerk gegenüber, dessen einzelne Zweige sich überall wesentlich gleichartig gestalten, nicht zutreffen.

Nach dem Schlusse ihrer Beratung über den vorliegenden Gesetzentwurf ging der Kommission noch eine gleichartige Petition zu, unterzeichnet: „Im Auftrage der Vorstände sämtlicher Berliner Innungen W. Bierberg, Obermeister der Schuhmacher-Innung ꝛc. [1])."

Darin wird der sofortige Erlaß eines Gesetzes über die Errichtung von Gewerbekammern nachgesucht. „Diese sollen den Handwerker- und Gewerbestand vertreten, — für jeden Stadt- oder Landkreis sei mindestens eine Gewerbekammer zu errichten, — zur Durchführung ihrer Zwecke seien sämtliche Gewerbetreibende nach dem Klassen- und Einkommensteuerfuß zu besteuern ꝛc. Nur unter gleichzeitiger Gewährung von Gewerbekammern dürfe das Gesetz über die Handelskammern in das Leben treten. Denn dem Handelsstande fortdauernd eine Einrichtung zugestehen, welche ihn weit über alle übrigen Berufsklassen an Bedeutung emporgehoben habe und welche die bürgerliche Lehnsherrschaft desselben auch noch staatsrechtlich befestigen und erhöhen zu wollen scheine — dagegen dem Stande der Handwerker eine gleiche Einrichtung versagen — hieße die Herstellung einer Klassenherrschaft begünstigen, welche die blutigen Errungenschaften früherer Jahrhunderte völlig vereitelt.

1) Es ist die von uns im Anhang zum Abdruck gebrachte Petition hier gemeint.

Die Handwerker würden durch Errichtung von Gewerbekammern sicherlich in den Stand gesetzt werden, mit der Zeit allen Gebrechen Abhilfe zu verschaffen, welche ihren eigenen und den mit den ihrigen verflochtenen Verhältnissen der übrigen Klassen der Gesellschaft ankleben."

Die Kommission, so fährt der Bericht fort, konnte sich auch durch den Inhalt dieser Petition nicht veranlaßt finden, den Gegenstand näher aufzunehmen. Das Verlangen der Antragsteller, „sich vollkommen frei und selbständig zu konstituieren", ist ihnen schon durch das verfassungsmäßige Vereinsrecht gewährt. Dagegen kann die angebliche Notwendigkeit, 4—500 Gewerbekammern durch die Gesetzgebung zu konstituieren, durch die augenscheinliche Uebertreibung jener Klagen und Befürchtungen, sowie jener Hoffnungen und Verheißungen nicht erwiesen werden. Auch diese Petenten lassen außer Betracht, daß allein schon in dem Umstande, daß zwischen dem Großhandel, Bergbau und Fabrikbetriebe der verschiedenen Gegenden die allerwesentlichsten Unterschiede obwalten und von Gegend zu Gegend die größten Eigentümlichkeiten wechseln, für die Staatsverwaltung ein Bedürfnis nach solchen lokalen Fachorganen der obengedachten Gewerbsstände gegeben ist, welches in Bezug auf die Handwerke und andere Kleingewerbe keineswegs stattfindet. Die Besorgnis und Behauptung der Antragsteller, daß „durch die Handelskammern der Handelsstand zum bürgerlichen Vormunde der Handwerker eingesetzt werde", sowie ihre Beschwerde über diese unwürdige Bevormundung und gänzliche Mißachtung ihrer eigenen Interessen, beruhen auf einer nicht richtigen Auffassung des Wesens der Handelskammern. Die Motive der Regierungsvorlage begegnen jener Besorgnis mit den unzweideutigen Worten: „Das Handwerk kann und soll in der Handelskammer keine Vertretung finden."

Die Forderungen der Handwerker gingen also nach zwei Richtungen. Die einen erstrebten eine Gewerbeabteilung in Handels- und Gewerbekammern, ähnlich wie die sächsischen und bayerischen Gewerbekammern, die anderen forderten Gewerbekammern, die den Handwerker- und Gewerbestand mit Einschluß der Großindustrie vertreten sollten.

Auf eine Kritik dieses Kommissionsberichtes wollen wir an dieser Stelle nicht eingehen, sondern dieselbe an den Bericht der zweiten Kommission anschließen. Der Gesetzentwurf wurde in der nächsten Session von neuem von der Regierung eingebracht und vom Plenum des Hauses wieder einer Kommission überwiesen, die ebenfalls eingehend sich mit den Petitionen der Handwerker beschäftigte [1]).

---

1) Sammlung sämtlicher Drucksachen des Hauses der Abgeordneten aus der 10. Legislaturperiode, III. Session 1869, Bd. I, Aktenstück Nr. 46.

Dieser zweite Bericht stützte sich in der Hauptsache auf den ersten und betonte, daß schon damals unter Zustimmung des Vertreters der Staatsregierung die Forderungen der Handwerker abgelehnt seien. Er widerlegte nochmals die irrige Auffassung der Petenten, die von der Ansicht ausgingen, die Handelskammern sollten zum Vormunde der Handwerker eingesetzt werden. Der Bericht ging sodann auf die Forderungen der Handwerker im Einzelnen ein und führte dabei aus: „Was im Uebrigen den Wunsch der Petenten betrifft, daß den Handwerkern eine gesetzlich anerkannte Vertretung zugestanden werde, so scheinen sie zu übersehen, daß eine solche bereits gewährt ist, nämlich in den Innungen. Die Gewerbeordnung für den Norddeutschen Bund (§§ 97 und 98) sagt: „Diejenigen, welche gleiche oder verwandte Gewerbe selbständig betreiben, können zu einer Innung zusammentreten. Der Zweck der Innung besteht in der Förderung der gemeinsamen gewerblichen Interessen." Den bestehenden Innungen verbleiben ihre korporativen Rechte; neue Innungen erhalten solche durch Bestätigung ihrer Statuten (§§ 81 und 97).

Es wird keinen Anstand finden, daß die Innungen gleich den Handelskammern, wenn ein besonderes Bedürfnis dafür hervortritt, ihre Erfahrungen und Wünsche den Behörden vortragen oder sonst zur Wirksamkeit zu bringen suchen; ferner, daß, wenn sie in größeren Kreisen ihre Ansicht austauschen wollen, sie in beliebiger Form zusammentreten. Hiervon haben sie bislang schon häufig Gebrauch gemacht.

Im Uebrigen steht den Handwerkern wie allen anderen Berufsständen das Recht zu Gebote, sich in freien Vereinen zusammen zu thun, um auf dem Wege des freien genossenschaftlichen Zusammenwirkens alle erlaubten Zwecke zu verfolgen. Ein Bedürfnis, neben den Innungen und neben den freien gewerblichen Vereinen besondere, gesetzlich organisierte Vertretungskörper für die Kleingewerbe in Gestalt der befürworteten Gewerbekammer zu schaffen, ist nicht anzuerkennen.

Die Gesetzgebung über die Handelskammern bildet eine Spezialität, welche sich als Konsequenz einer geschichtlichen Entwickelung rechtfertigt; ein Gleiches gilt von der Gesetzgebung über die Innungen. Die Erfahrungen, welche mit der in den sogenannten Gewerberäten gegebenen Vertretung der Handwerker in Preußen vor zwanzig Jahren gemacht worden sind, raten direkt von einer Wiederholung dieses Versuches ab. Diese Organe haben mindestens keinen Nutzen gestiftet. Wurden sie zuerst durch die Unverträglichkeit der drei darin zusammengelegten Elemente, des Handwerker-, des Fabriken- und des Handelsstandes, lahm gelegt, so verfolgten sie nach dem ziemlich durchgängigen thatsächlichen Ausscheiden der beiden letztgenannten Elemente, in beschränktester Einseitigkeit, mit der modernen Wirtschaftswelt ganz unvereinbare und deshalb vergebliche Forderungen gewerblicher Abschließung und Gebundenheit und gingen überall, mehr oder minder schnell, an gänzlicher Teilnahmlosigkeit der Handwerker von selbst zu Grunde.

Die außerhalb Preußens gemachten Erfahrungen bezüglich ähnlicher Einrichtungen laden ebensowenig zur Nachfolge ein. Der Reichstag des Norddeutschen Bundes hat es deshalb abgelehnt, in der Gewerbeordnung nur den Vorbehalt zu treffen, daß es den Landesgesetzen überlassen bleibe, Gewerbekammern zu errichten.

Am allerwenigsten kann die Gesetzgebung sich aufgefordert fühlen, besondere Organe des „Volksgeistes" ins Leben zu rufen und so ihrerseits für die utopische Perspektive, welche die Antragsteller dem Scharfblick der Gewerbekammern in der Lösung der sozialen Frage eröffnen, einzutreten. Aus diesen Gründen und im Anschluß an die Ausführungen des vorjährigen Berichts vermochte die unterzeichnete Kommission sich nicht für die Schöpfung der Gewerbekammern auszusprechen.

Der Regierungs-Kommissarius erklärte, daß seitens der Staatsregierung, an welche zahlreiche Anträge aus der Mitte des Handwerkerstandes gelangt seien, die Errichtung von besonderen Gewerbekammern für ein Bedürfnis oder nur für zuträglich nicht erachtet werde, daß vielmehr die Staatsregierung diesen Fragen gegenüber in allen wesentlichen Punkten die in Obigem dargelegte Auffassung teile, welche ohne jeden Widerspruch in der Kommission zur Geltung gelangt sei."

Dieser am 25. Okt. 1869 erstattete Bericht tadelte in scharfer Ironie die phrasenvollen, pomphaften und doch nichtssagenden Motive, welche für die Errichtung von Gewerbekammern, die das soziale Rätsel unserer Zeit lösen sollten, angeführt wurden.

War die Kommission formell im Recht, indem sie die Bevormundung der Gewerbetreibenden durch die Handelskammern leugnete, so war sie materiell im Unrecht, indem sie das Wesen einer korporativen Vertretung verkannte und deren Bedeutung erheblich unterschätzte [1]).

Der Bericht verweist auf die Innungen, in denen bereits eine gesetzlich anerkannte Vertretung dem Handwerkerstande zugestanden sei. Die durch die Gesetzgebung des Jahres 1869 ihrer Rechte beraubten Innungen, von denen sich in der Folgezeit ein sehr großer Teil auflöste, weil er nicht mehr lebensfähig war, konnten nicht als Interessenvertretungen des Ge-

1) R. Grätzer: Die Organisation der Berufsinteressen, Berlin 1890, S. 18 fg.

werbestandes gelten. Sie umfaßten erstens einen ganz kleinen Teil der Handwerker, konnten also nicht einmal für eine Interessenvertretung des Handwerkerstandes gehalten werden, die sie selbst jetzt nach Erlaß des Innungsgesetzes vom 18. Juli 1881 noch nicht sind, viel weniger konnten sie für eine Vertretung des Gewerbestandes gelten, da in den Innungen nur Handwerker, und nicht sonstige Gewerbetreibende und Fabrikanten vorhanden waren. Man hatte nicht Handwerkerkammern, sondern ausdrücklich Gewerbekammern, d. h. öffentliche Vertretungen für alle selbständigen Gewerbetreibenden gefordert, welche nicht als Kaufleute an der Wahl für die Handelskammern bereits teilzunehmen berechtigt sind. Es war also nicht von Organisationen nur kleingewerblicher Unternehmer die Rede. Im Gegenteil verlangte man den Ausschluß der Industriellen aus den Handelskammern [1]).

Sodann waren Innungen, welche die gemeinsamen gewerblichen Angelegenheiten pflegen sollten, nicht konsultative Organe, welche die Interessen des Gewerbestandes bei der Regierung zur Geltung zu bringen hatten. Eine Innung war fakultativ, eine Handelskammer wenigstens für ihren Bezirk obligatorisch. Wenn daher der Bericht sagt: „Es wird keinen Anstand finden, daß die Innungen gleich den Handelskammern, wenn ein besonderes Bedürfnis dafür hervortritt, ihre Erfahrung und Wünsche den Behörden vortragen oder sonst zur Wirksamkeit zu bringen suchen", so bedachte man nicht, daß in der Innung nur Gewerbetreibende eines einzigen oder einiger weniger verwandten Gewerbe vertreten waren, daß eine Innung schon deswegen sich zum konsultativen Organe über allgemeine Interessen des Gewerbestandes nicht eignete.

Charakteristisch für die völlige Verkennung des Wesens einer korporativen Vertretung war die Bemerkung, nach der sich die Handelskammer-Gesetzgebung als Konsequenz einer geschichtlichen Entwicklung rechtfertige, wie dies ebenso bei den Innungen der Fall sei.

Ganz unzutreffend war aber der Vergleich mit den Gewerberäten. Die in den Petitionen geforderten Gewerbekammern waren keine Wiederholung des früheren Versuchs der Gewerberäte. Diese hatten aus Handwerkern, Fabrikanten und Handelstreibenden bestanden, die Gewerbekammern sollten nur aus Handwerkern und Fabrikanten bestehen. Diese letzteren und Handelstreibenden waren damals schnell aus den Gewerberäten ausgeschieden, weil sie bereits in den Handelskammern eine bessere Vertretung fanden. Jetzt hatten aber die Kaufleute allein die Handelskammer zu bilden, während die Fabrikanten nur in der Gewerbekammer, und nicht auch gleichzeitig in der Handelskammer ihre Vertretung finden sollten.

---

1) Vergleiche die im Anhang zum Abdruck gebrachte Petition.

Der Bericht sagt weiter, die Gewerberäte hätten nach Ausscheiden der Handelstreibenden und Fabrikanten in beschränktester Einseitigkeit mit der modernen Wirtschaftswelt unvereinbare und deshalb vergebliche Forderungen gewerblicher Abschließung und Gebundenheit verfolgt und seien überall, mehr oder minder bald, an gänzlicher Teilnahmlosigkeit der Handwerker von selbst zu Grunde gegangen. Was hier der Bericht anführt, ist an sich richtig, spricht aber gegen Handwerker- und nicht gegen Gewerbekammern, denn gerade weil die Gewerberäte dann nur aus Handwerkern bestanden, nicht aber auch weitsichtigere Fabrikanten umfaßten, kamen sie zu den mit der modernen Wirtschaftswelt ganz unvereinbaren und vergeblichen Forderungen. Dieser Vergleich war daher unpassend.

Die außerhalb Preußens gemachten Erfahrungen bezüglich ähnlicher Einrichtungen sollten ebensowenig zur Nachfolge einladen. Der Reichstag des Norddeutschen Bundes habe es deshalb abgelehnt, in der Gewerbeordnung nur den Vorbehalt zu treffen, daß es den Landesgesetzen überlassen bleibe, Gewerbekammern zu errichten. Leider sind in dem Kommissionsbericht die außerhalb Preußens angeblich gemachten Erfahrungen nicht näher substanziiert. Aus den Verhandlungen des Reichstages, der herangezogen wird und der deshalb ebenfalls die Gewerbekammern abgelehnt haben soll, sehen wir, daß die sächsischen Gewerbekammern nur gemeint sein können [1]). Ueber diese waren jedoch die Ansichten im Norddeutschen Reichstag geteilte gewesen, und der Abgeordnete Dr. Stephani, der selbst Sachse war, hatte die Bedenken, die über ihre Wirksamkeit laut wurden, zurückgewiesen. Ferner waren die sächsischen Gewerbekammern Organisationen, die nur das Kleingewerbe umfaßten, also hinkte auch dieser Vergleich. Die außerpreußischen Erfahrungen hätten bei näherer Untersuchung, wenn man die bremische Gewerbekammer mit herangezogen, nicht nur keine Argumente dagegen, sondern sehr wichtige Momente dafür ergeben müssen.

Wenn man aus diesen Gründen ein Bedürfnis für gesetzlich organisierte Vertretungskörper für das Kleingewerbe in Gestalt der befürworteten Gewerbekammern nicht anzuerkennen vermochte, so hatte dies seinen Grund darin, daß man mit nichtigen Gründen argumentierte. Dann waren, um es nochmals zu betonen, nicht Vertretungskörper für das Kleingewerbe, wie der Bericht annimmt, sondern für das gesamte Gewerbe geplant. Allerdings wollten die Petenten in diesen Gewerbekammern dem Handwerk einen möglichst großen Einfluß eingeräumt wissen.

Der Bericht zeigte sodann andere schwere Inkonsequenzen. Man

1) Vergleiche S. 73 fg. dieser Schrift.

verneinte die Bedürfnisfrage nach Handelskammern und verwies stolz auf freie Vereine, die dasselbe leisteten, nahm aber doch den Gesetzentwurf an.

Grätzer [1]) betont sehr treffend, die Konsequenz dieser Anschauung hätte die strikte Verwerfung der ganzen Vorlage sein müssen. Die Kommission motivierte ihr zustimmendes Votum mit der Rücksichtnahme auf das lange Bestehen dieser Institution, den Wunsch der Interessenten selbst, denen sie lieb und wert geworden seien und immerhin mannigfaltigen Nutzen gestiftet hätten, und endlich mit dem seltsamen gegen diese Anschauungen kontrastierenden Satze: „Ist eine legislative Anordnung von Handelskammern keine Notwendigkeit, so ist ihr doch vorzugsweise das Zugeständnis der Nützlichkeit und selbst eines relativen Bedürfnisses nicht zu versagen; denn es kann nicht in Abrede gestellt werden, daß wegen der tiefgreifenden Mannigfaltigkeit und Verschiedenheit, welche die lokalen Interessen gerade des Großhandels und der Großindustrie in den verschiedenen Gegenden charakterisieren, es auch für die Staatsregierung von nicht zu unterschätzendem Werte ist, für diese Zweige der Volkswirtschaft geeigneter Organe versichert zu sein, welche den jeweiligen Gang und Stand der Gewerbethätigkeigt bezeugen und den Anliegen derselben an Staatsverwaltung und Gesetzgebung treffenden Ausdruck geben.“

Indem der Bericht so den eigentlichen Nutzen und die Notwendigkeit dieser Institutionen anerkennt und hervorhebt, bestreitet er doch dieselbe! Weshalb sind diese Organisationen nur für Großhandel und Großindustrie nützlich, und nicht für das Handwerk und die Industrie im allgemeinen? Dies versucht der Bericht nicht zu erweisen, es dürfte auch wohl der Beweis nicht möglich sein.

Mit Stolz verwiesen die beiden Kommissionsberichte auf die freien Vereine, von denen sich die Regierung ebenso gut, wenn nicht besser, Gutachten einholen könne. Freie Vereine bilden sich zunächst zur Verfolgung einseitiger Interessen. Nur da, wo Sonderinteressen eines Faches oder einer ganz bestimmten Gruppe sie ins Leben rufen, werden solche Vereinigungen bei uns überhaupt ein gewisses Leben entfalten, unmöglich aber der Regierung als konsultative Organe für die Begutachtung der wirtschaftlichen Bedürfnisse des Landes dienen können. Ihre nirgends gleichartige Organisation, ihre nach allen Richtungen abweichende Tendenz, ihr sporadisches Vorkommen, ihre stets nur Bruchteile der gewerbthätigen Bevölkerung umfassende Gestaltung, endlich der Mangel jeglichen gesetzlich anerkannten Berufs machen sie an sich durchaus ungeeignet, der Regierung

1) Grätzer: Die Organisation der Berufsinteressen, Berlin 1890, S. 18 fg.

als auskunftgebende Organe zur Seite zu stehen [1]). Die Verweisung auf diese freien Vereinigungen ist daher ebensowenig begründet, wie der andere Einwand, daß die Handelskammern für Handel und Gewerbe überflüssig seien, weil es Mittel gebe, die Interessen der letzteren ohne diese offizielle Vertretung zur Geltung zu bringen.

Sodann wird durch das Bestehen konsultativer Organe ein moralischer Druck auf die Regierung ausgeübt, diese Interessenvertretungen auch bei allen wichtigeren Angelegenheiten zu fragen, während bei freien Vereinen, die in der Hauptsache andere Zwecke haben, als den als Auskunftsstellen zu dienen, diese moralische Wirkung vollständig wegfällt. Freie Vereine werden nur um Rat gefragt, wenn aus irgendwelchen Gründen es der Regierung wünschenswert erscheint, die Interessenten zu hören. Dann ist ferner die Wahl der freien Vereine in das Belieben der Regierung gestellt und diese nicht genötigt, alle derartigen Vereine zu befragen, wie es bei der Existenz konsultativer Organe der Fall wäre.

Das Verweisen auf die freien Vereine war für den Kleingewerbestand um so unpassender, als es gerade in diesem sehr wenige derartige Organisationen gab und dieser Stand anerkanntermaßen weit weniger Neigung zur freien Vereinsbildung besitzt, wie Handel, Industrie und Landwirtschaft.

Am 14. Jan. 1870 [2]) trat das Haus in die Beratung über den Entwurf ein, in der dieser unverändert zur Annahme gelangte, worauf bereits am 24. Febr. das Gesetz publiziert wurde. Die Plenarverhandlung war ein getreues Abbild des Kommissionsberichtes. Der Berichterstatter Jacobi (Liegnitz) betonte, die Handelskammern seien wohl nützliche, aber keine notwendigen Dinge. Er legte dann die Gründe dar, die die Kommission bestimmt hätten, dem Gesetzentwurf zuzustimmen. Der Referent ging sodann auf die Petitionen der Handwerker ein und erwähnte, daß auch nach Erstattung des Berichts der Kommission dem Hause eine Petition zugegangen sei, welche anscheinend von einer Gesamtvertretung des preußischen Handwerkerstandes ausgegangen sei und die auf eine ruhigere und besonnenere Betrachtung der Sache eingehe.

Es ist dies eine Petition, unterzeichnet von dem Vorsitzenden des Landes-Vororts des preußischen Handwerkerbundes. Darin wird im Eingange gesagt: „Aus dem von der Kommission für Handel und Gewerbe über den Gesetzentwurf, betreffend die Handelskammern, erstatteten Berichte haben wir mit Genugthuung gesehen, daß die Kommission auch die Petitionen des

1) R. v. Kaufmann: Die Vertretung der wirtschaftlichen Interessen in den Staaten Europas, Berlin 1879, S. 450 fg.

2) Stenographische Berichte über die Verhandlungen des Hauses der Abgeordneten, 3. Bd., 47. Sitzung vom 14. I. 1870.

Handwerkerstandes einer eingehenden Erörterung unterworfen hat. Wenn das Resultat desselben den Wünschen der Petenten nicht entspreche, so liege es wohl darin, daß die Kommission mangelhaft informiert gewesen sei über dasjenige, was sie eigentlich beabsichtigten" [1]). Und nun fahren die Herren fort, am liebsten würde es ihnen zwar sein, wenn neben den Handelskammern besondere Gewerbekammern eingerichtet oder in den Handelskammern eine besondere Abteilung einer Vertretung der kleineren Gewerbetreibenden überwiesen würde; aber sie seien auch damit einverstanden, daß man diese Frage als eine offene behandele [2]).

„Ich möchte noch hinzufügen", fuhr der Berichterstatter wörtlich fort, „daß der gedachten Petition des Landesvororts des preußischen Handwerkerbundes auch 22 Innungen von Berlin beigetreten sind. Es ist dabei gesagt, wenn nur Zeit gegeben wäre, so würde der Petition durch die zahlreichsten Unterschriften Nachdruck verliehen sein. Es sieht wirklich so aus," so schloß der Referent, „als ob wir in dieser Petition eine Art Gesamtausdruck des preußischen Handwerkerstandes finden."

Zunächst sprach dann der Abgeordnete Eugen Richter, der als Manchestermann par excellence beantragt hatte, die Staatsregierung aufzufordern, die Aufhebung des Instituts der Handelskammern im gesetzlichen Wege herbeizuführen.

Er zog so die richtige Konsequenz aus dem Kommissionsbericht, indem er die bureaukratischen Organisationen verwarf und auf die freie Vereinsbildung verwies. Würden die Handelskammern aufrecht erhalten, so müßten nach und nach auch Landwirtschafts-, Gewerbe- und Arbeiterkammern entstehen, bis die Interessenten finden würden, daß niemand mehr ein Vorrecht hätte. Wenn der Kommissionsbericht gegen die Petition der Handwerksmeister sagte: „Im Uebrigen steht den Handwerkern, wie allen anderen Berufsständen das Recht zu Gebote, sich in freien Vereinen zusammenzuthun und auf diesem Wege des freien genossenschaftlichen Zusammenwirkens alle ihre erlaubten Zwecke zu verfolgen", so sei das ganz richtig; dieser Satz treffe aber ebensowohl gegen die Handelskammer zu, als er gegen die Petitionen der Handwerksmeister Anwendung finden könne. Das Fortbestehen der Handelskammern sei nicht nur ein Unrecht gegen die Kleinindustrie, es sei noch mehr ein Unrecht gegen die Arbeiterklasse.

„Gewerberäte und Handelskammern," sagte der Abgeordnete Richter, „es ist dieselbe Frage; beide widersprechen in gleicher Weise dem Grundsatz der freien wirtschaftlichen Konkurrenz der Interessen; beide widersprechen

1) Diese Ausführungen scheinen uns, wie wir bereits bei der Kritik der Kommissionsberichte zeigten, sehr zutreffend zu sein.

2) Grätzer: Die Organisation der Berufsinteressen, Berlin 1890, S. 18 fg.

der Gleichberechtigung aller Bürger im Staate; Gewerberat und Handelskammer, es sind zwei Enden eines und desselben Zopfes; die Gewerberäte sind durch die neue Bundesgewerbeordnung formell aufgelöst worden, hier sollen wir in einem neuen Landesgesetze die Handelskammern in ihrer Wirksamkeit neu befestigen. Dazu mag ich nicht mitwirken und deshalb stimme ich gegen das Gesetz."

Der Handelsminister Graf von Itzenplitz betonte im Gegensatz zum Abgeordneten Richter, er müsse eine Stelle haben, woher er Informationen bezüglich aller der jeden Tag neu auftauchenden Fragen schöpfen könne.

Der Minister kam dann auf die Forderungen der Handwerker zu sprechen und sagte: „Ob es nützlich, und wie es möglich sei die Handwerkerkammern zu organisieren, darüber will ich mich hier nicht äußern; ich glaube, das gehört nicht zur Sache. Aber die Thatsache ist richtig, und wir haben auch schon von dem Referenten davon gehört. Ebenso verlangen auch die Ackerwirte jetzt sehr dringend danach, sie wollen Ackerbaukammern haben. Nun, meine Herren, wenn die Gewerbetreibenden Handwerkerkammern verlangen und die Landwirte Ackerbaukammern, dann schließe ich daraus, daß doch die Handelskammern für Kaufleute und für den Handel nicht so ganz überflüssig sind.

Aus allen diesen Gründen, möchte ich Sie bitten diesen Antrag zu verwerfen und außerdem auch, wegen der Anträge über die Gewerbe- und Handwerkerkammern dieses Gesetz nicht aufzuhalten. Jene Sache ist sehr wichtig, sie muß besonders behandelt werden [1]), aber sie wird unendlich schwierig werden. Ich will hier nur darauf hindeuten, daß nach der jetzigen Gesetzgebung die Handwerker sich in zwei wesentlich verschiedene Schichten teilen: in solche, die in den Vereinen sind, und in solche, die außer den Vereinen stehen, und diese beiden in einem Wahlkörper zu versammeln, wird sehr schwierig sein, und nur von dem einen oder dem anderen wählen zu lassen, wird meines Erachtens unmöglich sein. Also wegen dieser zu erstrebenden, demnächst zu erwägenden Dinge möchte ich bitten, diese Sache, die ihren praktischen Nutzen hat, nicht aufzuhalten."

Der nächste Redner, der Abgeordnete Coupienne, trat für die Handelskammer ein und betonte, der Handels- und Gewerbestand habe nichts dagegen, wenn in ähnlicher Weise Gewerbekammern und landwirtschaftliche

---

1) Der Minister machte hier nachdrücklich auf die Wichtigkeit dieser Frage aufmerksam, indem er gleichzeitig eine Hauptschwierigkeit bei der Bildung dieser Organisationen beleuchtete. Der Minister dachte an Handwerkerkammern, die nur den Kleingewerbestand umfassen sollten.

Institute entstehen, sofern die Staatsregierung dies als nützlich erachten möchte.

Der folgende Redner, der Abgeordnete Laßwitz, war ein sehr entschiedener Gegner der Vorlage. Er führte aus, die Handelskammern hätten früher, als es kein freies Vereinsrecht gab, eine Berechtigung gehabt, heute seien sie ein Unrecht. Redner schlug allgemeine Erwerbskammern vor. Er dachte sich dieselben in 4—5 Sektionen gegliedert, je nach den Fächern, die diese zu vertreten haben. Wenn man solche Institutionen begründe, so werde die Zahl derselben im Staate nicht so sehr groß sein, in jedem Regierungsbezirk vielleicht eine, dann sei die Zahl eine gemäßigte, und dem Verlangen nach amtlicher Vertretung der übrigen Erwerbszweige außer dem Handel werde Rechnung getragen. Redner ging dann noch näher auf die preußischen Gewerberäte ein und führte schließlich unter großem Beifall des Hauses aus, die Seele der Handelskammern seien ihre Sekretäre [1]). Die Handelskammern seien ferner zu teuer, die preußischen Handelskammern kosteten ungefähr jährlich 200000 Rthlr. Für dieses Geld könne der Minister seine Auskünfte besser und billiger haben.

Der letzte Redner in der allgemeinen Debatte war der Abgeordnete Dr. Becker. Derselbe legte sehr sachlich den Wert der Handelskammern dar, indem er sagte: „Ich gebe zu, daß die freie Vereinigung ein nützliches Mittel ist, um Interessen zu vertreten; ich halte es aber doch für sehr zweifelhaft, ob dabei eine solche Vertretung herauskommt, in welcher verschiedene Interessen miteinander ausgeglichen und versöhnt und die höheren Gesichtspunkte gefunden werden. Jede Interessenvertretung drängt zu einer Spezialisierung und zu einem schärferen Aussprechen des Egoismus. Ich erinnere an alle diejenigen Vereinigungen, die etwas Erhebliches geleistet haben, und frage, ob durch sie nicht allemal ein ganz bestimmter materieller Zweck durch Einwirkung auf die Staatsregierung, auf die öffentliche Meinung &c., und zwar durch Bekämpfung anderer Zwecke erzielt ist. Wollte man die Deputierten solcher Vereinigungen zusammentreten lassen, etwa zu einem Handelslandesrate, so wäre ein ebenso großes Durcheinander, eine Zerfahrenheit, wie jetzt beim Handelstage. Wären die Handelskammern wirklich so mangelhaft, wie geschildert, so stände durch das Gesetz nichts der Bildung der freien Vereine entgegen."

Der Wunsch der Handwerker nach einer Vertretung war also auch im Plenum des Abgeordnetenhauses von der Hand gewiesen. Nur der Minister

1) Die Ausführungen des Abgeordneten Laßwitz haben wir bereits in dem Abschnitt über die preußischen Gewerberäte eingehend zur Darstellung gebracht. Vergleiche S. 61 dieser Schrift.

Graf v. Itzenplitz hatte die Frage der handwerkerlichen Interessenvertretung näher berührt und ganz besonders die Schwierigkeiten hervorgehoben, die bei der Bildung solcher Organisationen zu überwinden wären.

Diese Angelegenheit ruhte in den parlamentarischen Körperschaften bis zum Jahre 1881, wo sich gelegentlich der Beratung des Innungsgesetzes das Haus wieder mit derselben beschäftigte. Inzwischen waren die Handwerker immer energischer in ihrer Agitation fortgeschritten.

Die Kriegsereignisse des Jahres 1870 hatten natürlich ihre Bestrebungen in den Hintergrund treten lassen, doch kaum war das geeinigte Deutsche Reich geschaffen, so trat die Handwerkerbewegung von neuem in Erscheinung. Bereits auf allen vier norddeutschen Handwerkertagen waren Wünsche hervorgetreten, welche dahin zielten, einen ganz Deutschland umfassenden Bund der Gewerbetreibenden zu schaffen.

An der politischen Zerrissenheit des Vaterlandes war bisher der Plan gescheitert; jetzt, wo Deutschland geeint dastand, sollte auch er in Erfüllung gehen. Am 25.—28. Sept. 1872 tagte zu Dresden der erste allgemeine deutsche Handwerkertag, der sehr zahlreich besucht war und an Bedeutung alle seine Vorgänger bis auf den Frankfurter Gewerbekongreß vom Jahre 1848 und den allgemeinen deutschen Handwerkertag zu Weimar vom Jahre 1862 überragte.

Den Hauptpunkt der Verhandlungen bildete der Beschluß, durch einen gemeinsamen Verband die Arbeitgeber Deutschlands zu organisieren, welcher die Interessen derselben der Regierung und den anderen Klassen des Volkes gegenüber vertreten sollte. Der Zweck dieses Vereins ging besonders dahin, die durch Einführung der Gewerbefreiheit verloren gegangene Organisation der Gewerke wiederherzustellen, jedoch sollte dies in einer Weise geschehen, welche den gänzlich umgestalteten Verhältnissen soviel wie möglich Rechnung trage. Hieraus geht hervor, daß sich der Verein gleich von vornherein auf den Boden der Gewerbefreiheit stellte.

Neben allen den vielfachen Fragen, die damals die Gewerbetreibenden bewegten, war auch die Gewerbekammerfrage auf die Tagesordnung dieses Handwerkertages gesetzt worden [1]).

Der Referent über den betreffenden Punkt, Bierberg-Berlin, betonte, daß er gerade die Frage der Gewerbekammern für die wichtigste halte. Vor dem Gesetz sei angeblich alles gleich. Dieser Grundsatz sei jedoch nicht richtig, da der Handelsstand wohl Handelskammern, der Gewerbestand jedoch

---

1) Stenographischer Bericht über die Verhandlungen des ersten allgemeinen deutschen Handwerkertages zu Dresden am 25., 26., 27. und 28. Sept. 1872. Herausgegeben vom Allgemeinen Dresdener Handwerkerverein, Dresden 1872, S. 76 fg.

keine Gewerbekammern habe. Die Handelskammern hätten wenigstens auch über das Gewerbe dem Ministerium berichten sollen, dies sei jedoch nie geschehen. Redner wies auf die früheren Petitionen hin, die ohne Erfolg gewesen seien. Der Handwerkerstand müsse das Recht haben, ebenfalls Berichte an den Minister für Handel und Gewerbe abfassen zu dürfen, damit bei den betreffenden Gesetzesvorlagen die Wünsche des Handwerkerstandes in Betracht gezogen würden. Referent schlug vor, man möge durch eine Petition an die Reichsregierung veranlassen, daß sie Sorge trage, daß bei den betreffenden Gesetzesvorlagen die Berichte der Gewerbekammern Gehör finden müßten [1]).

Redner betonte, er könne einen Entwurf für Gewerbekammern vorlegen, damit die Regierung sehe, daß man sehr gut wisse, wie solche Handwerkerkammern aussehen müßten. Der Schwerpunkt liege darin, daß in der Handwerkerkammer die Gesamtinteressen des Handwerks thatsächlich pulsierten sonst würde der Begriff derselben, der Handelskammer gegenüber, zu winzig sein.

Der Redner machte leider keine Angaben, wie er sich die Organisation im Einzelnen vorstellte. Er brauchte ferner bald den Ausdruck Gewerbe-, bald den Ausdruck Handwerkerkammer, jedoch scheint uns aus den Verweisungen auf die früheren Petitionen (Bierberg war der Hauptveranlasser der von uns im Anhang citierten Petition gewesen) und aus dem Schlußsatz, daß in der Handwerkerkammer die Gesamtinteressen des Handwerks pulsieren müßten, hervorzugehen, daß er den Begriff Handwerk promiscue für Gewerbe brauchte und für Gewerbekammern eintrat, die auch die Industrie mit zu umfassen hätten.

Man wollte die Industrie damals mit in die Gewerbekammern hineingezogen wissen, weil, wie dies ein Redner auf dem Hannoverschen Handwerkertag ausgesprochen hatte, die Regierung nur auf die Gutachten der Handelskammer Wert lege, die der anderen Kammern, wenn diese nur aus Handwerkern beständen, aber völlig unberücksichtigt lasse, wie es bereits bei den preußischen Gewerberäten hervorgetreten sei. Damals habe die Regierung nur auf die Berichte der Handelskammer Wert gelegt, die der Gewerberäte jedoch, in denen fast ausschließlich Handwerkerinteressen zur Geltung kamen, gar nicht beachtet. Ein derartiges Verhältnis wolle man durch Hineinziehen der Industrie in die gewerbliche Interessenvertretung vermieden wissen. Ueber diesen Punkt der Tagesordnung entwickelte sich eine ziemlich lebhafte Debatte. Der Vorsitzende der Bremischen Gewerbekammer machte die Anwesenden mit den Einrichtungen seiner Gewerbekammer bekannt und wies auf ihre guten

1) Eugen Jäger: Die Handwerkerfrage. Berlin 1887, S. 88.

Resultate hin. Ein Redner aus Dresden betonte besonders, die Gewerbekammern müßten von den Handelskammern getrennt werden. Dieselben dürften nicht nur beratenden, sondern müßten auch beschließenden Charakter haben.

Nach kurzem Schlußwort des Referenten wurde die Tagesordnung angenommen. Man beschloß, für Errichtung von gewerblichen Interessenvertretungen in den Staaten einzutreten, wo solche noch nicht bestehen.

Im nächsten Jahre konstituierte sich zu Leipzig der in Dresden beschlossene Verband unter dem Titel „Verein selbständiger Handwerker und Fabrikanten Deutschlands". Derselbe war ungefähr zehn Jahre lang die Seele der Handwerkerbewegung. Ganz besonders hatte sich der Verband die Schaffung von Gewerbekammern zum Ziel gesetzt. Im § 1 seines Statuts hatte er dies zum Ausdruck gebracht. Der dritte Absatz desselben lautete: „Zweck des Verbandes ist, Einführung von Gewerbekammern und gewerblichen Schiedsgerichten in allen Staaten, Provinzen, Kreisen und Städten zu erstreben, sowie die Regierungen zu überzeugen, daß nur durch solche mit amtlicher Autorität ausgestatteten Organe es möglich sei, ihnen gerechte Beschwerden zu übermitteln und ins gewerbliche Leben überall fördernd und ermutigend einzugreifen.

Auf den Handwerkertagen zu Leipzig[1]), Quedlinburg[2]), Cassel[3]), Cöln[4]) und Darmstadt[5]) wurden regelmäßig Petitionen an die Regierungen in der Gewerbekammerfrage beschlossen und in scharfen Worten getadelt, daß die betreffenden Petitionskommissionen dieser Frage so wenig Aufmerksamkeit schenkten, so daß sie stets über dieselben zur Tagesordnung übergingen.

Nur im Jahre 1876 zu Cöln konnte man insofern einen gewissen Erfolg verzeichnen, als die Petition, betreffend Gewerbekammern, von der Kommission der Königlichen Staatsregierung als Material für die zukünftige Ergänzung der Reichsgesetzgebung überwiesen war. Und zwar wurde in

1) Protokoll über die Verhandlungen des zweiten deutschen Handwerkertages zu Leipzig am 23., 24. und 25. Okt. 1873. Mit Anhang und Verzeichnis der vertretenen Städte und der Delegierten. Berlin.

2) Protokoll über die Verhandlungen des Delegiertentages des Vereins selbständiger Handwerker und Fabrikanten am 27., 28. und 29. Aug. 1874 zu Quedlinburg.

3) Protokoll über die Verhandlungen des vierten Delegiertentages des Vereins selbständiger Handwerker und Fabrikanten Deutschlands zu Cassel am 12., 13. und 14. Aug. 1875. Berlin.

4) Protokoll über die Verhandlungen des fünften Delegiertentages des Vereins selbständiger Handwerker und Fabrikanten Deutschlands zu Köln am 2., 3., 4. und 5. Aug. 1876, Berlin, S. 28.

5) Protokoll über die Verhandlungen des sechsten Delegiertentages des Vereins selbständiger Handwerker und Fabrikanten Deutschlands zu Darmstadt am 8., 9., 10. und 11. Aug. 1877. Berlin.

der Petitionskommission dieser Beschluß gegen den Willen des Vertreters der Regierung gefaßt, der ausgeführt hatte, daß solchen Kammern, die nur zu beraten hätten, nicht aber handelnd eingreifen könnten, kein Wert beizumessen sei, daß es daher auch nicht gerechtfertigt erscheine, neben den zahlreichen schon vorhandenen Vertretungen noch neue zu schaffen, zumal da noch zu erwarten sein dürfte, daß, wenn diese geschaffen, sofort weitere Wünsche wachgerufen würden, so daß auch die Arbeitnehmer Beteiligung an denselben verlangten oder sogar auf besondere Arbeiterkammern Anspruch erhöben. Die Regierung stand also schroff abweisend dieser Frage gegenüber.

Im Herrenhause war der gleiche Erfolg erzielt worden, auch dort hatte man der Regierung die Petitionen als Material überwiesen.

Bemerkenswert ist noch, daß in Cöln ein Antrag auf Errichtung eines Reichs-Gewerbe-Amts gestellt wurde, der jedoch zu keinen weiteren Verhandlungen führte.

Erst auf dem Delegiertentage zu Magdeburg im Jahre 1878 beschäftigte man sich wieder näher mit der Gewerbekammerfrage.

Der Referent, Rings-Cöln, betonte, die Notwendigkeit der Gewerbe-Handwerkerkammern müsse man stets wieder hervorheben, da diese zur Entwickelung des Handwerks erforderlich seien.

Die bisherigen gewerblichen Gesetze litten an zu viel Theorie und an zu wenig Praxis. Dies habe hauptsächlich mit darin seinen Grund, daß zur Begutachtung der Gesetze zu viel Professoren, Juristen ꝛc. berufen würden, während dagegen der Handwerkerstand selten zur Abgabe eines Gutachtens aufgefordert werde[1]).

Die Handelskammern seien ihrem ganzen Wesen nach nicht zur Vertretung des Handwerks geeignet. Bei der Gründung der Handelskammern sei man wohl der Ansicht gewesen, daß sich unter den Handwerkern nicht die genügende Zahl tüchtiger Kräfte befinde, und aus diesem Grunde sei der Kaufmann mit der Vertretung des Handwerkerstandes beauftragt[2]). Dieses Verhältnis sei ein unnatürliches. Er glaube, daß heute genug Männer im Handwerkerstande vorhanden, welche fähig wären, die Interessen desselben zu vertreten. Deshalb müsse man immer wieder auf Errichtung von Gewerbe-, resp. Handwerkerkammern dringen, die nicht allein jenem speziellen Stande, sondern dem ganzen Vaterlande zum Wohle gereichen würden.

---

1) Protokolle über die Verhandlungen des siebenten Delegiertentages des Vereins selbständiger Handwerker und Fabrikanten Deutschlands zu Magdeburg am 7., 8., 9. und 10. Aug. 1878. Berlin.

2) Daß diese Anschauung eine irrige ist, haben wir schon mehrfach hervorgehoben.

Es wurde schließlich zu Magdeburg folgende Resolution angenommen:

„Die Delegierten-Versammlung wolle beschließen, das Central-Komitee zu beauftragen, eine Petition an den Reichstag auszuarbeiten, welche Einführung von Gewerbe-Handwerkerkammern analog den Handelskammern verlange. Das Handwerk ist berechtigt, die Einführung solcher Kammern zu verlangen, welche in beständiger Fühlung mit der Gesetzgebung es möglich machen, daß die das Handwerk berührenden Gesetze und Verordnungen nur nach Anhörung von Sachverständigen des Handwerks zu Stande kommen.

Die Gesetzgebung von 1869 beweist zur Genüge, daß Gewerbe- und Handwerkerkammern zum Wohle des Handwerks, sowie des gesamten Nationalwohlstandes unbedingt notwendig sind."

Die geforderten Organisationen wurden von jetzt an stets Gewerbe-Handwerkerkammern genannt. Unter denselben verstand man in der Hauptsache Organisationen, die der Bremischen Gewerbekammer als Muster entsprachen. Wie die Kammer im Einzelnen beschaffen sein und auf wen sich die Wahlberechtigung und Wählbarkeit erstrecken sollte, darüber war man sich nicht klar. Auf diese wichtigsten Gesichtspunkte ging man auch bei den Erörterungen nicht ein. Jedenfalls steht jedoch fest, daß man diese Kammern nicht auf das Handwerk allein beschränkt, sondern auch auf die Kleinindustrie ausgedehnt wissen wollte. Wo die Kleinindustrie aufhören und die Großindustrie anfangen sollte, darüber wurden praktische Vorschläge nicht gemacht.

In Ausführung dieser Resolution wurde folgende Petition an das Hohe Haus der Abgeordneten des preußischen Staates gesandt[1]):

Die gehorsamst Unterzeichneten erlauben sich, an das Hohe Haus der Abgeordneten die ebenso ergebene als dringende Bitte zu richten, in der gegenwärtigen Session bei der Königlichen Staatsregierung auf die Einbringung eines Gesetzentwurfs wegen Errichtung von

„Gewerbe-Handwerkerkammern"

hinwirken zu wollen.

Nach längeren Ausführungen über den Notstand des Kleingewerbes fuhr die Petition fort:

„Zur Pflege der Großindustrie hat der Staat die Handelskammern anerkannt, und wir sehen häufig, daß diese Handelskammern nicht nur von Seiten der Staatsregierung benutzt werden, um Antworten auf die verschiedensten Fragen zu erhalten, sondern daß in den Jahresberichten derselben

---

1) Allgemeine Gewerbe-Zeitung, Organ des Vereins selbständiger Handwerker und Fabrikanten, V. Jahrgang, Nr. 50.

häufig der Staatsregierung Wünsche und Anliegen vorgetragen oder Uebelstände aufgedeckt werden, welche von der Regierung und den gesetzgebenden Körperschaften für begründet erachtet und zum Nutzen der Großindustrie verwendet worden sind. Wenn hervorgehoben wird, daß die Handelskammern auch für die Vertretung des Handwerks und der Kleinindustrie das genügende Organ bilden, so muß dieses auf das allerentschiedenste durch die gemachten Erfahrungen als ein verhängnisvoller Irrtum gekennzeichnet werden.

Aus Vorstehendem erhellt, daß nicht nur die Angehörigen des Handwerks und der Kleinindustrie den lebhaften Wunsch hegen müssen, zum Wohle, zur Hebung und zum Schutze ihres Standes Organe geschaffen zu sehen, wie solche in anderen deutschen Staaten und den Hansastädten schon längere Zeit segenbringend bestehen, sondern daß auch der Staat ein Interesse daran hat, auch bei uns solche zu schaffen, welche, abgesehen von ihrem unzweifelhaften Nutzen, an sich ganz geeignet sind, die zahlreichen Angehörigen dieses Standes zu beruhigen, sie mit Hoffnung für die Zukunft zu erfüllen und ihren Fleiß wie ihre Ausdauer zu stärken.

Wir geben uns der sicheren Erwartung hin, daß ein Hohes Haus der Abgeordneten Mittel und Wege finden werde, Handwerker-Gewerbekammern zu schaffen und denselben denjenigen Wirkungskreis anzuweisen, in welchem sie zum Wohle des Handwerks und der Kleinindustrie am besten zu wirken geeignet sein werden."

Die Begründung der Petition bestand also hauptsächlich in der Verweisung auf das Bestehen der Handelskammern. Auch diesmal hatte dieselbe den Erfolg, daß sich die Petitionskommission des Abgeordnetenhauses eingehend mit der Frage der Handwerker-Gewerbekammern beschäftigte[1]).

Der Referent der Kommission wies darauf hin, daß bereits seit dem Jahre 1870 sich immer wieder Petitionen betreffs dieser Frage eingestellt hätten. Man sei stets über dieselben zur Tagesordnung übergegangen, bis sie im Jahre 1876 als Material der Regierung überwiesen wurden. 1876 hätten sich jedoch die Ansichten in Bezug auf diesen Punkt nicht wesentlich gegen früher geändert, sondern es werde im Berichte der Petitionskommission nur auf die immer wieder erneuten, mit zahlreichen Unterschriften bedeckten Petitionen hingewiesen, in denen ein Bedürfnis der Handwerker, sich fester zu organisieren, sich zu offenbaren scheine, woraus man schließen dürfe, daß dieselben wirklich von der Ueberzeugung durchdrungen seien, durch die Errichtung von Gewerbekammern werde ihrem Interesse gedient; es sei aus

---

1) Allgemeine Gewerbe-Zeitung, Organ des Vereins selbständiger Handwerker und Fabrikanten, VI. Jahrgang, Nr. 10 und Nr. 11.

diesem Grunde an der Lebensfähigkeit solcher Institute nicht wohl zu zweifeln; endlich sei auch eine Revision der Reichsgewerbeordnung bezüglich des Lehrlingswesens und des gewerblichen Unterrichtswesens im Gange und der preußischen Staatsregierung daher Gelegenheit geboten, aus Anlaß der vorliegenden Petitionen in Erwägung zu ziehen, in welcher Weise das Interesse des Handwerks wahrzunehmen sei, ob sich namentlich die Errichtung von Handwerker-Gewerbekammern als ein wirkliches Bedürfnis geltend mache.

In der Diskussion traten wiederum die Anschauungen hervor, die schon 1869 und 1870 in den betreffenden Kommissionen maßgebend gewesen waren. Man wies darauf hin, es sei ein Irrtum, wenn die Petenten glaubten, die Handelskammern sollten zugleich das Handwerk und die Kleinindustrie vertreten. Gleichzeitig lege man den Handelskammern eine Bedeutung bei, die sie in Wirklichkeit gar nicht besäßen.

Inwieweit mit den Aeußerungen der Handelskammern ein gutachtlicher Einfluß verbunden sei, hänge davon ab, welche Unterlagen jene Gutachten hätten. Dieselben Einwirkungen könnten auch freie Vereine ohne gesetzliche Organisation ausüben. Die Staatsregierung werde weder begründete Anträge und Beschwerden Einzelner, noch solche von Vereinen unerörtert lassen, und gerade in dem Vereinswesen sei den Handwerkern ein viel wirksameres Mittel geboten, die Vertretung ihrer besonderen Interessen wahrzunehmen.

Es wurde sodann auf die Innungen verwiesen, welche die Förderung der gemeinsamen Interessen des Handwerks übernehmen könnten und die befugt seien, Einrichtungen zu treffen, wie sie in diesem Umfange und Bedeutsamkeit den Handelskammern nicht zugestanden wären.

Was die Handwerker verlangten, sei daher eigentlich das Geringere im Vergleiche zu dem, was ihnen auf Grund der bereits gegebenen gesetzlichen Befugnis zu erreichen möglich sei.

Sodann wurde das Bedauern ausgesprochen, daß die Handwerker so wenig Gebrauch von den Innungen machten. Es stehe, wenn es darauf ankomme, nichts entgegen, daß die Handwerker sich in ähnlicher Form wie die geforderten Kammern jederzeit freiwillig zusammenschlössen. Sie hätten dann sogar den Vorteil, sich die Verfassung und Ordnung ihrer Verbände nach eigenem zweckmäßigen Ermessen zu gestalten, ohne an vorgeschriebene Formen, mit Ausnahme der allgemeinen, wenig beengenden Vorschriften der Gewerbeordnung, gebunden zu sein. Das Einzige, was dabei fehle, sei die Zwangssteuerpflicht und die Befugnis zur zwangsweisen Einziehung der Beiträge, ein Vorrecht der Handelskammer, das nicht dazu geführt habe, bei den Angehörigen des Handelsstandes dieser Institution besondere Sympathien zu erwecken und das wahrscheinlich auch bei den Handwerkern mehr als lästig, denn als wünschenswert empfunden werden würde.

Uebrigens gebe man sich Täuschungen hin über den Umfang der Wirksamkeit, die eine Gewerbekammer zu entfalten im Stande sein werde. Was jetzt als solche erstrebt werde, das seien früher die Gewerberäte gewesen. Die Thätigkeit der Letzteren habe sich aber nur auf kleinliche Dinge gerichtet, sie seien daran zu Grunde gegangen und noch dazu das Hindernis gewesen, daß die Gewerbegerichte nicht zu Stande gekommen [1]). Die Handwerker müsse man geradezu warnen, einen derartigen Weg wieder zu betreten, der kaum zu einem anderen Erfolge, als dem früheren werde führen können. Ueberall zeige die Erfahrung, daß doppelt und dreifach regeres Leben da pulsiere, wo freie korporative Verbindungen sich der Förderung gemeinsamer Interessen annehmen.

Es wurde sodann auf den Erlaß des Handelsministers von Maybach vom 4. Jan. 1879 verwiesen, in dem die Bedeutung des gewerblichen Vereinswesens für die Besserung der gewerblichen und sozialen Verhältnisse, namentlich in der Richtung auf die Wiederbelebung der Innungen in einer ebenso eingehenden als wohlmeinenden Weise vor Augen geführt würde. Es werde dort auch des vielfach hervorgetretenen Verlangens nach Errichtung von Handwerker- oder Gewerbekammern gedacht und in Frage gestellt, ob nicht die hierbei zu Grunde liegende Absicht auf dem Wege einer richtigen Gestaltung und Ausbildung des Innungswesens ihre zutreffendste und geeignetste Befriedigung finden könnte.

Der Referent stellte sodann den Antrag, über die Petitionen zur Tagesordnung überzugehen. Es war jedoch eine Richtung im Hause vertreten, die wenigstens die Petitionen der Staatsregierung zur Erwägung überwiesen wissen wollte. Doch traten die Vertreter dieser Ansicht nur deshalb für Ueberweisung ein, weil eine Abweisung der Petitionen niederschlagend auf die Handwerker wirken müsse.

Sehr bemerkenswert sind die Ausführungen des Regierungskommissars in der Kommission. Derselbe gab im Laufe der Diskussion folgende Erklärungen ab:

Die Königliche Staatsregierung stehe grundsätzlich noch auf dem bei den früheren Verhandlungen über diese Frage vertretenen Standpunkte, nach welchem sie als das geeignetste Organ zur Vertretung und Förderung der Interessen des Handwerks die Innung ansehe und in der Regelung, welche das Innungswesen in der deutschen Gewerbeordnung gefunden habe, im Ganzen und Großen eine ausreichende Grundlage für eine zweckmäßige Organisation des Handwerkerstandes erblicke.

Die wichtigsten Aufgaben, welche die Gegenwart in Beziehung auf die

---

1) Hier zeigt sich wieder, wie nachteilig das Mißlingen des Versuchs mit den Gewerberäten wirkte.

Entwickelung des Kleingewerbes stelle, seien der Art, daß sie zu ihrer Lösung eine örtlich organisierte Thätigkeit bedürften, und für diese biete die Innung eine völlig ausreichende und hinlänglich kräftige Grundlage, wenn sie unter Berücksichtigung des gegenwärtigen Verhältnisses der einzelnen Zweige des Handwerks zu einander, namentlich unter richtiger Zusammenfassung der verwandten Handwerker gebildet werde [1]).

Für diejenigen Interessen des Kleingewerbes, welche über die örtlich organisierte Thätigkeit hinausgehen, könne sich der Handwerkerstand eine völlig ausreichende Vertretung auch ohne neue Gesetze schaffen, wenn die Innungen zu diesem Zwecke zu größeren Verbänden zusammenträten. Das Einzige, was auf Grund der bestehenden Gesetzgebung nicht möglich, sei die Ausübung eines Zwanges gegen diejenigen Berufsgenossen, welche nicht geneigt seien, sich freiwillig an der Pflege der gemeinsamen Interessen zu beteiligen. Auf die Herstellung eines solchen Zwanges reduziere sich der eigentliche Kern der in den Petitionen zum Ausdruck gelangten Bestrebungen.

Es sei mindestens zweifelhaft, ob die aus der freien Initiative der dazu geeigneten Innungen hervorgegangenen größeren Verbände die allgemeinen Interessen des Handwerkerstandes nicht in ungleich wirksamerer Weise vertreten würden, als auf dem Wege gesetzlichen Zwanges errichtete Handwerkerkammern.

Auf diesem Standpunkte stehe der Erlaß des Handelsministers vom 4. Jan. d. J. Derselbe wolle dem Handwerkerstande eine Anregung geben, das Innungswesen in einer den Anforderungen der Gegenwart entsprechenden Weise, im Rahmen der bestehenden Gesetzgebung neu zu beleben und die Vorteile, welche ihm diese Gesetzgebung vor anderen Berufszweigen einräume, zu benutzen. Zu dem Ende versuche er nicht bloß das Feld der Thätigkeit, welches sich für die Innungen darbiete, zu bezeichnen, sondern mache den Behörden auch zur Pflicht, dem Handwerkerstande bei dem Bestreben, zu einer neuen, fruchtbaren Organisation zu gelangen, in jeder Weise entgegenzukommen und Unterstützung zu Teil werden zu lassen. Ebenso stelle der Erlaß den größeren Vereinigungen, zu welchen die Innungen sich etwa verbinden würden, ein wohlwollendes Entgegenkommen der Behörden in Aussicht und lasse erkennen, daß die Königliche Staatsregierung den Verhandlungen und Anträgen solcher Vereinigungen eine aufmerksame Prüfung zu Teil werden zu lassen beabsichtige. Wenn in dieser Beziehung der Wunsch ausgesprochen sei, es möchten die Behörden nachträglich noch angewiesen werden, auch die Bildung solcher größeren Vereinigungen anzuregen und zu

1) Allgemeine Gewerbe-Zeitung, Organ des Vereins selbständiger Handwerker und Fabrikanten, VI. Jahrgang, Nr. 10 und 11.

unterstützen, so sei er als Kommissarius zwar nicht ermächtigt, in dieser Beziehung eine Zusicherung zu erteilen, indessen bezweifle er bei der wohlwollenden Haltung, welche der Erlaß vom 4. Jan. diesen größeren Vereinigungen gegenüber einnehme, nicht, daß der Handelsminister, wenn sich ein praktisches Bedürfnis herausstellen sollte, nicht anstehen werde, in dieser Richtung eine weitere Anregung zu geben [1]).

Im Uebrigen lasse der mehrerwähnte Erlaß erkennen, daß die Königliche Staatsregierung, wenn sie die bestehende Gesetzgebung als genügend ansehe und eine Ergänzung derselben selbst hinsichtlich der gewünschten, über die einzelnen Innungen hinausgehenden Vertretung des Handwerkerstandes nicht für erforderlich halte, dennoch es nicht als unmöglich ansehe, daß demnächst ein Bedürfnis weiterer gesetzgeberischer Maßnahmen hervortreten könne. Sie glaube aber in dieser Richtung nicht eher Schritte thun zu dürfen, als bis durch praktische Versuche in weiteren Kreisen Erfahrungen darüber gesammelt seien, was auf der Grundlage der gegenwärtigen Gesetzgebung zu erreichen sei. Dadurch allein könne mit der erforderlichen Sicherheit ein Urteil darüber gewonnen werden, wo im Einzelnen die Gesetzgebung verbesserungs- und ergänzungsbedürftig sei, und namentlich, ob in der That ein Bedürfnis vorliege, den größeren Vertretungen des Handwerkerstandes eine gesetzliche Grundlage zu geben.

Dabei werde sich dann herausstellen, ob diese gesetzliche Grundlage, wenn sie überhaupt erforderlich, nicht vielleicht ersprießlicher durch eine Ergänzung der Reichsgesetzgebung über das Innungswesen als durch besondere Landesgesetze zu beschaffen sein werde.

Unter diesen Umständen könne die Königliche Staatsregierung nur wünschen, daß der Antrag des Referenten angenommen, der Antrag auf Ueberweisung der Petition zur Erwägung dagegen abgelehnt werde. Die Annahme des letzteren Antrages würde die Petenten leicht zu der Meinung verleiten, daß das Haus der Abgeordneten das neuere Vorgehen der Staatsregierung auf diesem Gebiete doch nicht als völlig ausreichend ansehe und eine sofortige Erwägung der Frage, ob nicht eine Aenderung der bestehenden Gesetzgebung herbeizuführen sei, für notwendig halte.

Die Folge könne leicht sein, daß weite Kreise des Handwerkerstandes, statt der in dem Erlasse vom 4. Jan. d. J. enthaltenen Anregung Folge zu geben, in der Meinung, daß zunächst noch eine Entschließung der Staatsregierung über etwaige Abänderung der Gesetzgebung zu erwarten sei, vorläufig auf jede eigene praktische Thätigkeit verzichten zu müssen glaubten."

1) Eugen Jäger: Die Handwerkerfrage. I. Abteilung. Geschichte der Handwerkerbewegung bis zum Jahre 1884, Berlin 1887, S. 133.

Die Regierung stellte sich, wie aus diesen Ausführungen hervorgeht, auf einen vollständig abweisenden Standpunkt, und ihrem Vertreter in der Kommission war es hauptsächlich zu danken, wenn mit 14 gegen 6 Stimmen beschlossen wurde: „in Erwägung, daß den Handwerkern in der gesetzlich gewährten Befugnis der Bildung von Innungen ein leider noch zu wenig benutztes Mittel, ihre Interessen zu fördern, geboten und jetzt auch abzuwarten ist, welchen Erfolg die von dem Handelsminister in dem Reskript vom 4. Jan. d. J. gegebene Anregung haben wird, über sämtliche Petitionen zur Tagesordnung überzugehen."

Die Regierung glaubte damals, daß sich auf dem Wege des freien Vereinswesens eine genügende Organisation des Gewerbes erzielen lasse. Von diesem Gesichtspunkt ging besonders der Erlaß des Ministers von Maybach vom 4. Jan. 1879 aus. Vor allen Dingen scheute sich die Regierung, den Organisationen ein Zwangsbesteuerungsrecht, wie es den Handelskammern zugestanden war, zu gewähren, um nicht die Anhänger der Zwangsinnung, die sich damals in Deutschland regten, durch diese Konzession zu stärken.

In einer von dem Büreau der Berliner Innungsvorstände an den Minister von Maybach gerichteten Denkschrift vom 31. März 1879, welche das Normalinnungsstatut behandelte, ging man nochmals auf die Gewerbekammerfrage ein[1]). Es wurde dort ausgeführt, daß als die maßgebende Vorbedingung, um in das Gewerbsleben wieder Ordnung hineinzutragen, die Errichtung von obligatorischen Gewerbe-(Handwerker-)Kammern, mit einem Wort, die prinzipielle Scheidung des Kleingewerbes von der Großindustrie und dem Kaufmannsstande und die damit dokumentierte eingehendere gesetzgeberische Berücksichtigung der Bedürfnisse des ersteren zu betrachten sei. Man vindiziere gerade den Innungen das Ehrenrecht, aus ihren Mitgliedern die Repräsentanten zur Gewerbekammer zu delegieren, weil dieses Wahlrecht ein Mittel bilden soll, den Zutritt zu den Innungen annehmlich zu machen.

„Freilich sehen wir", so fuhr die Denkschrift fort, „von der Wiederbelebung der weiland preußischen Gewerberäte oder einer ähnlichen Institution ab, da solch amtliches Scheinleben unserer Meinung nach auch nicht frisch pulsierendes Schaffen und Streben in die Gewerbekreise zu übertragen vermag. Vielmehr soll die von uns gewünschte Gewerbe-(Handwerker-)Kammer die Centralstelle der Gewerbetreibenden bilden und zur Förderung des Gewerbebetriebes dienen. Sie hat die Gesamtinteressen der Gewerbetreibenden zu vertreten, richtet selbständige Anträge und Wünsche in dieser Beziehung an die oberen und obersten Staatsbehörden, stellt ihre eigenen gewerblichen Sach-

1) Allgemeine Gewerbe-Zeitung, Organ des Vereins selbständiger Handwerker und Fabrikanten. VI. Jahrgang, Nr. 15 und 16.

verständigen an und trifft die Entscheidung bei Streitigkeiten der selbstständigen Gewerbetreibenden mit ihrem Hülfspersonal durch ein von ihr zusammengesetztes Schiedsgericht."

Um zu zeigen, in welcher Weise sich die Petenten die Gewerbekammern vorstellten, war von dem Centralkomitee des Vereins selbständiger Handwerker und Gewerbetreibender ein vollständiger Gesetzentwurf ausgearbeitet. Derselbe ist nach dem Bremischen Gewerbekammergesetz gebildet. Wir lassen ihn wörtlich im Anhang folgen [1]). Der Paragraph I dieses Entwurfes lautete:

„Zur Förderung des Gewerbewesens und der Interessen des Gewerbestandes werden durch ganz Deutschland gleichmäßig nach den folgenden Grundzügen Gewerbekammern eingerichtet. Unter Gewerbe im Sinne dieser Grundzüge ist jedes Handwerk zu verstehen, welches auf Grund des Titel VI der Gewerbeordnung vom 21. Juni 1869 sich in Innungen organisieren darf."

Der Zweck der Gewerbekammer war in folgender Weise formuliert:

Die Gewerbekammer ist berufen, auf Alles, was für das Gewerbewesen dienlich sein kann, fortwährend ihr Augenmerk zu richten, die ihr zur Förderung des Gewerbeverkehrs angemessenen Maßregeln bei den zuständigen Behörden zu beantragen und auch als ständige Verwaltungsbehörde selbstthätig einzugreifen, so daß sie als die Vertreterin der Gesamtinteressen der ihr zugehörigen Gewerbetreibenden ihres Bezirks zu gelten hat. Demgemäß [2])

1) unterstützt die Gewerbekammer die Central- wie die sonstigen Behörden in der Förderung der Gewerbe durch thatsächliche Mitteilungen und Erstattung von Gutachten;

2) berichtet sie jährlich bis spätestens Ende Juni über die Lage und den Gang der Gewerbe ihres Bezirks und über ihre Geschäftsthätigkeit während des vorhergegangenen Jahres an die Ministerien, wie an die Bezirksregierungen und sonst beteiligten Behörden, nachdem diese Berichte halbjährlich in den im Mai und Oktober jeden Jahres stattfindenden ordentlichen Versammlung des Gewerbekonvents vorgetragen sind;

3) auch in anderen und besonderen Fällen, z. B. wo es sich um die Anknüpfung und die Förderung überseeischer Absatzquellen und Ge-

---

1) Allgemeine Gewerbe-Zeitung, Organ des Vereins selbständiger Handwerker und Fabrikanten, VI. Jahrgang, Nr. 31.

2) Vergleiche Anhang.

schäftsverbindungen handelt, bringt sie an den Gewerbeminister und die übrigen Behörden selbständige Anträge vor;

4) beaufsichtigt oder verwaltet die Gewerbekammer die für den gewerblichen Betrieb und Absatz, das gewerbliche Arbeitsnachweisungs-, das Lehrlings- und Fachschulwesen bestehenden öffentlichen Einrichtungen und Anstalten;

5) insbesondere liegt der Gewerbekammer die Fürsorge ob für die berufsmäßige Ausbildung der gewerblichen Lehrlinge, die Lossprechung derselben zu Gesellen und Gehülfen, sowie die Ausstellung von Lehrbriefen;

6) gebührt der Gewerbekammer die Handhabung des Legitimationswesens der gewerblichen Hülfskräfte;

7) trägt die Gewerbekammer Sorge für gemeinnützige Veranstaltungen auf dem Gebiete des Kassenwesens im Interesse der ihr zugehörigen Gewerbetreibenden;

8) hat die Gewerbekammer sich der Aufstellung einer möglichst gründlichen Gewerbestatistik zu befleißigen;

9) steht die Gewerbekammer als die entscheidende Appellationsinstanz da in allen das Innungswesen angehenden gewerblichen Angelegenheiten, insbesondere kommen ihr die Befugnisse zu, welche § 95 der Gewerbeordnung vom 21. Juni 1869 gegenwärtig den Gemeindebehörden überweist;

10) auch kann die Gewerbekammer auf Erfordern von Gewerbetreibenden gegen Entgeld Sachverständigen-Gutachten erteilen;

11) errichtet die Gewerbekammer zur Entscheidung von Streitigkeiten zwischen Meistern einer- und Gesellen (Gehülfen) andererseits Schiedsgerichte, in welchen die Beisitzer, unter Leitung des Vorsitzenden der Kammer, in gleicher Zahl aus beiden Teilen zu wählen sind;

12) endlich ist sie gewillt, sobald die Mittel es gestatten, ein technisches Büreau zur Unterstützung kunstgewerblicher Leistungen einzurichten.

Die Zwecke der Kammer waren ziemlich klar bestimmt. Dieselbe sollte nicht nur ein konsultatives Organ, sondern auch eine Aufsichtsbehörde über den Arbeitsnachweis, das Lehrlings-, das Fachschul-, das Legitimations- und Kassenwesen sein. Namentlich sollte sie die Aufsichtsbehörde über die Innungen bilden und der Förderung der Gewerbestatistik dienen. Die Kammern waren, analog den früheren Forderungen, zugleich auch als richterliche Behörden gedacht.

Obgleich diese Organisationen die Vertreterinnen der Gesamtinteressen der ihr zugehörigen Gewerbetreibenden bilden sollten, wünschte man, daß die Mitglieder derselben nur von den den Innungen oder gewerblichen Vereinigungen gewählt würden, um auf diese Weise den Beitritt zu den Innungen und gewerblichen Vereinen begehrenswert zu machen. Es wurde dabei übersehen, daß einer Gewerbekammer, die nur von einem so kleinen Teil der Gewerbetreibenden gewählt war, wie die organisierten Handwerker wirklich darstellten, unmöglich die Vertretung der Gesamtinteressen des Gewerbestandes anvertraut werden konnte. Diese Bestimmung war jedoch auch deshalb getroffen worden, weil man auf diese Weise eine bequeme Scheidung zwischen Handwerk und Fabrik gefunden zu haben glaubte.

Die Motive zu einem von dem Büreau der Berliner Innungsvorstände ausgearbeiteten Gewerbekammerstatut sagen ausdrücklich:

„Eine unbefangene Prüfung unserer Organisation wird auch genugsam befriedigend die bis jetzt so schwer zu beschaffende Grenze zwischen den streitigen Gebieten der „Fabrik" einer- und des „Handwerks" andererseits festzustellen geeignet sein; denn Alles, was nach dem preußischen Maßstabe unter das Handelskammergesetz rangiert (eine eingetragene Firma besitzt), gehört dem Fabrikantentum an, dagegen zählt Alles, was auf Grund des Titel VI der Gewerbeordnung vom 21. Juni 1869 sich in Innungen organisieren darf, unter den Begriff des Handwerks. Jedenfalls hat diese Scheidung, abgesehen von einzelnen Ausnahmefällen, im Wesentlichen den Vorzug für sich, daß für jeden praktisch gegebenen Fall ein Zweifel über die bestimmende Klassifikation nicht obwalten kann [1])."

Diese Art der Scheidung war jedoch eine sehr mangelhafte, denn erstens kann jeder Handwerker, wenn er will, nach der geübten Praxis seine Firma eintragen lassen, andererseits befinden sich wiederum manche kleine Fabrikanten mit eingetragenen Firmen in Innungen.

Es war in dem vorliegenden Gesetzentwurfe zum ersten Mal von den in der Bewegung stehenden Gewerbetreibenden der Versuch gemacht worden, die entgegenstehenden Schwierigkeiten durch praktische Vorschläge zu lösen, die auch in das Einzelne der ganzen Frage eingingen.

Die Hamburger Gewerbekammer stand damals auf dem gleichen Standpunkt. Auch sie trat für Gewerbekammern ein, die nur aus den Innungen herausgewählt werden sollten. In der von dieser Kammer herausgegebenen Schrift „Ein Wort über prinzipielle Reform der deutschen Gewerbeordnung" sprach man sich infolgender Weise aus:

„Die Fähigkeit, einerseits als Vertreter des Gewerbestandes nach außen, andererseits als Träger des staatlichen und nationalen Lebens nach innen zu wirken, werden die Innungen in um so höherem Maße haben, je mehr

1) Motive zu dem Statut der Berliner Gewerbekammer, als Beilage zur Allgemeinen Gewerbe-Zeitung vom Büreau der Innungsvorstände Berlins am 28. April 1879 herausgegeben.

man dieser ganzen Einrichtung einen sachgemäßen Abschluß, eine wiederum die verschiedenen Gewerbszweige zusammenfassende organische Spitze giebt. Diese Spitze sind die Gewerbekammern [1]). Sie repräsentieren den Innungen gegenüber die allgemeinen Gesichtspunkte des gewerblichen und öffentlichen Lebens und bilden also ein Gegengewicht gegen die kleinlichen und einseitigen Anschauungen, denen die Innung sich leicht hingeben wird; dagegen verleihen sie den Innungen einen Mittelpunkt und eine mit den nötigen Mitteln zu allen Arten öffentlicher Kundgebungen ausgerüstete Stelle. Die bisherigen Gewerbekammern würden also in diesem Sinne umzugestalten und neue nach einer bestimmten Abgrenzung in allen größeren Städten und für alle Bezirke ins Leben zu rufen sein. Wohl wird es einem kommenden Geschlechte als einer der gehässigsten Züge der heutigen Gewerbepolitik erscheinen, daß zu einer Zeit, in welcher fortwährend die wichtigsten gewerblichen Fragen im Vordergrunde der öffentlichen Diskussion standen, dem Gewerbestande hartnäckig die Gewährung einer Stelle, von welcher aus er seine Wünsche und Forderungen geltend machen könne, verweigert wurde; daß, während Handel, Großindustrie und Landwirtschaft ihre besonderen Vertretungen hatten, während selbst davon die Rede war, den Arbeitern solche zu gewähren, nur wenige deutsche Städte sich im Besitze von Gewerbekammern befanden. Aber die heutigen Gewerbekammern würden allerdings nur ein Schatten dessen sein, was die von uns erstrebte Einrichtung sein soll; dieselbe würde durch irgend einen passenden Wahlmodus aus den Innungen hervorgehen und solcherweise in einer lebendigen Verknüpfung mit den einzelgewerblichen Interessen stehen. Der verwaltungsrechtliche Einfluß der Gewerbekammern auf die Innungen würde ja nach den lokalen oder provinziellen Verhältnissen verschieden herzustellen, doch nicht zu gering zu bemessen sein."

Auf dem Bremer Delegiertentage gelangte der vorher genannte Entwurf zur Beratung [2]).

Man hatte sich dort vor allen Dingen mit der Innungsfrage beschäftigt und sich für fakultative Innungen entschieden. Auch bei der Gewerbekammer-Debatte drehte es sich um die Frage: sind obligatorische oder fakultative Gewerbekammern ins Leben zu rufen, und zwar sprach man sich

---

1) Ein Wort über prinzipielle Reform der deutschen Gewerbeordnung. Den deutschen Handels- und Gewerbekammern unterbreitet von der hamburgischen Gewerbekammer, Hamburg 1878, S. 88 fg.

2) Protokolle über die Verhandlungen des achten Delegiertentages des Vereins selbständiger Handwerker und Fabrikanten Deutschlands in Bremen am 6., 7., 8. und 9. Aug. 1879, Berlin, S. 45 fg.

sehr energisch für obligatorische Gewerbekammern aus [1]). Namentlich beteiligten sich Mitglieder der hanseatischen Gewerbekammern an der Debatte, die mehrfach Gelegenheit nahmen, auf die segensreichen Einrichtungen ihrer Kammern hinzuweisen. Es wurde sodann als Resultat der Verhandlungen folgende Resolution angenommen:

„In Erwägung, daß

a) das Gewerbe zur Zeit einer zusammenfassenden Vertretung seiner Interessen gegenüber der Staatsregierung und dem öffentlichen Leben überhaupt entbehrt und sich für diese Vertretung als die nächstliegende Form eine solche darstellt, welche den bestehenden Vertretungen des Handels und der Landwirtschaft analog ist,

b) die gewerbepolitische Bewegung lokaler, bezw. provinzieller Mittelpunkte bedarf, von denen aus ein gleichmäßiger, systematischer Einfluß auf die Entwickelung und Gestaltung des Innungswesens und sonstiger zeitgemäßer Formen einer Neuorganisation des Gewerbes geübt werden kann, und

c) die künftige Handhabung dieser neuen gewerblichen Organisation nicht wohl ohne das vermittelnde, leitende und überwachende Eingreifen einer Staatsbehörde wird stattfinden können, als welche sich Gewerbekammern naturgemäß darbieten,

beschließt die Versammlung, daß die Forderung allgemeiner Errichtung von Gewerbekammern, welche als die legitime Vertretung des Gewerbestandes anerkannt und mit Rechtsbefugnissen ausgerüstet sind, als eine der ersten und prinzipiellsten Forderungen des Gewerbestandes festzuhalten ist."

Gemäß dieses Beschlusses wurde wiederum beim Abgeordnetenhause petitioniert und mit der Petition, die in Form und Inhalt den früheren entsprach, auch der Entwurf der Grundzüge des Gewerbekammergesetzes eingereicht.

Die Energie, mit der die Handwerker gerade diese Forderung zum Ausdruck brachten, verfehlte nicht einen Eindruck auf das Abgeordnetenhaus zu machen. Die Petitionskommission beschäftigte sich wiederum sehr eingehend mit der Angelegenheit. Am 14. Febr. 1880 wurde wiederum in Gegenwart des Geheimen Ober-Regierungsrat Lohmann, als Vertreters der Staatsregierung, über diese Petitionen verhandelt. Diesmal empfahl der Referent bereits dieselben zur Ueberweisung an die Königliche Staatsregierung zur Erwägung.

---

1) Obgleich man die obligatorische Innung ablehnte, sprach man sich doch für obligatorische Gewerbekammern aus.

Der Regierungskommissar führte dagegen aus, man könne doch in einem Augenblick, wo sich die Regierung mit der Innungsfrage beschäftige, nicht gleichzeitig von ihr erwarten, daß sie auch der Gewerbekammerfrage näher trete. Man müsse die Resultate des Erlasses vom 4. Jan. 1879 abwarten. Wenn man nicht über die Petitionen zur Tagesordnung übergehen wolle, weil dadurch eine zu geringe Wertschätzung der in denselben zum Ausdruck gelangten Bestrebungen liege, so möge man sie der Regierung als Material für die bereits stattfindenden Erwägungen über die den Gegenstand des Petitums bildenden Fragen überweisen. Gemäß dieses Vorschlages wurde beschlossen, die Petitionen der Königlichen Staatsregierung als Material für die bereits in der Erwägung begriffene Frage zu überweisen, ob, eventuell wie zur weiteren Organisation des Kleingewerbes mit Schaffung von Gesamtvertretungen des Handwerkerstandes vorzugehen sei.

Wir wollen nicht näher auf die Verhandlungen der Kommission eingehen, jedoch betonen, daß man schon wesentlich sympathischer dieser Frage gegenüberstand und zum Teil dieselbe als wohlberechtigt anerkannte.

Die Forderung der Gewerbe-(Handwerker)Kammer war jedoch so in Fleisch und Blut der damals in der Bewegung stehenden Handwerker übergegangen, daß die Berliner Innungsvorstände genau nach dem erwähnten Entwurf ein Gewerbekammerstatut ausarbeiteten, um nach diesem eine freie Gewerbekammer aus eigener Initiative hervorzurufen. Dasselbe wurde am 28. April 1879 von den Berliner Innungsvorständen angenommen und mit eingehenden Motiven, unter der Aufforderung, der Gewerbekammer beizutreten, veröffentlicht; jedoch war dieser Versuch nicht von Erfolg begleitet.

Auf dem neunten und zehnten deutschen Handwerkertage zu Berlin[1]) trat die Gewerbekammerfrage mehr und mehr zurück, weil die Innungsfrage ganz in den Vordergrund der Erörterung getreten war. Man petitionierte zwar immer noch wegen Schaffung an Gewerbekammern, jedoch fanden eingehende Verhandlungen über diese Angelegenheit nicht mehr statt[2]).

Wie man sich das Verhältnis zwischen Handwerk und Fabrik dachte, geht aus dem Schlußpassus der im Dezember 1880 abgesendeten Petition hervor. „Wenn wir für uns und unsere Freunde, so führte man aus, die uns vorschwebende Form der Gewerbekammern kurz charakterisieren dürfen, so verstehen wir darunter die Zusammenfassung der qualifizierten, der technisch für ein Gewerbe vorgebildeten Arbeiter, der gewerblichen Fachgenossen, und begreifen damit die Organisation der Berufsgemeinschaft innerhalb der Klein-

1) Die Verhandlungen des neunten deutschen Handwerkertages zu Berlin vom 7.—9. Okt. 1880, Berlin 1880.

2) Gewerbe-Zeitung, Organ des Verbandes selbständiger Handwerker und Gewerbtreibender Deutschlands, VIII. Jahrgang, Nr. 38.

gewerbe, soweit solche althergebracht in Innungen sich zusammenzuthun pflegen. Unserer Stellung nach scheiden wir also das Handwerkswesen ab von dem Fabrikentum und wünschen gesetzgeberisch das erstere anders berücksichtigt zu sehen als das letztere. Damit ist selbstredend nicht gesagt, daß der Inhaber einer Fabrik an sich von der Zugehörigkeit zu einer Innung oder der Gewerbekammer ausgeschlossen sei, während andererseits der Handwerker wohl auch kaufmännisch firmirt und, obwohl Innungsgenosse, doch Mitglied der Kaufmannschaft sein kann. In unseren Wünschen liegt somit nicht die Einrichtung von Gewerbekammern, welche Großindustrie und Handwerk in sich zu vereinigen bestimmt sind[1]).

„Schließlich meinen wir, die Handwerker haben damit schon genug geleistet, daß sie verstanden haben, im Prinzip das Wesen und die Bedeutung der Gewerbekammern zur öffentlichen Geltung zu bringen. Wird erst die Staatsregierung mit einem, die Ordnung dieser Materie betreffenden Gesetzentwurfe vor den preußischen Landtag treten, so wird auch leicht über die heute noch streitigen Organisations-Momente im Einzelnen eine befriedigende Abklärung sich bewerkstelligen lassen, weshalb wir die Behauptung, die Handwerker seien in ihren gewerbegesetzlichen Reformpunkten unter sich uneins, als hinfällig erachten und nicht als Grund gelten lassen, die gesegnete Schöpfung der Gewerbekammer von einem Jahr zum anderen zu verzögern."

Es sollte nach diesen Ausführungen ein Fabrikant, wenn er einer Innung angehörte, zur Gewerbekammer wählbar und wahlberechtigt sein, andererseits ein Kleingewerbetreibender, wenn er eine eingetragene Firma besaß, dieselben Rechte in der Handelskammer haben. An ein Optionsrecht, wie es bei den hanseatischen Kammern besteht, scheint nicht gedacht worden zu sein, sondern man wollte den betreffenden Fabrikanten und Kleingewerbetreibenden die gleichzeitige Wahlberechtigung zu beiden Interessenvertretungen belassen.

Die in diesem Teile zur Darstellung gebrachten Bestrebungen der Handwerker verdienen die vollste Beachtung. Man trat für Organisationen ein, die nicht nur das Handwerk, sondern auch die Kleinindustrie mit umfassen sollten; nur die Großindustrie wollte man ausgeschlossen wissen, doch sollte diese, falls sie sich mit in Innungen befand, wahlberechtigt und wählbar sein.

Nur ein prinzipielles Bedenken haben wir gegen die geforderte Organisation, nämlich das, daß die Wählbarkeit sich nur auf die Innungen und gewerblichen Vereine erstrecken sollte, obgleich die Organisation doch als eine Vertretung des ganzen Kleingewerbestandes gedacht war.

Man hoffte gerade dadurch, daß man die Wahlberechtigung zu den ge-

1) Allgemeine Gewerbezeitung, Organ des Verbandes selbständiger Handwerker und Fabrikanten, VIII. Jahrgang Nr. 3.

planten Organisationen auf die Innungen allein beschränkte, nicht nur diese zu stärken, sondern auch gleichzeitig eine geeignete Grenze zwischen Handwerk und Fabrik gefunden zu haben, die es ermöglichte, daß sich auch höhere gewerbliche Kreise den Gewerbekammern anschließen könnten.

Die Kompetenzen, die diesen Korporationen zugedacht waren, scheinen nicht sehr über das Ziel hinauszuschießen, sondern in der Hauptsache das Richtige zu treffen. Diese Bestrebungen machten, wenn sie auch nicht zum Ziele führten, einen Eindruck auf die parlamentarischen Verhandlungen, denn es traten große politische Parteien für den hier angeregten Gedanken ein, wie aus den Verhandlungen über das Innungsgesetz deutlich hervorgeht.

Die Handwerker hatten in immer weiteren Kreisen eingesehen, daß die durch das Gesetz vom 21. Juni 1869 ihrer früheren Rechte beraubten Innungen ihnen nicht genügen könnten. Vom Jahre 1878 an trat das Verlangen nach einer Neugestaltung der Innungen mit solcher Schärfe in weiteren Schichten des deutschen Kleingewerbestandes hervor, daß die Regierung und die politischen Parteien dieser Bewegung ihre Aufmerksamkeit schenken mußten.

Der bereits mehrfach erwähnte Erlaß des Ministers von Maybach vom 4. Jan. 1879 wollte den Wünschen der Handwerker entgegenkommen. Einigen politischen Parteien waren jedoch diese Schritte nicht weitgehend genug, und diese formulierten ihre Wünsche in Resolutionen, die unter dem Namen Anträge Seydewitz und Genossen bekannt sind. Nachdem bereits im Jahre 1880 die die Innungen betreffenden Wünsche erörtert waren, kam nach langen, eingehenden Verhandlungen das Innungsgesetz vom 18. Juli 1881 zustande, welches das Innungswesen neu regelte und mannigfache Rechte den Innungen zubilligte [1]).

Gelegentlich der Beratung über das Innungsgesetz in der XI. Kommission des Reichstages trat wiederum die Gewerbekammerfrage hervor. — Es zeigte sich in diesen Verhandlungen, daß die von uns dargestellte Bewegung tiefen Eindruck auf die Konservativen und das Centrum gemacht hatte, denn von Abgeordneten dieser beiden Parteien wurden Resolutionen eingebracht, in denen der Reichskanzler um Vorlage eines Gesetzes über Errichtung von Gewerbekammern ersucht wurde [2]). Die Verhandlungen über diese Anträge gingen zum ersten Mal auf die Einzelheiten dieser Materie ein.

Man hatte in dem von der Regierung vorgelegten Entwurf nicht nur

1) Stenographische Berichte über die Verhandlungen des Reichstages. 4. Legislaturperiode, IV. Session 1881, Bd. III, Aktenstück Nr. 128, S. 760 fg.

2) Jacobi: Zur gewerblichen Reformfrage. Eisenach 1881.

die Innungsbildung nach Möglichkeit fördern wollen, sondern auch noch Innungsausschüsse und Innungsverbände vorgesehen, welche die gemeinsamen Interessen größerer Verbände von Innungen zu vertreten hätten.

Die Innungen, welche derselben Aufsichtsbehörde unterstehen, sollten zu Innungsausschüssen zusammentreten können, ferner durften die Innungen desselben Gewerbes sich zu Innungsverbänden, welche größere Bezirke umfaßten, zusammenschließen.

Die Innungsausschüsse waren lokale Organisationen verschiedener Gewerbe, die Innungsverbände dagegen große Bezirke umfassende Organisationen der Innungen desselben Gewerbes.

Bei der Beratung des § 102, welcher von den Innungsausschüssen handelte, traten mannigfache Anträge hervor. Dieselben verfolgten im Wesentlichen den Zweck, die Errichtung von Innungsausschüssen durch die Handwerkerkammern zu ersetzen, resp. die letzteren aus einer Verschmelzung von Innungsausschüssen und Innungsverbänden zu bilden und mit entsprechenden Befugnissen auszustatten.

Sie zerfallen in zwei Gruppen, welche sich fast nur durch eine veränderte redaktionelle Fassung und durch den Umstand unterscheiden, daß bei den einen die Art der Errichtung schon gesetzlich normiert, bei den anderen einer Verordnung des Bundesrats vorbehalten war. Die letztere hatte folgenden Wortlaut:

„Für alle in dem Bezirk einer oder mehrerer höherer Verwaltungsbehörden bestehenden Innungen kann eine Handwerkerkammer errichtet werden. Ihr liegt die Vertretung der allgemeinen Interessen des Handwerks in den betreffenden Bezirken ob. Sie wird von der Behörde mit ihrem Gutachten gehört, wenn es sich um derartige Maßregeln handelt."

Sie hat ferner die Befolgung der Vorschriften über das Innungswesen, speziell über die Annahme und Haltung der Lehrlinge, über die Annahme und Entlassung der Gesellen und Gehilfen, sowie über die Meister- und Gesellenprüfungen zu überwachen, und bei den Innungsvorständen, eventuell bei der Aufsichtsbehörde auf Abstellung der wahrgenommenen Uebelstände hinzuwirken. Sie ist mit ihrem Gutachten über die Auflösung von Innungen, über die Feststellung ihrer Statuten und über die Verweigerung, Verleihung und Wiederaufhebung der Berechtigungen nach § 100e zu hören und bei der Beaufsichtigung der Gewerbefachschulen zu beteiligen. Sie entscheidet über Beschwerden wegen der Aufnahme und Ausschließung aus einer Innung, sowie rücksichtlich der Gesellen- und Meisterprüfung.

Wo durch die Landesgesetzgebung Gewerbekammern bestehen, können die in diesem Gesetz den Handwerkerkammern eingeräumten Befugnisse durch die Centralbehörde des betreffenden Landes ihnen übertragen werden.

Es sollten also die Handwerferkammern, genau wie es die Kleingewerbetreibenden gefordert hatten, nur aus Innungsmitgliedern bestehen.

Die zweite Gruppe der in der Kommission gestellten Anträge, welche zu Gunsten der erstangeführten zurückgezogen wurde, hatte folgenden Wortlaut:

I. Der Paragraph 102 ist folgendermaßen zu fassen:

Für alle in dem Bezirke einer oder mehrerer höheren Verwaltungsbehörden bestehenden Innungen kann eine Handwerkerkammer eingerichtet werden. Soll eine solche für mehrere Bundesstaaten eingerichtet werden, so trifft der Reichskanzler die desfallsigen Bestimmungen.

Der Handwerkerkammer liegt die Vertretung der allgemeinen Interessen des Handwerks in ihrem Bezirke ob; sie ist von der höheren Verwaltungs- oder Centralbehörde vor dem Erlaß aller das Handwerk betreffenden allgemeinen Maßregeln mit ihrem Gutachten zu hören.

Die Handwerkerkammer ist namentlich mit ihrem Gutachten zu hören: bei Neubildung und Auflösung von Innungen ihres Bezirkes, bei Feststellung der Innungsstatuten, bei Verleihung, Verweigerung und Wiederaufhebung der in § 100 e erwähnten Berechtigungen, sowie bei Zweifeln über die Anwendung der desfallsigen Bestimmungen auf den Arbeitgeber, ferner in der Beschwerdeinstanz, sofern es sich um Aufnahme in eine Innung oder um Ausschluß aus einer solchen handelt.

II. Hinter § 102 ist der folgende neue Paragraph hinzuzufügen:

§ 102 a.

Insbesondere liegt der Handwerkerkammer ob: die Befolgung der Vorschriften über das Innungswesen, namentlich über die Annahme, Haltung und Behandlung der Lehrlinge, über die Annahme und Entlassung der Gesellen und Gehilfen, sowie die Meister- und Gesellenprüfungen zu überwachen und bei den Innungsvorständen, sowie bei den diesen vorgesetzten höheren Verwaltungs- und Centralbehörden auf Abstellung der wahrgenommenen Uebelstände zu dringen, die Gewerbefachschulen zu berücksichtigen, Beschwerden rücksichtlich der Gesellen- und Meisterprüfung zu entscheiden, Bestimmungen über die Zulässigkeit der Sonntagsarbeit zu treffen, soweit solche landespolizeilich gestattet ist.

Sie kann innerhalb der Grenzen des Gesetzes nach Anhörung der Beteiligten Festsetzungen über die Behandlung der Lehrlinge, Gesellen und Gehilfen treffen.

Die Kompetenzen dieser geplanten Handwerker- (richtiger Innungs-) Kammern stimmten mit denen, welche die Kleingewerbetreibenden selbst für diese Organisationen gefordert hatten, fast vollständig überein. Sie waren eigentlich Innungsausschüsse, denen man weitere Befugnisse als Selbstverwaltungsorgane zugestehen wollte und die größere lokale Bezirke zu umfassen hätten.

In der allgemeinen Debatte über den Nutzen der Handwerkerkammern war die Mehrheit der Kommission für die Errichtung derartiger Körperschaften. Man konnte sich jedoch nicht einigen, ob dieselben an Stelle der Innungsausschüsse oder Innungsverbände treten, oder ob neben diesen beiden Organen noch als drittes Handwerkerkammern geschaffen werden sollten. Ihre Errichtung sollte jedoch stets eine fakultative sein.

Man war ferner im Zweifel, ob diese Interessenvertretungen nur auf Basis der Innungen oder auf der des ganzen Gewerbes gegründet werden sollten, und schließlich war auch noch ein streitiger Punkt, ob diese Kammern obligatorisch oder nur fakultativ zu errichten seien. Es sind dies Fragen, die auch heute noch die Behandlung der Materie sehr erschweren.

Bezüglich der Handwerkerkammern ging die Meinung der Kommission zunächst dahin, daß, wenn sie sich ausschließlich auf Innungen gründen sollten, ihre Errichtung vorläufig von der Genehmigung der Behörde im einzelnen Falle abhängig verbleiben müsse. Es überwog zwar die Ansicht, daß in der Einsetzung eines obrigkeitlichen Selbstverwaltungsorganes der Innungen eine erhebliche Stärkung des ganzen Gewerbes liege, aber es wurde verschiedentlich für ratsamer erachtet, zunächst die Bewährung solcher Behörden in Einzelfällen abzuwarten, ehe man zu ihrer Verallgemeinerung schritte.

In der Frage der Zuständigkeit der Handwerkerkammern vertrat die Kommission im Wesentlichen den Standpunkt des Antragstellers. Als indessen im weiteren Verlaufe die Art ihrer Errichtung erörtert wurde, trat eine große Meinungsverschiedenheit aufs neue zu Tage.

Der Antragsteller hatte folgende Bestimmung vorgeschlagen: die näheren Festsetzungen rücksichtlich der Bildung der Handwerkerkammern erläßt der Bundesrat. Ueber ihre Einrichtung für den Bezirk einer höheren Verwaltungsbehörde entscheidet diese, für mehrere Bezirke die Centralinstanz. Soll eine solche für mehrere Bundesstaaten eingerichtet werden, so trifft der Reichskanzler die desfalls nötigen Bestimmungen.

Von anderer Seite war beantragt worden, unter Entfernung der Innungsverbände aus der Vorlage die für die Einrichtung dieser Organe vorgeschlagenen Bestimmungen für die Handwerkerkammern zu benutzen und danach den §§ 104a bis g folgende Fassung zu geben:

§ 104a.

Die Errichtung der Handwerkerkammer erfolgt durch ein Statut, welches von den Innungsvorständen der in dem Bezirk der Handwerkerkammer bestehenden Innungen zu beschließen ist.

Die Mitgliedschaft in der Handwerkerkammer ist von der Teilnahme an einer Innung des Bezirkes abhängig.

Abänderungen des Statuts werden von der Kammer selbst beschlossen.

§ 104b.

Das Statut der Handwerkerkammer muß insbesondere bestimmen:

a) über die Zahl der Mitglieder und die Wahl derselben,
b) über die Bildung, Sitz und Befugnisse des Vorstandes,
c) über die nähere Regelung ihrer gesetzlichen Befugnisse und die zu deren Ausführung erforderlichen Aenderungen,
d) über die von den Innungen zu erhebenden Beiträge zu den Ausgaben der Handwerkerkammer,
e) über die Voraussetzung und die Form einer Abänderung des Statuts. Das Statut darf keine Bestimmung enthalten, welche mit den gesetzlichen Zwecken der Handwerkerkammer nicht in Verbindung steht oder gesetzlichen Vorschriften zuwiderläuft.

§ 104c.

Das Statut der Handwerkerkammern bedarf der Genehmigung:

a) für Handwerkerkammern, deren Bezirk nicht über den Bezirk einer höheren Verwaltungsbehörde hinausgreift, durch die letztere;
b) für die Handwerkerkammern, deren Bezirk in die Bezirke mehrerer höheren Verwaltungsbehörden desselben Bundesstaates sich erstreckt, durch die Centralbehörde;
c) für die Handwerkerkammern, deren Bezirk sich auf mehrere Bundesstaaten erstreckt, durch die der gemeinsamen Handwerkerkammer vorgesetzte Kommission.

Die Genehmigung ist zu versagen, wenn das Statut der Handwerkerkammern den gesetzlichen Anforderungen nicht entspricht.

Gegen die Versagung der Genehmigung ist, sofern sie durch eine höhere Verwaltungsbehörde erfolgt, die Beschwerde zulässig.

Aenderungen der Statuten unterliegen den gleichen Vorschriften.

Den § 104d und 104e zu streichen und an Stelle des § 104f folgenden § 104d zusetzen:

§ 104d.

Die Vorstände der Handwerkerkammern sind verpflichtet, alljährlich in Betreff der Verhältnisse der Innungen ihres Bezirks ihrer vorgesetzten Behörde Bericht zu erstatten.

Die Handwerkerkammern sind verpflichtet, auf Erfordern dieser Behörden Gutachten über gewerbliche Fragen abzugeben.

An Stelle des § 104g folgenden § 104e zu setzen:

§ 104 e.

Die Handwerkerkammern können aufgelöst werden:

1) wenn sich ergiebt, daß nach § 104 c die Genehmigung hätte versagt werden müssen und die erforderliche Aenderung des Statuts innerhalb einer zu setzenden Frist nicht erwirkt wird;
2) wenn der Vorstand der Handwerkerkammer oder deren Mitglieder sich gesetzwidriger Handlungen schuldig machen, welche das Gemeinwohl gefährden, oder wenn sie Zwecke verfolgen, welche mit den Aufgaben der Handwerkerkammern in Widerspruch stehen.

Die Auflösung erfolgt durch Beschluß der für die Genehmigung des Statuts zuständigen Stelle. Gegen den Beschluß ist, sofern derselbe durch eine höhere Verwaltungsbehörde erfolgt ist, Beschwerde zulässig.

Der letzte Antragsteller wünschte die Handwerkerkammern ausschließlich oder doch wenigstens vorzugsweise auf der Basis der Innungen zu errichten, während man andererseits diese Behörden aus dem gesamten Gewerbe entstehen lassen und nach Analogie der sächsischen Gewerbekammern die Innungen sowohl als die außerhalb derselben Stehenden in gleicher Weise beteiligen wollte. Nach längerer Debatte kam die Kommission zu der Ueberzeugung, daß es nicht mögiich sein würde, nach so geringer Vorberatung zweckmäßige Vorschriften über die Einrichtung von Handwerkerkammern zu treffen. Dem stimmten auch die Regierungsvertreter bei, welche erklärten, daß die Errichtung von Gewerbekammern zwar sehr erwägenswert erscheine, daß indessen die Bestimmung darüber, namentlich wenn eine Vertretung des gesamten Gewerbes ins Auge gefaßt werde, nicht in den vorliegenden, lediglich die Innungen regelnden Gesetzentwurf gehöre. Abgesehen hiervon würde der Erlaß der fraglichen Gesetzesvorschriften eine sehr sorgfältige Vorbereitung und genaue Prüfung der einzelnen in Betracht kommenden Interessen erfordern; dabei werde auch zu erwägen sein, inwieweit die Innungen bei der Errichtung der Kammern eine besondere Berücksichtigung zu finden haben würden.

Nach diesen Erklärungen beschloß die Kommission von einer Beratung sämtlicher die Handwerkerkammern behandelnden Anträge abzusehen und dem Reichstage die folgende Resolution vorzuschlagen:

„Den Herrn Reichskanzler zu ersuchen, dem Reichstage ein Gesetz vorzulegen, durch welches unter angemessener Beteiligung sowohl der Innungen, wie der außerhalb der Innungen stehenden Gewerbetreibenden, aus dem gesamten Gewerbestande heraus zu bildende Gewerbekammern, insoweit sie noch nicht bestehen, in Deutschland eingeführt werden."

Die folgenden Anträge, welche noch zur Resolution gestellt waren:

1) hinter „bestehen" die Worte „unter bevorzugter Beteiligung der Innungen" einzuschalten;

2) hinter den Worten „durch welches" „unter angemessener Beteiligung der Innungen" hinzuzufügen;

3) die Resolution folgendermaßen zu formulieren:

Den Herrn Reichskanzler zu ersuchen, dem Reichstage ein Gesetz vorzulegen, durch welches aus dem gesamten Gewerbestande herauszubildende Gewerbekammern, insoweit sie noch nicht bestehen, in Deutschland eingeführt werden;

4) die Resolution folgendermaßen zu fassen:

Den Herrn Reichskanzler zu ersuchen, die Errichtung von Gewerbekammern, welche aus dem ganzen Gewerbestande herausgebildet werden, in Erwägung zu ziehen und eventuell dem Reichstage ein dahingehendes Gesetz vorzulegen,

fanden nicht die Billigung der Kommission, sondern wurden sämtlich abgelehnt. Dieselbe wünschte durch die Wendung „unter angemessener Beteiligung sowohl der Innungen, als der außerhalb der Innungen stehenden Gewerbetreibenden" der künftigen Gesetzgebung zu überlassen, welchen Modus sie für die Vertretung der verschiedenen Kreise in der Handwerkerkammer am zweckmäßigsten und dem gesamten Gewerbe am nützlichsten erachte.

Bei den Verhandlungen war nur von Handwerkerkammern die Rede. Wenn in der Resolution gesagt wurde, der Reichskanzler möge ein Gesetz vorlegen, durch welches aus dem gesamten Gewerbestande herauszubildende Gewerbekammern eingeführt würden, so war der Ausdruck „aus dem gesamten Gewerbestande" im Gegensatz zu dem in Innungen vereinigten Gewerbestande gemeint. Man strebte daher nicht Organisationen an, die das gesamte Gewerbe, also auch die Großindustrie umfassen sollten. Der Ausdruck Gewerbekammer war mehr im Sinne einer Handwerker- oder Innungskammer zu verstehen.

Die Regierung hatte den Forderungen der Handwerker durch Innungsausschüsse und Innungsverbände zu genügen geglaubt. Namentlich die Innungsverbände bezeichneten die Motive der Regierungsvorlage als Organe, welche imstande sind, auf dem Gebiete der Gewerbegesetzgebung und Verwaltung die Interessen der Handwerker dem Staate und seinen Behörden gegenüber zur Geltung zu bringen und als höhere Instanzen der gewerblichen Selbstverwaltung für das Handwerk thätig zu werden [1]).

Daß man sie für diesen Zweck vor ihrem Entstehen für ungeeignet

1) Jacobi: Zur gewerblichen Reformfrage, Eisenach 1881, S. 24.

hielt, bewiesen die in der Kommission gestellten Anträge. Die langen Verhandlungen hatten als einziges Resultat die vorhin genannte Resolution hervorgebracht.

Gelegentlich der zweiten Lesung des Innungsgesetzes trat man in der 46. Sitzung des Reichstages am 21. Mai 1881 über diese Resolution in eine Beratung ein [1]). Zunächst referierte Graf von Bismarck über die dem Hause zu dem Innungsgesetzentwurf zugegangenen Petitionen. Dieselben waren sehr zahlreich, jedoch fanden sich wenige darunter, die Gewerbe- oder Handwerkerkammern forderten, denn der Referent erwähnte dieselben nicht besonders. Ein späterer Redner hob sogar hervor, man habe sich in der Kommission mit der Gewerbekammerfrage beschäftigt, obwohl der Regierungsentwurf sie nicht berühre und sie durch eine größere Anzahl von Petitionen nicht wesentlich hervorgerufen sei.

Sodann ging Graf von Bismarck dazu über, das Zustandekommen der Resolution in der Kommission zu erläutern.

Die Entstehung derselben ist bereits dargestellt, wir wollen daher aus der Rede des Berichterstatters nur hervorheben, daß man namentlich nach den Aeußerungen der Regierungsvertreter sich zu der Resolution entschlossen habe. Dieselben kamen den Wünschen auf Errichtung von Gewerbekammern, so führt der Referent aus, freundlich entgegen und sagten, man könne es ruhig den weiteren Beschlüssen vorbehalten, in welcher Weise die verschiedenen Kreise bei zukünftiger etwaiger Errichtung von Handwerkerkammern beteiligt werden sollten. Die Kommission wünschte, daß die Handwerkerkammern aus dem ganzen Gewerbe heraus errichtet würden. Diesem Wunsche schloß sich die Regierung an, indem sie sagte, daß es späteren Entschließungen vorbehalten werden könnte, ob man den Innungen und den außerhalb derselben stehenden Gewerbetreibenden eine verschiedene, besonders zu normierende Beteiligung zuwenden wollte. Die Kommission hat es abgelehnt, in ihrer Resolution besonders aufzunehmen, daß nur die Innungen bevorzugt werden sollten. Sie hat sich der Auffassung der Regierungsvertreter angeschlossen und es lediglich dem zukünftigen Ermessen überlassen, in welcher Weise die etwa sich in der Zwischenzeit gründenden und noch bestehenden Innungen, und wie ferner die außerhalb der Innungen stehenden Gewerbetreibenden an solchen Organisationen zu beteiligen wären. Die Gewerbekammern, welche bestehen, glaubte die Kommission in ihrer Resolution nicht berühren zu sollen, weil sie da, wo sie existieren, vollkommen genügen und man mit einer neuen Einrichtung

---

1) Stenographische Berichte über die Verhandlungen des Reichstages, 4. Legislaturperiode, IV. Session, 1881, II. Bd., S. 1197 fg.

bloß Verwirrung hervorrufen würde. „Ich bitte sie namens der Kommission, so schloß der Referent, die Resolution, wie sie vorliegt, anzunehmen und den Antrag des Abgeordneten Herwig, der bereits in der Kommission gestellt wurde und lediglich eine schwächere Fassung des Kommissionsantrages ist, abzulehnen."

Der Abgeordnete Herwig hatte wieder folgenden Antrag im Plenum eingebracht:

„Den Herrn Reichskanzler zu ersuchen, die Errichtung von Handwerkerkammern, welche aus dem ganzen Gewerbestand heraus gebildet werden, in Erwägung zu ziehen und eventuell dem Reichtag ein dahin gehendes Gesetz vorzulegen."[1])

Der Antragsteller begründete seinen Antrag in der Hauptsache damit, daß die ganze Frage nicht spruchreif sei, daß die Regierung wahrscheinlich nicht so rasch einen Gesetzentwurf werde bringen können, wie es nach der Resolution erscheine. Deshalb könne man an den Reichskanzler nicht das Verlangen stellen, schon bald nach einer bestimmten Direktive ein bezügliches Gesetz vorzulegen.

Der nächste Redner, der Abgeordnete Dr. Böttcher, stellte den Eventual-Antrag, die Resolution so zu fassen: „Den Herrn Reichskanzler zu ersuchen, dem Reichstage ein Gesetz vorzulegen, durch welches aus dem gesamten Gewerbestande heraus zu bildende Handwerkerkammern in Deutschland eingeführt werden." Dr. Böttcher betonte, er wolle dem Wunsche nach Handwerkerkammern die Berechtigung nicht absprechen, er stehe dem Gedanken sympathisch gegenüber, namentlich deshalb, weil die Beschwerden des Kleingewerbes in den Handelskammern keine Vertretung fänden. Die preußische Regierung habe bereits früher erklärt, daß sie der Bildung derartiger Handwerkerkammern sehr sympathisch gegenüberstehe, daß sie sich jedoch nicht entschließen könne, im Wege der Gesetzgebung zu obligatorischer Einführung derartiger Körperschaften die Initiative zu ergreifen, sondern daß sie dann, wenn dieselben aus der Entschließung des Gewerbestandes selbst heraus sich entwickelten, ihrerseits gerne bereit sei, mit der Gesetzgebung nachzuhelfen. Man möge, da derartige Erwartungen nicht in Erfüllung gegangen seien, dem Antrag Herwig zustimmen, oder wenigstens die Worte „unter angemessener Beteilung sowohl der Innungen wie der außerhalb der Innungen stehenden Gewerbetreibenden" streichen, da nicht abzusehen sei, ob und wie sich diese neuen Innungen bewähren würden.

Der Abgeordnete Ackermann, der Vater des Innungsgesetzes, wollte die Innungen besonders berücksichtigt wissen. Die Gewerbekammern in seiner

1) Stenographische Berichte über die Verhandlungen des Reichstages, 4. Legislaturperiode, IV. Session 1881. Bd. III, Aktenstück Nr. 128.

Heimat in Sachsen funktionierten gut, es dürfe daher diese bewährte Organisation nicht ohne weiteres beseitigt werden. Innungsausschuß, Innungsverband und Gewerbekammer sei dagegen zuviel, deshalb könne eine der erstgenannten Organisationen, wenn die zu schaffende Handwerkerkammer ihre Aufgabe erfüllte, beseitigt werden. Der Bevollmächtigte zum Bundesrat, Staatssekretär des Innern, Staatsminister von Bötticher, erklärte nochmals, daß die Regierung der Einführung von Gewerbekammern freundlich gegenüberstehe [1]).

Sehr interessant ist die Rede des Abgeordneten Löwe-Berlin. Er erklärte seine, die liberale Partei, habe in der Kommission die Frage aufgeworfen, ob überhaupt die Bildung von höheren Organen der Vertretung der Interessen des Gewerbes an die Innungsvorlage unmittelbar angehängt werden könne, da es eine Vergewaltigung der übrigen in Frage stehenden Gewerbetreibenden sei, wenn man die höhere Vertretung der Interessen des gesamten Gewerbes höheren Organen der Innungen übertragen wollte. Um diesen schweren Einbruch in die Gewerbefreiheit zu verhüten, wäre von der liberalen Seite vorgeschlagen, durch die Resolution dem Gedanken der Bildung von Gewerbekammern Ausdruck zu geben, aber immerhin in die betreffende Formulierung die Bestimmung zu bringen, daß bei einer derartigen höheren Ausbildung der Instanzen für die gewerblichen Interessen nicht die Innungen als solche, sondern eine allgemeine Vertretung aller Gewerbetreibenden in Betracht kommen müsse. Es sei namentlich in der Kommission unterlassen worden, die Frage zu ventilieren, wie weit man die verschiedenen Kreise der Gewerbetreibenden in die Gewerbekammern hineinziehen solle, ob man Gewerbekammern nur für das kleine oder für das kleine und große Gewerbe bilden, ob, wie in Sachsen, Handels- und Gewerbekammern gemeinsam einzurichten seien, denen für einzelne gewerbliche resp. Handelsinteressen die itio in partes vorbehalten bleibe, ob man schließlich in diese Gewerbekammern nur die Arbeitgeber aller Arten des Gewerbes oder auch die Arbeitnehmer einbeziehen solle. Diese Fragen, die von größter Wichtigkeit sind, wenn man überhaupt der Regierung eine Direktive geben will, seien gar nicht oder doch so wenig diskutiert worden, daß daraus kein Schluß auf die Meinung der Kommission gezogen werden könne.

Der Abgeordnete Richter hatte sodann während der Verhandlungen ein Amendement vorgeschlagen, welches in der Resolution statt der Worte „sowohl der Innungen wie der außerhalb der Innungen stehenden Gewerbetreibenden", folgende Worte einschalten wollte „sowohl der Arbeitgeber wie der Arbeitnehmer"; dadurch sollte der Auffassung Ausdruck gegeben werden,

1) Stenographische Berichte über die Verhandlungen des Reichstages. 4. Legislaturperiode, IV. Session, 1881, Bd. II, S. 1197 fg.

daß unter den Gewerbetreibenden auch die Arbeitnehmer zu verstehen seien. Nachdem von Kleist-Retzow und der Referent Graf von Bismarck für die Resolution in ihrer ursprünglichen Form gesprochen hatten, wurde dieselbe angenommen. Die Debatte ging daher mit Ausnahme der Rede des Abgeordneten Löwe auf die wesentlichsten Kontroversen dieser Frage nicht ein.

Wir wollen des leichteren Verständnisses halber an dieser Stelle die weiteren parlamentarischen Verhandlungen aus dem Jahre 1884 anschließen. Die Regierung legte bis zu diesem Jahre ein Gewerbekammergesetz, wie es 1881 gefordert war, nicht vor. Aus diesem Grunde brachten am 12. März 1884 die Abgeordneten Ackermann und Genossen wiederum die frühere Resolution im Reichstage ein. Von neuem forderte daher das Centrum und die deutsch-konservative Partei die Schaffung von Gewerbekammern[1]), welche richtiger den Namen Handwerkerkammern verdienen. Bevor jedoch dieser Antrag zur Verhandlung im Plenum kam, waren zwei andere im Hause eingebracht worden.

Der erste derselben wurde am 14. Mai von den Abgeordneten Kaiser und von Vollmar gestellt und lautete:

> Der Reichstag wolle beschließen, dem Antrag Nr. 30 folgenden Zusatz zu geben: „Den Herrn Reichskanzler weiterhin zu ersuchen, dem Reichstage einen Gesetzentwurf vorzulegen, wonach aus dem gesamten Arbeiterstande auf Grund des allgemeinen gleichen geheimen und direkten Wahlrechts Arbeiterkammern errichtet werden."

Der zweite war ein Antrag des Dr. Meyer (Jena) und Genossen, derselbe forderte:

> Der Reichstag wolle beschließen: Den Herrn Reichskanzler zu ersuchen, dem Reichstage ein Gesetz vorzulegen, durch welches aus dem gesamten Gewerbestande hervorgehende Gewerbekammern eingeführt werden.

Dieser letzte Antrag wurde am 10. Juni 1884 unter Zurückziehung eines anderen, der in dem Antrage Ackermann die Worte „unter angemessener Beteiligung der Innungen" gestrichen wissen wollte, im Reichstage eingebracht[2]).

Die Anträge waren in der Hauptsache eine Wiederholung der früheren im Jahre 1881 sowohl in der Kommission als auch im Plenum hervor-

---

1) Stenographische Berichte über die Verhandlungen des Reichstages, 5. Legislaturperiode, IV. Session 1884, III. Bd., Aktenstück Nr. 30.

2) Stenographische Berichte über die Verhandlungen des Reichstages, 5. Legislaturperiode, IV. Session 1884, IV. Bd, Aktenstücke Nr. 105, 106 und 114.

getretenen Vorschläge, nur die Forderung der Arbeiterkammern war neu. Am 11. Juni 1884 kamen sie im Hause zur Verhandlung[1]).

Der Antragsteller von Kleist-Retzow erklärte, man habe die im Jahre 1881 im Hause zur Annahme gelangte Resolution wieder eingebracht, um sie bei der Regierung in mahnende Erinnerung zu bringen. Der ganze Gewerbestand solle in der Gewerbekammer vertreten sein, neben den Innungen müßten auch die anderen Gewerbetreibenden dazu wählen. Für den Handelsstand, für das Großgewerbe und für die Landwirtschaft seien Organe vorhanden, die den Stand zusammenfassen und vertreten, für den Handwerkerstand fehlten diese. Gerade das Kleingewerbe bedürfe in viel höherem Maße einer Wahrnehmung seiner Interessen durch ein solches Organ, weil die anderen drei genannten Stände bereits in sich selbst eine Stellung hätten, wonach sie die ihrigen geltend machen könnten[2]). Die Innungen umfaßten keineswegs das Gewerbe ganz, und die Innungsausschüsse und Innungsverbände seien nur Vertretungen der betreffenden Innungen. Eine gemeinsame Organisation für den ganzen Stand sei nötig, wenn dieses Organ die Bedeutung haben solle, die der Gewerbestand in Anspruch nehmen muß, um seine Interessen wirksam zu vertreten.

Sodann ging Redner auf die Vorschläge der Handelskammer in Osnabrück ein, welche wir später berühren werden. Dieselben gingen dahin, daß alle vier Stände, Landwirtschaft, Handel, Großindustrie und Kleingewerbe, durch Vertreter je nach Verhältnis der Bedeutung dieser Gruppen zusammentreten und gemeinschaftlich ihre Beschlüsse fassen sollten. Es werde geltend gemacht, so führte er aus, daß durch die gemeinschaftliche Beratung und Beschlußfassung die Einseitigkeit der Beschlüsse des einzelnen Standes vermieden würde und daß das Gewicht, welches ein solches Organ den Regierungen gegenüber hat, ein viel größeres ist, wenn es alle Stände zusammen vertritt.

Dagegen müsse er geltend machen, daß das Interesse jedes Standes doch nicht in den Verhandlungen mit den Regierungen aufgehe. Jede Wirtschaftsgruppe habe das Interesse, daß dieses Organ überhaupt seine Angelegenheiten ins Auge faßt, dieselben den betreffenden Standesgenossen nahe legt und zur Geltung bringt. Für jeden Stand sei es daher wichtig, seine Interessen den Regierungen gegenüber in voller Einseitigkeit und Schärfe zu vertreten.

---

1) Stenographische Berichte über die Verhandlungen des Reichstages, 5. Legislaturperiode, IV. Session 1884, VI. Bd., 30. Sitzung, S. 677 fg.

2) Der Antragsteller wollte, wie aus seinen Ausführungen deutlich hervorgeht, nur für den in den Handelskammern noch nicht vertretenen Kleingewerbestand derartige Organisationen geschaffen wissen.

Die Osnabrücker Gewerbekammer habe, gedrängt von der Bielefelder, erklärt, die Regierung sei an die Beschlüsse solcher Interessenvertretungen überhaupt nicht gebunden, sie könne aus den Argumenten, die in den Protokollen niedergelegt sind, entnehmen, was die Meinung des einen oder anderen der verschiedenen Stände ist. Hiermit gebe jedoch die Osnabrücker Kammer ihren prinzipiellen Standpunkt auf. Denn wenn die Regierung die Ansicht des einzelnen Standes hören solle, so müsse sie dieselben ungeschwächt in ganzer Schärfe erhalten. Grätzer bemerkt sehr richtig, daß sich wohl wenige dieser Argumentation anschließen würden[1]). Redner ging dann auf den Plan der preußischen Regierung ein, welche die vier Stände in gemeinsamen Organisationen zusammenfassen wolle, jedoch gerade die gemeinschaftliche Beratung derselben, mache es um so notwendiger, so erklärte der Redner, daß der ganze kleine Gewerbestand seine Vertretung in einer Gewerbekammer finde.

Die Frage würde sein: Soll die Großindustrie in den Gewerbekammern beteiligt werden? Dieselbe habe kein wesentliches Interesse dafür, denn sie sei in den Handelskammern vertreten; wenn sie aber dennoch wünsche, dabei beteiligt zu sein, so verstehe es sich von selbst, daß sie nach dem Antrage, wie er vorliege, ihre Beteiligung haben solle, denn es sei vom Gewerbe im allgemeinen die Rede. Die Gewerbekammer müsse in diesem Falle jedoch in zwei Abteilungen geschieden werden, in eine für Großindustrie und eine für das Kleingewerbe (Handwerk). Eine derartige Teilung habe bei den Gewerberäten in Preußen stattgefunden, eine solche sei gegenwärtig in Sachsen und Bayern vorhanden.

Kleist-Retzow wollte nach seinen Ausführungen die Gewerbekammern in zwei Abteilungen geschieden wissen. Die itio in partes, die bereits bei den Gewerberäten die verderblichsten Folgen hatte, würde wieder die Sonderinteressen dieser beiden Schichten des Gewerbes gegeneinander zuspitzen und deshalb nachteilig sein.

Unrichtig war ferner der Vergleich mit Bayern und Sachsen, dort besteht, wie wir bereits im ersten Kapitel darstellten, die Gewerbekammer nicht aus zwei Abteilungen, sondern die Großindustrie befindet sich in der Handelskammer, während das kleinere Gewerbe in der Gewerbekammer allein vertreten ist.

Sehr interessant sind die Ausführungen des Abgeordneten Kleiß-Retzow über die Petitionen der Gewerbekammer zu Lübeck. Diese habe bereits im Jahre 1882 mit süßen Schmeichelworten das Handwerk zu überzeugen gesucht, daß es vorteilhaft sei, wenn die Großindustrie im Verein mit dem kleinen Gewerbe, dem Handwerkerstande, ein und dieselbe Kammerabteilung bilde.

---

1) Rudolf Grätzer: Die Organisation der Berufsinteressen, S. 103.

Man mache geltend, daß die Großindustrie vermöge ihrer größeren Bildung es in der Hand haben werde, in einer solchen gemeinsamen Kammer das ganze Interesse des Gewerbes der Regierung gegenüber viel wirksamer zu vertreten. Dafür werde jedoch das Kleingewerbe der Großindustrie danken. Das große Gewerbe sei es gerade, welches in neuerer Zeit das Handwerk so heruntergebracht habe und noch fortwährend auf dasselbe einschränkend einwirke. Es wäre das etwa so, wie wenn die Hechte verlangten in den Karpfenteich zu gehören; Hechte und Karpfen gehörten jedoch nicht zusammen, die Karpfen verlangten, daß sie allein in einem Teiche wären. Ebenso verlange das kleine Gewerbe, daß es seine eigenen speziellen Organe zu seiner Vertretung bekomme und nicht mit dem Großgewerbe verbunden werde [1]).

Ob der letzte von den drei Anträgen nämlich der des Abgeordneten Meyer und Genossen, so fuhr der Redner fort, wie mir fast scheint, andeuten will, daß er dasselbe wünscht, weiß ich nicht, es wäre mir aber ein betrübendes Zeugnis von der Vorliebe der Herren für die Großindustrie und von der Ungerechtigkeit gegen den Handwerkerstand, wenn sie diesem nicht gönnen wollten, seine eigene Vertretung zu haben. Ich kann das kaum annehmen und glaube viel mehr, daß der Antrag bloß um einer angeblich coulanteren Fassung willen so gewählt ist.

In der Weise, wie die verschiedenen Produktivstände einzelne Organe haben müssen, in ähnlicher Weise muß das Organ, welches wir für das Kleingewerbe herstellen wollen und auf ein solches ist es hauptsächlich abgesehen, so entstehen, daß die Wahl nicht vom Handwerker unterschiedlos geschieht, sondern daß die Innungen als solche dabei verhältnismäßig beteiligt sind.

Freilich haben die Herren von drüben sich dagegen erklärt, und im Jahre 1881 haben sie bei den Verhandlungen hier im Hause dasselbe gethan. Die Gründe, die dabei geltend gemacht wurden, waren keine anderen, als daß damit dem Handwerkerstande ein ungerechtfertigter Vorzug gewährt werde. Es ist gerade das Gegenteil. Angemessen heißt: etwa nach der Anzahl der Mitglieder, die zu der einen oder anderen Gruppe gehören, soll eine derartige Beteiligung stattfinden [2]).

1) Wenn man auch gar nicht leugnen kann, daß die Interessen des Handwerks und der Großindustrie vielfach auseinandergehen, so sind doch so viele gemeinsame Interessen wiederum vorhanden, daß dieser Vergleich mindestens als starke Uebertreibung erscheint.

2) Diese angemessene Beteiligung der Innungen in den Handwerkerkammern bildet auch jetzt wieder eine Hauptforderung der konservativen Partei und des Centrums.

Ich bin erst durch die Mitteilung der Lübecker Kammer ins Klare darüber gekommen, wie man dazu kommt, zu behaupten, daß darin ein Vorzug der Innungen liegt. Die Lübecker Kammer sagt: wenn die Innungen als solche wählen, so haben sie durch ihren Zusammenhalt ein solches Gewicht, daß es größer ist als das Gewicht der einzelnen nicht in Innungen befindlichen Handwerker. Meine Herren, daraus ersehen Sie die Abneigung und den Widerwillen gegen die Innungen überhaupt. Sie sprechen davon, man solle den Innungen ein Vorrecht geben, und wenn man sie in der gleichen Weise beteiligen will wie die anderen Organe, so sagen Sie, das mache die Innungen zu mächtig. Das ist nur ihr natürlicher Einfluß, und den wollen Sie den Innungen rauben. Das ist ungerecht und unbillig und, wenn es wahr wäre, auch unpolitisch.

Wenn wirklich die Innungen infolge der Zusammenfassung einen größeren Einfluß bei den Wahlen haben, so müsse man gerade wünschen, daß dieselben von vornherein eine beschränkte Anzahl Sitze nach Verhältnis der Zahl der Köpfe und nach Verhältnis der Bedeutung ihrer Glieder, die mitwählen, erhalten. Denn nur, wenn sie uneingeschränkt wählen, könnte ihr Einfluß ein stärkerer sein.

Ich nehme übrigens an, selbst wenn der Antrag durchginge, ich hoffe es aber nicht, denn es wäre eine große Schädigung des ganzen Handwerkerstandes, daß die Regierung dennoch bei der Vorlage des betreffenden Gesetzes eine derartige Gruppierung vornehmen wird.

Der Redner wies zum Schluß darauf hin, man bedürfe für die Innungen eines Selbstverwaltungsorgans, um sie von dem gegenwärtig noch vorwiegend büreaukratischen oder, wie man es gern bezeichne, polizeilichen Einfluß los zu machen. Es müsse ein Organ geschaffen werden, das, aus den Handwerkern selbst hervorgegangen, hier und da an die Stelle der Regierung oder anderwärts neben dieselbe tritt. Solle aber die Gewerbekammer ein derartiges Selbstverwaltungsorgan für das Handwerk, eine Instanz über den Innungen sein, so zeige sich die völlige Unmöglichkeit, daß in dasselbe die Großindustrie mit hineingezogen wird [1]).

Am Ende seiner eingehenden Ausführungen ging Kleist-Retzow auf die von den Sozialdemokraten beantragten Arbeiterkammern ein. Arbeiter seien nicht nur Gesellen, das seien auch die Meister, die Bauern, die Gutsbesitzer; Arbeiter seien auch die Großindustriellen, die Kaufleute, die Professoren und Zeitungsschreiber. Diese Kammer würde also ein richtiger Urbrei. Die Arbeiter bildeten keinen eigentlichen gesonderten Stand, sondern gehörten zu den verschiedenen Produktivständen, in denen sie Arbeit fänden.

---

1) R. Grätzer, Die Organisation der Berufsinteressen, Berlin 1890, S. 102 fg.

Wenn man bei Herstellung der Handwerkerkammer einen Teil der Arbeiter, in diesem Falle die Gesellen in diese Kammer berufen wolle, so erinnere er an das preußische Gesetz von 1849.

„Damals wurden zu den Vertretern für die Großindustrie ebenfalls die Arbeiter zugezogen. Wenn mich meine Vermutung nicht täuscht, so hat der Handelsstand refüsiert, von dem Gesetze Gebrauch zu machen, weil er seine Handelskammer nebenbei hatte, und die Großindustrie hat refüsiert, weil ihre Arbeiter mit in dem Gewerberat sitzen sollten, während sie ohne solche Beimischung in der Handelskammer gleichfalls ihre Vertretung hatte, und darum ist es zur Ausführung des Gesetzes nicht gekommen. Wir stehen dem Antrag nicht insofern feindlich gegenüber, daß wir meinen, es sei nicht ein Korn von Wahrheit darin, diese Wahrheit muß sich geltend machen im Rahmen der neuen Bildung der Gewerbekammer. So, wie diese Forderung hier in dem Nebenantrage aufgestellt wird, ist sie nicht eine Organisation des Friedens, sondern eine Organisation des unausgesetzten Krieges, etwa in der Art, als wenn man eine Armee bilden wollte aus Generälen, Offizieren und Unteroffizieren und dem gegenüber eine Armee aus Gemeinen und Gefreiten. Das wollen wir nicht, das kann der Reichstag nicht wollen; wir sind allein in der Lage, dem unveränderten Antrage Ackermann beizustimmen. Ich bitte Sie, unter Verwerfung aller Nebenanträge diesen so anzunehmen, wie wir ihn vorschlagen [1]).

Der nächste Redner, der Abgeordnete Richter, wendete sich zunächst gegen die schlechte Behandlung, die die Handelskammern in letzter Zeit von Seiten der Regierung erfahren hätten. Bei den wichtigsten Entwürfen frage man sie gar nicht. Was sollten Gewerbekammern nützen, wenn sie ebenso behandelt würden? Sodann ging er zu seinem Lieblingsthema, dem freien Vereinswesen über, welches alle berechtigten Interessen wirksamer vertreten könne, als amtliche Organisationen: eine Ansicht, die noch 1869 Anklang fand, heute wohl als nicht richtig ziemlich allgemein bereits erkannt ist. Sehr treffend waren dagegen seine Ausführungen über die Form des vorliegenden Antrages. „Kein Mensch weiß", so äußerte der Redner, „was er sich unter dem Antrage denken soll. Was heißt Gewerbestand? Nach der allgemeinen Auslegung ist es sowohl die Groß- wie die Kleinindustrie im Gegensatz zum Handel. Heute hören wir von dem Abgeordneten Kleist-Retzow, es ist nur das Handwerk gemeint, oder die Kleinindustrie" [2]).

---

1) Unser eigener Standpunkt zu allen den angeregten Fragen wird aus dem letzten Teil dieser Schrift hervorgehen.

2) Stenographische Berichte über die Verhandlungen des Reichstages, 5. Legislaturperiode, IV. Session, 1884, VI. Bd., 30. Sitzung, S. 677 fg.

Wenn man nach dem hanseatischen Muster in Preußen Gewerbekammern schaffen wolle, müsse man die Großindustrie aus den Handelskammern herausnehmen und mit den Gewerbekammern verbinden, und wolle man nach dem bayerischen Muster verfahren, so müsse wieder ein Teil der Kleinindustrie aus den Handelskammern herausgenommen werden. Die Folge der Ausführung des Antrages würde eine Handelskammergesetzgebung von Reichs wegen nötig machen, und dazu sei keine Veranlassung vorhanden. Die neuen Gewerbekammern würden neben den Handelskammern die Stelle einer zweiten Kammer spielen und von vornherein ein geringeres Gewicht haben. Wenn man solche Interessenvertretungen schaffen wolle, so müßten auch die Arbeitnehmer eine Vertretung darin finden. Bereits die Verordnung vom 9. Februar 1849 habe den Arbeitern eine Vertretung in den Gewerberäten gewährt. Wenn dieser von ihm bereits 1881 gestellte Antrag nicht angenommen würde, so sei der Antrag Kayser die richtige Konsequenz. Eine Interessenvertretung sei für die Arbeitnehmer notwendiger als für die Arbeitgeber, weil der Arbeiter sehr viele seien und diese sich weniger leicht einigen, um ein Gutachten abzugeben, und weil ferner die Arbeitnehmer weniger bei der Gesetzgebung vertreten seien.

Der Bevollmächtigte zum Bundesrat, Staatsminister von Bötticher, erklärte, nachdem er sich gegen die Ausführungen des Vorredners gewendet hatte, daß von der Reichsregierung nach Annahme der Resolution im Jahre 1881 ein Gesetzentwurf ausgearbeitet worden sei. Man sei jedoch bei dem Gedanken, Gewerbekammern für das ganze Reich zu organisieren, auf nicht unerhebliche Schwierigkeiten gestoßen, und namentlich sei die Frage, wie die zu schaffenden Gewerbekammern sich zu ähnlichen Organisationen stellen sollen, die bereits in einzelnen Bundesstaaten bestehen, eine nicht ganz leicht zu lösende. Inzwischen habe die Regierung die Organisation von Gewerbekammern für Preußen in Aussicht genommen.

Diese neuen preußischen Gewerbekammern traten bald darauf ins Leben, trugen jedoch nicht die Frucht, die man erwartet hatte [1]). Nach diesen Erklärungen des Regierungsvertreters zogen Ackermann und Genossen ihren Antrag zurück. Derselbe wurde jedoch vom Abgeordneten Richter sofort wieder aufgenommen, um dem Staatsminister von Bötticher antworten zu können.

Das Wort erhielt jedoch nur noch der sozialdemokratische Abgeordnete Kayser, welcher erklärte, daß seine Partei kein Freund davon sei, das Volk in Stände zu zerreißen. Man habe bereits einen Handelsminister, einen Landwirtschaftsminister, jedoch noch keinen Arbeitsminister, der Arbeiterstand sei überall benachteiligt. Durch die Gewerbekammer könne der Hand-

1) Vergl. S. 180 dieser Schrift.

werkerstand nicht gegen die Großindustrie und die industrielle Entwickelung geschützt und ihm daher auch nicht geholfen werden. In Sachsen habe man seit langer Zeit die Gewerbekammer, und doch sei gerade dort der Handwerkerstand am meisten von der Großindustrie aufgesogen.

Der Abgeordnete übersah vollständig, daß die Gewerbekammer nicht die Aufgabe haben sollte, eine Aufsaugung des Handwerks zu hindern. Die Verhandlung wurde vertagt, doch kam, wegen Schlusses der Session, die Angelegenheit nicht wieder vor das Plenum des Hauses. Ein Resultat war daher wiederum nicht erzielt worden.

In der soeben geschilderten Periode der Bewegung wurden die mannigfachsten praktischen Vorschläge, sowohl von Seiten der Interessenten selbst als von Seiten politischer Parteien, gemacht. Dieselben führten jedoch nicht zu Resultaten, weil man die Frage der gewerblichen Interessenvertretung zu sehr mit der Innungsfrage verquickte und in derartigen Organisationen zuerst höhere Innungsorganisationen sah.

Während man in den Handwerkerkreisen selbst anfänglich für Handwerker-Gewerbekammern, d. h. für Organisationen eintrat, die sich nicht nur auf das Handwerk allein ausdehnen sollten, trat mit dem Aufkommen der Innungsfrage im Jahre 1878 in den Anschauungen der Handwerker selbst ein Umschwung ein. Der Verein selbständiger Handwerker und Fabrikanten wollte seit dem Jahre 1879 nur noch Innungen bei der Bildung von Gewerbekammern beteiligt wissen. Diese Bestrebungen wurden dann von den Konservativen und dem Centrum bei der Durchberatung des Innungsgesetzes aufgenommen und auf diese Weise trat allmählig die Forderung der Handwerker-Innungskammer in den Vordergrund.

C. Fortsetzung der Schilderung der Handwerkerbewegung vom Handwerkertage zu Magdeburg im Jahre 1882 bis auf die neueste Zeit.

Hatte in der bisherigen Bewegung der Verein selbständiger Handwerker und Fabrikanten Deutschlands oder, wie er sich seit dem neunten deutschen Handwerkertage zu Berlin im Jahre 1880 nannte, der „Verein selbständiger Handwerker und Gewerbetreibender“ die Führung der Handwerkerbewegung in den Händen gehabt und bis zum Jahre 1881 behauptet, so trat mit dem Handwerkertage zu Magdeburg im Jahre 1882 nicht nur ein Wechsel in der Führung, sondern auch in der Tendenz der ganzen Bewegung ein.

Der Verein selbständiger Handwerker und Gewerbetreibender hatte sehr im Ansehen verloren, weil er nicht für obligatorische Innung und obligatorischen Befähigungsnachweis eingetreten war, d. h. für die Forderungen, die der größte Teil der in die Bewegung eingetretenen Kleingewerbetreibenden auf seine Fahne geschrieben hatte. Die letzten Handwerkertage waren sehr schwach besucht gewesen. Das Hauptkontingent aller Delegierten hatte Berlin gestellt. Um wieder eine allgemeinere Beteiligung an den Handwerkertagen herbeizuführen, war bereits auf dem zehnten Delegiertentage des Verbandes selbständiger Handwerker und Gewerbetreibender Deutschlands am 6. August 1881 zu Berlin beschlossen worden, der Central-Vorstand möge wieder einen allgemeinen deutschen Handwerkertag einberufen. Diese Handwerkerversammlung sollte von neuem Einigkeit in den Zielen der Handwerkerbewegung schaffen und die zersplitterten Parteien unter den Handwerkern wieder zu einer einheitlichen gewerbepolitischen Verbandsthätigkeit zusammenführen.

Bereits der Aufruf zum Magdeburger Handwerkertage ließ erkennen, daß man immer noch trotz des Erlasses des Innungsgesetzes für allgemeine gewerbliche Interessenvertretungen in diesen Kreisen eintrat. Derselbe sagte: „Der

---

1) Eugen Jäger, Die Handwerkerfrage. I. Abteilung. Geschichte der Handwerkerbewegung bis zum Jahre 1884, Berlin 1887, S. 152 fg.

deutsche Reichstag hat durch die einmütige Annahme der Resolution, betreffend die Einrichtung von Gewerbekammern, in der Frühjahrssession 1881 den guten Willen zu erkennen gegeben, über das neue Innungsgesetz hinaus für die Organisation des Handwerks sich zu interessieren. Seine Durchlaucht der Fürst-Reichskanzler giebt fast täglich Beweise seiner besten Wünsche für Aufbesserung und das soziale Gedeihen der produktiven Arbeit, während endlich die unter seiner Aegide wirkende Reichsregierung in jeder Weise den berechtigten Reformforderungen aus Handwerkerkreisen entgegenzukommen bemüht ist und die Innung zu stärken Bedacht nimmt"[1]).

Der Aufruf ging sodann auf die Art der gedachten Organisation ein und führte dabei aus: „Ein besonders dringlicher Punkt der Tagesordnung wäre die Frage des Gewerbe- resp. Handwerkerkammerwesens. Die Einrichtung solcher gleichmäßig für ganz Deutschland organisierter Kammern ist bei Regierung und Reichstag beschlossene Sache, nur über das „Wie" der Organisation gehen die Meinungen und Wünsche sehr auseinander; auch darüber zu verhandeln wäre ein allgemeiner Handwerkertag die berufene Stelle.

Wir Unterzeichnete wollen das Handwerkswesen und das Fabrikentum als natürlich verschieden geartete Faktoren der Produktion auch sachgemäß als verschieden im Gesetz berücksichtigt sehen. Wir erstreben Handwerkerkammern als obere Aufsichtsbehörden der Innungen, wodurch erst die Selbstverwaltung des Handwerks gesetzliche Anerkennung erlangt. Wir begreifen darunter die Zusammenfassung der qualifizierten, der lehrlingsmäßig für ein Gewerbe vorgebildeten Arbeiter, der gewerblichen Fachgenossen. Danach hätte die Handwerkerkammer die Organisation der Berufsgemeinschaft innerhalb der Kleingewerbe, soweit solche althergebracht in Innungen sich zusammenzuthun pflegen, zu umfassen. In Anbetracht, daß das gewerbliche Kammerwesen in nicht ferner Zeit zur gesetzlichen Regelung kommt, hat der Handwerkerstand begründete Ursache, auf einem deutschen Kongresse sein Handwerksinteresse zur Geltung zu bringen, er muß verhüten, daß er bei der Neuorganisation des gewerblichen Kammerwesens etwa zu kurz komme."

Man stand daher auf dem Standpunkte, auf dem der Bremer Handwerkertag im Jahre 1879 sich befunden hatte. Ganz entsprechend diesen Ausführungen befand sich diese Frage als besonderer Punkt auf der Tagesordnung des vom 31. Mai bis 2. Juni 1882 zu Magdeburg abgehaltenen Handwerkertages. Eine große Zahl Anträge waren dort eingegangen. Mehrere derselben beschäftigten sich mit der Gewerbekammerfrage. Der Ortsverband selbständiger Handwerker Berlins brachte folgenden Antrag ein[2]):

1) Verhandlungen des Allgemeinen deutschen Handwerkertages am 31. Mai, 1. und 2. Juni 1882 nebst Einleitung und Anhang, Berlin, Einleitung S. IV fg.

2) Verhandlungen des Allgemeinen deutschen Handwerkertages am 31. Mai, 1. und 2. Juni 1882 nebst Einleitung und Anhang, Berlin, S. 4 fg.

„Nicht Gewerbekammern, sondern nur Handwerkerkammern als nächste Aufsichtsbehörden der Innungen, an Stelle der städtischen Magistrate, vermögen den Kleingewerbestand zu heben und die ihm so nötige Selbstverwaltung in inneren gewerblichen Angelegenheiten zu gewähren."

Ferner waren noch zu diesem Punkt der Tagesordnung der Antrag vom Lokalgewerbeverein zu Caub: „Einheitliche deutsche Handwerkerkammern sind zu errichten", und ein solcher vom Westdeutschen Bunde selbständiger Handwerker eingelaufen, welcher lautete [1]):

Resolution. Der allgemeine deutsche Handwerkertag beschließt: „Um dem Handwerk eine legitime Vertretung zu sichern, ist es notwendig, daß die Errichtung von Handwerkerkammern für die einzelnen Regierungsbezirke von der Hohen Reichsbehörde möglichst beschleunigt werde. Denselben sind Korporationsrechte zu verleihen, und sie haben den Zweck:

a) durch halbjährliche amtliche Berichte über die Lage des Handwerks in ihrem Bezirk, sowie über die Fortschritte der Innungsinstitutionen die deutsche Reichsregierung, sowie Einzelregierungen zu informieren, um auf gesetzlichem Wege Verbesserungen einführen zu können;

b) als Aufsichtsbehörde für das ganze Innungswesen ihres Bezirks, sowie für sämtliche vorhandenen oder noch sich bildenden Genossenschaften der Gesellen und Gehilfen, sowie das Kranken-, Sterbe- und Unterstützungskassenwesen zu dienen;

c) als schiedsrichterliche und endgiltig entscheidende Behörde bei Streitigkeiten der Ortsinnungen unter einander, der Innungsmitglieder mit ihren Vorständen und der Innungen mit den Vorständen der durch die zuständigen Behörden genehmigten Innungsverbände zu funktionieren;

d) die Handwerkerkammer regelt die Ausführungsrechte und Befugnisse der Innungsausschüsse;

e) die Handwerkerkammer hat die Wahlen zum deutschen Volkswirtschaftsrate zu vollziehen.

Alle drei Anträge sprachen sich für Handwerkerkammern aus, welche hauptsächlich Aufsichtsbehörden für das Innungswesen bilden sollten.

Auf dem Magdeburger Handwerkertage wollte vor allen Dingen der Handwerkerstand zu dem neuen Innungsgesetz und dem Normalinnungsstatut Stellung nehmen und die alte Streitfrage, obligatorische oder

---

1) Th. Hampke, Der Befähigungsnachweis im Handwerk, Jena 1892, S. 51 fg.

fakultative Innung, zum Austrag bringen. Da jedoch gerade diese sich im Plenum der Versammlung schwer geklärt haben würde, so wurden die Anträge einer Fünfzehner-Kommission überwiesen, die mit einer Resolution hervortrat, welche heute noch als Programm der organisierten Handwerker gilt.

In demselben wurden vier Punkte als Hauptforderungen aufgestellt. Nämlich: obligatorische Innung, obligatorischer Befähigungsnachweis, obligatorisches Arbeitsbuch und obligatorische Handwerkerkammer. Der letzte Punkt hatte den Wortlaut: „Dem Handwerk ist durch die Einführung von Handwerkerkammern eine legitime Vertretung und obere Aufsichtsbehörde zu geben."

Dieses Programm der Kommission wurde mit einer Majorität von 252 gehen 54 Stimmen angenommen. Es war daher auch die Forderung der Handwerkerkammer mit dieser Majorität zur Annahme gelangt. An eine nähere Ausgestaltung dieses Postulats trat man jedoch nicht heran.

Der Magdeburger Handwerkertag war nicht nur wichtig, weil auf demselben ein festes, einheitliches Handwerkerprogramm zustande kam, sondern es wurde noch die Gründung eines allgemeinen deutschen Handwerkerbundes beschlossen, der auf dem nächsten Handwerkertage zu Hannover ins Leben trat und der, da der Verein selbständiger Handwerker und Gewerbetreibender in ihm aufging, die Führung der Bewegung in die Hand nahm.

Der Handwerkertag zu Hannover [1]), der vom 20.—23. Mai 1883 stattfand, stellte das Statut des neuen allgemeinen deutschen Handwerkerbundes fest. Auf die uns hier beschäftigende Materie ging man jedoch dort nicht ein. Erst auf dem allgemeinen deutschen Handwerkertage zu Frankfurt am Main, der vom 21. bis 23. Juli 1884 stattfand, wurde diese Angelegenheit wieder auf die Tagesordnung gebracht [2]).

Die Nummer III derselben lautete: „In welcher Weise sind die Zusammensetzung und die Befugnisse der von den Hohen Bundesregierungen baldigst zu schaffenden Handwerker-Gewerbekammern festzustellen, wenn dieselben der Entwickelung des Innungswesens, der Vertretung der Interessen des Handwerks fördernd und beaufsichtigend zur Seite stehen sollen?"

---

1) Verhandlungen des Allgemeinen deutschen Handwerkertages zu Hannover und Begründung des Allgemeinen deutschen Handwerkerbundes zu Hannover vom 20. bis 23. Mai 1883, Köln, im Juli 1884.

2) Beschlüsse des II. Allgemeinen deutschen Handwerkertages und des II. Delegiertentages des Allgemeinen deutschen Handwerkerbundes zu Frankfurt a. M. vom 21. bis 23. Juli 1884.

Nebenfrage: „Welche Stellung können die lokalen Innungsausschüsse erfüllen?"

Ueber diesen Punkt wurde zur Tagesordnung übergegangen. Er war angeregt worden, weil, wie wir sahen, der Reichstag am 11. Juni sich mit der Gewerbekammerfrage bereits beschäftigt hatte [1]). Bei den damaligen Verhandlungen war von dem Regierungsvertreter erklärt worden, daß binnen kürzester Zeit für Preußen neue Gewerbekammern geschaffen werden sollten. Wir irren wohl nicht, wenn wir annehmen, daß man wegen dieser befriedigenden Erklärung zur Tagesordnung überging. Am 24. Juli 1884, einen Tag nach der Frankfurter Handwerkerversammlung, wurde eine Vorlage der preußischen Staatsregierung an die Provinziallandtage betreffend die Errichtung von Gewerbekammern bekannt gegeben, nach welcher siebzehn neue preußische Gewerbekammern ins Leben traten.

Der nächste Handwerkertag zu Köln nahm zu diesen neuen Gewerbekammern Stellung. Er faßte folgende Resolution [2]):

„Der dritte Allgemeine deutsche Handwerkertag erklärt, konform seinen früheren Beschlüssen, daß er in den seither geschaffenen Institutionen eine Förderung der angestrebten Ziele erblickt. Er erklärt ferner, daß in der Schaffung von Innungen, Innungsverbänden und Fachverbänden den Handwerksbestrebungen neue Kräfte zuzuführen seien, und erblickt in der Schaffung von Innungskammern auf der breitesten Grundlage der Selbstverwaltung einen weiteren gesetzlichen Ausbau."

Man erblickte also in den neuen preußischen Gewerbekammern zwar eine Förderung der angestrebten Ziele, forderte aber daneben Innungskammern mit weitgehenden Befugnissen der Selbstverwaltung. Es trat zum ersten Mal der Ausdruck „Innungskammer" hervor, der viel treffender als der Name „Handwerkerkammer" das bezeichnet, was man anstrebte. Denn wenn es auch nicht ausgesprochen wurde, so war der Kern der Forderung der, daß die Handwerkerkammer nur aus Innungsmeistern bestehen sollte.

Inzwischen hatte der deutsche Handwerkerstand mit dem Innungsgesetz vom 18. Juli 1881 praktische Versuche gemacht. Vor allem suchten die Berliner Handwerker, die im Jahre 1883 zu Hannover wegen ihrer abweisenden Haltung zur Forderung der obligatorischen Innung unterlegen waren und denen damals durch Verlegung des Sitzes des allgemeinen deut-

1) Vergleiche S. 118 fg. dieser Schrift.

2) Beschlüsse des III. Allgemeinen deutschen Handwerkertages und des III. Delegiertentages des Allgemeinen deutschen Handwerkerbundes zu Köln a. Rh. vom 16. bis 18. August 1883.

schen Handwerkerbundes nach Köln die Führung der Bewegung entrissen wurde, mit allen Kräften dahin zu wirken, daß der Handwerkerstand wirklich vom Innungsgesetz Gebrauch mache.

Zu dem Zwecke kamen die Centralvorstände von vierzehn Fachverbänden, mit dem Sitze in Berlin, die sich bereits zu Innungsverbänden umgebildet hatten, am 15. Dezember 1884 zur Begründung einer Centralstelle für die einheitliche Vertretung ihrer gemeinsamen Verbandszwecke zusammen. Dieser Zentralausschuß der vereinigten Innungsverbände Deutschlands faßte bereits am 19. März 1885 den Beschluß, einen Innungstag nach Berlin zu berufen, um auf demselben auf Grund der bisher mit dem Innungsgesetz gemachten Erfahrungen Verbesserungen desselben vorzuschlagen.

Man stellte zunächst in Berlin ein neues Reformprogramm fest, auf Grund dessen der Innungstag zusammentreten sollte [1]). Dasselbe unterscheidet sich von dem Magdeburger Programm am meisten dadurch, daß kein Wort über die obligatorische Innung, die dort das Hauptziel bildet, gesagt war. Die Forderung der Handwerkerkammer war jedoch in dieses neue Programm aufgenommen, denn Punkt II desselben lautete:

> „Die Organisation der handwerkerlichen Selbstverwaltung nach Innungen, Handwerkerkammern und Innungsverbänden, unter Einsetzung eines Reichsinnungsamtes als oberster Instanz zur Beaufsichtigung der Innungen, ist durch Aufnahme entsprechender Bestimmnngen in die Reichsgewerbeordnung einheitlich für das Deutsche Reich vorzusehen."

Da dieses neue Programm, auf dessen Einzelheiten wir nicht eingehen wollen, Zustimmung in den deutschen Handwerkerkreisen fand, wurde der erste deutsche Innungstag berufen. Derselbe fand am 14., 15. u. 16. Juni 1885 zu Berlin statt. Die Verhandlungen über die gewerbliche Organisationsfrage waren dort ziemlich eingehende.

Das Referat über diese Materie hatte Brandes-Berlin übernommen. Der Redner sagte: „Da unter uns der Satz unbestritten dasteht, daß die Innung die einzige soziale Vereinigung von Handwerkern ist, in welcher das deutsche Handwerk bestehen und wieder zu öffentlichem Ansehen gelangen kann, so ist es natürlich, daß wir mit aller Kraft auf deren Stärkung bedacht sind. Dazu gehört, daß wir die richtigen oberen Verwaltungsinstanzen und Aufsichtsbehörden schaffen, durch welche die Innungen in lebendiger Regsamkeit erhalten werden. Als solche müssen wir die Handwerkerkammer betrachten, sie repräsentiert in der Einrichtung, wie sie die Handwerker bereits seit einem Jahrzehnt auf Handwerkertagen gefordert

1) Th. Hampke: Der Befähigungsnachweis im Handwerk, Jena 1892, S. 59 fg.

haben, die legitime Vertretung des deutschen Handwerks. Diese Forderung hat ausdrücklich im Jahre 1882 Aufnahme in das Magdeburger Handwerker-Programm gefunden, und unserer Meinung nach soll die Handwerkerkammer folgende Funktionen ausüben:[1])

1) Sie tritt an Stelle der Gemeindebehörden als Aufsichtsbehörde über die Innungen, sowie 2) über das Kassenwesen. 3) Ihr liegt das Schiedsgerichtswesen bei Streitigkeiten zwischen Meistern und Gesellen ob, während die Schlichtung von Lehrlingsstreitigkeiten der Innung resp. dem Innungsausschuß verbleibt und hierfür 4) die Handwerkerkammer als Rekursinstanz an Stelle der Civilgerichte tritt; 5) die Entscheidung über die Verleihung der Rechte des § 100e der Gewerbeordnung, welche heute den Bezirkspräsidenten zusteht; den letzteren soll in Zukunft ein Suspensiv-Votum bis zur Entscheidung durch das Reichsinnungsamt zustehen; 6) die Erteilung des Befähigungsnachweises auf Grund einer Prüfung, bestanden vor einer von der Handwerkerkammer bestimmten Fachinnung; 7) die Entscheidung, wer Handwerksmeister und Fabrikant ist, mit dem Reichsinnungsamt als Rekursinstanz; 8) das Vorschlagsrecht für die Einsetzung gerichtlicher Sachverständiger.

Die Handwerkerkammer solle von einem Staatsbeamten verwaltet werden, während die Entscheidung bei gewählten Innungsmeistern als Vorstandsmitgliedern resp. Beisitzern und Dezernenten für die einzelnen handwerklichen Angelegenheiten ruhe. Für jeden Regierungsbezirk dürfte eine Handwerkerkammer einzurichten sein; die Kosten solle die Staatskasse tragen. In Bayern, Württemberg, Sachsen und den Hansestädten beständen die Gewerbekammern teils gemischt mit den Handelskammern, teils allein für sich; dieselben seien nur beratende Körperschaften und hätten das Recht, regierungsseitig gutachtlich gehört zu werden, eine selbständige behördliche Entscheidung ruhe bei ihnen nicht. In Preußen fehlen die Kammern zur Hebung der Handwerksinteressen überhaupt gänzlich, da sei in neuerer Zeit in etwas die Organisation der Innungsausschüsse an deren Stelle getreten und man habe insbesondere mit dem mit dem Berliner Innungsausschusse verbundenen Schiedsgerichte recht erfreuliche Erfahrungen gemacht. Was nun das von den Centralvorständen der deutschen Innungsverbände gewünschte Reichsinnungsamt anlange, so solle dasselbe die Oberaufsicht über die gesamten Einrichtungen der Innungsverbände ausüben, es solle weiter der technische Beirat in allen Innungs- und Handwerkerangelegenheiten werden, ihm solle die Hebung des höheren Fachschulwesens obliegen und es müsse endlich die schiedsgerichtliche

1) Verhandlungen des deutschen Innungstages zu Berlin am 14., 15. und 16. Juni 1885 nebst Einleitung und Anhang, Berlin, S. 43 fg.

Rekursinstanz in allen oben bei der Handwerkerkammer angeführten Streitfragen ausmachen. Der Sitz des Reichsinnungsamtes müsse in Berlin sein, die Verwaltung desselben sei von Staatsbeamten zu führen, der Schwerpunkt und die Entscheidung in den einzelnen Funktionen des Reichsinnungsamtes habe bei den praktischen Beisitzern und Dezernenten zu ruhen, welche von den deutschen Innungsverbänden auf ihren Delegiertentagen gewählt werden. Die Kosten des Reichsinnungsamtes habe das Deutsche Reich zu tragen.

Schließlich empfahl Referent folgende Resolution zur Annahme: „Dem deutschen Handwerk sind durch die Einführung von Handwerkerkammern und die Einsetzung eines Reichsinnungsamts als Verwirklichung der handwerklichen Selbstverwaltung legitime Vertretungen und obere Aufsichtsbehörden zu geben."

Man forderte Handwerkerkammern, die jedoch, wie aus den Worten des Redners klar hervorgeht, nur reine Innungskammern sein sollten, denn als Vorstandsmitglieder, Beisitzer und Dezernenten für die einzelnen handwerklichen Angelegenheiten sollten gewählte Innungsmeister funktionieren. Da eine solche nur aus Innungsmeistern bestehende Kammer nie hätte aus eigenen Mitteln sich erhalten können, so sollte ein Staatsbeamter sie verwalten und die Kosten die Staatskasse tragen. Man wollte für jeden Regierungsbezirk eine derartige Kammer errichtet wissen. Die Kompetenzen waren ungefähr dieselben, welche man bereits 1879 den Handwerker-Gewerbekammern zugewiesen wissen wollte. Daß die Kammern als konsultative Organe den Behörden gegenüber wirken und in sachgemäßer Weise die Wünsche der Handwerker bei der Regierung zur Geltung bringen sollten, davon war kein Wort gesagt. Man wollte weniger konsultative Organe ins Leben rufen, sondern es wurde jetzt der Hauptwert darauf gelegt, Selbstverwaltungskörper zu schaffen, die erstens und hauptsächlich die Innungen von der Aufsicht der Gemeindebehörden befreien sollten. Neu war der Gedanke des Reichsinnungsamtes.

Diese detaillierten Vorschläge stießen auf dem Handwerkertage selbst auf Widerspruch. Der Korreferent Billing-München versicherte, in den Zielen und Zwecken der Organisation des Handwerks mit dem Referenten völlig einverstanden zu sein, nur die dazu hinführenden Wege seien verschieden. Zunächst wolle er fragen, ob die Schöpfung der Handwerkerkammer und des Reichsinnungsamtes nützlich seien? Seit zwölf Jahren habe er die Ehre, Vorsitzender der Gewerbekammer für Oberbayern zu sein, und da könne er wohl sagen, daß im Geiste sich solche Organisationen ganz schön ausmalen lassen, in der Wirklichkeit dagegen stellten sie sich anders dar; die „Gewerbekammer" sei häufig genug eben nur der Sekretär derselben, von einem gleichmäßigen

Eingreifen der praktischen Gewerbetreibenden sei da oft wenig zu verspüren[1]). So werden auch bei den hier geplanten Körperschaften die so schön gedachte Einwirkung der Handwerker, die handwerkerliche Selbstverwaltung vielfach auf dem Papier stehen, während die Hauptsache von Beamten gethan werde.

Bisher hätte man gesucht, selbst Kraft zum Vorschreiten zu gewinnen, und nun solle die freie wirtschaftliche Bewegung in die Beamtenschablone gezwängt werden? Wie solle man sich die Organisation der Handwerkerkammer vorstellen? Sollen es reine Innungskammern oder wirklich allgemeine Handwerkerkammern werden?

„Wollen Sie die aller Innungsorganisation feindlichen Personen aus Handwerkerkreisen zuziehen? Sie laufen dann Gefahr, Gegner und Verhältnisse in Ihren Institutionen der handwerkerlichen Selbstverwaltung erstehen zu sehen, deren sie nicht mehr Herr bleiben, Sie würden Elemente zu sich heranziehen, die aus der eigenen Mitte heraus gegen die von uns hochgehaltenen Handwerksinteressen arbeiten. Denken wir an die Frösche, welche sich ihren König wählten und als solchen den Storch erhielten. Es sind eben dann zur Teilnahme an der Handwerkerkammer alle jene berufen, welche ein Handwerk betreiben; politisch von unseren Gegnern ausgebeutet, würden diese unsere eigenen Vertretungskörper zu ganz ungeheuerlichen Resultaten führen[2]).“

„Das Reichsinnungsamt anlangend, so sollten wir uns in Acht nehmen, wieder neue Beamtenkategorien zu schaffen, wir haben bereits genug der Aemter: führen Sie nicht den Militarismus in unsere Gewerbsverhältnisse hinein, konzentrieren und centralisieren Sie nicht unser handwerkliches Leben und Denken, Sie schmieden damit gefährliche Waffen, welche leicht sich gegen uns selbst kehren können. Das Reichsinnungsamt würde, so sehr auch Handwerker zur Mitwirkung hinzugezogen würden, faktisch doch durch Staatsbeamte regiert werden; es fragt sich, ob dieses Ziel nicht auf anderem Wege sich erreichen lasse?

Ob der Gedanke überhaupt Aussicht auf Realisierung habe, solle dahingestellt sein, die Vorgänge in den preußischen Provinziallandtagen hinsichtlich der Bewilligung von Mitteln für die Einsetzung von Gewerbekammern geben doch zu denken; er empfehle so viel als möglich auf dem gegebenen Boden der Innungen weiterzuarbeiten. Deshalb bitte er nachfolgende Resolution anzunehmen, vielleicht auch nehme der Herr Vertreter der Reichsregierung Anlaß, zu der Frage sich zu äußern. Die vorgeschlagene Resolution lautete:

„Die Delegierten-Versammlung erklärt es für notwendig, daß den

1) Die Schuld liegt an den Gewerbetreibenden selbst.

2) R. Grätzer: Die Organisation der Berufsinteressen, Berlin 1890, S. 115 fg.

gesetzlich anerkannten Innungen das Recht erteilt werde, Kreis- und Landes-Innungsausschüsse zu bilden und aus diesen Ausschüssen einen Reichs-Innungsausschuß ins Leben zu rufen. Sie erklärt, daß diesen Ausschüssen, welche das Gesamt-Innungsinteresse zu wahren haben, das Recht zusteht, den Regierungen und den derselben unterstellten Gewerbebehörden bei allen das Innungsleben berührenden Fragen beratend und beschließend zur Seite zu stehen.

Billing trat daher allein für den weiteren Ausbau der Innungsausschüsse ein. Der von ihm interpellierte Geh. Regierungsrat Bartels erklärte, daß er nur erschienen sei, um seinem Chef, Excellenz von BöttVicher, Bericht zu erstatten. Er glaube versichern zu können, daß durch die vorgebrachten Gesichtspunkte neue Anregungen für eine gründliche Prüfung der vorliegenden Materie gewonnen seien.

Auch Biehl-München sprach sich gegen die Handwerkerkammern aus. Man solle erst die Innungen und Fachverbände ausbauen, ehe weitergegangen werde. Er warnte vor der Schaffung zu zahlreicher Behörden und erklärte sich gegen die den Handwerkerkammern zugewiesenen Kompetenzen, wie schiedsrichterliche Thätigkeit 2c.

Herr van der Smissen-Ottensen stellte die Hamburger Gewerbekammer als Muster hin und bat die folgenden Anträge der Hamburger Delegierten zum Beschluß zu erheben. Dieselben lauteten [1]):

> „Die in den Innungen und Innungsausschüssen sich aufbauende Organisation der genossenschaftlichen Selbstverwaltung des Handwerkerstandes hat ihren Abschluß und Stützpunkt in einem Reichsinnungsamt zu erhalten, welches unter Zuziehung von Vertretern der Innungen zu bilden und dessen Aufgabe es ist, die Entwickelung des Innungswesens im Deutschen Reiche nach einheitlichen Grundsätzen zu regeln und zu fördern.
>
> Außerdem ist darauf hinzuwirken, daß in denjenigen deutschen Bundesstaaten, wo der Handwerkerstand keine oder keine genügende Vertretung seiner wirtschaftlichen und sozialen Interessen in Kammern besitzt, ihm alsbald eine solche zuteil werde, und zwar in einer Weise, durch welche ihm eine selbständige Stellung innerhalb der Vertretung der verschiedenen Wirtschaftsgruppen gesichert wird.
>
> Für die von Innungen im Interesse des Gewerbes, seiner Hebung und Förderung namentlich zur Regelung des Herbergswesens, des

1) Verhandlungen des deutschen Innungstages zu Berlin am 14., 15. und 16. Juni 1885 nebst Einleitung und Anhang, Berlin, S. 48 fg.

Arbeitsnachweises und der Wanderunterstützung getroffenen Einrichtungen, ferner für die von ihnen errichteten Fachschulen oder Hilfskassen für Gesellen und Lehrlinge sind die der Innung nicht angehörenden Gewerbsgenossen zur Leistung von Beiträgen in derselben Art und in demselben Maße wie die Innungsmeister heranzuziehen."

In der weiteren Debatte waren die Ausführungen des Delegierten Bauer-Hamburg von Wichtigkeit, der darauf hinwies, daß sich der Handwerker vom Fabrikanten nicht scheiden lasse, daher seien nicht Handwerker-, sondern Gewerbekammern notwendig. Man solle das Handwerk nicht vom gesamten Weltgeschäft abschließen.

Brandes betonte, daß eine Scheidung zwischen Handwerk und Fabrik wohl möglich sei, wenn man die Dampfkraft, maschinellen Betrieb und Arbeitsteilung in Betracht ziehe. Bei der Abstimmung wurden sodann die Vorschläge des Referenten Brandes mit großer Majorität angenommen.

Der Wechsel, der in der Stellung der Handwerker zur Handwerkerkammerfrage eingetreten war, bestand hauptsächlich darin, daß man nach dem Erlaß des Innungsgesetzes vom 18. Juli 1881 in diesen Kammern weniger Interessenvertretungen des gesamten Handwerkerstandes, als höhere Innungsorgane erblickte. Wenn auch die auf Einrichtung des Reichsinnungsamtes und die Eröffnung von Handwerkerkammern bezüglichen Resolutionen schließlich die Zustimmung der Versammlung erfuhren, so beweist doch die auftauchende Opposition, wie wenig lebensfähig diese Neuerung höchst wahrscheinlich sein würde. Sicher würde das Reichsinnungsamt eine ebenso schwierige als undankbare Aufgabe haben und es den Innungen niemals recht machen können [1]).

Auch auf dem vierten Allgemeinen deutschen Handwerkertage, der zu Kösen vom 5.—8. September 1886 stattfand, zog man die Frage der Gewerbekammern, die im Allgemeinen deutschen Handwerkerbund bisher nicht eingehend behandelt war, in Erwägung. Punkt IV der Tagesordnung lautete „Die preußischen Gewerbekammern, deutsche Innungskammern".

Der Referent, Salge-Hannover, führte hierzu ungefähr Folgendes aus [2]): „Der Handwerkerstand Hannovers sei von den neuen Gewerbekammern sehr wenig erbaut, weil er keine Fühlung mit den zu denselben herangezogenen Handwerkern habe. Der Provinziallandtag wähle

1) Handwörterbuch der Staatswissenschaften, Bd. IV, S. 589, Art. „Innungen" von Professor Dr. Stieda.

2) Protokoll über die Verhandlungen des IV. Allgemeinen deutschen Handwerkertages und des IV. Delegiertentages des Allgemeinen deutschen Handwerkerbundes zu Kösen a. S. am 5., 6., 7. und 8. September 1886, München 1886, S. 37.

die Mitglieder der Gewerbekammer. Die preußischen Gewerbekammern in ihrer jetzigen Organisation hätten keinen Wert für den Handwerkerstand. Innungskammern, in die die Innungen ihre Vertreter wählten, solle man anstreben. Redner ersucht die Versammlung, sie möge erklären, daß sie mit der jetzigen Institution der preußischen Gewerbekammern durchaus nicht einverstanden sei.

Der Korreferent, Pfeiffer-Breslau, bat, man möge den jetzigen Versuch mit den preußischen Gewerbekammern nicht von der Hand weisen. Die vier Abteilungen derselben hätten das Recht, jede für sich zu tagen und Gutachten für sich abzugeben; jede für sich habe auch das Recht, Anträge bis zum Ministerium zu stellen. Das sei ein nicht zu unterschätzende Kompetenz.

Auch hier waren Referent und Korreferent verschiedener Ansicht. Ein Redner aus Dresden kritisierte die Wahlen zu den sächsischen Gewerbekammern, indem er sagte, Großindustrielle, welche sich mit dem Mantel des Handwerks decken, seien Mitglieder derselben. Ein Delegierter aus Frankfurt sprach sich ferner energisch gegen Innungskammern aus. Bisher habe nur ein Zehntel des Handwerkerstandes Innungen gebildet. Es sei eine große Ungerechtigkeit, wenn neun Zehntel ausgeschlossen werden sollten.

Biehl-München schlug schließlich eine vermittelnde Resolution vor, die schließlich angenommen wurde. Dieselbe lautete: „Der vierte Allgemeine deutsche Handwerkertag zu Kösen nimmt Kenntnis von der Errichtung von preußischen Gewerbekammern und knüpft die Hoffnung daran, daß sich dieselben besser bewähren mögen, als die Gewerbekammern in den übrigen deutschen Bundesstaaten.“ Diese Resolution sagte gar nichts, sie ging vollständig um den Kern der Streitfrage herum.

Auf dem fünften Allgemeinen deutschen Handwerkertage zu Dortmund, der vom 13.—17 August 1887 abgehalten wurde, faßte man sodann folgende Resolution: „Der fünfte Allgemeine deutsche Handwerkertag beschließt: In Erwägung, daß die Gewerbekammern die Interessen des außerhalb des Handwerks stehenden Gewerbestandes in erster Linie, den Handwerkerstand dagegen in untergeordnetem Maße vertreten, an der Forderung der Handwerker- oder Innungskammern festzuhalten“ [1]).

Die meisten Gewerbekammern hätten größtenteils, mit Handels- und Großindustriezwecken verquickt, zu wenig Zeit für die handwerklichen Interessen übrig, und erklärte man sich aus diesem Grunde für Handwerker- oder Innungskammern.

1) Beschlüsse des V. Allgemeinen deutschen Handwerkertages und des V. Delegiertentages des Allgemeinen deutschen Handwerkerbundes zu Dortmund vom 13. bis 17. August 1887, S. 2.

Auf dem Handwerkertage zu München im Jahre 1888 nahm man dann die bereits zu Dortmund gefaßte Resolution debattelos an [1]).

Im Jahre 1888 kam wiederum ein Innungstag zustande, der zu Berlin vom 9.—12. September abgehalten wurde [2]). Hier stand „die Organisation der Innungsausschüsse vereinigter Innungen gemäß § 102 der Reichsgewerbeordnung und der Erlaß eines Gesetzes betreffend die Regelung des Innungskammerwesens" auf der Tagesordnung.

Der Referent zu diesem Punkt der Tagesordnung, Schnare-Berlin, trat warm für Bildung von Innungsausschüssen ein. Dieselben seien jedoch zur Zeit Innungsinstitutionen, welche eines inneren Haltes in sich entbehren, sie werden erst kräftig gedeihen, wenn sie in eine direkte Beziehung zu einer innungsmäßig organisierten Aufsichtsbehörde gesetzgeberischerseits werden gesetzt werden, mit einem Worte: die Innungsgesetzgebung hat es bis heute an einem organischen Abschlusse des Innungslebens fehlen lassen, ein solcher wird erst durch die Schöpfung der gewerblichen Selbstverwaltung dargestellt, die eben durch die Schaffung von Innungen eingeleitet und durch die Errichtung gemeinsamer Innungsausschüsse gemäß § 102 der Reichsgewerbeordnung fortgebildet wird. Unserer Meinung nach dient die Errichtung von Innungsausschüssen, so führte der Referent aus, zunächst dazu, um in den einzelnen Städten aus Innungskreisen Männer zu Trägern der gewerblichen Selbstverwaltung heranzuziehen, welche, wie vorhin erwähnt, in den Innungskammern gewährt werden soll. Redner beantragt sodann folgende Resolution: „Pflicht der Innungsmeister an den einzelnen Orten muß es, behufs Wahrnehmung der gemeinsamen Interessen der Innungen, sein, für das Erstehen und Wirken lokaler Innungsausschüsse vereinigter Innungen gemäß § 102 der Reichsgewerbeordnung Sorge zu tragen, um auf diese Weise aus den einzelnen Innungen die rechten Männer allmählich hervortreten zu lassen, welche geeignet sind, seiner Zeit die Träger der angestrebten Innungskammern als Organe der gewerblichen Selbstverwaltung zu bilden."

Redner ging dann noch näher auf die geplanten Innungskammern im Besonderen ein. Seine Rede war nur eine Wiederholung der Ausführungen des Referenten Brandes vom ersten Innungstage in Bezug auf diesen Punkt.

Die vom Redner vorgeschlagene Resolution war im Wesentlichen dieselbe, welche bereits auf dem ersten Innungstage angenommen worden war. Nur

---

1) Protokoll über die Verhandlungen des VI. Allgemeinen deutschen und VI. bayerischen Handwerkertages und des VI. Delegiertentages des Allgemeinen deutschen Handwerkerbundes zu München vom 13. bis 15. August 1888, München 1888, S. 56.

2) Verhandlungen des II. deutschen Innungstages zu Berlin am 9., 10., 11. und 12. September 1888, nebst Einleitung, Berlin, S. 29 fg.

trat man jetzt entschiedener auf. Es wurden nicht mehr, wie auf dem ersten deutschen Innungstage, Handwerker-, sondern ausdrücklich Innungskammern gefordert.

Brandes, von dem eigentlich diese Resolution stammte, denn er war der Vater derselben 1885 auf dem ersten deutschen Innungstage gewesen, erklärte, daß, wenn der Referent Schnare in seinen Ausführungen an Heranziehung von Staatsmitteln gedacht habe, er sich diese Bewilligung von Staatsmitteln nur in der Form der Aufbringung der Kosten als Zuschlag zur Gewerbesteuer gedacht habe. Er gab dann den Vorschlag zur Erwägung, die Kosten dreiteilig aufzubringen, derart, daß aus Staatsmitteln etwa 50%, 25% aus Gemeindemitteln und 25% endlich aus direkten Mitteln der Handwerker aufgebracht werden. Der Referent Schnare stimmte dem zu.

Leider geht auch aus den Ausführungen nicht klar hervor, ob die Kosten der Innungskammern durch Zuschläge zur Gewerbesteuer aller Handwerker aufgebracht werden sollen. Uns scheint jedoch, als ob das letztere gemeint gewesen sei. Mann wollte wahrscheinlich nach dem Prinzip des § 100 f zu einer reinen Innungsinstitution, denn das sollte die Innungskammer sein, die außerhalb der Innungen stehende große Majorität der Handwerker heranziehen, denn die Innungsmeister allein würden die Kosten, die nötig gewesen wären, um die Institution lebensfähig zu erhalten, nicht haben aufbringen können. Die vorgeschlagene Resolution nahm man nach einer kurzen Debatte an. Auf Vorschlag von Schmidt-Hamburg wurde Punkt 7 dahin geändert, daß die Innungskammer nicht nur das Vorschlags-, sondern das Ernennungsrecht bei der Einsetzung gerichtlicher Sachverständiger haben sollte.

Während die Handwerkertage des Allgemeinen deutschen Handwerkerbundes gerade die gewerbliche Organisationsfrage oberflächlichen behandelten, gingen die beiden Innungstage wenigstens auf die Details der Kontroverse ein. Die von den Innungstagen geforderten Institutionen verdienen den Namen Innungskammer. Von einem Reichsinnungsamt war bereits nicht mehr die Rede.

Auf dem Hamburger Handwerkertage im Jahre 1889 war eine Verständigung zwischen dem Centralausschuß der vereinigten Innungsverbände Deutschlands und dem Allgemeinen deutschen Handwerkerbund zustande gekommen [1]). Vom Jahre 1890 an tagte der Centralausschuß der vereinigten Innungs-

1) Th. Hampke: Der Befähigungsnachweis im Handwerk, Jena 1892, S. 78 fg.

verbände Deutschlands, der die beiden ersten Innungstage berufen hatte, gemeinsam mit dem Allgemeinen deutschen Handwerkerbunde, von dem die übrigen Handwerkertage bisher ausgegangen waren.

Die erste gemeinsame Versammlung fand vom 1. bis 3. Juni 1890 in Berlin statt. Hier beschäftigte man sich nicht besonders mit der Gewerbekammerfrage.

Der 1890er Handwerkertag ist jedoch deshalb wichtig, weil auf demselben eine Immediateingabe an Seine Majestät Kaiser Wilhelm II. beschlossen wurde, die von einer Deputation am 3. Juni in einer Audienz Seiner Majestät überreicht wurde[1]). In dieser Eingabe baten die Vertreter der deutschen Innungs- und Handwerkerverbände, man möge doch eine Immediatkommission von sachverständigen Personen, welche seit Inkrafttreten des 1881er Innungsgesetzes für die Anerkennung der gesetzlichen Bestimmungen eingetreten sind und an der Spitze von Handwerkerkorporationen die Schäden des Handwerks kennen gelernt haben, zur Untersuchung der gesamten Fragen der deutschen Handwerkerbewegung einsetzen. In den Anlagen zu dieser Eingabe waren dreizehn Beratungspunkte genannt, worunter der siebente besagte, man halte den Erlaß eines Gesetzes betreffend die Regelung des Handwerker- (Innungs-) Kammerwesens und die Einsetzung besonderer Kammern als Aufsichtsbehörden der Innungen an Stelle der Gemeindebehörden für dringend erforderlich.

Die Immediateingabe hatte insofern praktischen Erfolg, als vom 15.—17. Juni 1891 eine Handwerkerkonferenz zwischen Beauftragten des Reichsamts des Innern und des Königlich preußischen Ministeriums für Handel und Gewerbe einerseits und einundzwanzig Vertretern des organisierten Handwerkerstandes anderseits stattfand. Die Verhandlungen wurden geheim gehalten, so daß leider lange Zeit über die Resultate derselben nichts bekannt wurde.

Erst durch die Interpellation Hitze vom 24. November 1891 lichtete sich das Dunkel über diese Konferenz. Später ist dann das geheim gehaltene Protokoll freigegeben worden. Da jedoch die Vertreter des Handwerks in der Konferenz nicht gänzlich mit dem amtlichen Protokoll übereinstimmten, so haben sie einen besonderen Bericht abgefaßt, den wir benutzen[2]). Aus demselben geht hervor, daß die Gewerbekammerfrage als

---

1) Der Handwerker, Organ und Eigentum des Central-Ausschusses der vereinigten Innungsverbände Deutschlands, II. Jahrgang, Nr. 23.

2) Bericht über den Verlauf und die Ergebnisse der Handwerkerkonferenz vom 15.—17. Juni 1891 zu Berlin im Namen der 21 Vertreter des Handwerks auf derselben, erstattet von den Vorständen des Central-Ausschusses vereinigter Innungsverbände Deutschlands und des Allgemeinen deutschen Handwerkerbundes, 1892.

letzter Gegenstand auf der Tagesordnung der Handwerkerkonferenz verhandelt wurde.

In der Besprechung über diesen Punkt wurde hervorgehoben, daß der in Preußen mit den Gewerbekammern und den wirtschaftlichen Konferenzen gemachte Versuch, diese Frage zu lösen, als völlig mißglückt zu betrachten sei und daß auch die in verschiedenen Bundesstaaten bestehenden Gewerbekammern, so große Vorzüge einzelne davon haben mögen, doch den Bedürfnissen des deutschen Handwerkerstandes in keiner Weise genügten; daß es vor allem darauf ankomme, durch die Schaffung von Handwerkerkammern, an Stelle der gegenwärtigen Magistrate, neue selbständige Aufsichtsbehörden über die Innungen einzusetzen [1]).

Es wurden die Beschlüsse des zweiten deutschen Innungstages vom Jahre 1888 angenommen, nach welchen die Handwerkerkammer folgende Funktionen ausüben soll:

1) Sie tritt an Stelle der Gemeindebehörde als Aufsichtsbehörde über die Innungen, sowie

2) über deren Kassenwesen, und ist demgemäß der § 104, Abs. 1 der R. Gew. O. abzuändern. Ihr werden vor allem die Gerechtsame überwiesen, welche der § 95 der R. Gew. O. heute den Gemeindebehörden einräumt.

3) Sie tritt bei schiedsgerichtlichen Gesellen- und Lehrlingsstreitigkeiten als Berufungsinstanz an Stelle der Civilgerichte.

4) Sie entscheidet über die Verleihung der Rechte aus §§ 100e u. 100f der R. Gew. O., welche heute den Bezirkspräsidenten zustehen; den letzteren soll in Zukunft eine einstweilige aufschiebende Bestimmung bis zur Entscheidung durch die Centralbehörde zustehen.

5) Sie ist Berufungsinstanz in Bezug auf die Erteilung des Befähigungsnachweises auf Grund einer Prüfung, bestanden vor einer von den Innungskammern bestimmten Fachinnung.

6) Sie hat die Entscheidung darüber, wer Handwerksmeister und wer Fabrikant ist, mit der Centralbehörde als Rekursinstanz und ferner steht ihr die Begrenzung der verwandten Gewerbe für den Kammerbezirk zu.

7) Sie hat das Vorschlagsrecht für die Bestellung gerichtlicher Sachverständiger [2]).

Nach den Beschlüssen des deutschen Innungstages, so wurde ausgeführt, seien die Handwerkerkammern örtlich begrenzt. Es empfehle sich aber,

---

1) Protokoll über die Verhandlungen des deutschen Innungs- und allgemeinen Handwerkertages vom 14.—17. Februar 1892 in Berlin, Berlin, 1892, S. 37 fg.

2) Diese Resolution deckt sich mit den auf den beiden ersten Innungstagen 1885 und 1888 angenommenen Beschlüssen.

daß sie jährlich Vertreter zu Provinzial-Handwerkskammertagen entsendeten, welche von dem Oberpräsidenten berufen werden müßten.

In der Diskussion bemerkte Biehl-München, daß er kein Gegner der Handwerkerkammern sei und daß er namentlich mit den Beschlüssen des zweiten deutschen Innungstages über ihre Funktionen übereinstimme, daß er aber Bedenken wegen Besetzung der Innungskammern habe. Da ein großer Teil der Handwerker indifferent, ein anderer Teil sozialdemokratisch gesinnt sei, so erscheine es nicht ausgeschlossen, daß die Zusammensetzung der Kammern eine ungünstige werden würde und daß die Innungen unter ihrer Aufsicht noch übler als unter derjenigen der Magistrate gestellt sein würden [1]). Schmidt-Hamburg führt den Wunsch nach Handwerkerkammern auf das berechtigte Bestreben der Innungen zurück, die eigenen Angelegenheiten selbständig zu verwalten und die Möglichkeit zu haben, jederzeit bei den Staatsbehörden Anträge zu stellen. In Hamburg habe die Gewerbekammer die weitere Aufgabe, für die Gerichte eine Sachverständigenliste aufzustellen, Mitglieder zur Deputation für das gewerbliche Schulwesen abzuordnen und Zeugnisse für Gesellen und Lehrlinge zu beglaubigen. Die Aufsicht über die Innungen werde durch ein Kollegium von drei Personen geübt, von welchen eine ein Senator wäre und zwei von der Gewerbekammer gewählt würden. Schließlich habe die Gewerbekammer die Befugnis, ihre Wünsche dem Senat vorzutragen. Was die Wahl zur Gewerbekammer anlange, so geschehe dieselbe nach fünfzehn Gewerbegruppen, in welche die verwandten Gewerbe zusammengefaßt würden, und welche je einen Vertreter zu wählen hätten. Zur Wahl berechtigt seien alle selbständigen und unselbständigen Gewerbetreibenden, welche sich im Besitz des Bürgerrechts befänden.

Der Vorsitzende, von Rottenburg, erklärte hierauf, daß es nach den Grundsätzen der Selbstverwaltung nicht angängig sein würde, die Aufsicht über die Innungen einer gewählten Körperschaft, wie dies die Handwerkerkammern sein sollten, zu übertragen. Im übrigen schwebten zur Zeit Erwägungen darüber, ob man durch Einrichtung von Handwerkerkammern das ganze Handwerk, auch soweit es nicht durch die Innungen vertreten werde, organisieren könne. Es erhebe sich dabei namentlich die Frage, wie die Bildung der Handwerkerkammern erfolgen und welche Funktionen man ihnen zuweisen solle. Sodann wurde festgestellt, daß die Versammlung mit den von Faßhauer-Köln eingebrachten Anträgen, soweit sie die Beschlüsse des zweiten deutschen Innungstages enthalten, mit Ausnahme der Ver-

1) Biehl's Innungskammer sollte also das gesamte Handwerk und nicht nur Innungsmeister umfassen.

treter von Hamburg und Lübeck einverstanden ist, welche letztere die in den von ihnen vertretenen Bundesstaaten bestehende Organisation des Handwerks für ausreichend erachten. Die weiteren von Faßhauer gemachten Vorschläge wurden von dem letzteren für seine Person aufrecht gehalten, ohne daß die Versammlung ihnen beitrat.

Die Frage wurde in der Konferenz nicht sehr eingehend behandelt. Wichtig war nur, daß zum ersten Mal von einem Vertreter der Regierung die Aeußerung fiel, man habe die Absicht, das ganze Handwerk in Organen zusammenzufassen. Bald darauf, am 24. November 1891 trat sodann der Staatsminister von Bötticher mit diesem Plan in die Oeffentlichkeit.

Während nach dem Scheitern der Gewerberäte eine Abneigung gegen korporative Organisation des Kleingewerbestandes bei der Regierung vorhanden war, trat seit dem Jahre 1881 ein Wechsel in den Anschauungen der leitenden Persönlichkeiten ein. In der Kommission im Jahre 1881 äußerte sich der Regierungsvertreter bereits dahin, daß man einer Schaffung der Handwerkerkammern nicht abgeneigt gegenüberstehe. 1884 wurde dann der Versuch gemacht, eine zusammenfassende Körperschaft für alle Interessenkreise zu gründen. Nachdem auch dieser gescheitert war, ergriff im Jahre 1891 die Regierung selbst die Initiative zur Schaffung gewerblicher Interessenvertretungen.

Am 24. November 1891 wurde die Regierung im Reichstage interpelliert, sich zu äußern, welche gesetzgeberischen Maßnahmen sie zur Hebung des Handwerkerstandes zu ergreifen gedenke.

In seiner Antwort auf diese Interpellation kam der Staatsminister von Bötticher auf die Organisationsfrage zu sprechen[1]). „Ich kann mitteilen", so führte er aus, „daß die Regierung die berechtigten Klagen der Handwerker (und als solche sehen wir einmal an die Klagen über die Mißstände, die gegenwärtig im Lehrlingswesen herrschen, und weiter die Klagen über den Mangel einer wirksamen Vertretung der Interessen des Handwerks) anerkenne, und daß wir bereit sind, zur Abhilfe derselben mitzuwirken. Der Handelsminister und ich selbst sind der Ansicht, daß diesen Klagen durch eine Organisation des gesamten Handwerks Abhilfe geschaffen werden kann[1]).

„Wir denken uns die Organisation des gesamten Handwerks in der Weise, daß wir Handwerker- oder Gewerbekammern errichten wollen, welche

1) Stenographische Berichte über die Verhandlungen des Reichstages, 8. Legislaturperiode, I. Session 1890/92, V. Bd., 125. Sitzung, S. 3019 fg.

2) Der Ausdruck „gesamtes Handwerk" war im Gegensatz zu dem nur in Innungen vereinigten Handwerk gemeint.

für die einzelnen Bezirke eingerichtet werden und denen der gesamte Handwerkerstand dieser Bezirke unterworfen resp. an denen er beteiligt ist. Die nähere Ausgestaltung dieses Gedankens kann ich Ihnen heute nicht entwickeln, auch hier habe ich zu sagen, daß die Entwickelung meiner persönlichen Anschauung für Sie von keinem besonderen Wert sein dürfte, weil diese persönliche Anschauung natürlich der Korrektur derjenigen Instanzen unterliegt, die sich, bevor die Sache an den Reichstag kommt, noch damit zu beschäftigen haben."

Darüber sind wir beide nicht im Zweifel, daß, wenn wir zu einer solchen Organisation kommen — und ich füge hinzu, daß ich hoffe, daß diese Organisation bei keiner Partei des Hauses einen grundsätzlichen Widerstand finden wird, denn das Handwerk ist ebenso berechtigt eine Organisation zu verlangen, wie die anderen Erwerbsstände, welche sie bereits haben, ich sage, wenn wir zu einer solchen Organisation kommen, so bin ich der Ueberzeugung, daß dadurch einmal die wirksamste und legitimste Vertretung der Interessen des Handwerks geschaffen sein wird, daß das Handwerk in der Wahrung seiner legitimen Interessen wiederum am kräftigsten wird auftreten können, wenn es eine solche geordnete Vertretung hat, und daß bei dieser Gelegenheit dann die Klagen, die berechtigter Weise aus der Mitte des Handwerks erhoben sind, auch eine objektive und gründliche Prüfung werden erfahren können."

Der Staatsminister wies zum Schluß noch auf die außerordentlichen Schwierigkeiten in der Lösung dieser Frage hin. „Die Regelung der Interessen des Handwerks ist keine isolierte," so führte er aus, „sondern es müssen dabei die Interessen anderer Berufsstände, die Interessen auch namentlich unserer Großindustrie, in Berücksichtigung gezogen werden. Unsere Aufgabe, die Aufgabe einer weisen Staatsverwaltung ist es, diese Interessen dahin zu versöhnen und dahin auszugleichen, daß ein jeder Erwerbsstand im Lande seine Rechnung dabei findet, und daß keiner durch die Berücksichtigung des anderen geschädigt wird."

Ich hoffe, daß wir zu einer solchen Organisation des Handwerks, kommen und daß dann dasselbe weiter wie bisher eine Stütze für Thron und Vaterland sein wird, daß es sich fern halten wird von denjenigen Befürchtungen, welche auch in der Handwerkerkonferenz zum Ausdruck gekommen sind, daß der Handwerkerstand überwiegend zu sozialdemokratischen Anschauungen neige, und ich spreche weiter die Hoffnung aus, daß der goldene Boden, auf dem das Handwerk früher geruht hat, ihm auch ferner erhalten bleibe."

Dreierlei muß von diesen Ausführungen des Ministers festgehalten werden, nämlich daß die Regierung klar und offen das Berechtigte der Forderung des Handwerkerstandes anerkannte, daß diese Organisationen das gesamte Handwerk und nicht nur das in Innungen vereinigte Kleingewerbe umfassen sollten und daß bei der Schaffung solcher Organisationen auch auf die Interessen der anderen Berufsstände, namentlich auf die der Großindustrie Rücksicht genommen werden müßte. Es stand bei der Regierung dagegen nicht fest, ob Handwerker- oder Gewerbekammern ins Leben gerufen werden sollten.

Die Ausführungen des Ministers führten zu einer lebhaften Debatte, die sich jedoch nur auf der Oberfläche der ganzen Frage bewegte, da über die prinzipiellen Gesichtspunkte der Organisation nichts feststand.

Von den Konservativen und dem Centrum wurden die Ausführungen des Ministers mit Befriedigung aufgenommen und darauf hingewiesen, daß diese neuen Organisationen Handwerkerkammern mit obligatorischen Charakter sein müßten. Sie dürften nicht nur konsultative Organe sein, sondern müßten auch weitgehendere Befugnisse haben. Vor allem wurde aber betont, daß den Innungen innerhalb dieser Organisationen ein geeigneter Platz angewiesen werden müsse, und daß auf keinen Fall die Innungen durch die neuen Kammern benachteiligt werden dürften.

Von den Rednern der Freisinnigen wies besonders der Abgeordnete Eberty darauf hin, daß wenn die Organisationen nach dem Rezepte der im Jahre 1881 geplanten Organisationen obrigkeitliche Rechte beanspruchen sollten, wenn sie an die Stelle der Gemeinden und ihrer geschichtlich seit Jahrhunderten überlieferten Stellung gegenüber den Innungen treten sollten, dann werde auf der liberalen Seite niemand für dieselben sein. Niemals werde er zugeben, daß einseitige Interessenkorporationen obrigkeitliche Rechte erhalten. Den Ständestaat lehne er ab. Der Redner der Sozialdemokraten, Grillenberger, betonte, daß solche Organisationen nicht den Verfall des Handwerks aufhalten könnten. Man möge Handwerkerkammern schaffen, welche für die Handwerker, die für kürzere Zeit innerhalb unseres heutigen gesellschaftlichen Organismus noch lebensfähig und lebensberechtigt sind, auch einen Nutzen haben. Mit der Handwerkerkammer müßten dann die längst geforderten Arbeiterkammern geschaffen werden.

Von Seiten der Nationalliberalen sprach Dr. Buhl die Hoffnung aus, daß die schwierige Frage der Organisation so gelingen möge, daß auf der

---

1) Stenographische Berichte über die Verhandlungen des Reichstages, 8. Legislaturperiode, 1. Session, 1890—92, V. Bd., 125. Sitzung, S. 3019 fg.

einen Seite das Standesbewußtsein der Handwerker und ihre materiellen Interessen gefördert werden, daß auf der anderen Seite diese Organisation für die Gesamtheit erträglich ist. Die Debatte ging mehr in die Breite als in die Tiefe.

Noch einmal, am 6. Dezember 1892, kam es zu einer längeren Verhandlung im deutschen Reichstag betreffs dieser Materie [1]).

Da die von der Regierung in Aussicht gestellte Gesetzesvorlage nicht im Reichstag eingebracht wurde, stellte der Abgeordnete Hitze an dem genannten Tage eine Interpellation an die Regierung, in welcher er Aufschlüsse über die Organisation des Handwerkerstandes, über die Regelung des Lehrlingswesens sowie den Ausbau der Innungen verlangte.

In seiner Begründung der Interpellation führte der Abgeordnete Hitze aus, daß seit der Erklärung des Staatsministers von Bötticher bereits mehr als ein Jahr vergangen, ohne daß die versprochene Gesetzesvorlage betreffend die Organisation des Handwerks in die Hände des Reichstages gekommen sei.

Nachdem die Regierung die Hauptforderungen des Handwerkerstandes abgelehnt, dürfe man wohl erwarten, daß sie das, was sie geben wolle, nun bald gebe. Jedenfalls sollten die Handwerkerkammern obligatorisch sein. Es solle doch nicht etwa nur ihre Aufgabe sein, gutachtliche Aeußerungen abzugeben, sondern es sollten ihnen disziplinare Rechte gegeben werden. Welches seien nun ihre Kompetenzen, welche Stellung sollten die Innungen in diesen Organisationen einnehmen? Jedenfalls dürften die Innungen nicht beiseite gesetzt werden, so daß sie ihrer Auflösung entgegen gingen. Es müsse ihre Selbständigkeit erhalten bleiben, die Innungen seien ältere, bewährte Organisationen. Nur insoweit könnten die Handwerkerkammern als Ergänzung eintreten, als es sich um Handwerksmeister resp. Lehrlinge handele, die nicht der Innung angehören. Ueber alle diese Fragen hoffe er Aufschlüsse zu erhalten.

Staatsminister Dr. von Bötticher beantwortete diese Anfrage. Er erklärte, daß das Reichsamt des Innern und das preußische Handelsministerium keineswegs die Hände in den Schoß gelegt hätten und daß, wenn die Sachen bis heute nicht spruchreif für das Haus wären, dann die Schuld nicht an der Regierung, sondern an den Schwierigkeiten, welche die Frage bietet, liege.

Vorschläge seien für die Organisation des Handwerks und für die Regelung des Lehrlingswesens als vorläufige Grundlage aufgestellt. Ueber

---

1) Verhandlungen des Reichstages. 8. Legislaturperiode, II. Session. 9. Sitzung, Dienstag, den 6. Dezember 1892, S. 153—187.

diese Vorschläge sei bereits mit sachverständigen Interessenten aus den gewerbetreibenden Kreisen verhandelt und zwar in neuester Zeit. (Diese Verhandlungen fanden am 25. und 26. November 1892 in Berlin im Reichsamt des Innern statt. Sachverständige waren Fabrikbesitzer Berghausen-Köln, Vorsitzender des Verbandes deutscher Gewerbevereine, Dr. Brehmer-Lübeck, Sekretär der Lübecker Gewerbekammer, Nagel-Hamburg, Sekretär der Hamburger Gewerbekammer, Stumpf-Osnabrück, Sekretär der Osnabrücker Handelskammer, und Dr. Schulz, Generalsekretär des Centralausschusses der vereinigten Innungsverbände Deutschlands). Die Protokolle dieser Verhandlungen enthielten wertvolle und ausgiebige kritische Bemerkungen zu jenen Vorschlägen, die zu Vorlagen verarbeitet werden sollten.

Die verbündeten Regierungen hätten jedoch noch keine Stellung zur Organisationsfrage genommen. Bei der Organisation gehe die Absicht dahin, das gesamte Handwerk in Handwerkerkammern zusammenzufassen, welche territorial abgegrenzt sind. Denselben sollten gewisse obligatorische Funktionen beigelegt werden, namentlich gewisse Befugnisse bei Regelung des Lehrlingswesens, die Erstattung von Gutachten, welche über gewerbliche Fragen von den Behörden gefordert werden, die periodische Berichterstattung über die Lage des Handwerks, die Aufsicht über die Durchführung der für die Ausbildung und Behandlung der Lehrlinge erlassenen Vorschriften und die Mitwirkung bei der Ueberwachung der auf den Arbeiterschutz bezüglichen Bestimmungen der Gewerbeordnung. Daneben sollten den Handwerkerkammern gewisse fakultative Befugnisse zustehen, welche sich beziehen auf die zur Förderung des Kleingewerbes geeigneten Einrichtungen, welche dahin zielen, daß sie solche Maßnahmen auch bei den kompetenten Behörden anregen dürfen. Dann werde eine weitere Fakultät ihnen dahin beigelegt werden, die zur Förderung des Kleingewerbes geeigneten Einrichtungen und Maßnahmen zu beraten und anzuregen, Veranstaltungen zur Förderung der gewerblichen, sittlichen und technischen Ausbildung der Gesellen, Gehilfen und Lehrlinge zu treffen und für einzelne Gewerbe oder Gewerbegruppen Prüfungsausschüsse mit der Aufgabe zu errichten, diejenigen Lehrlinge, welche es beanspruchen, bei Beendigung der Lehrzeit einer Prüfung zu unterziehen und über den Erfolg dieser Prüfung Zeugnisse auszustellen. Weiter solle ihnen der Erlaß von Vorschriften zugestanden werden über das Verhalten der Lehrlinge, die Art und den Gang ihrer Ausbildung, sowie über den Besuch der von ihnen errichteten Fach- und Fortbildungsschulen, soweit dieser Besuch nicht durch Gesetz oder Statut geregelt ist, endlich über die Anmeldung der Gesellen, Lehrlinge und Arbeiter.

„Sie sehen“, so fuhr Dr. von Bötticher fort, „daß wir für die Kompetenz der Gewerbekammern einen sehr weiten Kreis gezogen haben, und das haben wir thun zu müssen geglaubt, weil wir den Gewerbekammern vor allen Dingen eine lebenstüchtige und lebensvolle Thätigkeit sichern wollen."

„Uns hat selbstverständlich die Frage, wie die Innungen in dieser Organisation einzugliedern sein möchten, lebhaft beschäftigt. Ich kann den Vorredner in dieser Beziehung beruhigen. Es besteht bei uns beiden Ministern, die wir zunächst uns mit der Sache beschäftigt haben, nicht das Bestreben, die Innungen aus der Welt zu schaffen oder ihnen das Dasein zu erschweren. Im Gegenteil, wir stehen beide auf dem Standpunkte, daß wir die Zusammenfassung des Handwerks zu wirtschaftlichen Zwecken als durchaus löblich und nützlich ansehen. Es wird sich unseres Erachtens ermöglichen lassen, den Innungen innerhalb der neu in Aussicht genommenen Organisation eine Stelle anzuweisen."

Ueber die Einzelheiten dieses Verhältnisses zwischen Innung und Kammer ließ sich der Minister jedoch nicht aus. Er ging dann auf die Unterfragen ein, z. B. auf das Wahlrecht und auf die Abgrenzung rücksichtlich des Kreises der Beteiligten, namentlich die letzte Frage bezeichnete er als sehr schwierig, denn was sei heute Handwerk? Hinsichtlich dieses Punktes werde man wahrscheinlich zu keinem anderen Ergebnis kommen, als daß hier wie bei der Unfallversicherungsgesetzgebung zu einer mechanischen Begrenzung geschritten wird. Sodann ging der Minister auf die das Lehrlingswesen betreffenden Fragen ein, die uns hier jedoch ferner liegen. Zum Schluß bat der Redner der Regierung Zeit zu lassen, damit sie mit ordentlichen, gut vorbereiteten Vorschlägen vor das Haus kommen könne.

Dr. Buhl, der dann das Wort ergriff, erklärte, daß sie in Bayern in ihren Kammern, in denen das große und kleine Gewerbe zusammen sich befinden, nicht günstige Erfahrungen gemacht hätten; ob es deshalb zweckmäßig sei, ausschließlich Handwerkerkammern zu gründen, scheine zweifelhaft. Eine Organisation des Handwerks allein sei ein zu enger Rahmen, es würde sich vielmehr empfehlen, das kleinere Gewerbe überhaupt zusammenzufassen. In der Pfalz habe man mit den neuorganisierten Gewerbevereinen, in denen das Handwerk und auch andere Gewerbe vertreten sind, sehr gute Erfahrungen gemacht.

Der Abgeordnete Ackermann äußerte vor allem Bedenken darüber, daß man den zu schaffenden Handwerkerkammern die Beaufsichtigung über das Lehrlings- und Gesellenwesen übertragen wolle. Dies seien die wichtigsten Aufgaben und Rechte der Innungen, man werde daher die Innungen schwächen. Wenn Gewerbe- und nicht Handwerkerkammern geschaffen würden, wie sie Dr. Buhl wünsche, so würden die Interessen des Handwerks nicht genügend gewahrt werden.

Staatsminister Dr. von Bötticher verwahrte sich dagegen, daß es seine Absicht sei, den Innungen den Garaus zu machen. Es solle den Innungen eine Stellung angewiesen werden, die ihren Interessen entspräche, bei denen aber auch die nicht korporierten Handwerker ihre Rechnung fänden. Es sei die Absicht, dem Bedürfnis des korporativen Zusammenschlusses, wie es in Handwerkerkreisen besteht, zu der Befriedigung zu verhelfen, welche mit der Entwicklung unseres gewerblichen Lebens verträglich ist. Die Innungen genügten diesem korporativen Bedürfnis nicht allein. In Württemberg seien von allen innungsfähigen Meistern nicht ein Prozent in Innungen zusammengefaßt.

Rickert beklagte sich sodann, daß man Sachen in den Reichstag bringe, unter denen jeder etwas anderes verstände und von denen die Regierung selbst nicht wisse, was sie wolle. Was sei die Basis, auf welcher die Handwerkerkammern aufgebaut werden sollten, wie sei das Wahlrecht, wer wähle 2c.? Redner betonte zum Schlusse seiner Ausführungen sehr richtig, daß, wenn man Handwerkerkammern mit ordentlichen Befugnissen schaffen wolle, dann auch die Innungen beeinträchtigt werden müßten.

Der Abgeordnete Auer fragte an, ob die Gesellen und Arbeiter in den Kammern vertreten sein sollten.

Der Abgeordnete Bachem glaubte aus den Aeußerungen des Ministers den Schluß ziehen zu müssen, daß in der Kammer nur Handwerker und nicht auch Industrielle sitzen sollten. Man könne nur Handwerkerkammern gebrauchen, jedoch keine Gewerbekammern, in denen auch Großindustrielle und sonstige Gewerbetreibende sitzen, weil die das Handwerk majorisieren würden.

Der Sozialdemokrat Joest konstatierte, daß der Minister keine Antwort auf die Frage gegeben habe, ob auch der Arbeiterstand eine Vertretung finden solle.

Der Abgeordnete Möller betonte zum Schluß, daß man Handwerk und Gewerbe nicht mehr abgrenzen könne und daß doch wohl die Regierung die Absicht habe, neben dem Handwerk auch dem Kleingewerbe, welches in den Handelskammern sich nicht wohl fühle und keine Gelegenheit habe, seine Wünsche zum Ausdruck zu bringen, ein Organ zu geben. Nach der Seite der gewerblichen Fortbildung könnten die Handwerkerkammern sehr segensreich werden, da die Innungen hierzu meist nicht die nötigen Mittel hätten. Eine Organisation, welche alles umfasse, werde Geld haben und daher Gutes zu leisten vermögen.

Auch diese Debatte bewegte sich auf der Oberfläche der ganzen Frage.

Von seiten der dem sogenannten organisierten Handwerk befreundeten Parteien wurden Befürchtungen geltend gemacht, daß man durch die Handwerkerkammern die Innungen schwächen werde. Von seiten des Regierungsvertreters wurde jedoch dieser Befürchtung widersprochen und die Kompetenzen der zu schaffenden Organe ziemlich vage umschrieben.

Sehr zu beachten sind die Ausführungen der nationalliberalen Redner Dr. Buhl und Möller, welche vor Handwerkerkammern warnten und Zusammenfassung der kleineren und mittleren Gewerbetreibenden wünschten.

Um zu den Aeußerungen des Staatsministers von Böttichcr Stellung zu nehmen und zu beraten, was nach Ablehnung der beiden Hauptforderungen der Handwerker, der obligatorischen Innung und des obligatorischen Befähigungsnachweises, zu thun sei, wurde der letzte deutsche Innungs- und allgemeine Handwerkertag, der vom 14.—17. Februar 1892 zu Berlin stattfand, berufen. Natürlich nahm man hier zu der in Aussicht gestellten Organisation des Handwerks Stellung.

Einer der wichtigsten Beratungspunkte war „die wünschenswerte Stellung der Innungen, Innungsausschüsse und deutschen Innungsverbände in der regierungsseitig als demnächst bevorstehend in der Form der „Handwerkerkammer" verheißenen „Organisation des Handwerks" ".

Dr. Ad. Schulz, der Generalsekretär des Centralausschusses der vereinigten Innungsverbände Deutschlands, hatte das Referat übernommen [1]). Nach einer kurzen Einleitung erklärte der Redner, er habe in Erfahrung gebracht, daß der Entwurf eines Handwerkerkammergesetzes ausgearbeitet werde und der Minister für Handel und Gewerbe, Freiherr von Berlepsch, habe ausdrücklich die Erlaubnis erteilt, von dieser Thatsache hier Kenntnis zu geben. Von dem Inhalte des Organisationsplanes seien bisher einzelne Umrisse bekannt geworden, diese genügten, um den Ausspruch thun zu können, daß die neue Gesetzesarbeit für den deutschen Handwerkerstand unannehmbar sei.

Der Handwerkerstand habe sich bisher unter dem Begriffe „der Handwerker- (Innungs-) Kammer" eine Behörde zur Ueberwachung des Innungswesens vorgestellt, welche an Stelle der jetzigen Beaufsichtigung durch die Gemeinden und Magistrate zu treten hätte. Die Handwerkerkammer sollte mit bestimmten obrigkeitlichen Funktionen ausgestattet werden und so zu sagen als Organ der Selbstverwaltung in den Angelegenheiten des Handwerks dienen. Etwa für mehrere Kreise oder für den Umfang eines Regierungsbezirkes müsse eine solche Kammer durch Gesetz vorgesehen werden. Sie solle eine Zwangsorganisation insofern darstellen, als sie gleichmäßig durch ganz Deutschland hin erstehen und überall die Interessen des Handwerkerstandes umfassen sollte. Insbesondere müßten bei der Verwaltung der Handwerkerkammer die Innungen ihre ihnen gebührende Stellung zugewiesen er-

1) Protokoll über die Verhandlungen des deutschen Innungs- und allgemeinen Handwerkertages vom 15. bis 17. Februar 1892. Veröffentlicht durch das Büreau des Central-Ausschusses der vereinigten Innungsverbände Deutschlands. Berlin C., Neue Friedrichstraße 17, 1892, S. 93.

halten[1]). Selbstverständlich sollte darin das fachmännische Prinzip des selbständigen Handwerks Stärkung erfahren und in dieser Einrichtung das Mittel gefunden werden, um die Innungsaufgaben wirklich allumfassend und durchgreifend zum Segen des Handwerks zur Erfüllung zu bringen.

„Von allen diesen Gedanken," so fuhr der Redner fort, „finden sie bis jetzt nichts in den regierungsseitig gehegten Plänen über die Handwerkerkammer verwirklicht. Man beabsichtigt dieselbe fakultativ, wie etwa die Gewerbegerichte, unter bestimmten Voraussetzungen für den Bezirk einzelner oder mehrerer Gemeinden zu schaffen. Ihre Errichtung ist nicht obligatorisch, sondern fakultativ gedacht. Sie wird jedenfalls sehr lückenhaft und nicht überall gleichmäßig eingeführt werden. Wo in einer Gemeinde eine solche Handwerkerkammer gebildet ist, da erhält sie gewisse obligatorische Rechte und wirkt als Zwangsorganisation, ohne indessen die Beaufsichtigung des Innungswesens zugewiesen zu erhalten und insofern an die Stelle der Magistrate zu treten. Es werden sämtliche selbständige Gewerbetreibende, insoweit sie nicht Fabrikanten und Großkaufleute sind, wahlberechtigte Mitglieder und diese werden in so viele bestimmte Abteilungen der Handwerkerkammern eingereiht, als dieselbe überhaupt deren erhält."

„Inwieweit die Innungen in diesen Rahmen als selbständige Abteilungen eingereiht werden sollen, darüber ist uns Genaues nicht bekannt geworden, soviel steht fest, daß der Aufbau der Kammer nicht auf dem Prinzipe der Fach-, sondern auf demjenigen der Mischinnungen geschieht, je nachdem das Bedürfnis nach der Einsetzung von mehr oder weniger Abteilungen innerhalb der Kammer sich geltend macht."

„Darf man sich gegenüber solchen Organisationen nicht fragen, ob da noch die Anwendung des Wortes „Handwerkerkammer" überhaupt am Platze ist? Wenn das Handwerk organisiert werden und in der Handwerkerkammer für einen Bezirk seine leitende Behörde finden soll, und zwar, wie wir zu bemerken nicht unterlassen, unter Außerbetrachtlassung des „Befähigungsnachweises", welcher ausdrücklich von der Staatsregierung abgelehnt ist, so wird doch vor allen Dingen erst festgestellt werden müssen, wer nach diesen neuen organisatorischen Gedanken als Handwerker zu betrachten ist. Unter den heutigen Verhältnissen fehlen alle Vorbedingungen für die Kennzeichen des selbständigen Handwerkers; unter der Gewerbefreiheit kann jeder Beliebige ein Handwerk ausüben, ohne es erlernt zu haben; ist von einer auf so freiheitlichen Gedanken aufgebauten Kammerbehörde wohl jemals eine gesegnete Ordnung der Interessen des selbständigen Handwerks zu erhoffen? Ich meine: Nein."

---

1) Was der Redner unter dem Begriff „gebührend" verstand, sagte er leider nicht.

„Wir haben in unseren Hansestädten „Gewerbekammern", vor deren Leistungen ich große Hochachtung empfinde. Durch diese Kammern wird indessen nicht beansprucht, nur die Interessen des selbständigen Handwerks und des Innungswesens zu vertreten; ich bitte Sie nach dieser Richtung hin keine Parallelen mit den Plänen im preußischen Handelsministerium ziehen zu wollen, welche durchaus nicht zutreffen können. Unter dem Begriffe der „Gewerbekammern" kann man viel verstehen. Dieselben haben naturgemäß nicht das eigentliche Handwerk allein, sondern auch die Vertretung des kleinen Handelsstandes im Auge zu behalten. Schon die Wahlen zu einer skizzierten Handwerkerkammer werden, falls nicht die Innungen das Ausschlag gebende Element darstellen dürfen, eine Vertretung zusammenbringen, die den ihr gestellten Aufgaben in keiner Weise gerecht werden kann. Wer soll eigentlich wählen und gewählt werden? Sollen alle diejenigen Handelsleute mitwählen, welche Gewerbesteuer für einen handwerksmäßigen Gewerbebetrieb zahlen! Es würden auf diese Weise Elemente in die Handwerkerkammer hineinkommen, denen man als nicht fachmännisch vorgebildeten Personen die Aufsicht über das handwerkliche Lehrlingswesen nicht übertragen kann und die ihrer Stellung nach von vornherein Innungsgegner sein müssen. Sollen auch die sogenannten Stückmeister, also diejenigen Gewerbetreibenden, welche im Wege der Hausindustrie für fremde Rechnung Stückarbeiten liefern, mit in die Kammer hineingewählt werden können? Ich habe das Gefühl, als wenn die geplanten Handwerkerkammern eine Fortbildung der Arbeiterschutzgesetzgebung und eine gründliche Beobachtung derselben in den kleingewerblichen Werkstellen der Staatsbehörden sichern sollen. Kurz und bündig komme ich als Resultat meiner Beobachtung der „neuen Organisation des Handwerks" zu dem Schlusse, unter solchen Umständen lieber auf den bisher mit Vorliebe in unserem Innungskreise gehegten Gedanken der Handwerkerkammer ganz und gar zu verzichten. In der Handwerkerkonferenz im Juni vorigen Jahres wurden nach dem Beschlusse des zweiten deutschen Innungstages im Jahre 1888 den Regierungsvertretern die Grundzüge für eine den Bedürfnissen unseres Handwerks entsprechende Organisation gegeben; kleine Abänderungen wollen wir uns an diesen Vorschlägen gefallen lassen, aber das Prinzip der dort gegebenen Anregungen muß auf alle Fälle gewahrt bleiben."

Dr. Schulz lehnte daher die von der Regierung geplanten Handwerkerkammern vollständig ab.

1) Hier charakterisierte der Referent die von ihm und dem organisierten Handwerkerstand vertretene Richtung sehr treffend, denn diese hat nie den Begriff Handwerk festzustellen gesucht.

Wir können nicht beurteilen, inwieweit Redner über die Pläne der Regierung orientiert war. Seine Ausführungen sind für die von den Handwerkern geplanten Organisationen sehr charakteristisch.

Zunächst tadelte er, daß die Innungen nicht eine gebührende Stellung in der Kammer erhalten sollten, ohne zu verraten, was er unter dieser gebührenden Stellung verstehe. Ist vielleicht die gebührende Stellung die, daß die Handwerkerkammern nur aus Innungsangehörigen bestehen sollen?

Sodann konstatierte der Referent, wenn man Handwerkerkammern schaffen wolle, so müsse vor allen Dingen festgestellt werden, wer als Handwerker zu betrachten sei? ein Vorwurf, der die vom Referenten vertretene Richtung vor allem trifft, denn diese hat, so oft sie für Handwerkerkammern eintrat, nie diesen Begriff festzustellen gesucht und selbst jetzt machte Redner keinen praktischen Vorschlag. Schließlich stellte der Referent die kühne Behauptung auf, daß Handwerkerkammern, in denen nicht die Innungen das Ausschlag gebende Element darstellten, ihren Aufgaben nicht genügen könnten, weil dann Handelsleute, welche Gewerbesteuer für einen handwerksmäßigen Betrieb zahlen, in die Handwerkerkammer hineinkämen, welchen man die Aufsicht über das Lehrlingswesen nicht übertragen könne.

Der Referent hatte vollkommen Recht, wenn er dafür plaidierte, daß die Handwerkerkammer nicht den Kleinhandel umfassen sollte, weshalb aber, um dies zu verhindern, die Innungen Ausschlag gebend sein müssen, entzieht sich unserem Verständnis[1]).

Unter Ablehnung der von der Regierung geplanten Organisation machte der Redner Vorschläge, wie die Organisation auszubilden sei. In diesen wies er in der Hauptsache die den Handwerkerkammern zugedachten Aufgaben den Innungsausschüssen zu, welchen er Korporationsrechte verliehen wissen wollte. Den Innungsausschüssen sollte an Stelle der Gemeindebehörde die Aufsicht über das Innungswesen ihres Bezirks übertragen werden, sie sollten ferner gerichtliche Sachverständige vorschlagen ꝛc. Die Resolution des Referenten, in der er diese und andere Wünsche zum Ausdruck brachte, wurde nicht angenommen.

Dieser letzte große Handwerkertag versäumte, zu der Handwerkerkammerfrage im einzelnen Stellung zu nehmen und stellte sich auf einen negativen, abweisenden Standpunkt.

Diese ganze Bewegung vom Jahre 1882 an zeichnete sich dadurch aus,

---

1) Protokoll über die Verhandlungen des deutschen Innungs- und allgemeinen Handwerkertages vom 15.—17. Februar 1892, Berlin 1892, S. 93 fg.

daß man Forderungen aufstellte, ohne sie im einzelnen zu begründen und ohne ihre praktische Durchführbarkeit zu erweisen.

Es wurde nie versucht, den Kreis der Gewerbetreibenden zu umgrenzen, der die Handwerker=Innungskammer umfassen sollte, und auch nie im einzelnen dargelegt, wie die gebührende Stellung der Innungen innerhalb der Kammer herbeigeführt werden sollte. Wenn man sagte, die Kammer solle diejenigen umfassen, welche sich in Innungen zusammen zu thun pflegen, so war damit keine Umgrenzung des Kreises der Beteiligten vorgenommen, weil die Innungen alle möglichen gewerblichen Kreise (Fabrikanten und unselbständige Gewerbetreibende wie Werkmeister rc. umfaßten. Ueberhaupt läßt diese ganze Bewegung sehr viel an Klarheit über das, was man wollte, zu wünschen übrig.

Neben dem allgemeinen deutschen Handwerkerbund hatte sich auf einem bayerischen Handwerkerdelegiertentag zu München, der am 26. März 1883 abgehalten wurde, ein bayerischer Handwerkerbund gebildet, der alljährlich Handwerkertage abgehalten hat [1]).

Wenig ist die auf den deutschen Handwerkertagen viel erörterte Frage der Handwerker- oder Innungskammer in Bayern besprochen worden [2]). Man regte auf der Oktoberversammlung 1883 in München eine Trennung der Handels- und Gewerbekammern an. Ebenso wurde fünf Jahre später auf dem gemeinsamen deutschen und bayerischen Handwerkertage, wieder in München, diesmals debattelos, die Notwendigkeit der Errichtung von Handwerkerkammern betont. Diese Forderung erklärt sich daraus, daß nach Ansicht der Handwerker in den vorhandenen Handels- und Gewerbekammern vorzugsweise die Interessen der Großindustrie berücksichtigt sind, dagegen der Handwerkerstand in untergeordnetem Maße vertreten ist. Auf diese Weise würde das Kleingewerbe in der Regel überstimmt und müßte daher eine eigene Korporation haben, um der Staatsregierung seine Wünsche und Forderungen zur Geltung bringen zu können. „Wie Kavallerie und Infanterie nicht zusammen marschieren können, so können auch die beiden Kammern nicht in ersprießlicher Weise mit einander arbeiten, eine Trennung ist daher unentbehrlich."

Hat dieses Verlangen gewiß etwas für sich, so lassen sich auf der anderen Seite die seiner Durchführung entgegenstehenden Schwierigkeiten nicht verkennen. Die Grenze, welche die Interessen des Handwerks und des Handels trennt, ist nicht leicht zu finden. Die Kosten für eine Handwerkerkammer können sich auf 7—8000 M. jährlich belaufen, und es fragt

1) Protokoll über die Verhandlungen des bayerischen Handwerker=Delegiertentages zu München am 26. März 1883. München.

2) Stieda: Der bayerische Handwerkerbund. Bayerische Handelszeitung, XXII. Jahrgang, Nr. 26.

sich, in welchem Verhältnis dieser Aufwand zu dem steht, was erreicht werden kann. Daß die jetzigen Kammern dem Handwerk nicht teilnahmlos gegenüberstehen, ergiebt sich z. B. aus der Bewilligung von Zuschüssen seitens der oberbayerischen Handels- und Gewerbekammer für den bayerischen Handwerkerbund.

Auf dem bayerischen Handwerkertage hat man sich diesen Bedenken nicht verschlossen und eine Resolution in dem Sinne gefaßt, daß eine gleichmäßige Zusammensetzung und ein gleicher Wahlmodus hinsichtlich aller bayerischen Handels- und Gewerbekammern nötig sei. Durch die Verordnung vom 25. Oktober 1889, die alle selbständigen, nicht in das Handelsregister eingetragenen Gewerbetreibenden, die einen bestimmten Mindestbetrag an Gewerbesteuern leisten (3—5 M.), wahlberechtigt macht, hat dieser Wunsch Berücksichtigung erfahren.

Die Gewerbe- oder Handelskammer zur obersten Instanz für das Innungswesen zu machen, ist von den bayerischen Handwerkern früher nie geplant worden. Erst auf dem zehnten bayerischen Handwerkertage zu Deggendorf, der vom 7.—9. September 1892 stattfand, hatte man die Organisationsfrage zum Gegenstand einer eingehenderen Erörterung gemacht.

Der Reichs- und Landtagsabgeordnete Biehl-München hatte das Referat übernommen, in welchem er eingehend seine Stellung darlegte.

Er nahm im wesentlichen hier den gleichen Standpunkt ein, den er und seine Fraktion bereits im Reichstag gelegentlich der Interpellationen Hitze am 24. November 1891 und 6. Dezember 1892 vertreten hatte. Er betonte, daß die Handwerkerkammern obligatorisch sein müßten. „Sie sollten Berufungsinstanz in allen Streitigkeiten des Gesellen- und Lehrlingswesens bilden und hätten ferner die Ueberwachung der Fachschulen, des Herbergswesens, des gewerblichen Schiedsgerichts und der Unterstützungskassen zu übernehmen. Sie sollten sodann die Aufsicht über die Innungen führen und schließlich konsultative Organe sein, die aus eigener Initiative der Regierung Anträge unterbreiten dürften. Die Kammer sollte dann entscheiden, wer Handwerker und wer Fabrikant ist.

Welche gewerblichen Kreise die Kammer zu umfassen hätte, darüber sagte der Redner nichts, ferner ließ er es an praktischen Vorschlägen fehlen, wie das Verhältnis der Innungen zu den Handwerkerkammern gestaltet werden sollte. Er führte nur aus, die Innungen müßten den Sektionen der Handwerkerkammer eingegliedert werden und mit der Kammer gemeinsame Ziele verfolgen. Wie dies geschehen soll, darüber ließ Redner nichts verlauten.

Die Ausführungen des bedeutendsten Führers der Handwerkerbewegung versagen also ebenfalls bei den springenden Punkten.

Nach längeren Ausführungen schlug Redner folgende Resolution vor, die einstimmig angenommen wurde:

„Der zehnte allgemeine bayerische Handwerkertag in Deggendorf beschließt, in Anbetracht der Erklärung des Staatssekretärs von Bötticher in der Sitzung des deutschen Reichstages vom 24. November vorigen Jahres, den Entwurf der Organisation des Handwerks zunächst abwarten und in der Zwischenzeit den Reichskanzler bitten zu wollen, daß die in Aussicht gestellte Organisation dem Reichstag in der kommenden Session vorgelegt werde, damit die berufenen Vertreter des Handwerks hierzu Stellung nehmen können [1]).“

1) Protokoll über die Verhandlungen des X. allgemeinen bayerischen Handwerkertages und des X. Delegiertentages des bayerischen Handwerkerbundes zu Deggendorf am 7., 8. und 9. September 1892 in der Münchener allgemeinen Handwerker-Zeitung, Nr. 43, 44, 45 und 46 des X. Jahrgangs.

D. Die neben der Handwerkerbewegung herlaufenden, auf Schaffung von Gewerbe- und Wirtschaftskammern gerichteten Bestrebungen.

Von der Gewerbekammer in Lübeck ging im Frühjahr des Jahres 1873 die Anregung zum ersten Delegiertentag hanseatischer Gewerbekammern aus, der am 7. September 1873 in Lübeck zusammentrat[1]). In dieser Versammlung waren Vertreter der Gewerbekammern zu Bremen, Hamburg und Lübeck anwesend. Auf derselben wurde einstimmig beschlossen, behufs Anbahnung eines Verbandes sämtlicher Gewerbe- bezw. Handels- und Gewerbekammern Deutschlands eine dahingehende Aufforderung an die Gewerbekammern, sowie an die Handels- und Gewerbekammern zu erlassen. Wo weder das eine noch das andere Organ bestände, sollte die Einladung an die Handelskammern ergehen, jedoch mit dem Beifügen, daß dies nur insofern geschehe, als in denselben gewerbliche Interessen Vertretung fänden.

Ferner wurde sogleich eine Tagesordnung für die erste derartige Versammlung aufgestellt und die einzelnen Gegenstände derselben bereits durchberaten. Gleich der erste Punkt betraf die Organisation von Gewerbekammern in allen deutschen Staaten. Als Grundsätze für dieselben wurden festgestellt:

> „In kleineren Staaten ist eine, in den größeren Staaten dagegen sind mehrere Gewerbekammern für angemessene Bezirke, bezw. für einzelne Städte, zu errichten."
>
> „Die Kompetenz der Gewerbekammern hat nicht nur das Kleingewerbe, sondern auch den Fabrikbetrieb zu umfassen. Das Fabrikwesen hat nur hinsichtlich des Bezuges der Rohprodukte und des Absatzes der Fabrikate sowie desjenigen, was hiermit zusammenhängt, bei den Handelskammern zu verbleiben."

---

1) Bericht der Lübeckischen Gewerbekammer über ihre Einsetzung und Organisation, sowie über ihre Thätigkeit während der Jahre 1867 bis 1875 nebst einer Uebersicht der gewerblichen Verhältnisse in der freien Hansestadt Lübeck. Lübeck 1876, S. 50 fg.

„Die Gewerbekammern haben in ihrer Wahrnehmung der gewerblichen Interessen überhaupt auch diejenigen der Arbeitnehmer, soweit solche im einzelnen Falle in Betracht kommen, ebenfalls zu berücksichtigen; als Mitglieder von Gewerbekammern können nur selbständige Gewerbetreibende fungieren."

„Die Wahl der Mitglieder der Gewerbekammer erfolgt ohne Rücksicht auf die verschiedenen Fabrik- und Gewerbszweige, wo nicht durch vorhandene oder unschwer zu konstruierende Organe eine Wahl auf indirektem Wege herzustellen ist, durch direkte Wahl seitens der selbständigen Gewerbetreibenden."

Man hatte gerade die Gewerbekammerfrage als ersten und wichtigsten Punkt auf die Tagesordnung der gemeinsamen großen Konferenz setzen wollen. Dieselbe trat am 7. März 1874 in einem Abteilungssaale des preußischen Abgeordnetenhauses zu Berlin zu einer Vorbesprechung zusammen. Am 8. März wurde die Konferenz, zu der siebenzehn Vertreter von Gewerbekammern erschienen waren, eröffnet. Bei der Frage wegen Einführung von Gewerbekammern begnügte man sich wegen der Kürze der verfügbaren Zeit mit folgender Resolution[1]):

„Es ist die Errichtung von Gewerbekammern in allen deutschen Einzelstaaten anzustreben."

Die Beratung über Kompetenzen und Organisation dieser Kammern wurde jedoch vertagt. Den Schluß der Verhandlungen bildete die Erörterung der Frage, in welcher Weise für die Folge am zweckmäßigsten die Vertretung der allgemeinen gewerblichen Interessen wahrzunehmen sein werde. In dieser Beziehung wurden folgende Sätze zum Beschluß erhoben:

„Die Versammlung beschließt die Wiederholung der Konferenz zur Besprechung allgemeiner gewerblicher Fragen und betraut die Handels- und Gewerbekammer zu Chemnitz mit der Zusammenberufung und Vorbereitung der nächsten Konferenz, spätestens innerhalb Jahresfrist. Zur Teilnahme an dieser Konferenz sind einzuladen: die Gewerbekammern, die Handels- und Gewerbekammern, sowie diejenigen Handelskammern, welche zugleich auch die Vertretung der gewerblichen Interessen ihres Bezirks sind.

Die Handels- und Gewerbekammer zu Chemnitz als Vorort wird ferner ermächtigt, die Verhandlungen wegen Wahrnehmung auch der gewerblichen Interessen seitens des deutschen Handelstages mit dem bleibenden Ausschusse fortzuführen; im Falle an sie ergehender Einladung an den Sitzungen des

---

1) Johannes Jacobi, Die bremische Gewerbekammer in den Jahren 1849—1884.

bleibenden Ausschusses in gewerblichen Angelegenheiten teilzunehmen, sowie auf dem nächsten deutschen Handelstage das Bedürfnis nach einer ausreichenden Vertretung der gewerblichen Interessen, sowie die Unzulänglichkeit des Handelstages hierzu, wenigstens nach dessen gegenwärtigen Statut, darzulegen."

Die Handels- und Gewerbekammer zu Chemnitz entledigte sich ihres Auftrages und berief eine neue Konferenz, die am 14. und 15. Oktober 1875 zu Chemnitz tagte. Dieselbe war von zehn Kammern beschickt. Man beschränkte sich hinsichtlich der Frage wegen Einsetzung von Gewerbekammern darauf, das vorliegende Bedürfnis wiederholt zu konstatieren. Es war von der Handels- und Gewerbekammer zu Chemnitz, welche eine Zusammenstellung über die in den deutschen Einzelstaaten bebestehenden Vertretungen der Industrie, sowie über die Organisation der Gewerbekammern hatte ausarbeiten lassen, ein fernerer Antrag vorgelegt, dahingehend:

„Bei denjenigen deutschen Handelskammern, welchen gegenwärtig lediglich die Pflege des Handels und der Großindustrie obliegt und wo in ihrem Wirkungskreise eine Vertretung des Gewerbes durch Gewerbekammern nicht stattfindet, dahin Anregung zu geben, daß von denselben die Interessenvertretung der Kleinindustrie, unter Zuwahl von Mitgliedern aus derselben, mit übernommen und ausgeführt werde[1])."

Allein da nach den lautgewordenen Stimmen anzunehmen war, daß dieser Vorschlag eine lebhafte Opposition finden würde, und da insbesondere ein Gegenvorschlag von seiten der hanseatischen Gewerbekammern eingegangen war, so wurde eine Kommission eingesetzt, um womöglich eine Verständigung und die Einbringung eines gemeinsamen Vorschlages herbeizuführen. Bei der Kürze der Zeit gelang es jedoch nicht, eine alle Wünsche und Ansichten befriedigende Lösung zu finden, so daß bei der Wichtigkeit des Gegenstandes es für zweckdienlicher gehalten wurde, es auch diesmal bei dem obigen Beschlusse bewenden zu lassen, als diese Frage übers Knie zu brechen und Beschlüsse mit schwacher Majorität gegen starke Minoritäten zu fassen. Endlich wurde in Bezug auf die Zukunft der Delegiertenkonferenz, da auf dem deutschen Handelstage, bezw. mit dessen bleibendem Ausschusse eine befriedigende Verständigung nicht erzielt war, beschlossen, 1876 wieder eine Delegiertenkonferenz zu halten. Hamburg als Vorort wurde mit deren Einberufung beauftragt. Dieselbe kam jedoch nicht zustande und erst 1878 wurde zu Leipzig wieder eine derartige Konferenz abgehalten.

---

1) Der Vorschlag stellt ungefähr dasselbe dar, was die Handelskammer in Osnabrück jetzt durchgeführt hat (vergl. S. 5 dieser Schrift).

Inzwischen hatten noch zwei hanseatische Gewerbekammertage stattgefunden. Auf der zweiten Konferenz hanseatischer Gewerbekammern am 24. September 1874 zu Bremen trat man der Gewerbekammerfrage nicht näher, erst auf der dritten am 7. Oktober 1875 zu Hamburg abgehaltenen wurde folgende Resolution einstimmig gefaßt:

„1) Die Errichtung von Gewerbekammern ist für eine angemessene Vertretung der Interessen des Gewerbestandes dringend erforderlich."

„2) Es ist wünschenswert, daß die Gewerbekammern für sich bestehen und nicht mit den Handelskammern vereinigt werden."

„3) Eine Verbindung der Gewerbekammern mit den Handelskammern ist nur in der Weise ratsam, daß die rein kommerziellen, bezw. die rein industriellen Fragen in getrennten Abteilungen zur Verhandlung und Entscheidung gelangen."

Die letzteren Sätze waren insbesondere bestimmt, im Anschluß an die auf der ersten Konferenz in Lübeck über die Organisation der Gewerbekammer gefaßten Beschlüsse 1 und 2 dem Antrage der Chemnitzer Handels- und Gewerbekammer entgegengestellt zu werden, da dieser für das Kleingewerbe nur eine Scheinvertretung schaffen und eine solche viel mehr schaden als nützen würde. In die Beratung über die Organisation von Gewerbekammern wurde auch die eventuelle Einführung von Handwerker- und Arbeiterkammern hineingezogen. Es wurde jedoch die Verbindung der Groß- und Kleinindustrie in einer Vertretung, welche gleichzeitig auch die Interessen der Arbeitnehmer, da solche insbesondere im Kleingewerbe mit denen der Arbeitgeber untrennbar verbunden seien, wahrzunehmen habe, als das Zweckmäßigste erachtet. Die vor der Hand erst in Oesterreich eingehender behandelte Frage der Arbeiterkammern, die überhaupt nur in Fabrikdistrikten in Betracht kommen können, wurde als nicht spruchreif bezeichnet. Gleich im ersten Stadium der Verhandlungen vertraten die hanseatischen Gewerbekammern den Standpunkt, auf dem sie heute noch stehen, nämlich Ausdehnung der Gewerbekammer auf die Großindustrie und Trennung der Gewerbe- von der Handelskammer. Vor allem verwahrten sie sich gegen die Zuziehung von Kleingewerbetreibenden zur Handelskammer, die nur eine Scheinvertretung für das Kleingewerbe schaffen könne.

Erst auf dem am 25. und 26. März 1878 zu Leipzig abgehaltenen nächsten Delegiertentag deutscher Gewerbe- resp. Handels- und Gewerbekammern trat man der Gewerbekammerfrage wieder näher [1]). Hierzu lag insofern eine besondere Veranlassung vor, als der im Jahre 1876 geschaffene

---

1) Steinmann-Bucher, Die Nährstände.

Centralverband deutscher Industrieller zur Beförderung und Wahrung nationaler Arbeit bereits sich mehrfach auf seinen Versammlungen mit der Frage der Reform der Handels- und Gewerbekammern beschäftigt hatte.

Angeregt durch die dortigen Verhandlungen, stellte die Bremische Gewerbekammer in Leipzig einen Antrag auf Errichtung eines volkswirtschaftlichen Senats in Deutschland nach französischem Vorbild[1]). Der Bremer Antrag hatte folgenden Wortlaut:

„Die Konferenz der deutschen Gewerbekammern wolle der nachstehenden, auf dem zweiten Kongreß des Centralverbandes deutscher Industrieller gefaßten Resolution auf Errichtung eines volkswirtschaftlichen Senats auch ihrerseits zustimmen und dafür wirken:

1) Die Solidarität der Interessen des Handels und der Landwirtschaft erheischen eine Verbindung der drei bis jetzt getrennt stehenden Gruppen. Nur diese Vereinigung wird eine rein sachliche, auf das Gedeihen der gesamten wirtschaftlichen Thätigkeit der Nation gerichtete Prüfung der einschlägigen Verhältnisse gewährleisten.
2) Demzufolge ist die Einsetzung eines Kollegiums erforderlich, welches, aus höheren Beamten und aus Vertretern des Handels, der Industrie, der Gewerbe, der Landwirtschaft und des Verkehrswesens bestehend, als staatlich anerkannter Beirat der Reichsregierung in wirtschaftlichen Fragen fungiert.
3) Die Konferenz beauftragt den nächsten Vorort, zwecks baldiger Erreichung dieses Zieles beim Bundesrat vorstellig zu werden."

Dieser Antrag wurde nach kurzer Debatte mit Stimmengleichheit abgelehnt, dafür jedoch folgende Resolution des Dr. Brehmer (Lübeck) mit Stimmeneinheit angenommen:

„Die Konferenz spricht sich dafür aus, daß wenn, wie von anderer Seite angeregt, ein volkswirtschaftliches Kollegium eingesetzt werden sollte, auch dem Kleingewerbe eine ausreichende Vertretung in demselben eingeräumt werden muß."

Die Ablehnung des Antrages der Gewerbekammer zu Bremen war einer Rede des Dr. Brehmer, Sekretärs der Gewerbekammer zu Lübeck, zu danken, in welcher derselbe darauf hinwies, daß von einem volkswirtschaftlichen Senat nicht so Erhebliches zu erwarten sei, weil in demselben sehr viele verschiedenartige Interessen sich gegenseitig bekämpfen würden. Man solle vielmehr danach streben, daß die einzelnen Berufsklassen für sich genügende

---

1) Stenographischer Bericht über die Konferenz von Delegierten deutscher Gewerbe- resp. Handels- und Gewerbekammern in Leipzig am 25. und 26. März 1878. Hamburg 1878, S. 208 fg.

Vertretungen erhielten. Man müsse daher vielmehr die Einführung von Gewerbekammern herbeizuführen suchen. Diese könnten dann ebenfalls einen gemeinsamen Vereinigungspunkt bilden, der die Gesamtinteressen des Gewerbestandes vertrete, wie dies bereits von einem landwirtschaftlichen Kollegium in Berlin für die landwirtschaftlichen Verbände geschehe. Sollte jedoch wirklich ein volkswirtschaftlicher Senat gebildet werden, so sei natürlich eine Vertretung des Kleingewerbes in demselben erforderlich.

Nach diesen Anläufen, die Gewerbekammerfrage in Fluß zu bringen, ging man auf dem am 4. und 5. Juni 1879 zu München abgehaltenen Delegiertentag deutscher Gewerbe-, sowie Handels- und Gewerbekammern viel eingehender auf diese Materie ein [1]). Auf dieser Konferenz, die von fünfzehn Kammern beschickt war, hatte die Hamburger Gewerbekammer folgenden Antrag gestellt:

„Die Konferenz erachtet es als ein Gebot der einfachsten Billigkeit, daß, nachdem Handel und Landwirtschaft ihre besonderen staatlich anerkannten Vertretungen haben, und überdies gerade jetzt hochwichtige Fragen der Gewerbegesetzgebung im Vordergrunde der Tagesdiskussion stehen, allenthalben staatlich anerkannte Gewerbekammern zur Wahrung der besonderen gewerblichen Interessen eingerichtet werden, und richtet daher an einen Hohen Bundesrat und Hohen Reichstag die ebenso dringende wie ergebenste Bitte, die baldigste Errichtung solcher Kammern bei denjenigen deutschen Regierungen, in deren Gebiet es zur Zeit noch keine organisierte Vertretung des Gewerbes gibt, veranlassen zu wollen.“

Daneben hatte die Dresdener Kammer noch Folgendes beantragt:

„Es ist auf Errichtung von offiziellen Vertretungsorganen des Gewerbestandes — Gewerbekammern — in allen denjenigen Staaten, für welche solche noch nicht bestehen, hinzuwirken. Der Vorort der Delegiertenkonferenz wird beauftragt, die hierzu erforderlichen Anregungen in der ihm geeignet erscheinenden Weise zu geben, die bezügliche Agitation bis zum Zusammentritt der nächsten Delegiertenkonferenz deutscher Gewerbekammern zu leiten und derselben über das Ergebnis Bericht zu erstatten.“

In der Debatte über diese beiden Anträge stimmten alle Redner darin überein, daß eine Vertretung des Kleingewerbes notwendig sei, nur über die Form der beiden Anträge gingen die Ansichten auseinander. Schließlich wurde ein Antrag Plauen-Dresden in folgender Fassung angenommen:

„Die Konferenz erachtet es nicht nur als ein dringendes Bedürfnis,

1) Stenographischer Bericht über die Konferenz von Delegierten deutscher Gewerbe-, sowie Handels- und Gewerbekammern in München am 4. und 5. Juni 1879, München 1879, S. 80 fg.

sondern auch als ein Gebot der einfachsten Billigkeit, daß, da in den meisten und größten deutschen Staaten der Handel bereits seine besondere staatlich anerkannte Vertretung hat und überdies gerade jetzt hochwichtige Fragen der Gewerbegesetzgebung im Vordergrunde der Tagesdiskussion stehen, allenthalben staatlich anerkannte Gewerbekammern zur Wahrung der besonderen gewerblichen Interessen eingerichtet werden, und richtet daher an diejenigen deutschen Regierungen, in deren Gebiet es zur Zeit noch keine organisierten Vertretungen des Gewerbestandes gibt, die Bitte, solche Kammern baldigst einrichten zu wollen. Der Vorort der Delegiertenkonferenz wird beauftragt, die bezügliche Agitation bis zum Zusammentritt der nächsten Konferenz zu leiten und derselben über das Ergebnis Bericht zu erstatten."

Man war daher der Kontroverse, ob sich die Gewerbekammern, wie in Bremen, Hamburg, Lübeck, auch auf die Großindustrie erstrecken, oder ob sie, wie in Sachsen und Bayern, nur die mittleren und kleineren Gewerbetreibenden umfassen sollten, noch nicht näher getreten.

Gegen diesen Antrag hatte nur Augsburg und Stuttgart gestimmt. Die Vertreter dieser beiden Kammern traten nicht für Gewerbekammern, sondern für Handels- und Gewerbekammern ein, weil sie Handel, Gewerbe und Industrie nicht auseinandergerissen wissen wollten. Namentlich der Vertreter Augsburgs wies darauf hin, daß es gerade von großer Wichtigkeit für das Gewerbe sei, wenn es mit der Industrie und dem Handel Hand in Hand gehe. Hierzu biete sich die beste Gelegenheit durch Bildung zusammengesetzter Körperschaften. Von einer Benachteiligung des Gewerbes durch den Handel hätten sie in ihrer Kammer nichts bemerkt. Im Gegenteil, sie alle freuten sich über diese Vereinigung in ihrer Kammer. Es sei zwar lästig, von Zeit zu Zeit stundenlange Debatten über geringfügige Sachen, sogenannte Krämerfragen, mit anhören zu müssen; allein für diese verlorene Zeit würde man reichlich durch viel des Interessanten entschädigt. Aus diesen Gründen war Redner dafür, daß die bestehenden Handels- und Gewerbekammern in ihrer bisherigen Form erhalten blieben.

Zum Vorort war auf der Münchener Konferenz die Handels- und Gewerbekammer zu Stuttgart, welche gar nicht vertreten gewesen war, gewählt worden. Diese Stuttgarter Kammer, die wohl Handels- und Gewerbekammer heißt, jedoch, wie alle anderen württembergischen Kammern, eine reine Handelskammer ist, hatte sehr spät erfahren, daß sie zum Vorort gewählt sei und es an jeder Agitation fehlen lassen[1]). Die nächste Delegirtenkonferenz wurde daher nicht von Stuttgart, sondern von Bremen berufen. Dieselbe fand vom 14.—16. November 1880 zu Eisenach statt.

1) Vgl. S. 18 fg. dieser Schrift.

Bremen hatte dort folgenden Antrag gestellt, der zur Annahme gelangte [1]):

„Die in Eisenach versammelte Delegiertenkonferenz deutscher Gewerbekammern und Handels- und Gewerbekammern beschließt, den Bundesrat und den Reichstag zu ersuchen: „daß die Errichtung von Gewerbekammern in sämtlichen deutschen Staaten, wo solche noch nicht vorhanden sind, in Angriff genommen werde, und zwar nicht bloß als sogenannte Innungsausschüsse oder Handwerkerkammern, unter Beschränkung auf das Kleingewerbe, sondern unter prinzipieller Ausdehnung auch auf die Großindustrie und auf der Grundlage der Selbstverwaltung, da nur auf diesem Wege sowohl die richtige Verbindung von Thatkraft und Intelligenz höher Gebildeter mit dem Arbeitsfleiße des Kleinmeisters innerhalb der zu schaffenden Körperschaften gesichert, wie auch diesen selbst die Möglichkeit einer ersprießlichen, durch büreaukratische Bevormundung nicht behinderten und eingeengten Thätigkeit gewährt wird.

Als Regel wird die Errichtung selbständiger Gewerbekammern, neben den Handelskammern und von diesen getrennt, anzusehen sein. Doch ist da, wo beide als Zwillings- oder Doppelkammern bereits bestehen, die bisherige Einrichtung, solange das Bedürfnis einer Aenderung sich nicht geltend macht, beizubehalten. Für das Königreich Preußen könnte durch eine Revision des Handelskammergesetzes vom 24. Februar 1870 als eventuelle Uebergangsform zunächst gleichfalls die Errichtung einer besonderen Gewerbeabteilung innerhalb der bestehenden Handelskammern herbeigeführt werden."

Bei der Abstimmung sprachen sich acht Stimmen für Annahme des Bremischen Antrages, vier gegen denselben aus. Die dreizehnte vertretene Stimme — die Handels- und Gewerbekammer München — erklärte sich für das erste, aber gegen das zweite Alinea des Bremer Antrags. Derselbe wurde daher in seinen beiden Teilen angenommen. Steinmann-Bucher wirft an der angezogenen Stelle dieser Resolution Unklarheit vor [2]). Dieselbe wünsche in ihrem ersten Teile ein Zusammenwirken der Thatkraft und Intelligenz der Großindustrie mit dem Arbeitsfleiß des Kleinmeisters und stelle in ihrem zweiten Teil die Forderung auf, daß als Regel die Errichtung selbständiger Gewerbekammern neben den Handelskammern und von diesen getrennt anzusehen sein werde. Da die Handelskammern nach der bisherigen Gesetzgebung die Industrie und den Handel umfassen, so würde die zweite Forderung der obigen Resolution die erste ausschließen.

1) Bericht über die Konferenz von Delegierten deutscher Gewerbe-, sowie Handels- und Gewerbekammern in Eisenach vom 14. bis 16. November 1880.

2) Steinmann-Bucher: Die Nährstände rc., S. 25.

Wir können diesen Einwand des genannten Autors nicht teilen. Der zweite Teil der Resolution schließt keineswegs den ersten aus, denn man wollte selbstverständlich die Handelskammern dahin reformiert wissen, daß nach dem Muster der hanseatischen Kammern den Industriellen ein Optionsrecht zugestanden werde, zu entscheiden, ob sie zu den Handels- oder Gewerbekammern wählbar und wahlberechtigt sein wollten. Die Bremische Gewerbekammer hatte ferner den bereits zwei Jahre vorher in Leipzig zur Annahme gelangten Antrag betreffend des volkswirtschaftlichen Senats eingebracht. Derselbe wurde wiederum angenommen.

Auf der nächsten Delegiertenkonferenz deutscher Gewerbe- und Handelskammern, welche in Stuttgart vom 25. bis 27. September 1881 stattfand und welche am besuchtesten von allen Delegiertentagen war, stand die Gewerbekammerfrage wiederum auf der Tagesordnung. Es lagen hierzu folgende Anträge vor. Erstens der der Bremer Gewerbekammer, welcher folgenden Wortlaut hatte [1]):

„Was die Innungsverbände als konsultative Organe der Behörden anlangt (§ 104 f, Absatz 2 der Novelle des Innungsgesetzes vom 18. Juli 1881 und der Motive zu dem Regierungsentwurfe), so ist bei ihrer Zusammensetzung und ihrem Charakter als fachgewerbliche Verbände in keiner Weise anzunehmen, daß dieselben sich zur maßgebenden Begutachtung allgemein gewerblicher Fragen eignen, für die nur Gewerbekammern den eigentlichen Beruf haben können [2]). Ebensowenig können die Innungsausschüsse (§ 102) hierfür in Betracht kommen. Da der Reichstag in seiner letzten Session eine Resolution des Inhalts angenommen hat, daß sich die Errichtung von Gewerbekammern in Deutschland als wünschenswert empfehle, so glaube die pp. Kammer auch formell genügenden Anlaß zu haben, das Ersuchen an die hohen verbündeten Regierungen zu wiederholen, daß überall da, wo solche nicht bestehen oder bereits in Gemeinschaft mit Handelskammern organisiert sind, Gewerbekammern eingeführt werden, die indes nicht als bloße Handwerkerkammern, d. h. mit der Beschränkung auf das Kleingewerbe und die Innungen, sondern als wirkliche Kammern zur Wahrnehmung der gewerblichen Interessen im Staate, mit Mitgliedern sowohl aus dem Handwerkerstande, wie aus dem Kreise der Großindustrie, ins Leben zurufen sind."

Der zweite Antrag war von der Hamburger Kammer gestellt. Er lautet:

---

1) Verhandlungen der Delegiertenkonferenz deutscher Gewerbe- und Handelskammern in Stuttgart vom 25. bis 27. September 1881.

2) Jacobi: Zur gewerblichen Reformfrage, Eisenach 1881.

„Der Delegiertentag wolle eine Kommission niedersetzen mit dem Auftrage, über die Errichtung von Gewerbekammern, sowie die Organisation und Zuständigkeit derselben eine zur Einreichung an die Reichsregierung bestimmte Denkschrift auszuarbeiten."

Nachdem der Bremer Antrag bei der Debatte zurückgezogen war, weil schon im Vorjahr zu Eisenach ein gleicher Beschluß gefaßt sei, nahm man den Hamburger Antrag einstimmig an [1]).

Die Ausarbeitung der betreffenden Denkschrift wurde derselben Kommission überwiesen, welche bereits zur Entwerfung eines Normal-Innungsstatuts ernannt worden war. Diese Kommission, bestehend aus dem Dr. Jacobi-Bremen, Steglich-Dresden, Billing-München, Dr. Huber-Stuttgart und Dr. Löbner-Zittau [2]), sowie dem von der Kommission kooptierten Gewerbekammersekretär Nagel-Hamburg, trat am 11.—14. Dezember 1881 zu Berlin zusammen. Von Nagel-Hamburg wurde sodann eine Denkschrift über Errichtung von Gewerbekammern ausgearbeitet und im März 1882 dem Reichsamt des Innern überreicht. Das Kommissionsmitglied Dr. Huber-Stuttgart hatte zur Wahrung der berechtigten württembergischen Eigentümlichkeiten ein Separatvotum abgegeben, welches gleichfalls dem Reichsamt des Innern eingereicht wurde. Ein Bescheid auf diese Eingabe ist vom Reichsamt des Innern nicht erfolgt. Diese Denkschrift gipfelte in folgendem Gesetzentwurf, betreffend die Errichtung von Gewerbekammern [3]).

Artikel 1.

Im ganzen Deutschen Reiche sollen Gewerbekammern errichtet werden. Bundesstaaten, in welchen weniger als 15000 gewerbliche Betriebe bestehen, können sich zur Errichtung einer Gewerbekammer mit anderen vereinigen.

Artikel 2.

Die Gewerbekammer hat die Aufgabe, die Interessen des Gewerbestandes zu vertreten und zu fördern, sowie nach Maßgabe dieses Gesetzes als Organ der gewerblichen Selbstverwaltung zu dienen.

Zu dem Ende ist dieselbe berufen:

1) In allen gewerblichen Angelegenheiten sich auf Verlangen der Behörde oder auch unaufgefordert gutachtlich zu äußern, sowie Anträge,

---

1) Die Gewerbekammerfrage war durch die im Reichstage bei Gelegenheit des Innungsgesetzes angenommene Resolution zu einer brennenden geworden (vergl. S. 112 dieser Schrift).

2) Alle Kommissionsmitglieder waren mit Ausnahme von Billing-München Sekretäre von Gewerbe- resp. Handels- und Gewerbekammern.

3) Jahresbericht der Hamburgischen Gewerbekammer für 1882—83, Hamburg 1884, S. 55 fg.

Wünsche und thatsächliche Mitteilungen Namens des Gewerbestandes an die Landes-, bez. Reichsregierung zu bringen. Sie ist in allen Fragen der Gewerbegesetzgebung, und zwar bevor die Gesetzentwürfe zur Vorlage an die gesetzgebenden Körperschaften kommen, sowie in allen wichtigen Fragen der Gewerbeverwaltung mit ihrem Gutachten zu hören.

2) Die Gewerbekammer ist befugt, nach eingeholter Zustimmung der höheren Verwaltungsbehörde innerhalb ihres Bezirks Einrichtungen ins Leben zu rufen, welche sie zur Hebung und Förderung des Gewerbebetriebs als dienlich erachtet, namentlich behufs Regelung des Lehrlingswesens Aufsichtsorgane für dasselbe zu bestellen, Vorschriften über die Form der Lehrverträge, sowie über das Ein- und Ausschreiben der Lehrlinge zu erlassen, Gesellenprüfungen einzuführen, die Wanderunterstützung und den Arbeitsnachweis der Gesellen zu regeln und Beiträge für erstere unter den Gewerbsgenossen auszuschreiben.

3) Für die an ihrem Sitze befindlichen, sowie für diejenigen Innungen, welche mehrere Gemeindebezirke umfassen, ist die Gewerbekammer die Aufsichtsbehörde.

4) Bei Neubildung oder Auflösung von Innungen ihres Bezirks, bei Genehmigung von Innungsstatuten und bei Verleihung, Verweigerung oder Wiederaufhebung der in § 100c aufgeführten Berechtigungen ist das Gutachten der Gewerbekammer einzuholen.

5) Dieselbe ist berechtigt, zu den in ihrem Bezirke stattfindenden gewerblichen Prüfungen Vertreter zu entsenden.

6) Sie ist an der Aufsicht über die gewerblichen Schulen zu beteiligen.

7) Wo für die Erstattung von Gutachten über Güte und Preis gewerblicher Arbeiten Sachverständige öffentlich bestellt werden, sind dieselben von den Gewerbekammern zu ernennen.

8) Wo am Sitze (im Bezirke) der Gewerbekammer ein gewerbliches Schiedsgericht besteht, hat dieselbe die dem Gewerbestande angehörenden Mitglieder desselben zu wählen.

Artikel 3.

Ueberall, wo der Bezirk der Gewerbekammer über ihren Stadtsitz hinausgeht, hat dieselbe aus einem engeren und einem weiteren Plenum zu bestehen. Das engere Plenum muß mindestens ein Drittel der Gesamtheit der Mitglieder des weiteren Plenums umfassen.

Artikel 4.

Das engere Plenum hat die laufenden Geschäfte der Kammer zu führen und diejenigen Obliegenheiten derselben wahrzunehmen, die ihm durch Beschluß des weiteren Plenums übertragen werden. Zur Annahme eines

Antrags auf Einführung einer der in Abs. 3 des § 2 genannten Einrichtungen bedarf es der Zustimmung von zwei Dritteilen der Mitglieder des weiteren Plenums.

Artikel 5.

Die Wahlberechtigung und Wählbarkeit zur Gewerbekammer ist nicht auf das Kleingewerbe zu beschränken.

Für das engere Plenum wählbar sind nur solche wahlberechtigte Personen, welche am Sitze der Gewerbekammer wohnhaft sind.

Die Normierung der übrigen Bedingungen für Wahlrecht und Wählbarkeit bleibt der Landesgesetzgebung überlassen.

Artikel 6.

Der Wahlmodus ist ein indirekter. Die Anzahl der Wahlmänner muß mindestens das Dreifache der Mitgliederzahl der Gewerbekammer betragen.

Artikel 7.

Wo die Gewerbekammer mit der Handelskammer vereinigt ist, kann sie diese Verbindung unter Zustimmung der Landesregierung lösen und sich gesondert konstituieren, vorausgesetzt, daß

1) mindestens zwei Drittel der Mitglieder des weiteren Plenums zustimmen;

2) die Aufbringung der durch die Trennung entstehenden Mehrkosten nachgewiesen ist.

Wo die Gewerbekammer gesondert von der Handelskammer besteht, können die beiden Kammern, wenn sie über Angelegenheiten, welche nicht ausschließlich den Handel oder nicht ausschließlich das Kleingewerbe betreffen, von der Behörde zur Abgabe eines Gutachtens aufgefordert werden, zu gemeinsamer Beratung und Beschlußfassung, sei es durch das beiderseitige Plenum, sei es durch Niedersetzung einer gemischten Kommission, zusammentreten.

Für einzelne Fälle kann von der Oberbehörde die gemeinsame Beratung und Beschlußfassung angeordnet werden.

Artikel 8.

Die Gewerbekammer wählt entweder für sich allein oder gemeinschaftlich mit der Handelskammer einen fachwissenschaftlich und juristisch gebildeten Sekretär.

Artikel 9.

In denjenigen Staaten, wo Gewerbekammern bereits bestehen, sind die bezüglichen Bestimmungen mit diesem Gesetze in Einklang zu bringen.

Dieser nach allen Richtungen klare Entwurf war mit eingehenden

Motiven versehen, auf die wir noch im kritischen Teile dieser Schrift zurückkommen werden.

Derselbe fordert gemäß den früheren Beschlüssen nicht allein auf das Kleingewerbe beschränkte Gewerbekammern, welche nicht nur berufen sein sollten, als konsultative Organe zu dienen, sondern welche auch als Selbstverwaltungskörper Funktionen zu übernehmen hätten. Die Kompetenzen dieser Gewerbekammern sind sodann im Artikel 2 genannt. Wie schon erwähnt, fand diese Denkschrift bei der Reichsregierung keine Beachtung.

Steinmann-Bucher glaubt auch bei dieser Denkschrift auf eine Unklarheit hinweisen zu müssen. Er ist der Ansicht, daß ein Unterschied in den Anschauungen der Delegiertenkonferenz vom November 1880, welche die Intelligenz und Thatkraft der Großindustrie dem Kleingewerbe nützlich machen will, und den Ausführungen der Denkschrift bestehe, die in ihren Motiven vor dem Einfluß der Großindustrie, gerade wegen der überwiegenden Intelligenz und sozialen Stellung ihrer Vertreter bange sei.

Wir können diesen Einwurf nicht teilen. Allerdings wurden in der Kommission, welche die prinzipiellen Gesichtspunkte dieser Denkschrift durchberiet, sehr mit Recht Bedenken laut, die Großindustrie wegen der mannigfachen Divergenz der Interessen mit dem Kleingewerbe in einer Korporation zu vereinigen. Es ist jedoch in Betracht zu ziehen, daß man bei allen bisher gefaßten Resolutionen und besonders in dieser Denkschrift gegen die Schaffung der Handwerkerkammern protestierte. Daß die neu zu schaffenden Kammern sich nicht allein auf das kleine Handwerk erstrecken dürften, darüber herrschte überhaupt keine Meinungsverschiedenheit. Es war nur darüber keine Uebereinstimmung zu erzielen, ob die neu zu schaffenden Gewerbekammern die ganze Industrie umfassen sollten, oder nur einen Teil derselben, der durch irgend eine Grenze von dem der Handelskammer zugehörenden Teil zu scheiden sei.

Aus diesem Grunde war auch keine Uebereinstimmung darüber zu erzielen, ob die Kammern getrennt von den Handelskammern, wie in den Hansastädten, oder vereinigt mit diesen, wie in Sachsen und Bayern, errichtet werden sollten.

Auf der nächsten Delegiertenkonferenz der deutschen Gewerbekammern bezw. Handels- und Gewerbekammer zu Dresden am 3.—5. Juni 1883 ging man daher auf diese Frage gar nicht ein.

In gewissem Zusammenhang mit dieser Materie stand folgender gemeinsame Antrag der drei Hansastädte [1]):

1) Verhandlungen der Delegiertenkonferenz der deutschen Gewerbekammern bezw. Handels- und Gewerbekammern zu Dresden vom 3. bis 5. Juni 1883.

„Um einen größeren Einfluß auf den Gang der Gewerbegesetzgebung zu gewinnen, ist es notwendig, eine festere Organisation der Konferenzen ins Auge zu fassen, welche eine regelmäßigere und rechtzeitige Berufung, eine gründlichere Vorberatung und eine nachhaltigere Durchführung der Beschlüsse ermöglicht."

Dieser Antrag wurde mit elf Stimmen angenommen, nur Stuttgart, die zwölfte vertretene Kammer, enthielt sich der Abstimmung.

Die Gewerbekammern zu Bremen und Hamburg hatten sodann detailliertere Anträge gestellt, welche die Schaffung eines Gewerbekammertages anolog dem Handelstage bezweckten, jedoch wurden dieselben vorläufig als Material zu weiteren Vorschlägen dem nächsten Vorort überwiesen.

Während mehrerer Jahre fand in der Folgezeit keine gemeinsame Konferenz deutscher Gewerbe- resp. Handels- und Gewerbekammern statt. Jedoch wurde, infolge des Antrages Ackermann betreffend die Errichtung der Gewerbekammern, welcher am 11. Juni 1884 im Reichstag zur Verhandlung kam und eine große Agitation für Handwerkerkammern wieder ins Leben rief, von dem Vorort Lübeck die Denkschrift des Jahres 1882 mit einigen redaktionellen Aenderungen am 7. Juni 1884, also kurz vor der Verhandlung, dem Reichstag wieder eingereicht [1]).

Endlich trat im Jahre 1886 eine Delegiertenkonferenz deutscher Gewerbekammern und Handels- und Gewerbekammern zu Lübeck in den Tagen vom 16.—18. Mai zusammen [2]). Auf derselben wurde zunächst die schon auf der Dresdener Konferenz in Anregung gebrachte festere Organisation der Konferenzen zur Thatsache.

Man gründete analog dem deutschen Handelstag einen deutschen Gewerbekammertag. Auf demselben wurde wiederum die Gewerbekammerfrage, diesmal von Hamburg, durch folgende einstimmig zur Annahme gelangte Resolution in Anregung gebracht:

„In Uebereinstimmung mit der Resolution des Reichstages vom 9. Juni 1881, sowie mit ihren eigenen früheren Beschlüssen und der an Reichsregierung und Reichstag von ihr eingereichten Denkschrift hält es die Delegiertenkonferenz des deutschen Gewerbekammertages nach wie vor für dringend wünschenswert, daß Gewerbekammern, welche ebensowohl die Kleingewerbe, als die Groß- und Fabrikindustrie zu vertreten berufen sind, in allen Bundesstaaten, wo solche noch nicht bestehen, errichtet werden. Je nach Lage der Verhältnisse können dieselben abgesondert für sich oder in

1) Der Abgeordnete von Kleist-Retzow kam wiederholt auf dieselbe in seiner Rede zurück (vergl. S. 119 fg. dieser Schrift).

2) Deutscher Gewerbekammertag, Delegiertenkonferenz deutscher Gewerbekammern und Handels- und Gewerbekammern zu Lübeck vom 16.—18. Mai 1886.

Verbindung mit den Handelskammern ins Leben treten. Dagegen vermag die Konferenz weder in Wirtschaftskammern, wie sie in Preußen eingeführt werden sollen, noch in ausschließlichen Handwerkerkammern eine den Interessen und Bedürfnissen des Gewerbestandes entsprechende Vertretung desselben zu erblicken."

Hier bekannte sich der Gewerbekammertag nicht bloß zu Gewerbekammern, sondern er machte auch gleichzeitig gegen Wirtschaftskammern (preußischen Gewerbekammern) und gegen Handwerkerkammern Front.

Auf den beiden letzten deutschen Gewerbekammertagen zu Plauen vom 7.—9. November 1888 und zu Hamburg vom 29. September bis 1. Oktober 1890 hat man sich mit der Gewerbekammerfrage nicht mehr beschäftigt, da andere wichtige gewerbliche Fragen das Interesse dieser Versammlungen in Anspruch nahmen.

Auf allen diesen Gewerbekammertagen trat man daher für gewerbliche Interessenvertretungen ein, die nicht nur das Kleingewerbe, sondern auch die Industrie mit umfassen sollten. Wir glauben darauf besonders hinweisen zu müssen, weil hier Männer der Praxis, die die Erfahrung für sich hatten, sich für Gewerbe- und nicht für Handwerkerkammern aussprachen, und dies geschah weil die Delegierten von dem Gedanken durchdrungen waren, daß man die weitblickende Industrie nicht in den Beratungen der Kammer entbehren dürfe.

Sehr früh beschäftigte sich auch der Centralverband deutscher Industrieller mit der Gewerbekammerfrage. Bereits in der am 15. und 16. Februar 1877 stattgehabten Ausschußsitzung zu Frankfurt a. M. stand ein Antrag betreffend Handels- und Gewerbekammern auf der Tagesordnung.

Dr. Kunheim-Berlin führte damals aus, daß die bisherige Organisation um deswillen keine zweckentsprechende sei, weil die Bedürfnisse und Interessen der eigentlich produktiven Klassen auf dem Gebiete der Volkswirthschaft keine Berücksichtigung fänden. Der Aufbau des Vereinswesens und die Interessenvertretung sei in der Landwirtschaft eine viel bessere, insbesondere seien durch die Einsetzung eines Landesökonomiekollegiums und des deutschen Landwirtschaftsrates, durch die Vertretung der landwirtschaftlichen Interessen im Bundesrate selbst und dergleichen mehr in genügender Weise Vorkehrungen getroffen. Auch der deutsche Handelstag sei, abgesehen von seinem rein privaten Charakter, nicht so zusammengesetzt, daß Industrie und Kleingewerbe ihre Stimme zur Geltung bringen könnten. Der Gegenstand sei bereits im Verein für deutsche Volkswirtschaft besprochen worden, wo man sich über folgende Resolution geeinigt habe, die er zur Annahme empfehle [1]):

1) Verhandlungen, Mitteilungen und Berichte des Centralverbandes deutscher Industrieller Nr. 4 (ausgegeben am 5. März 1877), Berlin 1877, S. 11 fg.

1) Die Errichtung der Gewerbe- und Handelskammern muß im ganzen Deutschen Reich nach einheitlichen Grundsätzen geregelt werden.

Wie der gesamte deutsche Handel und die gesamte deutsche Industrie nur ein einheitliches Interesse hat, so müssen die Organe zur Vertretung derselben auch nach übereinstimmenden und gleichmäßigen Grundsätzen gebildet werden, wobei nicht ausgeschlossen ist, daß besonderen Umständen und Verhältnissen, wie sie sich vielleicht in einzelnen Distrikten herausgebildet haben, in genügender Weise Rechnung getragen wird.

2) Die Gewerbe- und Handelskammern müssen auf breitester Grundlage errichtet werden und aus der Wahl nicht bloß aller Kaufleute, sondern aller selbständigen Gewerbetreibenden und Fabrikanten des ganzen Distrikts hervorgehen.

Um kein berechtigtes Interesse auszuschließen, halten wir es nicht für wünschenswert, das Wahlrecht an einen Census zu knüpfen.

3) Der allgemeine deutsche Handelstag, gebildet durch Delegierte der neuen Gewerbe- und Handelskammern, muß staatlicherseits als eine Centralinstanz für die Vertretung der Handels- und Gewerbeinteressen anerkannt werden, und die Behörden müssen die Pflicht haben, denselben, so oft es sich um Förderung, Belebung oder Regelung von Handelsfragen handelt, mit seinem Gutachten zu hören.

4) Die Landwirtschaft hat einen sachverständigen Vertreter im Bundesrat, der dort gehalten ist, ihre Rechte wahrzunehmen.

Wir mißgönnen der Schwesterwirtschaft dieses Recht nicht, aber wir verlangen eine gleiche Behandlung auch für die Industrie, den Handel und das Gewerbe. Es ist dies um so mehr nötig, als die Angelegenheiten des Handels und der Industrie nicht so einfach und einheitlich im ganzen Reiche liegen wie die der Landwirtschaft, woher es auch erfahrungsmäßig kommt, daß unseren Staatsbehörden nicht eine ausreichende Kenntnis der auf diesem Felde herrschenden Zustände beiwohnt.

Denjenigen größeren Städten, in welchen Börsen bestehen, bleibt es unbenommen, die Verhältnisse der letzteren statutarisch zu regeln und alle dieselben besuchenden Kaufleute zu einer gesonderten und für sich bestehenden Börsenkorporation zu vereinigen.

Ueber diesen Antrag entspann sich eine kurze Debatte, aus der hervorging, daß der Gegenstand nicht genügend geklärt war. Man nahm daher folgenden Antrag an: „In Erwägung der hohen Bedeutung des vorliegenden Gegenstandes und der nicht genügenden Klarheit, welche die Diskussion über denselben verbreitet hat, beschließt der Ausschuß die Verweisung desselben an eine aus drei bis fünf Mitgliedern bestehende Kommission, welche der nächsten Ausschußsitzung darüber Bericht zu erstatten hat."

Die Kommission wurde aus den Herren Kunheim-Berlin, Frommel-Augsburg und Beutner-Berlin gebildet, die das Recht hatten, sich weitere Mitglieder zu kooptieren.

Bereits auf der am 16. Juni 1877 in Frankfurt a. M. abgehaltenen Generalversammlung des Centralverbandes deutscher Industrieller trat man wieder der Frage näher. Es wurde hier nach sehr lebhafter Debatte folgende Resolution beschlossen [1]):

„Es ist die Wahrung industrieller und gewerblicher Interessen durch Bildung von Industrie- und Gewerbekammern, eventuell durch Umwandlung der jetzigen Handelskammern in Handels-, Industrie- und Gewerbekammern mit einer noch zu schaffenden Centralinstanz erforderlich. Bis zur gesetzlichen Umgestaltung der Handelskammern konstituiert sich der Centralverband deutscher Industrieller als provisorischer Mittelpunkt einer Vertretung der gesamten deutschen Industrie nach dem Vorbilde des deutschen Handelstages, der gleichfalls aus der freien Initiative des deutschen Handelsstandes hervorgegangen ist."

In der Debatte betonte man namentlich, daß die Interessen der Industrie in den Handelskammern zu wenig vertreten seien und daß das Handwerk in den Handelskammern sogar grundsätzlich ausgeschlossen werde. Sodann seien die Handelskammern nicht obligatorisch und die Regierungen nicht zur Anhörung der Handelskammern verpflichtet. Auch im Handelstage finde die Industrie nicht genügende Vertretung. Man wolle daher Gesamtvertretungen der gewerblichen und industriellen Verhältnisse schaffen, die vorläufig im Centralverbande deutscher Industrieller ihre Spitze finden sollten.

Es wurden teils sich kreuzende, teils sich vollkommen entgegenstehende Anträge gestellt und erst nach langer Debatte die obige Resolution erzielt, durch die die Frage natürlich keinen Abschluß erhielt. Zollpolitische Fragen, die mehr in den Vordergrund des Interesses des Verbandes traten, zogen ihn zeitweilig von dieser Materie ab. Der Centralverband hatte am 20. Mai 1882 sodann wieder eine Kommission zur Beratung dieser Frage eingesetzt, welche am 21. August zu Eisenach zusammentrat. Dieselbe behandelte die Frage mit großer Gründlichkeit und einigte sich schließlich in einer sehr eingehenden Resolution, die auf der Delegiertenversammlung des Verbandes am 18. September 1882 zu Nürnberg zur Beratung stand.

Ehe wir jedoch auf diese Verhandlung näher eingehen, wollen wir noch

---

1) Generalversammlung des Centralverbandes deutscher Industrieller zur Wahrung und Förderung nationaler Arbeit, abgehalten den 16. Juni 1877 zu Frankfurt a/M., S. 35 fg.

der von dem Sekretär der Handelskammer zu Osnabrück, Herrn Stumpf, hervorgerufenen Bewegung gedenken. Schon seit Mitte der siebziger Jahre war Stumpf für eine Reform der bestehenden Handels- und Gewerbekammern eingetreten. Er wollte wegen der Solidarität aller wirtschaftlichen Interessen Handel, Industrie, Handwerk und Landwirtschaft in gemeinsamen lokalen Organisationen vertreten wissen, die in einem gemeinsamen Centralorgane ihre Spitze hätten. Bereits in dem Jahresberichte seiner Kammer vom Jahre 1878 hatte Stumpf seinen Organisationsplan von der Vertretung aller großen Wirtschaftsgruppen des Landes dargelegt.

Gleichzeitig hatte sich der deutsche Handelstag selbst in seiner Plenarversammlung vom 31. Oktober 1878 mit der Frage der Reform der Handels- und Gewerbekammer beschäftigt [1]). Dieselbe hatte nach kurzer Verhandlung die Frage einem Ausschuß übergeben und dieser wiederum eine Kommission eingesetzt. Dieser wurde die Vorbereitung eines Gesetzentwurfes über die Handelskammern unter Zugrundelegung folgender leitender Gesichtspunkte aufgegeben [2]):

1) Eine einheitliche Organisation der Handelskammern in ganz Deutschland ist erwünscht;

2) die Vertretung in den Handelskammern ist nur dem größeren Handel und dem größeren Gewerbebetriebe zuzugestehen;

3) die Bezirke sind nach dem in Sachsen und Bayern gegebenen Beispiele abzugrenzen;

4) es ist ein Modus ausfindig zu machen, um die bei direkten Wahlen hervorgetretenen Mißstände zu beseitigen.

Diese Kommission arbeitete den Entwurf eines Gesetzes zur Reorganisation der Handels- und Gewerbekammern aus, in dem sie sich meist an die Bestimmungen des preußischen Handelskammergesetzes anlehnte. Dieser Entwurf gelangte nicht vor das Plenum, sondern wurde nochmals mit den Ansichten, die inzwischen von den Handelskammern geäußert waren, durchberaten und umgearbeitet. Dieser neue Entwurf fand nicht einmal im Schoße des bleibenden Ausschusses des Handelstages ungeteilte Anerkennung. Es griff daher die Ansicht Platz, daß die in der Sache selbst liegenden Schwierigkeiten zu groß seien, um im gegenwärtigen Stadium der Angelegenheit durch eine Debatte im Plenum beseitigt werden zu können, und so gelangte der Entwurf überhaupt nicht vor das Plenum, sondern die Angelegenheit schlief im Handelstage ein [3]).

---

1) Steinmann-Bucher: Die Nährstände und ihre zukünftige Stellung im Staate, Berlin 1886, S. 23.

2) R. Grätzer, Die Organisation der Berufsinteressen rc. S. 36 fg.

3) Es kann nicht unsere Aufgabe sein, auf diese Bestrebungen, die bei Grätzer,

In den Mittelpunkt des allgemeinen Interesses wurden diese Bestrebungen durch Prof. Dr. v. Kaufmann gerückt, der im Jahre 1879 sein berühmtes Werk „Die Vertretung der wirtschaftlichen Interessen in den Staaten Europas" erscheinen ließ. In diesem schnell bekannt gewordenen Werke ging Prof. Dr. von Kaufmann, nach Darstellung der Organisationen aller bestehenden Interessenvertretungen, auf die Frage der deutschen Handels- und Gewerbekammern im Detail ein. Er machte praktische Vorschläge, die im Prinzip vollständig mit denen Stumpf's übereinstimmten. Auch er trat für Wirtschaftskammern ein, in denen neben Handel und Industrie das Kleingewerbe und die Landwirtschaft gleichzeitig vertreten sein sollten.

Prof. Dr. v. Kaufmann machte zwei Formationsvorschläge zur Repartierung der Mitglieder aus den verschiedenen Interessengruppen. Bei einer Zahl von vierundzwanzig Mitgliedern sollten drei Delegierte des Handwerkerstandes, die von den überall zu begründenden Innungen zu wählen wären, in der Kammer vorhanden sein. Ebenso sollte die Landwirtschaft nur durch drei von den landwirtschaftlichen Vereinen entsendeten Delegierten repräsentiert sein. Alle übrigen Mitglieder hätten auf Handel und Industrie zu entfallen [1]).

Prof. Dr. v. Kaufmann begründet seinen Vorschlag bezüglich des Handwerks in folgender Weise:

„Die Interessen des Handwerks sind", so führt er aus, „soweit sie nicht in oben ausgeführter Weise mit denen von Handel und Industrie zusammenfallen, meist interner Natur. Es sind die gewerbegesetzlichen Verhältnisse, die Lehrlingsfrage, die Leistungsfähigkeit der Handwerksgesellen, die Kredit- und Hilfskassenfrage und die technische Förderung des Handwerks, welche vornehmlich die vitalen Interessen dieses Gewerbszweiges bilden. Läßt sich schon eine sympathische Auffassung derselben seitens der Industrie als natürlich voraussetzen, so kann überhaupt eine von Handel und Gewerbe geführte Gegnerschaft bei Behandlung derselben nicht wohl gedacht werden. Andererseits liegt anerkanntermaßen der Schwerpunkt der Uebel, an welchen das deutsche Handwerk krankt, auf einem Gebiete, auf welchem vor allen Dingen freie Selbsthilfe, nicht aber Eingriffe der staatlichen Gesetzgebung Besserung schaffen können."

Die Organisation der Berufsinteressen, eine vorzügliche Darstellung gefunden haben, näher einzugehen, wir berühren nur kurz diese Bestrebungen, weil sie teils doch mit darauf gerichtet waren, dem Kleingewerbestand eine Interessenvertretung zu geben. Die Bestrebungen, die auf Schaffung eines Volkswirtschaftsrates gerichtet waren, wollen wir, als außerhalb des Rahmens unserer Darstellung liegend, nicht berühren.

1) R. v. Kaufmann: Die Vertretung der wirtschaftlichen Interessen in den Staaten Europas, Berlin 1879, S. 460.

„Würde das Recht, Delegierte in die Handels- und Gewerbekammern zu entsenden, nur auf Grund eines vernünftigen Normalstatutes errichteten Innungen, auf deren zweckmäßige Umgestaltung wir noch näher zurückkommen, zugestanden, so müßte dieses Privilegium auch umgekehrt eine Entwickelung des Innungswesens zur notwendigen Folge haben, und wie dieses allein geeignet scheint, die inneren Schäden des Handwerks zu heilen, so würde die den Innungen zugesprochene Zahl von Delegierten das Interesse des Handwerks in den Handelskammern ausreichend wahren, zugleich aber auch die Möglichkeit bieten, die geringe Zahl von Mandaten Männern zu übertragen, welche für die allgemeinen wirtschaftlichen Fragen klares und vorurteilsfreies Verständnis besitzen."

Prof. Dr. von Kaufmann wollte also, wie er es an einer anderen Stelle selbst ausspricht, die Handwerker und die Landwirte nur zuziehen, um dadurch ein moralisches Korrektiv gegenüber dem Handel und der Industrie zu bilden. Die Kleingewerbetreibenden, wie die Landwirte sollten deshalb auch nicht zu den Kosten der Wirtschaftskammer beitragen.

Dieser Vorschlag hätte die Kleingewerbetreibenden natürlich nicht befriedigen können, denn durch Duldung dreier Mitglieder aus dem Kleingewerbestande in dem Plenum würde der Kleingewerbestand nicht in gerechter Weise vertreten gewesen sein. Das Handwerk in seiner Minderheit würde stets von dem Willen der Majorität abhängig gewesen sein, ohne seine eigenen Anschauungen zur Geltung bringen zu können.

Daß dieser erste Vorschlag mindestens nicht gerecht ist, fühlt der Autor selbst. Er macht daher noch einen zweiten, seiner Ansicht nach unbedingt gerechten Vorschlag [1]).

Nach demselben soll das Reich in eine Reihe von Wahlbezirken zerlegt werden, die ungefähr drei Reichstagswahlkreise umfassen. In diesen wählen alle selbständig Wirtschaftenden, welche einen gewissen Minimalsatz an Gewerbe- resp. Grundsteuer zahlen, nach dem Dreiklassensystem. Das passive Wahlrecht besitzen alle die Personen, welche im Besitze des aktiven sind, und die früher selbständig Wirtschaftenden. Dieser Wahlmodus führe wiederum zur solidarischen Vertretung sämtlicher Wirtschaftsgruppen des Staates in einer einzigen Korporation. Der Verfasser vermutet ganz richtig, daß bei diesem zweiten Formationsvorschlage das Handwerk speziell wahrscheinlich in den Kammern eine ausgesprochene Vertretung nicht finden werde. In diesem Falle würden die Innungen, schon ihrer moralischen Bedeutung wegen wichtig, auch in dem Sinne unentbehrlich sein, daß sie allein gegen-

---

1) R. v. Kaufmann: Die Vertretung der wirtschaftlichen Interessen in den Staaten Europas, Berlin 1879, S. 467.

über den Kammern die legitimierte Stimme des Kleingewerbes zu führen hätten.

Diesen Ausfall des Handwerks in seinem gerechten Formationsvorschlag scheint Prof. von Kaufmann gar nicht schwer zu empfinden, denn er meint die Forderungen des Handwerks könnten in allen übrigen wirtschaftlichen Interessenkreisen zuverlässig auf die wohlwollende Sympathie derselben rechnen. Die Forderungen der Handwerker haben aber in Betreff der obligatorischen Innung und des obligatorischen Befähigungsnachweises keineswegs wohlwollende Sympathie, sondern sehr berechtigte Antipathie bei den übrigen Interessenkreisen gefunden.

Prof. von Kaufmann glaubt doch dem Handwerkerstande gerecht zu werden, wenn dieser in einem Centralverband der Innungen, er dachte an den Verband selbständiger Handwerker und Fabrikanten, die Gesamtanliegen des Handwerks der Staatsregierung unterbreite. Hier setzt er neben seine Wirtschaftskammer, die alle wirtschaftlichen Interessen durchaus gerecht gleichmäßig vertreten soll, eine Sonderinteressenvertretung, über deren Verhältnis zu der ersteren er keine Angaben macht. Durch Prof. von Kaufmann ist die Form nicht gefunden, welche der Solidarität der Interessen in gemeinschaftlichen lokalen Organen Ausdruck verleihen soll. Wir wollen auf die Vorschläge im Detail nicht näher eingehen, sondern uns gleich zu dem Weitergange dieser Bewegung wenden.

Wie wir bereits schilderten, hatte sich der Centralverband deutscher Industrieller mit dieser Frage eingehend beschäftigt und eine Kommission eingesetzt, die in Eisenach tagte. In dieser Kommission war Stumpf Referent, und Prof. von Kaufmann nahm ebenfalls als Gast an den Sitzungen teil. Diese Kommission arbeitete ein umfassendes Projekt aus [1]).

Man verlangte in demselben reichsgesetzliche und einheitliche Organisation der Interessenvertretung. Dieselbe sollte obligatorisch sein und nur Handel, Großindustrie und Handwerk umfassen. Die Landwirtschaft sollte ausgeschlossen bleiben. Diese Organisationen sollten den Namen Handels- und Gewerbekammern führen. Während ausdrücklich (Punkt 7) bestimmt war, daß die Kammern ein einheitliches Ganze bildeten, war doch der Vorbehalt statuiert, daß Fragen, welche nur ein spezielles Interesse betreffen, von den Sektionen, welche sich nach Berufszweigen gliederten, erledigt werden sollten. Hiermit, sowie mit der weiteren Ausnahmebestimmung, daß auch gesonderte Gewerbekammern zulässig sein sollten, wird das Prinzip der einheitlichen Zusammenfassung und Beratung wiederum durchlöchert [2]).

Welche Interessen sind divergent und sollen deshalb als Fachfragen

---

1) Verhandlungen, Mitteilungen und Berichte des Centralverbandes deutscher Industrieller, Nr. 17, Berlin 1882.

2) Gräter, a. a. O. S. 72 fg. Steinmann-Bucher, a. a. O. S. 28 fg.

behandelt werden und welche nicht, ist die Streitfrage, die sich bei einer derartigen Organisation sofort einstellt und dann zur Verschärfung der wirtschaftlichen Gegensätze führt.

Es war in den Vorschlägen kein Versuch gemacht, die Kompetenzen zwischen Plenum und Sektionen gegen einander abzugrenzen. Man hatte nicht einmal darüber, ob zwei oder drei Abteilungen gebildet werden sollten, einen festen Beschluß gefaßt, sondern die Entscheidung hierüber den höheren Verwaltungsbehörden zugestanden. Dasselbe war der Fall mit der Bestimmung der Mitgliederzahl, welche sich im Rahmen von 42 bis 21 Personen bewegen sollte. Ueber die Repartierung der Mitglieder unter die Gruppen war nichts gesagt. Dieselbe sollte nach Maßgabe ihrer Bedeutung erfolgen. Gerade die Bestimmung der Zahl der Mitglieder ist eine Hauptschwierigkeit, weil bei gemeinsamen Beratungen leicht die Interessen der in der Minorität vertretenen Gruppe benachteiligt werden können. Für jeden Berufszweig sollten besondere Wahlregister angefertigt werden. Das Wahlrecht sollten besitzen: 1) die selbständigen Handwerker, 2) die Kaufleute und Gesellschaften, welche in das Handelsregister eingetragen sind, 3) die selbständigen und industriellen Unternehmer und Gesellschaften, sowie Baugewerksbesitzer [1]).

In breiter Ausführlichkeit umschreibt der Kommissionsentwurf weiterhin die speziellen Aufgaben der Kammern z. B. die Verpflichtung der Regierung vorher das Votum der Kammern über alle einschlägigen Gesetze und Verordnungen einzuholen, sowie Wünsche und Vorschläge aus den Kreisen ihrer Wähler zur Kenntnis der Regierung zu bringen. Die Interessenvertretungen sollten ferner die Aufsicht über das Firmenregister führen und die Eintragungen und Löschungen in demselben überwachen. Ferner folgen entsprechende Bestimmungen, wie sie die bestehenden Handelskammern über Sensale, Börsenverwaltung 2c. haben. Der Jahresbericht sollte bis spätestens Ende Juni in den Händen aller beteiligten Behörden sein. Endlich waren die Kammern insofern als Unterinstanz für den geplanten Volkswirtschaftsrat gedacht, als sie in diesen wie in die Bezirkseisenbahnräte Vertreter entsenden sollten. Dies sind die wesentlichsten Punkte der Vorlage, wie sie am 18. September 1882 vor das Plenum der Delegiertenversammlung zu Nürnberg gelangte. Auf die Einzelheiten wollen wir nicht weiter eingehen [2]). Das Wichtige in dem Entwurf besteht für uns darin, daß man sich ausdrücklich auch für eine Vertretung des Kleingewerbes ausgesprochen hatte.

---

1) R. Grätzer: Die Organisation der Berufsinteressen, S. 78 fg.

2) Vergleiche den Anhang III. dieser Schrift, in dem das ganze Projekt zum Abdruck gebracht ist.

Der Referent Beutner ging in seiner Rede ganz besonders hierauf ein. Man habe sich gefragt, so führte er aus, was soll mit dem Handwerk werden? Soll dasselbe in gesonderten Organisationen, in Gewerbekammern, zusammentreten, oder soll es in die gesamte wirtschaftliche Vertretung hinein gezogen werden? Eine derartige Kombination hätte bereits in Bayern bestanden. Aus diesem Grunde habe man einige bayrische Kammern um ihre Erfahrungen befragt, und alle bayrischen Kammern hätten geantwortet, diese Einrichtung habe sich aufs vortrefflichste bewährt. Es sei nicht richtig, daß zwischen Handwerk und Industrie große Gegensätze hervorgetreten seien. Ganz im Gegenteil, bei allen großen wirtschaftlichen Fragen sei Industrie und Handwerk stets Hand in Hand gegangen, und beide hätten sich aneinander gelehnt und gestützt. In der Kommission sei man der Ansicht gewesen, daß ein Gegensatz zwischen Industrie und Handwerk nicht vorhanden sei, es würde daher verkehrt sein, das Handwerk zu isolieren und aus der Vertretung auszuschließen, wie dies in Preußen grundsätzlich der Fall ist. Die Intelligenz und reiche Erfahrung, die gerade in den Kreisen der Industrie vertreten sind, würde sich für das Handwerk als sehr nützlich und sehr zweckmäßig erweisen. Man dürfe daher das Handwerk nicht aus dem reichen Entwickelungsgange, den die Industrie nimmt, aus der geschickten Vertretung der wirtschaftlichen Interessen, die von Seiten der Industrie bisher geübt worden ist, ausschließen wollen. Doch wurde auch hervorgehoben, daß da, wo Sonderinteressen des Handwerks vorliegen, der Großindustrielle in der Lage sei, vermöge seiner besseren Bildung diese nicht zur Geltung kommen zu lassen.

Die bayrischen Kammern hatten also als Muster gedient. Diese haben sich jedoch als Gewerbekammern wenig bewährt, denn gerade Angehörige solcher bayrischen Kammern sind stets warm für Handwerkerkammern eingetreten. Die bayrischen Handels- und Gewerbekammern halten nur selten getrennte Sitzungen ab [1]).

Die ganze Debatte drehte sich auf der Nürnberger Versammlung darum, ob nach den Vorschlägen Stumpfs und von Kaufmanns die Landwirtschaft mit in diese Interessenvertretungen einzubeziehen sei oder nicht. Namentlich der Korreferent Stumpf beschäftigte sich ausschließlich mit der Frage der Einbeziehung der Landwirtschaft in die Kammer. Hiergegen stellten sich jedoch alle an=

---

1) Verhandlungen, Mitteilungen und Berichte des Centralverbandes deutscher Industrieller Nr. 17, Bericht über die Delegiertenversammlung zu Nürnberg am 18. September 1882, Berlin 1882, S. 51 fg.

Landgraf: Bericht über die Errichtung von Gewerbekammern, Karlsruhe 1881, S. 13 fg.

deren Redner auf einen abweisenden Standpunkt und begründeten denselben damit, daß das landwirtschaftliche Vereinswesen bereits hoch entwickelt sei, in regelmäßigem Verkehr mit den Behörden sich befinde und im Landesökonomiekollegium sowie in dem Deutschen Landwirtschaftsrat Organe besitze, welche eine Zuziehung der Landwirtschaft zu den Gewerbekammern als überflüssig erscheinen lasse. Der Korreferent Stumpf stellte wieder den bereits von Professor von Kaufmann in der Eisenacher Kommission eingebrachten Antrag, nach welchem die Landwirtschaft in die Kammer aufgenommen werden solle, sobald sie selbst den Wunsch ausdrücklich zu erkennen geben würde [1]).

Dieser Antrag wurde in der Delegiertenversammlung abgelehnt. Auch die sehr ins Einzelne gehenden Vorschläge der Kommission getraute sich die Versammlung nicht zu den ihrigen zu machen, vielmehr begnügte sie sich mit folgender Resolution [2]):

„1) Die Delegiertenversammlung hält es für erwünscht, daß die Frage der wirtschaftlichen Vertretungskörper einheitlich für das Deutsche Reich durch Reichsgesetz geregelt werde.

2) Sie empfiehlt eine gemeinsame Vertretung von Handel, Industrie und Gewerbe (Handwerk) durch neu zu errichtende Handels- und Gewerbekammern, welche von den Landesregierungen ressortieren und in der Regel den Bezirk einer höheren Verwaltungsbehörde umfassen sollen. Es muß indes der Landesregierung überlassen bleiben, mehrere höhere Verwaltungsbezirke zu einem Handels- und Gewerbekammerdistrikt zu vereinigen, oder in einem höheren Verwaltungsbezirk mehrere Handels- und Gewerbekammern zu errichten, oder auch einzelne Teile eines höheren Verwaltungsbezirks der Handels- und Gewerbekammer eines benachbarten Verwaltungsbezirks zuzuteilen.

3) Es ist Rücksicht darauf zu nehmen, daß innerhalb der Handels- und Gewerbekammer nicht bloß die einzelnen Interessengruppen (Handel, Industrie und Handwerk) nach ihrer örtlichen, vielfach verschiedenen Bedeutung zur Vertretung gelangen, sondern daß auch das Wahlrecht innerhalb der einzelnen Interessengruppen entsprechend abgestuft werde.

4) Die Delegiertenversammlung beauftragt das Direktorium, zur Erreichung dieser Ziele die geeigneten Schritte zu thun, und überweist demselben die Beschlüsse der Kommission, deren spezielle Durchberatung in der

---

1) R. v. Kaufmann: Die Reform der Handels- und Gewerbekammern. Ein zweiter Beitrag zur Frage der Vertretung der wirtschaftlichen Interessen in Deutschland, Berlin 1883.

2) Steinmann-Bucher: Die Nährstände ꝛc., Berlin 1886, S. 36.

heutigen Versammlung nicht als ausführbar erscheint, als beachtenswerte Vorlage."

Diese Resolution ging um die prinzipiellen Punkte herum.

Der Korreferent Stumpf begnügte sich bei diesen farblosen Beschlüssen jedoch nicht. Die Handelskammer zu Osnabrück richtete deshalb am 10. Dezember 1882 eine Eingabe an den preußischen Handelsminister, welche folgende Resolution verteidigte [1]):

1) Eine baldige Reorganisation einer Vertretung der wirtschaftlichen Interessen nach einem einheitlichen Plane für das ganze Deutsche Reich ist als ein in zahlreichen und bedeutenden Kreisen des Handels und der Gewerbe anerkanntes Bedürfnis zu erachten.

2) Zu diesem Zwecke ist die Neubildung der Handels- und Gewerbekammern für Handel, Industrie, Kleingewerbe und Landwirtschaft mit thunlichst gleich großen Bezirken erforderlich, in denen die gesamten Erwerbsgruppen nach Maßgabe ihrer Bedeutung für den lokalen Bezirk ihre Vertretung finden.

3) Diese Kammern, welche zunächst von ihren bezüglichen Landesregierungen ressortieren, haben die Bestimmung, die Gesamtinteressen der Handels- und Gewerbetreibenden ihres Bezirks wahrzunehmen. Sie dienen den Behörden als begutachtende Organe und sind jedenfalls zu hören über alle die wirtschaftlichen Interessen berührenden Gesetzesvorlagen und Verordnungen, ehe dieselben in Kraft treten.

4) Neben diesen Körperschaften und zur angemessenen Ergänzung derselben ist auch solchen freien Vereinen, welche besondere Erwerbsgruppen vertreten, der gleiche offizielle Charakter zu verleihen, sofern ihre Organisation und Bedeutung bestimmten dafür aufzustellenden Kriterien nach dem Ermessen der Landes- oder Reichsregierung entspricht.

5) Als Spitze der so organisierten Interessenvertretung ist teils durch Wahl, teils durch kaiserliche Ernennung ein Deutscher Volkswirtschaftsrat zu bilden.

Bereits einige Tage später erfolgte der Bescheid des Ministers (18. Dez. 1882), welcher folgenden Wortlaut hatte:

„Es ist mir erfreulich gewesen, in Ihren in dem Bericht vom 10. d. M. enthaltenen Vorschlägen zur Neubildung von Handels- und Gewerbekammern für die gemeinsamen Angelegenheiten des Handels, der Industrie, der Kleingewerbe und der Landwirtschaft in den einzelnen Bezirken des Landes meiner eigenen Ueberzeugung von der Notwendigkeit

---

1) Jahresbericht der Handelskammer zu Osnabrück über das Jahr 1882, S. 7 fg.

einer einheitlichen Organisation der wirtschaftlichen Interessenvertretung für sämtliche Zweige der gewerblichen Thätigkeit Ausdruck gegeben zu sehen. Es liegt in meiner Absicht, nach dieser Richtung hin die Erweiterung der vorhandenen, lediglich eine Vertretung vereinzelter Gewerbsgruppen darstellenden Institutionen auf dem Wege der Gesetzgebung herbeizuführen, und habe ich die hierzu erforderlichen Vorarbeiten bereits eingeleitet. Bis es gelingt, die Angelegenheiten auf diesem Wege zum Abschluß zu bringen, werde ich darauf Bedacht nehmen, soweit es nach den Gesetzen thunlich ist, auf dem Verwaltungswege in den Regierungsbezirken Einrichtungen ins Leben zu rufen, welche eine Vereinigung von Vertretern aller Zweige der wirtschaftlichen Thätigkeit zur Wahrnehmung der ihnen gemeinsamen Interessen ermöglichen."

Dieser Erlaß des Fürsten von Bismarck erregte großes Aufsehen. Endlich, am 24. Juli 1884, gelangte das folgende, von den Ministern für Handel und Gewerbe, des Innern, der öffentlichen Arbeiten, für Landwirtschaft, Domänen und Forsten unterzeichnete Reskript an die Regierungspräsidenten und Landdroste[1]: „Nachdem die Landwirtschaft, das Handwerk, die Industrie und der Handel in dem Volkswirtschaftsrate[2]) eine gemeinsame Vertretung für das gesamte Staatsgebiet erhalten haben, erachtet die Staatsregierung es als ihre Aufgabe, auch eine lokale Organisation zu schaffen, in welcher die Hauptzweige der gewerblichen Thätigkeit bezirksweise sich zu gegenseitiger Verständigung und lebendigen Förderung vereinigen und in welcher die Verwaltung des Staates und des Reiches für ihre auf die Hebung des allgemeinen Wohlstandes gerichteten Bestrebungen eine wirksame Stütze finden können. Bisher haben nur einzelne Zweige der gewerblichen Thätigkeit eine organisierte Vertretung erhalten, welche indessen für eine allseitig fördernde Entwickelung schon deshalb nicht ausreicht, weil sie thatsächlich oder ihrer Anlage nach nur einseitigen Rücksichten dient, und weil es an einem Vereinigungspunkte fehlt, in dem die verschiedenen auseinandergehenden oder gleichberechtigten Interessen einen Ausgleich finden."

„Es ist deshalb für jeden Regierungs-(Landdrostei-)Bezirk die Bildung einer Gewerbekammer, welche sich aus Vertretern der vier bezeichneten Kategorien unter einem aus ihrer Mitte zu wählenden Vorsitzenden zusammensetzen soll, nach Maßgabe der hier angeschlossenen Bestimmungen[3]) in Aussicht genommen worden."

„In der Erwägung, daß ein gedeihlicher Erfolg der neuen Einrichtung

---

1) Steinmann-Bucher: Die Nährstände ꝛc., S. 40.

2) Durch Verordnung vom 17. November 1880 ins Leben gerufen.

3) Siehe dieselben im Anhange IV. dieser Schrift.

insbesondere dann erwartet werden kann, wenn die Herstellung und die Thätigkeit der Gewerbekammern mit der Selbstverwaltung der kommunalen Verbände in Zusammenhang gebracht wird, soll die Wahl der Mitglieder und die Aufbringung des zur Erstattung ihrer baren Auslagen erforderlichen Geldbedarfs den Provinzialverbänden (Landeskommunalverbänden) überlassen werden, indes steht zu hoffen, daß die Provinziallandtage (Kommunallandtage), denen dieserhalb bei ihrem nächsten Zusammentritt eine Vorlage seitens der Staatsregierung zugehen wird, in richtiger Erkenntnis der hohen Bedeutung der beabsichtigten Einrichtung für die wirtschaftliche Entwickelung der einzelnen Landesteile, die zur Uebernahme der den Verbänden zu übertragenden Rechte und Pflichten erforderlichen Beschlüsse fassen werden.

Da indessen, auch wenn die Erwartung sich erfüllt, bis zum thatkräftigen Inslebentreten der Gewerbekammern eine geraume Zeit vergehen dürfte, so empfiehlt es sich, einstweilen provisorische Vertreter der genannten vier Handelszweige bezirksweise zu wiederkehrenden Konferenzen über einschlägige Fragen zu vereinigen." [1])

Die wichtigsten der im Anhang abgedruckten Bestimmungen über die Gewerbekammern geben folgendes Bild der neuen Einrichtung:

Im allgemeinen soll für jeden Regierungsbezirk eine Gewerbekammer errichtet werden, welche die wirtschaftlichen Gesamtinteressen desselben wahrzunehmen und die Reichs- und Landesverwaltung in der Förderung der Gewerbe zu unterstützen berufen ist. Zusammenlegung oder Trennung einzelner Regierungsbezirke ist für zulässig erklärt. Die Gewerbekammern werden aus Vertretern der Landwirtschaft, des Handwerks, der Industrie und des Handels zusammengesetzt. Die Zahl der Mitglieder sowie deren Verteilung auf die einzelnen Gewerbegruppen wird nach Anhörung des Provinziallandtages durch die Minister für Handel und Gewerbe, der öffentlichen Arbeiten und für Landwirtschaft, Domänen und Forsten bestimmt. Die Mitglieder der Gewerbekammer werden vom Provinziallandtage auf sechs Jahre gewählt. Die Gewerbekammer ernennt alle drei Jahre aus ihrer Mitte einen Vorsitzenden und einen Stellvertreter desselben. Die Vertreter der Landwirtschaft, des Handwerks, der Industrie und des Handels bilden je eine besondere Abteilung der Gewerbekammer. Die Abteilungen haben außer denjenigen Gegenständen, welche ihnen nach der Geschäftsordnung zufallen, diejenigen Angelegenheiten zu erledigen, welche ihnen von der zuständigen Staatsbehörde oder von dem Plenum der Gewerbekammer zugewiesen werden. Die Abteilungsvorsitzenden und ihre Stellvertreter werden auf drei Jahre

---

1) R. Grätzer: Die Organisation der Berufsinteressen, S. 86 fg.

gewählt. Die Gewerbekammer und ihre Abteilungen fassen ihre Beschlüsse mit Stimmenmehrheit. Der Regierungspräsident oder dessen Stellvertreter ist berechtigt, an den Sitzungen der Gewerbekammer und ihrer Abteilungen teilzunehmen und muß auf sein Verlangen zu jeder Zeit gehört werden. Die gleichen Befugnisse haben die Vertreter derjenigen Behörden, von welchen der Gewerbekammer Vorlagen zur Beratung überwiesen worden sind, bei der Verhandlung dieser Gegenstände und in denjenigen Angelegenheiten, bei welchen die Gewerbekammer ihre Zuziehung beantragt. Die Gewerbekammern haben auf Erfordern der Reichs- und Staatsbehörde über wirtschaftliche Verhältnisse ihres Bezirks Erhebungen innerhalb des Kreises der Gewerbetreibenden anzustellen und Gutachten abzugeben. Sie sind berechtigt, in wirtschaftlichen Angelegenheiten Anträge an die zuständigen Behörden zu richten. Sie sind ferner berechtigt, mit Zustimmung des Regierungspräsidenten von den Gewerberäten über Gegenstände ihrer amtlichen Wirksamkeit Auskunft zu erfordern. Jeder Gewerberat hat seine Jahresberichte der für seinen Amtsbezirk zuständigen Gewerbekammer zuzustellen. Die letztere reicht die Berichte mit den Bemerkungen, zu welchen ihr dieselben Anlaß geben, dem Minister für Handel und Gewerbe, für öffentliche Arbeiten und für Landwirtschaft ein. Der Bericht der Gewerbekammer ist mit den Bemerkungen zu veröffentlichen, deren Beifügung von den Ministern angeordnet wird. Der Geldbedarf der Gewerbekammer wird von dem Provinzialverbande nach den Beschlüssen des Provinziallandtages aufgebracht.

Zur Motivierung der Vorlage sind die angefügten Erläuterungen bestimmt[1]). Nach einem kursorischen Ueberblick über die bezüglichen bisherigen Organisationen werden deren Mängel beleuchtet. Die Handelskammern seien nicht obligatorisch, daher ihre Entwickelung eine differente, wie an einzelnen Beispielen großer Inkongruenz dargethan wird. Die Innungsverbände hätten nur in einzelnen Landesteilen Erfolge aufzuweisen; im übrigen sei das Handwerk so wenig wie der kleine Grundbesitz genügend organisiert. Es sei jedoch eine alle Zweige der gewerblichen Thätigkeit umfassende Vertretung der Interessen erforderlich. Diese müßten in enge Verbindung mit den Selbstverwaltungsorganen gebracht werden, welche die Aufgabe hätten, die wirtschaftlichen Interessen ihrer Bezirke zu pflegen. Durch diese Erwägung wollen die Erläuterungen motivieren, daß den Provinziallandtagen die Ernennung der Mitglieder ihrer Gewerbekammern zugeteilt worden ist.

Besonders wichtig ist die Begründung der Bestimmungen des § 8, welcher die Bildung der Spezialabteilungen anordnet. Diese Teilung empfehle sich, wie die Motive sagen, nicht nur zu dem Zweck, um eine sachverständige

---

1) Siehe Anhang IV.

Vertretung solcher Interessen, welche nur einzelne Gewerbe interessieren, zu erleichtern, sondern auch namentlich, um einer jeden Gruppe Gelegenheit zu geben, die Vorlagen vom Standpunkte ihrer speziellen Interessen aus einer Prüfung und Beurteilung zu unterziehen und sie dadurch vor jeder unberechtigten Majorisierung durch die Vertreter anderer Gruppen wirksam zu schützen.

Dies war die Vorlage, die den Provinziallandtagen unterbreitet wurde. Ihre Aufnahme war verschieden. Die Provinzallandtage von Posen, Westfalen, der Rheinprovinz und Hessen-Nassau lehnten dieselbe pure ab. Diejenigen der Provinzen Westpreußen, Ostpreußen, Brandenburg, Schleswig-Holstein und Pommern änderten sie insofern ab, als sie nicht für jeden Regierungsbezirk, sondern für die ganze Provinz nur eine Gewerbekammer errichteten. Nur Schlesien, Sachsen und Hannover nahmen sie in ihrer ursprünglichen Form an.

Nach dem Statistischen Handbuch für den preußischen Staat sind insgesamt siebzehn Gewerbekammern entstanden [1]:

1) die Gewerbekammer zu Königsberg für die Provinz Ostpreußen,
2) „ „ „ Danzig „ „ „ Westpreußen,
3) „ „ „ Berlin „ „ „ Brandenburg,
4) „ „ „ Stettin „ „ „ Pommern,
5) „ „ „ Schleswig „ „ „ Schleswig-Holstein;

ferner die Gewerbekammern zu Breslau, Liegnitz, Oppeln, Hannover, Hildesheim, Lüneburg, Stade, Osnabrück, Aurich, Magdeburg und Erfurt für die diesbezüglichen Regierungsbezirke und schließlich noch die Gewerbekammer zu Halle für den Regierungsbezirk Merseburg. Von diesen Kammern besteht keine mehr. Sie sind alle nach sehr kurzem Bestehen wieder aufgelöst worden.

In denjenigen Provinzen, deren Landtage die Regierungsvorlage hauptsächlich aus konstitutionellen und finanzpolitischen Erwägungen abgelehnt hatten, sollten provisorisch Vertreter der Landwirtschaft, der Industrie, des Handwerks und des Handels bezirksweise zu wiederkehrenden Konferenzen sich vereinigen, um über einschlägige Fragen zu beraten. Für diese Konferenzen galten im Allgemeinen die Bestimmungen über die Gewerbekammern, nur trat an die Stelle des Wahlrechtes des Provinziallandtages die Wahl durch den Minister für Handel und Gewerbe. Inwieweit solche Konferenzen stattgefunden haben, darüber liegt uns kein Material vor. Wahr-

---

1) Statistisches Handbuch für den preußischen Staat, Berlin 1888, Band 1, S. 84 fg.

scheinlich sind ihnen dieselben Fragen zur Begutachtung vorgelegt worden, die man den Gewerbekammern unterbreitete.

Von Urteilen über diesen Vorschlag der Regierung wollen wir nur das der Handelskammer zu Osnabrück anführen [1]). Dieselbe spricht sich, nachdem sie anerkannt hat, daß das von ihr vertretene Grundprinzip der Vereinigung aller Berufszweige in einer Kammer durch die Vorlage gewahrt sei, energisch gegen die Wahl der Mitglieder durch die Provinziallandtage aus.

Die Motive für den Vorschlag der Regierung vermutet die Handelskammer einmal in dem Kostenpunkte, welcher durch direkte Wahlen der Interessenten erheblich vergrößert werden würde, andererseits in der Schwierigkeit, brauchbare Wahlkataster für alle Berufsgruppen zu finden. Sie macht dann selbst detaillierte Vorschläge, von denen wir den für das Handwerk hervorheben wollen. Für dieses sollen nur die Meister, welche mindestens zwei Gesellen beschäftigen, zum aktiven Wahlrecht zugelassen werden. Dieser Vorschlag wird zu rechtfertigen gesucht durch den Wunsch, die Leiter wesentlicher Betriebe heranzuziehen, welche größere Erfahrung und Intelligenz, sowie mehr Zeit und Mittel auf dieses Mandat verwenden könnten; andernfalls würden die Wahlkörper zu groß werden. Nach der Anschauung der Handelskammer würden sich die kleinen Handwerker hierdurch nicht zurückgesetzt fühlen, weil die freiwilligen Innungen sich immer weiter ausbildeten und jene Kategorie von Meistern ohnehin in diesen Innungen eine hervorragende Stellung einnehmen würde.

Dieser Vorschlag würde eine sehr bedeutende Zahl von Handwerkern von der Gewerbekammer ausschließen, die dann gar keine Vertretung hätten. Mit Recht findet Steinmann-Bucher auffallend, daß diese Handelskammer sich nicht auch gegen die Bestimmung wendet, wonach die Fachabteilungen der Gewerbekammer besondere Kollegien bilden und besondere Angelegenheiten erledigen dürfen [2]). Es liegt hier ein prinzipieller Unterschied zwischen dem Vorschlage Stumpfs und der Vorlage. Stumpf wollte nur Beratungen und Beschlüsse des Plenums, während Fachkollegien höchstens vorzuberaten hätten. In der Regierungsvorlage war jedoch geradezu die Wahrung spezieller Interessen vorgesehen.

Wie sich das Verhältnis des Plenums zu den Abteilungen in Wirklichkeit in den neuen preußischen Gewerbekammern gestaltet hat, darüber ist leider kein Urteil möglich, weil uns überhaupt sehr geringes Material über

---

1) Gutachtlicher Bericht der Osnabrücker Handelskammer an die Königliche Landdrostei, betreffend die Errichtung neuer Gewerbekammern und die provisorische Anwendung freier Gewerbekonferenzen.

2) Steinmann-Bucher: Die Nährstände ꝛc., S. 56.

diese Organisationen zugänglich war. Wenn Kompetenzkonflikte zwischen Plenum und Abteilungen nicht bekannt geworden sind, so liegt der Grund wohl darin, daß die ganze Institution überhaupt kein rechtes Leben erlangte.

Dadurch, daß die Mitglieder durch die Provinziallandtage gewählt wurden, führte man herbei, daß dieselben nicht von dem Vertrauen der Interessenten getragen wurden. Da die Provinziallandtage sehr geringe Summen bewilligten, so fehlte es den Kammern meist an Mitteln, ein Sekretariat einzurichten und tüchtige Beamte anzustellen. Die Gewerbekammer für Westpreußen hatte z. B. nur 5000 M. zu ihrer Verfügung. Für die drei schlesischen Gewerbekammern wurde für 1886,87 eine Summe von 12000 M. gewährt. Die schleswig-holsteinische Gewerbekammer hatte ebenfalls nur einen Etat von 5500 M.[1]).

Wenn man dagegenhält, daß größere Handelskammern 20—30000 M. Kosten verursachen, ohne daß Diäten gezahlt werden, so kann man ermessen, wie gering die Mittel der Gewerbekammern waren.

Ein weiterer Grund für das schlechte Gedeihen der Gewerbekammern war der, daß die Bezirke teilweise zu groß waren, so daß die Mitglieder eine ganze Provinz durchreisen mußten, wenn sie an den Sitzungen teilnehmen wollten, und daß ferner sich am Sitze der Kammer nicht eine genügende Anzahl von Mitgliedern befand, die laufende Geschäfte hätten erledigen können.

Der Erfolg war der, daß es den Kammern gänzlich an Initiative fehlte. Da keine Periodizität der Sitzungen vorgeschrieben war, so traten die Kammern schließlich nur zusammen, wenn die Regierung irgend welche Fragen zur Begutachtung ihnen vorlegte und auf diese Weise eine Sitzung unbedingt notwendig geworden war.

In den Plenarsitzungen wurden meist Materien beraten, die nur für einige, aber nicht für alle Gewerbszweige Interesse hatten, von denen die anderen nichts verstanden. Gutachten, die von einer Versammlung gefaßt wurden, von der ein großer Teil von der Materie, über die beraten wurde, nichts verstand, haben wenig Wert. Aus dem Grunde legte wohl die Regierung immer weniger Fragen der Kammer vor, so daß ihre Auflösung schon aus diesem Grunde eine Notwendigkeit wurde. Die eigentliche Auflösung der Gewerbekammern wurde überall dadurch herbeigeführt, daß die Provinziallandtage, die sich von der Nutzlosigkeit dieser Institutionen überzeugt hatten, die nötigen Gelder nicht mehr bewilligten.

Handel und Industrie sahen nach wie vor in den Handelskammern ihre Interessenvertretung, die Landwirtschaft dagegen in den landwirtschaftlichen Vereinen. Das Handwerk, welches außer in den Gewerbekammern keine

---

1) R. Grätzer: Die Organisation der Berufsinteressen, S. 238 fg.

nach dem Urteil der betreffenden Landesregierung geeignet erscheinen, die Aufgabe einer Gewerbekammer zu erfüllen, oder solche thatsächlich seit Jahren erfüllt haben, dort die Gewerbekammern bilden.

Dieser Vorbehalt war gemacht worden, um den hessischen Landesgewerbeverein mit der Centralstelle für Gewerbe und die hanseatischen Gewerbekammern, die als gewerbliche Interessenvertretungen segensreich gewirkt hatten, in ihrer bisherigen Organisation zu erhalten.

Nur über die Abgrenzung zwischen der Handels- und Gewerbekammer war auf dem Verbandstage kein Beschluß zu erzielen, weil die Sätze der preußischen Gewerbesteuer für ein Reichsgesetz nicht als Grundlage dienen konnten. Man hatte diese Steuersätze auch nur vorbildlich gemeint, um ungefähr den Kreis der Gewerbetreibenden zu bezeichnen, den man in die Gewerbekammer gezogen wissen wollte.

Die Bestrebungen des Verbandes deutscher Gewerbevereine bewegen sich also auf dem Boden der von den Gewerbekammertagen vertretenen Anschauungen. Nur will der Verband nicht, wie diese, die gesamte Industrie in die Gewerbekammer einbezogen wissen.

In Baden hatte die Bewegung, welche zur Schaffung der Gewerbekammern geführt hat, insofern einen anderen Charakter, als sie nicht von den Innungen, sondern von den Gewerbevereinen, namentlich vom Pfalzgauverband ausging.

Auch in Oesterreich hat die Gewerbekammerfrage bereits eine große Rolle gespielt. Durch das österreichische Gewerbegesetz vom 15. März 1883, welches den Befähigungsnachweis und die Zwangsgenossenschaft einführte, war eine Reform der Gewerbeordnung im reaktionären Sinne erfolgt. Durch dieses Gesetz wurden namentlich den Handels- und Gewerbekammern Kompetenzen zugewiesen, welche mit der Durchführung dieser reaktionär gewerblichen Bestimmungen zusammenhingen. Die österreichischen Handels- und Gewerbekammern bestehen aus allen Berufsständen, und die Sektion für Gewerbe umfaßt nicht nur das Kleingewerbe, sondern auch die Großindustrie und den Bergbau.

Die Väter des Gewerbegesetzes vom 15. März 1883 glaubten, daß die Handels- und Gewerbekammern in ihrer bisherigen Organisation nicht mehr geeignet sein würden, die im einseitigen Interesse des Kleingewerbes erlassenen Bestimmungen durchzuführen. Aus diesem Grunde wollten sie Kleingewerbekammern geschaffen wissen, die mit der Durchführung der reaktionären Gewerbeordnung allein betraut werden sollten.

Wie bei uns in Deutschland die Handwerker in neuerer Zeit die Forderung der Handwerkerkammern aufstellten, so trat man in Oesterreich auf den Gewerbetagen für Trennung der Handels- und Gewerbekammern ein.

Damit noch vor dem Inkrafttreten des Gesetzes vom 15. März 1883 diese Trennung durchgeführt werden könnte, stellte am 11. Dezember 1882 der Abgeordnete Dr. Mattusch mit 72 Genossen folgenden Antrag:

Das Hohe Haus wolle beschließen[1]):

„Die Regierung wird aufgefordert, dem Abgeordnetenhause einen Gesetzentwurf zur verfassungsmäßigen Behandlung darzulegen, durch welchen selbständige Gewerbekammern als besondere Organe des Gewerbestandes und vorzugsweise des Kleingewerbes eingeführt werden und gleichzeitig die durch Einführung dieser neuen Institution bedingte Revision des Gesetzes über die Organisation der Handels- und Gewerbekammern vorzunehmen."

Dieser Antrag kam am 30. Januar 1883 zur Verhandlung. Die Begründung des Abgeordneten Dr. Matlusch gipfelte hauptsächlich darin, daß in der Gewerbesektion der Handels- und Gewerbekammer nicht nur das Kleingewerbe, sondern auch Großindustrie und Bergbau mit vertreten wären, die vom Handwerk verschiedene Interessen hätten. Die Mitglieder des Kleingewerbestandes seien in der Sektion höchstens ebenso zahlreich, wie die der Großindustrie. Bei Entscheidungen innerhalb der Gewerbesektion müßten also die Vertreter des Bergbaues den Ausschlag geben, die sich für die Großindustrie naturgemäß entschieden. Im Plenum werde das Kleingewerbe durch den noch hinzutretenden Handel, welcher ebenfalls der Großindustrie näher stehe, majorisiert.

Die Zahl der Vertreter des Kleingewerbes sei im Vergleich zur Wählerzahl eine viel zu geringe. Eine Vermehrung der Mitglieder dieses Standes innerhalb der Handels- und Gewerbekammer genüge jedoch nicht, sondern Schaffung selbständiger Gewerbekammern sei nötig. Es werde sehr viel Gutes in der neuen Gewerbeordnung auf dem Papier bestehen bleiben, wenn man nicht die Durchführung der Bestimmungen den Interessierten, d. h. selbständigen Gewerbekammern, in die Hände lege[2]).

An diesen Antrag, der selbst gar keinen praktischen Vorschlag zur Lösung der Frage machte, schloß sich eine sehr lebhafte Debatte. In derselben sprachen sich die Abgeordneten Jahn, Löblich und Adamak für, und die Abgeordneten Sueß, Ritter von Gomperz und Dr. von Plener dagegen aus. Namentlich der letzte Redner begründete sehr sachlich, zu welchen Konsequenzen die Schaffung von Handwerkerkammern führen müßte.

---

1) Nr. 605 der Beilagen zu den stenographischen Protokollen des österreichischen Abgeordnetenhauses, IX. Session.

2) Stenographisches Protokoll des Hauses der Abgeordneten, IX. Session, 261. Sitzung vom 30. Januar 1883, S. 8997 fg.

Maresch: „Gewerbekammern", im Handwörterbuch für Staatswissenschaften, III. Bd., S. 1038.

Der Antrag wurde schließlich einem Gewerbeausschuß überwiesen, in dem er liegen blieb.

Wurde so der eigentliche Zweck des Antrages nicht erreicht, so war doch die Folge desselben die, daß die Regierung eine neue Wahlordnung für die Handels- und Gewerbekammern ausarbeitete und aktivierte, welche den kleingewerblichen Kreisen eine größere Berücksichtigung bei Aufstellung der Wahlkörper und Verteilung der Mandate verschaffte. Ende 1884 erfolgte sodann die Auflösung aller Handels- und Gewerbekammern und ihre Neukonstituierung auf Grund der neuen Wahlordnungen [1]).

Im März 1887 wurde sodann von Prof. Fiegl und Genossen der Antrag Mättusch wieder aufgenommen. Der Antragsteller wollte gewerbliche Organe mit behördlichem Charakter geschaffen wissen. Auch diesmal hatte der Antrag keinen Erfolg [2]).

Im Jahre 1891 wurde dann zum dritten Mal der Antrag auf Trennung von Handels- und Gewerbekammern von dem Abgeordneten Freiherrn von Dipauli und Genossen eingebracht. Wiederum entspann sich eine sehr lebhafte Debatte, die im Wesentlichen denselben Charakter wie die des Jahres 1883 trug [3]). Es wurde der Antrag, nachdem die Abgeordneten von Dipauli, Schneider und Dr. Lueger dafür, die Abgeordneten Bohaty und Mauthner dagegen gesprochen hatten, dem Gewerbeausschuß überwiesen, wo er ebenfalls liegen blieb. Da die Frage der Trennung der Handels- und Gewerbekammern zum Schlagwort politischer Parteien in Oesterreich geworden ist, steht wohl zu erwarten, daß das österreichische Abgeordnetenhaus noch öfter sich mit derselben zu beschäftigen haben wird.

Die ganze von uns in diesem Kapitel zur Darstellung gebrachte Bewegung zeigt, daß man sich in den verschiedensten Wirtschaftskreisen mit der gewerblichen Organisationsfrage beschäftigte. Die Notwendigkeit der Schaffung von Interessenvertretungen, in denen auch das Kleingewerbe eine Vertretung fände, wurde meist anerkannt, nur sobald man an den praktischen Versuch herantrat, gingen die Vorschläge weit auseinander. Am nachdrücklichsten ist man in allen Phasen der Handwerkerbewegung für diese Forderung eingetreten, doch haben in dieser selbst die Anschauungen verschieden-

---

1) Grätzer: Die Organisation der Berufsinteressen, Berlin 1890, S. 117.

2) F. Richt: Für das Kleingewerbe. I. Zur Frage der Trennung der Handels- und Gewerbekammern.

L. Munk: Selbständige Gewerbekammern. Dorn'sche Volkswirtschaftliche Wochenschrift 1887, Heft 194 und 195, Wien 1888.

3) Stenographisches Protokoll des Hauses der Abgeordneten, XI. Session, 13. Sitzung am 13. Mai 1891, S. 377 und Nr. 60 der Beilagen zu den Verhandlungen.

lich gewechselt. Man beschränkte sich in der Regel darauf, unter Hinweis auf das Bestehen der Handelskammer, die Notwendigkeit der Schaffung von Gewerbekammern zu betonen; ohne selbst sich genau über die Konsequenzen und die Einzelheiten der Durchführbarkeit dieser Forderung klar zu sein.

Wenn daher die Regierung sich anfänglich stets auf einen abweisenden Standpunkt stellte, so hatte das seinen Grund mit darin, daß die Handwerker ihre Wünsche nicht sachlich begründeten und nicht mit Vorschlägen hervortraten, welche die vielen entgegenstehenden Schwierigkeiten hätten lösen können, andererseits lag der Grund auch darin, daß die Regierung glaubte, schon auf dem Wege der Innungsgesetzgebung den Wünschen der Handwerker gerecht werden zu können.

Es ist sehr anzuerkennen, daß die Regierung, sobald sie sich nach zehnjährigem Bestehen des Innungsgesetzes überzeugt hatte, daß dies nicht möglich war, sofort die Frage der Organisation des Gewerbes in Handwerkerkammern wieder aufnahm.

—

Drittes Kapitel.

Kritische Beleuchtung der verschiedenen Organisationsvorschläge.

Bevor wir auf unsere eigentliche kritische Untersuchung der Frage: „Handwerker- oder Gewerbekammern?" eingehen, wollen wir kurz zu den im historischen Teil berührten Organisationsvorschlägen Stellung nehmen.

Was zuerst den Vorschlag der Herren Stumpf und von Kaufmann betrifft, daß wegen der Solidarität der Interessen alle vier Wirtschaftsgruppen Handel, Industrie, Handwerk und Landwirtschaft in einem gemeinsamen Organ eine gerechte, der Bedeutung jedes einzelnen Faktors entsprechende Vertretung finden müßten, so wollen und können wir nicht leugnen, daß zwischen allen Wirtschaftsgruppen eine gewisse Interessengemeinschaft besteht, andererseits glauben wir jedoch nicht verkennen zu dürfen, daß die Interessen dieser vier Gruppen vielfach weit auseinandergehen und auf ganz verschiedenen Gebieten liegen. Diese Solidarität der Interessen scheint uns hauptsächlich nur, wenn man die Gewerbe in ihrer Gesamtheit in Betracht zieht, vorhanden zu sein, und deshalb würde in einem Centralorgan eine Vereinigung aller vier Gruppen notwendig vorgenommen werden müssen. Bei örtlichen Interessen kommt diese Solidarität weniger zum Ausdruck.

Bei lokalen Organen, die kleinere Bezirke im Staate umfassen und die sich über wirtschaftliche Fragen und Maßnahmen gutachtlich mit Rücksicht auf die besonderen Verhältnisse ihres Bezirks äußern und zugleich lokale Erwerbsinteressen vertreten und fördern sollen, scheint uns eine Vereinigung aller Gruppen in einem Plenum nicht notwendig und noch weniger wünschenswert zu sein. *Im Einzelnen gehen die Interessen der Industrie, des Handels, des Handwerks und der Landwirtschaft so weit auseinander, daß diese Vermengung verschiedenartiger Anschauungen nur unklare Gutachten zu Tage fördern könnte.* Der Geschäftsgang dieser Körperschaften würde ein schleppender werden müssen und schließlich die Entscheidung in den einzelnen Fragen stets von Mitgliedern abhängen, die nichts oder wenig von der behandelten Sache verstehen.

Es hat sich bereits bei den neuen preußischen Gewerbekammern gezeigt, daß die Interessensolidarität der vier Wirtschaftsgruppen keineswegs so groß ist, wie dies Stumpf und Prof. von Kaufmann glauben.

Wenn auch der Grund der Auflösung aller neuen preußischen Gewerbekammern hauptsächlich an Organisationsfehlern lag, so ist ein Hauptteil der Schuld doch dem Umstande zuzuschreiben, daß die Solidarität der Interessen nicht in dem Grade existierte, wie sie hätte vorhanden sein müssen, wenn aus dem Zusammenwirken der vier Gruppen etwas Segensreiches entstehen sollte. Es fanden sich bei den Plenarversammlungen dieser Kammern stets eine Reihe Beratungspunkte, für welche diese oder jene Gruppe effektiv kein Verständnis hatte und haben konnte. Die einschneidenden Tagesfragen der Hauptberufsgruppen sind meist Fachfragen, die in den Volkswirtschaftskammern weder auf allseitiges Verständnis noch auf eine allgemeine Sympathie und Unterstützung mit Sicherheit rechnen können.

Als Beleg für unsere Ansicht möge die Tagesordnung der Sitzung der Gewerbekammer zu Breslau vom 30. Juni 1888 dienen.

Außer laufenden Geschäften enthielt die Tagesordnung folgende Beratungsgegenstände [1]):

1) Ergänzung der §§ 53 und 54 des Unfallversicherungsgesetzes bezüglich der Meldung von Unfällen an die Berufsgenossenschaften;

2) Inwieweit haben die Innungen des Bezirks, die ihnen nach § 97 der Gewerbeordnung obliegenden Aufgaben erfüllt und von den ihnen zustehenden Befugnissen Gebrauch gemacht, und was kann nach beiden Richtungen hin zur weiteren Ausbildung und Kräftigung der Thätigkeit der Innungen geschehen?

3) Durch welche Mittel läßt sich die Handweberei vor weiterer Einschränkung schützen?

4) Empfiehlt sich eine Einschränkung der öffentlichen Lustbarkeiten und durch welche Mittel?

5) Durch welche Mittel kann der Versicherung gegen Hagelschaden und Viehsterben, insbesondere unter den kleinen Grundbesitzern, eine größere Verbreitung geschaffen werden?

6) Was kann zur Hebung der Fischzucht, insbesondere durch Bildung von Fischereigenossenschaften, geschehen?

7) Ist eine größere Heranziehung der Großindustrie zu den Kommunallasten, insbesondere zu den Wegebaulasten, gerechtfertigt?

Endlich folgende landwirtschaftliche Fragen für die landwirtschaftliche Abteilung der Gewerbekammer:

---

1) R. Grätzer: Die Organisation der Berufsinteressen, Berlin 1890, S. 264.

8) Welche Viehrassen sind dem schlesischen Grundbesitzer zu empfehlen?

9) Durch welche Mittel kann eine Ausdehnung des Flachsbaues, welcher für viele Gegenden der Provinz von größter Bedeutung ist, und eine rationelle Behandlung des Flachses erreicht werden 2c.

Jeder unparteiische Beurteiler wird zugestehen müssen, daß sich auf dieser Tagesordnung eine ganze Zahl Punkte befanden, von denen ein großer Teil der vertretenen Berufsgruppen nichts verstand. Die Mitwirkung von Dilettanten bei der Beratung von Materien, die der Gesetzgebung mit als Grundlage für ihr Vorgehen dienen sollen, kann nur zu Unklarheiten führen und muß die Gutachten in ihrem Wert abschwächen. Wir glauben, daß bei allen derartigen Wirtschaftskammern die Zahl der Beratungspunkte, die im einseitigen Interesse einer oder mehrerer Gruppen liegen, wahrscheinlich größer sein wird, als die, für welche ein solidarisches Interesse aller Abteilungen vorhanden ist.

Sodann sind wir der Ueberzeugung, daß kein Wahlmodus gefunden werden dürfte, durch den ein gerechter Verteilungsmaßstab zwischen den Mitgliedern der verschiedenen Gruppen, den örtlichen Verhältnissen entsprechend, hergestellt werden kann. Die Gruppe, die in einer solchen Wirtschaftskammer in der Minorität vertreten wäre, würde nur zu leicht zu einer erbitterten Opposition in der Kammer getrieben werden, weil sie sich von den anderen Abteilungen majorisiert fühlen müßte.

Leider müssen wir uns versagen, auf die vorzüglichem Darlegungen Stumpfs, näher einzugehen, der mit großem Geschick seinen Plan gegen alle Einwürfe verteidigt hat und dessen unermüdlichem Bestreben es hauptsächlich zu danken ist, daß diese Frage zwar nicht genau in seinem Sinne, doch aber im Prinzip mit seinen Vorschlägen übereinstimmend zu einem praktischen Versuch führte. Dieses Bismarck'sche Experiment ist heute, nachdem keine der siebzehn Gewerbekammern mehr besteht, als gescheitert zu betrachten, und in neuester Zeit tritt wohl niemand, außer Stumpf, mehr für diesen Organisationsplan ein.

In seinem letzten Handelskammerbericht vom Jahre 1891 führt Stumpf aus, der in seiner Kammer zu Osnabrück seit zwei Jahren gemachte Versuch, auch Delegierte der Landwirtschaft und des Handwerks zu den Beratungen zuzuziehen, habe die Ueberzeugung, daß der Zweifel an einem ersprießlichen Zusammenwirken aller Glieder des Nährstandes auf dem Gebiete der Interessenvertretung nur auf ebenso übereilte als unbegründete Vorurteile zurückzuführen ist, aufs neue und in vollstem Maße bestätigt [1]).

1) Jahresbericht der Handelskammer zu Osnabrück über das Jahr 1891, S. 18 fg. Vergl. auch S. 5 dieser Schrift.

Stumpf scheint seine Handelskammer nach Zuziehung von fünf Landwirten und drei Handwerksmeistern als Wirtschaftskammer zu betrachten, in der alle gewerblichen Interessen eine sachgemäße gerechte Vertretung finden [1]).

Wir glauben jedoch, es liegt ein fundamentaler Unterschied darin, ob man einige Landwirte und Handwerker an Handelskammerberatungen als Gäste teilnehmen läßt, in der sie höchstens ein moralisches Korrektiv gegen einseitige Beschlüsse der Handelskammer sein können, oder ob man wirklich eine Wirtschaftskammer bildet, in der alle Berufsstände nach einem gerechten Verteilungsmaßstab vertreten sind und an der diese sich dann mit ihren gesamten Interessen ganz und voll beteiligen.

Es ist ein Unterschied, ob einige Handwerker und Landwirte dann und wann, wenn sie gerade Fragen besonders interessieren, ihre Ansichten in der Handelskammer zum Ausdruck bringen, oder ob sie sich als vollgültige Mitglieder der Kammer fühlen, welche in dieser Organisation ihre einzige und wahre Interessenvertretung erblicken und die daher in einer solchen Kammer auch sie speziell interessierende Fragen zum Austrag gebracht wissen wollen.

In diesem Sinne scheinen die wenigen Vertreter der Landwirtschaft und des Handwerks ihre Stellung in Osnabrück nicht aufgefaßt zu haben, denn in den beiden letzten Jahresberichten der Handelskammer zu Osnabrück sind nicht spezielle landwirtschaftliche und kleingewerbliche Fragen behandelt. Die Berichte zeigen genau dasselbe Gepräge, wie die der früheren Jahre.

Wir glauben aus diesem Umstand schließen zu dürfen, daß die Vertreter der Landwirtschaft und des Handwerks nur die Rolle eines moralischen Korrektivs gegenüber einseitigen Entschließungen der Handels- und Gewerbetreibenden gebildet haben, daß sie jedoch nicht als wahre Vertreter dieser beiden Berufsstände sich betrachten, die selbst mit Initiativanträgen an die Kammer herantreten.

Aus diesen Gründen dürfte dieser Versuch nicht als Beweis für das Gelingen von Wirtschaftskammern gelten.

Aus denselben Thatsachen, die gegen Wirtschaftskammern sprechen, glauben wir uns auch gegen die von der Eisenacher Kommission des Centralverbandes deutscher Industrieller geplanten Handels- und Gewerbekammern wenden zu müssen [2]).

Dieselben sollten Handel, Industrie und Handwerk umfassen. Sie waren daher Wirtschaftskammern mit Ausschluß der Landwirtschaft.

---

1) Vergl. S. 5 dieser Schrift. (Dieser Versuch stimmt mit dem ersten Kaufmannschen Organisationsversuch überein; vergl. S. 174 dieser Schrift.)

2) Vergl. Anhang III dieser Schrift.

Zwischen diesen drei Berufsständen ist die Solidarität der Interessen unseres Dafürhaltens nicht eine solche, das es wünschenswert erscheinen könnte, diese drei Gruppen in einem Plenum zusammenzufassen. Auch bei ihnen gehen die Interessen vielfach soweit auseinander und liegen auf so verschiedenen Gebieten, daß ein gedeihliches Zusammenwirken nicht zu erwarten steht.

Ein praktisches Beispiel für die Wahrheit unserer Anschauung bilden die preußischen Gewerberäte, die aus diesen drei Gruppen bestanden und die hauptsächlich an der Disharmonie der Interessen dieser drei Stände scheiterten. Um den auseinandergehenden Interessen Rechnung zu tragen, war bei den preußischen Gewerberäten bestimmt worden, daß nur die im allgemeinen Interesse liegenden Fragen gemeinsam, die anderen in gesonderten Abteilungen beraten werden sollten; indessen hatte man den Abteilungen nicht das Recht eigener Entscheidungen zugestanden, denn diese mußten vom Plenum gefällt werden [1]). Die preußischen Gewerbekammern waren aus dem gleichen Grunde in vier Abteilungen für Landwirtschaft, Handwerk, Industrie und Handel geteilt, diesen war jedoch das Recht eigener Beschlußfassung zugebilligt. Die Eisenacher Kommission hatte ebenfalls eine derartige Teilung vorgesehen, jedoch die Frage offen gelassen, ob eine Zwei- oder Dreiteilung vorgenommen werden sollte.

Diese Teilung in Sektionen nach Berufsständen halten wir für das Bedenklichste bei diesen Organisationsvorschlägen, sie macht gerade das, was man erreichen will, illusorisch, weil in diesen einzelnen Abteilungen egoistische Standesinteressen zur Geltung kommen und deren Entschließungen nicht mehr unter dem Gesichtswinkel der Solidarität der Interessen gefaßt werden.

Sodann ist schwer zu entscheiden: welche Fragen gehören in das Plenum und welche in die einzelnen Abteilungen dieser Organisationen? Kompetenzstreitigkeiten zwischen Plenum und Abteilungen werden die unausbleibliche Folge dieser Schwierigkeit sein. Ferner ist die Frage, sollen die Abteilungen selbständige Beschlüsse fassen können, wie es in den preußischen Gewerbekammern der Fall war, oder sollen alle Abteilungsbeschlüsse erst vom Plenum sanktioniert werden, ehe sie Rechtsgültigkeit erlangen, nicht zu unterschätzen. Im ersteren Falle können Spezialvoten, die vom egoistischen Sonderinteresse diktiert sind, abgegeben werden, im letzteren Falle sind die Abteilungen vollständig gebunden und von einem Plenum abhängig, welches von diesen Spezialfragen nicht Genügendes versteht. Immer aber würde dieses Verhältnis zwischen Plenum und Abteilungen einen Zankapfel bilden, welcher auf die Funktionen dieser

---

1) Vergl. S. 42 fg. dieser Schrift.

Interessenvertretungen einen ungünstigen Einfluß ausüben müßte und bereits bei den erwähnten Versuchen ausgeübt hat. Sodann würden die Zahlenverhältnisse dieser Gruppen zu einander eine Klippe für das Gedeihen dieser Organisationen bilden. Wären diese Gruppen an Zahl gleich in der Kammer vertreten, so würden sie meist nicht den gegebenen wirtschaftlichen Verhältnissen des Bezirks entsprechen, wären sie ungleich vertreten, so würde, da wahrscheinlich Gruppe gegen Gruppe steht, die Minorität majorisiert werden und nicht ihre wahren Interessen zum Ausdruck bringen können.

Treten wir nun dem diametral entgegenstehenden Vorschlage näher, der sich für getrennte Handels- (d. h. reine kaufmännische), Industrie-, Handwerks- und Landwirtschaftskammern ausspricht und der von Dr. Rudolf Grätzer in seiner Arbeit „Ueber die Organisation der Berufsinteressen" vertreten wird, so müssen wir auch gegen diesen eine abweisende Stellung einnehmen. Würde jede Berufsklasse ihre Interessen in gesonderten Korporationen vertreten, so hätte eine derartige Organisation zwar den Vorzug, daß die Wünsche und Anschauungen der betreffenden Interessenkreise klar und deutlich zum Ausdruck kommen. Es wäre jedoch die sehr große und nicht zu unterschätzende Gefahr damit verbunden, daß alle Fragen leicht unter dem egoistischen Gesichtspunkte des Sonderinteresses betrachtet würden, so daß einseitige extreme Anschauungen zur Geltung kommen, die dann die Kluft zwischen den einzelnen Berufszweigen nur vergrößern müßten und wenig wertvoll für die Regierung wären, die der Allgemeinheit Rechnung tragen soll. Grätzer fühlt diesen Einwand selbst und hebt richtig hervor, daß die so organisierten Interessengruppen mit anderer Wucht kollidieren würden, als die nicht resp. unvollkommen organisierten, wie dies jetzt bereits der Fall ist. Je gesonderter die Interessenvertretung sich gestaltet, desto schärfer wird der Zusammenstoß derselben sein.

Grätzer giebt zu, daß diese Konsequenz der gesonderten Interessenvertretung eintreten könne, er betont jedoch, daß dies keineswegs der Fall sein müßte. Wir glauben, die bisherigen Erfahrungen sprechen dafür, daß aller Wahrscheinlichkeit nach einseitiger Egoismus derartige Interessengruppen beherrschen würde. Wir verweisen auf die treffenden Worte des Abgeordneten Dr. Becker, die er in der Verhandlung über das Handelskammergesetz im Jahre 1870 sprach. Er sagte: „Jede Interessenvertretung drängt zu einer Spezialisierung der Vertretung und zu einem schärferen Aussprechen des Egoismus. Ich erinnere an alle diejenigen Vereinigungen, die etwas Erhebliches geleistet haben, und frage, ob durch sie allemal ein ganz bestimmter materieller Zweck durch Einwirkung auf die Staatsregierung, auf die öffentliche Meinung ꝛc. und zwar durch Bekämpfung anderer Zwecke erzielt ist." Wir halten diese 1870 bereits ausgesprochenen Ansichten für zutreffend und glauben, dieselben sind durch die Folgezeit nur noch bestätigt.

Wir erinnern ferner an die preußischen Gewerberäte, die an diesem einseitigen Egoismus zu Grunde gingen [1]). Wir sehen keinen Grund ein, warum heute nicht ebenfalls solche Erscheinungen zu Tage treten sollten.

Die Industrie würde bald eine Existenzberechtigung des ihrer Ansicht nach längst überlebten Handwerks nicht mehr anerkennen und deshalb rücksichtslos in der Verfolgung ihrer Interessen vorgehen. Der Handel, der nicht mehr die berechtigten Interessen der Industrie, wie dies heute geschieht, in der Handelskammer fortwährend vor Augen hat, würde seinerseits nur zu leicht Egoismus walten lassen und bei zollpolitischen Fragen ohne Bedenken Industrien opfern. Das Handwerk würde vielfach Forderungen stellen, deren Erfüllung eine gesunde Industrie in Frage stellen müßte.

Man kann einwenden, diese Vermutungen seien zu pessimistisch. Die Kammern seien nur konsultative Organe und hätten keine Entscheidung; die Regierung werde die Gutachten auf ihre Gründe prüfen und dasjenige, für welches die gewichtigsten Gründe sprächen, beherzigen.

Jedenfalls würde die Aufgabe für die Regierung eine sehr schwere sein, zwischen vier sich schroff gegenüberstehenden Separatvoten das Richtige herauszufinden. Die Aufgabe der Regierung, die durch solche Gutachten erleichtert werden soll, würde nur erschwert. Meist würde die Regierung dasjenige Votum wählen, welches ihr im gegebenen Falle am besten paßt, und dann würde durch ein Ausspielen dieser Separatvoten gegen einander der Wert der ganzen Interessenvertretung verloren gehen.

Der Industrielle ist der einen Seite seines Berufes nach durchaus Kaufmann, wollte man daher Handelskammern schaffen, die ganz allein den Kaufmannsstand umfassen sollten, so würde die große Zahl Kaufleute, die gleichzeitig Industrielle sind und daher der Industriekammer angehören, nicht in diesen vertreten sein, und ihre kaufmännischen Interessen würden daher nicht genügend gewahrt werden. Der Industrielle besitzt in der technischen Seite seines Betriebes vielfach enge Beziehungen zum Kleingewerbe, hier würden seine Interessen in Bezug auf Lehrlingswesen ꝛc., wenn er von der Handwerkerkammer streng getrennt würde, nicht gehörige Vertretung finden. Die Industrie nimmt zwischen Handel und Kleingewerbe eine Mittelstellung ein, die durch den Antagonismus, der vielfach wiederum zwischen Industrie einerseits und diesen beiden Berufsständen andererseits besteht, keineswegs aufgehoben wird.

Wie wollte man Handel und Industrie einerseits und Handwerk und Industrie andererseits scharf trennen? Man würde der Industrie

---

1) Vergl. Kapitel II, Abteilung A dieser Schrift.

jedenfalls ein Optionsrecht lassen müssen, ob sie in der einen oder anderen Kammer ihre Interessenvertretung erblicken will.

Grätzer führt weiter aus, es sei nicht erforderlich, wenn auch wünschenswert, daß die Bezirke dieser Spezialvertretungen identisch sind. Dies wäre gar nicht möglich, denn der Bezirk einer Handwerkerkammer würde schon aus pekuniären Gründen erheblich größer als der einer Handels- oder Industriekammer sein müssen. In Gegenden, in denen die Industrie kulminiert, würden Industriekammern kleine Bezirke bilden, dagegen würden die der Handwerkerkammern sehr groß sein müssen.

Es würde dann, wollte man den Verhältnissen der Verteilung der Gewerbe Rechnung tragen, ein ziemlich buntes Durcheinander von Bezirken der verschiedenartigsten Größe und Art geben, deren Voten je nach Art und Größe von der Regierung verschieden beurteilt werden müßten. Wir halten aus allen diesen Gründen auch diesen Vorschlag für inopportun. Wie überall, so liegt, unserer Ansicht nach, auch hier das Richtige in der Mitte.

Wir halten eine Organisation aller Berufsstände in Handels-, Gewerbe- und Landwirtschaftskammern für das Beste.

Sofort entsteht die alte Kontroverse: soll die Gewerbekammer sich nur auf das Handwerk, das Kleingewerbe, beschränken oder auch die Industrie in ihr vertreten sein?

Bevor wir unsere eigenen Anschauungen in Bezug auf diesen Punkt darlegen, wollen wir zu den Reformvorschlägen, die in Bezug hierauf hervorgetreten sind, Stellung nehmen.

Vor allen Dingen ist der Ausführungen unseres großen Nationalökonomen Gustav Schmoller zu gedenken. Bereits in seinem berühmten Werk „Zur Geschichte der deutschen Kleingewerbe im neunzehnten Jahrhundert" spricht er sich über diese Art wirtschaftlicher Interessenvertretungen in folgender Weise aus [1]): „Die Berliner Innungen [2]) haben vorgeschlagen im Gegensatz zu den Handelskammern, Gewerbekammern, in welchen das kleine Handwerk zu Worte komme und seine Interessen vertrete, zu gründen. Damit wäre aber

---

1) Gustav Schmoller: Zur Geschichte der deutschen Kleingewerbe im 19. Jahrhundert, Halle 1870, S. 699.

2) Schmoller kann hier nur die von uns im Anhang I citierte Petition der Berliner Innungen vom Jahre 1869 meinen; in dieser traten jedoch, wie wir bereits mehrfach betont haben, die Berliner Innungen nicht, wie Professor Schmoller glaubt, für Gewerbekammern, welche nur das Handwerk umfassen, ein, sondern sie forderten Gewerbekammern, in denen auch die ganze Industrie vertreten sein sollte.

nichts erreicht. Was bessern solche Kammern? Selbst die Thätigkeit der bestehenden Handelskammern konzentriert sich in ihren Jahresberichten [1]). Daß diese, verfaßt meist von besoldeten Litteraten, welche der großen Industrie immer näher stehen, als dem kleinen Handwerk, alle Dinge mehr nur vom Standpunkt der großen Industrie und des Handels betrachten, ist wahr. Man hat die Berichte spöttisch oft schon die Wunschzettel unserer großen Unternehmer genannt. Ob das zu ändern wäre durch andere Zusammensetzung, will ich hier nicht erörtern; so viel aber ist unzweifelhaft, daß Gewerbekammern, in denen nur kleine Meister ihre Interessen beraten, die Handwerkersache wieder mit dem sogenannten Handwerkerrecht zusammenwerfen und nicht viel Ersprießliches leisten würden."

Schmoller sprach sich also über eine etwaige Reform noch nicht näher aus, nahm jedoch scharf gegen Handwerkerkammern Stellung.

Wir glauben, treffender könnten die Gründe, die gegen derartige Organisationen sprechen, nicht zusammengefaßt werden. Auch unserer Ansicht nach würden nach den bisherigen Erfahrungen, wahrscheinlich weitgehende unfruchtbare, zünftlerische Bestrebungen die Folge solcher allein auf das Handwerk beschränkter Kammern sein.

Weiter ausgeführt sind Schmollers Gedanken über die Reformfrage der Interessenvertretung in seiner berühmten Rede über die Reform der Gewerbeordnung, die von ihm im Verein für Sozialpolitik am 10. Oktober 1877 gehalten wurde [2]). Redner sagt damals:

„Gewerbekammern z. B. giebt es schon in verschiedenen Staaten, und wenn ich von Reform der Handelskammern spreche, so denke ich dabei an die notwendige Aenderung des preußischen Gesetzes von 1870, das besondere Gewerbekammern nicht kennt. Solche sind aber nach meiner Ansicht und festen Ueberzeugung wünschenswert, es ist eine Reform nötig, aber sie braucht nicht ganz Neues zu schaffen, sie soll sich an das Bestehende anschließen. Es ist gewiß heilsam, wenn die Gewerbekammern gemeinschaftliche und besondere Sitzungen halten."

„Vor allem betone ich aber Eins, und es ist dasselbe, was mich immer veranlaßt, gegen die alten Zünfte zu polemisieren. Wenn Sie die Gewerbekammern reformieren, dürfen Sie nicht alle bedeutenderen gebildeteren Gewerbetreibenden, wie es, wenn ich mich nicht täusche, in Sachsen ist, in die Handelsabteilung bringen und dann ein paar Kleinmeister, Zünftler und Arbeiter in der Handwerksabteilung allein lassen, denn damit beseitigen Sie

---

1) Dies dürfte heute bereits nicht mehr zutreffen.

2) Verhandlungen des Vereins für Sozialpolitik von 1877, Leipzig 1878, S. 190 fg.

wieder den fördernden und hebenden Einfluß der Intelligenten, der Thatkräftigen auf die kleinen Leute, auf die Ungebildeten. Es müssen die kleinen und großen Handelsleute in der Handelsabteilung zusammen bleiben, es muß aber auch in der Gewerbekammer der große neben dem kleinen Fabrikanten, der Handwerksmeister neben dem Arbeiter sitzen, der sich im gewerblichen Schiedsgericht fähig gezeigt hat."

Den hier ausgesprochenen Grundsätzen entsprechend lautet die von Schmoller vorgeschlagene These, wie folgt:

„Die derzeitige notwendige Reform der Gewerbeordnung kann weder in einer Wiederbelebung der Zunftrechte noch in einer allgemeinen staatlichen Organisation der Industrie oder der gewerblichen Verbände bestehen, sondern sie hat zu versuchen, diejenigen Punkte unseres gewerblichen Lebens, die bedeutende Mißstände und empfindliche Lücken zeigen und durch die bloße Sitte und das private Vereinsleben nicht zu bessern und auszufüllen sind, einer neuen, der modernen Technik und den politischen und sittlichen Ideen unserer Zeit entsprechenden, in ihrem Geiste einheitlichen rechtlichen Ordnung zu unterwerfen."

Dazu bedarf es im Laufe der nächsten Jahre einer Reform der Handelskammern im Sinne der Teilung in eine Handels- und Gewerbeabteilung und der Zulassung der Kleingewerbetreibenden und Arbeiter.

Der bezügliche Teil in dem „Umriß zu einem Programm für Reform der Gewerbeordnung hat folgenden Wortlaut:

„Eine Reform des Handelskammergesetzes vom 24. Februar 1870 hat in Preußen in der Art stattzufinden, daß die Handelskammern von gewerbereichen Bezirken in eine Handels- und eine Gewerbeabteilung auf Antrag der Gewerbtreibenden aufgelöst werden können; für allgemeine Angelegenheiten wären gemeinsame Sitzungen vorzubehalten."

„Die Handelsabteilung wäre mit Ausschluß aller Gewerbetreibenden in der bisherigen Weise zu bilden, die Gewerbeabteilung hätte teilweise aus Wahlen der bisher berechtigten Gewerbetreibenden (Firmeninhaber, Aktiengesellschaften 2c.) hervorzugehen, teilweise aus den Mitgliedern der gewerblichen Schiedsgerichte des Bezirks zu bestehen."

„Die Zahlenverhältnisse der Mitglieder jeder Abteilung und innerhalb der Gewerbeabteilung die der einen und anderen Art wären ebenso durch das spezielle Statut jeder Kammer festzustellen, wie die Frage, ob ein gemeinsamer oder zwei Sekretäre nötig sind."

Der springende Punkt in den Ausführungen des Professors Schmoller ist der, daß die Intelligenz und Thatkraft der höher gebildeten Industriellen ein unentbehrliches Element für alle gewerblichen Beratungen bildet. Eine Isolierung der Kleinmeister würde unbedingt zu zünftlerischen, unfruchtbaren, einseitigen Bestrebungen führen. Schmoller will daher die Industriellen, als moralisches Gegengewicht gegen derartige Bestrebungen, der Gewerbekammer überwiesen wissen.

So sehr wir das erste Argument anerkennen, so können wir doch nicht für eine derartige Trennung zwischen Handel einerseits und Industrie andererseits uns aussprechen. Wir halten Handel und Industrie für so eng verwachsen, daß mindestens ein Optionsrecht dem Industriellen gelassen werden müßte, sich zu entscheiden, ob er in der Handels- oder in der Gewerbekammer seine Interessenvertretung erblicken will[1].

Die Industriellen würden wahrscheinlich, wenn man ihnen dieses Optionsrecht zustände, in der Hauptsache in der Handelskammer ihre Interessenvertretung erblicken, wie dies das Beispiel der hanseatischen Gewerbekammern deutlich zeigt. Die Kammern zu Hamburg, Bremen, Lübeck sind Organisationen, von der Art, wie sie sich Prof. Schmoller denkt, in ihnen haben jedoch von jeher die Großindustriellen nur in sehr bescheidenem Maße ihre Interessenvertretung erblickt, der bei weitem größte Teil macht von seinem Optionsrecht Gebrauch und wählt zur Handelskammer.

Die Großindustriellen verspüren einerseits wenig Lust, ein moralisches Gegengewicht gegen einseitige Bestrebungen von Kleingewerbetreibenden zu bilden, die Handwerker wollen sich andererseits nicht von diesen majorisieren lassen. Diese letzteren verlangen eigene Kammern, weil sie fürchten, daß die Industriellen mit ihrer höheren Intelligenz hindern würden, daß ihre eigenen Wünsche zur richtigen Geltung kommen.

Wie soll in der Gewerbekammer das Zahlenverhältnis zwischen den Vertretern der Industrie und des Handwerks gestaltet werden? Wollte man die Mitglieder der Kammer durch einfache Wahl in die Korporation senden, so würden, da das Handwerk im Allgemeinen die Industrie bei weitem an Zahl überwiegt, nur wenige Vertreter der Industrie in solche Kammern eintreten und dann die Industrie keine rechte Interessenvertretung in der Kammer finden. Bei einer Wahl, die unserem Dreiklassenwahlsystem entspricht, würde wiederum das Handwerk, welches doch nur geringe Steuer zahlt, wenig vertreten sein. Prof. Schmoller schlägt deswegen vor, die Kammer solle in ihrem Statut dieses Zahlenverhältnis feststellen.

---

1) Ohne Optionsrecht scheint uns, aus den schon gegen den Vorschlag von Grätzer angeführten Gründen, die Durchführung dieses Planes unmöglich, selbst Grätzer gesteht dieses Optionsrecht zu.

Auch dieser Vorschlag scheint uns zu Bedenken Anlaß zu geben, denn durch derartige Festsetzungen würden die Mitglieder stets in Gruppen geschieden, die sich dann mehr oder weniger scharf entgegenstehen. Eine Gruppe, die weniger Mitglieder hätte, würde sich zurückgesetzt fühlen, auch wenn in dem Bezirk der Kammer sie entsprechend schwächer vertreten wäre als die andere. Wir glauben, die hanseatischen Gewerbekammern haben deswegen so gut gewirkt, weil die in ihr vertretenen Mitglieder der Großindustrie sich nicht als etwas anderes fühlten und fühlen konnten als die des Kleingewerbes. Ebenso würden unsere Handelskammern nicht so gut funktioniert haben, wenn man dieselben in Industrie- und Handelsmitglieder hätte scheiden wollen.

Aus diesen Gründen halten wir diesen Vorschlag ebenfalls für inopportun.

Es ist nur noch des Vorschlages des Abgeordneten von Kleist-Retzow zu gedenken, den derselbe im Jahre 1884 bei den bezüglichen Verhandlungen im Reichstag vortrug. Er führte aus, daß, wenn die Gewerbekammer das gesamte Gewerbe umfassen solle, so müsse sie in zwei Abteilungen, eine für Großindustrie und eine für das Kleingewerbe (Handwerk), zerfallen. Eine derartige Verteilung habe bei den preußischen Gewerberäten stattgefunden und finde jetzt in Sachsen und Bayern statt[1]).

Was Bayern und Sachsen betrifft, so befand sich der Abgeordnete im Irrtum, denn in Bayern und Sachsen befindet sich die Großindustrie in der Handelskammer, sie bildet keine Abteilung der Gewerbekammer. Bei den preußischen Gewerberäten trifft jedoch seine Ausführung zu. Bei diesen hat sich aber diese Scheidung nicht bewährt, sondern nur zu einer erbitterten Gegnerschaft zwischen diesen beiden Gewerbsgruppen geführt. Eine solche Gewerbekammer würde eigentlich aus zwei Kammern bestehen, und auch hier würden sich bald Streitigkeiten über die Kompetenzen dieser Einzelorganisationen und des gesamten Plenums herausbilden.

Es ist noch der Standpunkt zu beleuchten, den die Gewerbekammertage bisher eingenommen haben und welcher in der vom Sekretär der Hamburger Gewerbekammer, Nagel, ausgearbeiteten Denkschrift, betreffend die Errichtung von Gewerbekammern sowie die Organisation und Zuständigkeit derselben, und in den Schriften des Dr. Jacobi, Konsulenten der Bremischen Gewerbekammer, am besten zum Ausdruck kommt.

Diese Autoren wollen in der Hauptsache die Zustände erhalten wissen, wie sie bereits zum Segen des Gewerbestandes in den Hansastädten bestehen. Sie wünschen, daß die Großindustriellen gleichzeitig zur Gewerbe- wie zur Handelskammer wahlberechtigt und wählbar sein sollen, da dieselben der kauf-

1) Vergl. S. 119 fg. dieser Schrift.

männischen Seite ihres Betriebes nach dem Handels-, und der technischen Seite nach dem Gewerbestande angehören. Es erscheine daher als ganz sachgemäß, daß diese Doppelseitigkeit in dem Rechte zur Beteiligung an beiden Kammern Ausdruck finde.

Es soll daher den Großindustriellen überlassen sein, ob sie in der einen oder anderen Kammer ihre Interessenvertretung erblicken wollen. Die Erfahrung lehrt, daß von diesem aktiven und passiven Wahlrecht zur Gewerbekammer seitens der Großindustriellen in den Hansastädten ein äußerst bescheidener Gebrauch gemacht wird.

Unseres Dafürhaltens liegen die Interessen der Großindustrie im Wesentlichen auf einem anderen Gebiete als die des Kleingewerbes. Beim Handwerk handelt es sich hauptsächlich um die Lehrlingsausbildung und ähnliche Fragen, die für die Großindustrie, welche nur noch in geringem Maße Lehrlinge kennt, sondern jugendliche Arbeiten an Stelle solcher beschäftigt, nicht unmittelbar von Bedeutung sind. Indirekt hat die Großindustrie an einer tüchtigen handwerksmäßigen Lehrlingsausbildung ein großes Interesse, da sich die Werkmeister und ein großer Teil der Arbeiter aus gelernten Handwerkern rekrutieren. *Wir halten eine Vereinigung von Großindustrie und Kleingewerbe in einer Korporation nicht für richtig, sondern glauben vielmehr, daß die Großindustrie mit dem Handel vereinigt bleiben sollte, während die kleinere Industrie, deren Interessen mehr nach dem Handwerk hinneigen, mit diesem in Gewerbekammern vereinigt werden müßte. Auf diese Weise würde die verbindende Mittelstellung der Industrie zwischen Handel und Handwerk gewahrt und verhindert, daß sich einseitige Klassenvertretungen bilden.*

Prof. Schmoller wie die Gewerbekammertage sind zu ihrem Vorschlag, die Großindustrie mit dem Handwerk zu vereinigen, nur gekommen, weil sie die Schaffung von Handwerkerkammern für unrichtig hielten. Intelligentere, weitsichtigere Elemente sollten der Gewerbekammer erhalten bleiben. *Auch wir halten es für unbedingt erforderlich, daß höhere gewerbliche Schichten mit in die Gewerbekammer einbezogen werden müssen, nur braucht dies nicht die ganze Industrie zu sein, sondern es reichen die Schichten derselben aus, welche dem Handwerk am nächsten stehen und mit demselben solidarische Interessen haben.*

Auf diese Weise wird allerdings eine Scheidung zwischen den Industriellen, welche der Handels-, und denen, welche der Gewerbekammer zugehören sollen, nötig.

Viertes Kapitel.

Handwerker- oder Gewerbekammer?

Wie wir bereits wissen, traten seit dem Handwerkertag zu Magdeburg die sogenannten organisierten Handwerker Deutschlands für reine Handwerkerkammern, d. h. für Organisationen ein, in denen nur der kleine Handwerkerstand vertreten sein soll. Man ging bei dieser Forderung von der Ansicht aus, daß der kleine Handwerkerstand allein am besten wisse, was zur Hebung seiner Lage notwendig sei, und daß eine Beteiligung höherer Gewerbetreibender nur zu Unzuträglichkeiten führen müsse, da diese bereits andere Interessen hätten und vermöge ihrer höheren Intelligenz leicht die Handwerker zu majorisieren vermöchten, so daß diese gehindert würden, ihre wahren Interessen zu fördern.

Man hat in neuerer Zeit weniger die Absicht, in den Handwerkerkammern wirkliche Interessenvertretungen zu schaffen, bei denen sich die Behörden Auskunft über das Handwerk einholen können, sondern der Hauptwert wird darauf gelegt, eine neue Aufsichtsbehörde für die Innungen zu gewinnen. Die Handwerkerkammer soll eng an die Innungen angeschlossen werden, sie wird als ein innungsmäßiger höherer Selbstverwaltungskörper gedacht, vermöge dessen die Innungen eine größere Bewegungsfreiheit erlangen könnten. Sie wird von den organisierten Handwerkern Deutschlands kurz als Krone des Innungsbaues bezeichnet.

Die so geplante Handwerkerkammer halten wir besonders deshalb für eine gesetzgeberische Unmöglichkeit, weil sich bei unseren jetzigen gewerblichen Verhältnissen eine feste, klare Grenze, welche das Handwerk von dem sonstigen, mehr oder weniger fabrikmäßigen Kleingewerbe scheidet, nicht mehr ziehen läßt [1]). Diese beiden Produktionsformen fließen so in einander über, daß jeder Versuch, sie zu trennen, scheitern muß. Auf den Handwerkertagen ist man nie mit praktischen Trennungsvorschlägen hervorgetreten, so daß

---

1) Hampke: Der Befähigungsnachweis im Handwerk, Jena 1892, S. 95 ff. und S. 102 fg.

je nachdem eine hohe oder geringere Meinung vom Handwerk besteht, die Grenze hoch oder niedrig gedacht werden kann. In Sachsen, Bayern und Baden, wo die Großindustrie nicht mit in den Gewerbekammern vertreten sein soll, hat man daher die Grenze unter Vermeidung des unklaren Begriffs „Handwerk" zu ziehen gesucht. In Bayern ist die Abgrenzung eine negative, so daß alle nicht zur Handelskammer wahlberechtigten Gewerbetreibenden in die Gewerbekammer gehören. In Sachsen und Baden ist die Einkommensteuer noch zu Hilfe genommen, um eine Scheidung herbeizuführen.

Von reinen Handwerkerkammern muß unseres Erachtens schon deshalb abgesehen werden, weil dieselben sehr leicht Einseitigkeiten verfallen und vielfach entweder eine kümmerliche oder eine ungesunde forcierte Lebensthätigkeit entwickeln würden. Bei aller Anerkennung der Tüchtigkeit und Leistungsfähigkeit unseres Handwerkerstandes muß man doch aussprechen, daß der kleine Handwerker leicht einen ziemlich engen, einseitigen Interessenstandpunkt vertritt. Ihm fehlt, vermöge seines Bildungsganges, häufig der weite Gesichtskreis und die Fähigkeit, sich den Fortschritten unserer wirtschaftlichen Entwickelung schnell anzupassen und sich mit den gegebenen Verhältnissen in Einklang zu bringen [1]).

Aus diesen Gründen huldigt der Handwerker im allgemeinen leicht dem Rückschritt. Er sieht unter Verkennung der historischen Entwickelung in früheren Einrichtungen, die unter anderen Verhältnissen günstigere Resultate hatten, den Weg zur Besserung der Lage seines Standes.

Unter den Handwerkern giebt es jedoch eine große Zahl intelligenter Männer, welche den Zug ihrer Zeit verstehen und die sich unter Benutzung aller neueren Fortschritte zu großen Handwerkern oder kleinen Fabrikanten emporarbeiten. Gerade diese intelligentesten Schichten, die am besten zu beurteilen wissen, was dem Handwerk frommt, würden, wollte man lediglich Handwerkerkammern gründen, aus denselben ausgeschlossen werden, da sie ein Mittelglied zwischen Handwerk und Großindustrie bilden und nicht mehr eigentlich zum Handwerk gehören. Von allen bisher bestehenden Gewerbekammern wird gerade auf die Heranziehung solcher Männer der größte Wert gelegt, denn sie bilden die rührigsten Elemente und vermögen durch ihren Rat am segensreichsten für den Handwerkerstand zu wirken.

Die Gutachten von Handwerkerkammern, die nur aus Vertretern des kleineren Handwerkerstandes bestünden, würden daher meist einseitige, nicht der Allgemeinheit genügend Rechnung tragende Beschlüsse zur Geltung bringen.

---

1) Hampke: Der Befähigungsnachweis im Handwerk, Jena 1892, S. 16 ff.

Es würde in solchen Korporationen wahrscheinlich nur eine Stimme herrschen und nicht, wie es jetzt in den Handelskammern der Fall ist, durch Kompromisse der sich entgegenstehenden Anschauungen eine vermittelnde Ansicht zur Geltung kommen.

Einseitige Gutachten würden andererseits für die Regierung wenig Nutzen haben, da diese die gesamten volkswirtschaftlichen Interessen in Betracht ziehen muß und Sonderinteressen nur insoweit berücksichtigen darf, als sie nicht mit der Gesamtheit in Disharmonie stehen. Unwillkürlich müßten die Gutachten derartiger Interessenvertretungen in den Augen der Regierung einen geringeren Wert erhalten, als die der Handelskammern.

Wir wollen nur an ein Beispiel erinnern, welches der große Parlamentarier von Plener in seiner berühmten Rede gegen Handwerkerkammern im Jahre 1883 im österreichischen Abgeordnetenhause anführte. Redner sagte damals [1]), wenn eine Handelskammer sich für den Bau einer Eisenbahn in ihrem Bezirke oder für die Herabsetzung der Eisenbahntarife ausspreche, so würde doch jedermann sagen, daß dies im volkswirtschaftlichen Interesse des Bezirkes liege. Eine Handwerkerkammer könne dagegen mit vollem Recht sich dahin aussprechen, daß die Bahn sie ruiniere. Diese Bahn bringe die Produkte der Großindustrie in die kleinen Städte, sie überschwemme dieselben mit wohlfeilen fremden Artikeln, sie führe so dem kleinen Handwerker die Konkurrenz herbei, sie ziehe die Arbeitskräfte ab und verteuere die Löhne. Es wäre also im reinsten Interesse der Handwerkerkammer, daß diese Bahn nicht gebaut würde, und sie werde sich daher mit vollem Recht gegen den Bau der Bahn oder die Herabsetzung der Tarife aussprechen. Daß durch derartige Gutachten nicht die Interessen der Gesamtheit gewahrt würden, liege auf der Hand.

Diese Ausführungen von Pleners scheinen uns viel Wahres zu enthalten. Es ist jedoch nicht nötig, die Beispiele aus der Luft zu greifen, um zu wissen, wie eine allein auf den Handwerkerstand beschränkte Interessenvertretung wirken müßte, sondern man hat sich nur die Vorgänge in der Handwerksabteilung der preußischen Gewerberäte zu diesem Zwecke zu vergegenwärtigen. In dieser traten sofort zünftlerische Bestrebungen hervor. Man beschäftigte sich mit der Abgrenzung der Gewerbe gegen einander und suchte die Grenze zwischen Handwerk und Fabrik zu finden. Kurz, man verlor die Zeit in undurchführbaren Bestrebungen, die mit den gegebenen gewerblichen Verhältnissen nicht mehr vereinbar waren.

---

1) Stenographisches Protokoll des Hauses der Abgeordneten, IX. Session, 261. Sitzung vom 30. Januar, S. 8997 fg.

Aehnliche Bestrebungen würden jetzt wahrscheinlich sich wieder einstellen. Auch in den neuen preußischen Gewerbekammern hat die Handwerkerabteilung, die den Namen einer Handwerkerkammer verdient, sich vielfach für den Befähigungsnachweis, die obligatorische Innung, die Abgrenzung von Handwerk und Fabrik erwärmt und dahin gehende Beschlüsse seitens der Kammer herbeizuführen gesucht.

In den geforderten Handwerkerkammern wird sogar von vornherein diese Organisation als Berufungsinstanz in Bezug auf Erteilung des Befähigungsnachweises gedacht, den man trotz der Ablehnung der Regierung doch durchzusetzen hofft. Ferner soll diesen Organisationen die Entscheidung darüber zustehen, wer Handwerker und wer Fabrikant ist. Wahrscheinlich würde auch jetzt nicht die Zauberformel gefunden werden, durch welche diese undurchführbare Trennung ermöglicht werden soll. Handwerkerkammern würden zu eng in ihrem Gesichtskreis sein und zu sehr an den rein örtlichen Erscheinungen hängen, ohne das richtige Verständnis für die allgemein wirtschaftlichen Momente zu haben. Prof. Schmoller hat sich, wie wir im vorigen Kapitel sahen, aus diesem Grunde wiederholt gegen Handwerkerkammern ausgesprochen, und alle Gewerbekammertage stellten sich auf den gleichen Standpunkt.

Die Motive zum badischen Gewerbekammergesetz sagen sehr treffend [1]): „Die Erfahrungen indessen, welche bezüglich der Wirksamkeit freiwilliger Vereinigungen vorliegen, deren Mitgliedschaft auf die Kleingewerbetreibenden, sei es infolge ihrer Satzungen, sei es infolge anderer Ursachen, beschränkt ist, erwecken ernstliche Zweifel gegen die Nützlichkeit einer derartigen Isolierung des Kleingewerbes, wenigstens in dem Kreise derer, welche die Bedingungen der Erhaltung und des Gedeihens des Kleingewerbes in einer thunlichsten Anpassung seines Betriebs an denjenigen der Industrie erblicken und es daher als im Interesse des ersteren gelegen erachten, daß dasselbe in möglichst lebhafte Beziehungen zu seiner Lehrmeisterin, der Industrie, gebracht werde. Der weite Blick, den durch die Mitgliedschaft Industrieller diese aus den besten Kräften des Gewerbestandes zusammengesetzte Interessenvertretung haben wird, wird sie davor bewahren, in Dingen ihr Heil zu suchen, die einer überwundenen Vergangenheit angehören."

In Sachsen und Bayern bilden die Gewerbekammern nicht die Vertretung des gesamten Gewerbes. Hier ist jedoch die Grenze so gezogen, daß sehr kleine Fabrikanten für die Gewerbekammer wahlberechtigt und wählbar sind.

Gerade in Sachsen, wo die Grenze der Wahlberechtigung zur Gewerbe-

1) Beilage zum Protokoll der 15. Sitzung der zweiten badischen Kammer vom 21. Januar 1892.

kammer bisher so tiefe gewerbliche Schichten einschloß, daß man diese Organisationen fast als Handwerkerkammern bezeichnen könnte [1]), macht sich in unseren Tagen eine Bewegung geltend, welche diese Grenze nach oben zu verschieben beabsichtigt. Man will also sich nicht mehr auf das kleine Handwerk beschränken, sondern auch höhere Kreise in die Gewerbekammer hineinziehen. Die Wahlberechtigung zur sächsischen Gewerbekammer hatten bisher nur diejenigen Personen, welche ein abgeschätztes gewerbliches Einkommen von 600—1900 M. besaßen. Sämtliche sächsische Gewerbekammern haben sich neuerdings in einer Denkschrift dahin ausgesprochen, daß diese Grenze, von 1900 M. bis auf 2500 M. erhöht werden möchte [2]).

Selbst bei dieser Erhöhung schien die Grenze zwischen den Gewerbe- und Handelskammern noch zu eng gezogen zu sein. Man hat sich deshalb dahin geeinigt, daß gewisse einzeln aufzuführende Gewerbe der Gewerbekammer zugewiesen werden sollen, auch wenn ihre Angehörigen eine eingetragene Firma oder ein gewerbliches Einkommen von über 2500 M. besitzen [3]).

Die Mehrheit hat noch den Zusatz für erforderlich erachtet: „dafern der Betrieb kein fabrikmäßiger ist". Von der Handels- und Gewerbekammer Plauen ist hiergegen der Einwand erhoben worden, daß dadurch der Zweck, über den zweifelhaften Begriff „Fabrik" hinwegzukommen, wieder vereitelt würde. Die Mehrheit hat dieses Bedenken jedoch nicht für durchschlagend erachtet; im Zweifel würde bei den in Rede stehenden Gewerben immer für die Zugehörigkeit zur Gewerbekammer zu entscheiden sein.

In der Denkschrift wird ausdrücklich betont, es sei von verschiedenen Seiten hervorgehoben worden, daß es eine große Zahl von Handwerkern

1) Abgesehen davon, daß diese Kammern auch den Kleinhandel enthalten.

2) Denkschrift, betreffend Aenderung der gesetzlichen Bestimmungen über die Handels- und Gewerbekammern im Königreich Sachsen, Leipzig 1892.

3) Den sächsischen Gewerbekammern sollen vorbehalten bleiben: Baugewerke, Barbiere und Friseure, Bäcker und Konditoren, Beutler, Bildhauer (Stein- und Holzbildhauer), Böttcher, Brunnenbauer, Buchbinder, Büchsenmacher, Bürstenbinder, Dachdecker, Destillateure, Drechsler (Bein-, Holz- und Metalldrechsler), Färber, Feilenhauer, Fischer, Fleischer und Metzger, Gastwirte und Restaurateure, Gelb- und Rotgießer, Gerber, Glaser, Glasschleifer und Glasmaler, Gold- und Silberarbeiter, Gold- und Silberschläger, Graveure, Gürtler, Hutmacher, Kamin- und Schornsteinfeger, Klempner, Korbmacher, Kupferschmiede, Kürschner und Mützenmacher, Leb- und Pfefferküchler, Leimsieder, Maler und Lackierer, Mechaniker und Optiker, Messer- und Zeugschmiede, Müller, Nadler, Ofensetzer, Pflastersetzer, Photographen, Posamentierer, Sattler und Riemer, Schlosser, Schmiede, Schneider, Schuhmacher, Schwertfeger, Seifensieder, Seiler, Sporer, Steinmetzen, Stellmacher und Wagenbauer, Strumpfwirker, Täschner, Tapezierer und Dekorateure, Tischler und Schreiner, Töpfer, Tuchscheerer, Uhrmacher, Vergolder, Weber und Wirker, Zinngießer.

(hier promiscue für Gewerbetreibende gebraucht) dieser Art gebe, die trotz eingetragener Firma und höheren Einkommens auf ihre Eigenschaft als Handwerker und auf ihre Zugehörigkeit zur Gewerbekammer Wert legten, gerade unter ihnen seien — so wurde hinzugefügt — die tüchtigsten Kräfte für die Gewerbekammern zu finden.

Diese Bestrebungen in allen bestehenden Gewerbekammern, sich entweder die höheren kleingewerblichen Elemente zu erhalten oder, wie in Sachsen, sich solche in höherem Maße zu verschaffen, sollten die Freunde der Handwerkerkammern stutzig machen, denn alle praktischen Erfahrungen sind gegen diese. Auch der Konsulent der Bremischen Gewerbekammer, Dr. Jacobi, spricht sich energisch gegen Handwerkerkammern aus. Er sagt: „Handwerkerkammern, die, wie schon der Name andeutet, nur eine Vereinigung des kleinen Gewerbes, losgelöst von allen seinen Beziehungen zu der übrigen industriellen Produktion sind, würden totgeborene Kinder sein, von vornherein auf das geringste Maß von Thätigkeit angewiesen, ohne treibende, gestaltende Kraft; im günstigsten Falle würden sie thatsächlich weiter nichts sein als „Innungsausschüsse“, wie man sie zum Notbehelf schon getauft hat. Wer im Ernste solche Vorschläge machen kann, der hat entweder die Frage der gewerblichen Organisation gar nicht begriffen, oder er sucht die unbequemen Dränger auf die bequemste Weise los zu werden, indem er ihnen einen Brocken hinwirft, unbekümmert darum, ob damit der Sache auch wirklich gedient wird, oder nicht. Will man zu einem richtigen Urteil darüber kommen, welche Einrichtung und welcher Umfang den Gewerbekammern zu geben sein wird, so braucht man sich nur zu vergegenwärtigen, welche Aufgaben ihnen zufallen. Die Gewerbekammern sollen einmal offizielle konsultative Organe sein, die nach oben hin die Verwaltung und die Gesetzgebung über alle gewerblichen Dinge zu beraten haben; sie müssen also in ihrer Zusammensetzung die Gewähr geben, daß ihnen auch die nötige Erfahrung und Einsicht hierzu innewohnt. Schon aus diesem Grunde darf man die Grenze nicht zu enge ziehen.“

Diese Ausführungen verdienen um so mehr Beachtung, als sie von einem Manne kommen, der als warmer Freund des Handwerks bekannt ist und bereits seit vielen Jahren als Konsulent der Bremer Gewerbekammer wirkt [2]).

---

1) Jacobi: Die Organisation des Gewerbes mit spezieller Berücksichtigung des Handels, Kassel 1879, S. 43 fg.

2) Daß Dr. Jacobi auch heute noch auf dem gleichen Standpunkte steht, beweist seine in der ersten ordentlichen Hauptversammlung des Verbandes deutscher Gewerbevereine zu Köln am 14. November 1892 gehaltene Rede.

Alle praktischen Erfahrungen sprechen also dafür, nicht die gewerbliche Interessenvertretung allein auf das Handwerk zu beschränken.

Sollen die Großindustriellen eine Vertretung in der Gewerbekammer finden, oder soll man die Großindustrie und das Fabrikentum in den Handelskammern belassen, dafür aber die mittleren und kleineren Industriellen mit den Handwerkern in den Gewerbekammern vereinigen?

Sowohl Professor Schmoller wie auch die Gewerbekammertage sind stets für Gewerbekammern eingetreten, welche das gesamte Gewerbe, also auch die Großindustrie, zu umfassen hätten.

So sehr wir anerkennen, daß in technischer Beziehung die Interessen von Handwerk und Großindustrie vielfach übereinstimmen, so müssen wir doch betonen, daß je weiter die Arbeitsteilung fortgeschritten ist, sich Handwerk und Großbetrieb mehr und mehr entfremdet haben, so daß ihre Interessen wohl in den häufigsten Fällen verschiedene sind.

Es würde den Industriellen meistens vermöge ihrer höheren Intelligenz und Bildung gelingen, ihre Anschauungen zum Ausdruck zu bringen, und die kleinen Handwerker kämen dann mit ihren eigenen Interessen nicht recht zur Geltung.

Diese Majorisierung wird von den Kleingewerbetreibenden am meisten gefürchtet, und sie ist es gerade, welche die Handwerker zur Forderung der Handwerkerkammern gebracht hat. Wenn wir auch glauben, daß diese Furcht viel zu weit geht, weil es den Handwerkern leicht sein würde, vermöge ihrer Majorität an Zahl bei der Wahl die Industriellen zu überstimmen, so muß man doch das Berechtigte derselben anerkennen.

Gerade die hanseatischen Gewerbekammern sind stets für Ausdehnung der Gewerbekammer auf die gesamte Industrie eingetreten, wie sie bei ihnen prinzipiell besteht. Thatsächlich haben aber die Großindustriellen von ihrem Wahlrecht zur Gewerbekammer in den Hansestädten nie rechten Gebrauch gemacht. Sie haben sich stets zur Handelskammer gehalten [1]. In Wirklichkeit sind die hanseatischen Gewerbekammern, ihren Mitgliedern nach zu urteilen, immer Organisationen gewesen, welche nur das mittlere und kleine Gewerbe vertraten.

Wir sind der Ueberzeugung, daß in die Gewerbekammer, in welcher das Kleingewerbe seine Interessenvertretung finden soll, nur solche Gewerbetreibende mit einbezogen werden dürften, deren Interessen im Wesentlichen mit denen des Handwerks übereinstimmen, so daß gleichartige und sonst zusammengehörige Gruppen in der Gewerbekammer

1) Vergl. S. 8 dieser Schrift.

eine gemeinsame Vertretung finden. Gerade die Interessen der kleinen Industrie sind bisher in den Handelskammern ziemlich schwach gewahrt worden. Sie würde mit einem Ausscheiden aus dieser und mit einer Verweisung in die Gewerbekammer jedenfalls einverstanden sein.

Es muß also eine Scheidung zwischen den Gewerbetreibenden, deren Interessen nach der Großindustrie, und denen, deren Interessen nach dem Kleingewerbe und Handwerk hin gravitieren, herbeigeführt werden. Diese Trennung richtig zu treffen, ist ungemein schwer.

In Bayern hat man das Scheidungsmerkmal in der Eintragung in das Firmenregister erblickt. Dieses Kennzeichen ist jedoch ein durchaus trügerisches, da jetzt viele handelnde Handwerker eingetragene Firmen besitzen. Mit der Eintragung in das Handelsregister wollen die Handwerker keineswegs ihre Eigenschaft als Handwerker aufgeben. Der eingetragenen Firma kann daher ein maßgebender Einfluß auf die Scheidung nicht zugestanden werden.

In Sachsen und Baden hat man das Einkommen als Scheidungskennzeichen herangezogen. In Baden sollen diejenigen zur Gewerbekammer gehören, welche bewegliche Sachen für andere handwerksmäßig darstellen und zur Gewerbesteuer nicht oder mit weniger als 10000 Mark veranlagt sind. Die badischen Gewerbekammern umfassen daher bedeutend höhere gewerbliche Schichten als die sächsischen.

Der Verband deutscher Gewerbevereine wollte alle diejenigen Gewerbetreibenden der Gewerbekammer zugewiesen wissen, welche nach dem neuen preußischen Gewerbesteuergesetz vom 24. Juni 1891 vier bis 192 Mark Gewerbesteuer zahlen, welche Steuersätze einem jährlichen Ertrage von 1500 bis ausschließlich 30000 Mark entsprechen. Diese Daten sollten, da es sich um ein Reichsgesetz handelt, nur als Vorbild dienen. Die Bundesregierungen hätten dann ihrerseits die Grenze der Wahlberechtigung im Rahmen des vorstehenden Vorschlages festzusetzen [1]). Der Verband deutscher Gewerbevereine wollte also noch höhere gewerbliche Kreise, als das badische Gesetz vorgesehen hatte, der Gewerbekammer zugewiesen wissen.

Unserem Dafürhalten nach würde sich an der Hand der Steuerverhältnisse eine Grenze für das Reich nicht festsetzen lassen, da in jedem Bundesstaate die Steuerverhältnisse andere sind und nicht in allen Bundesstaaten Gewerbesteuern bestehen. Selbst wenn man, wie der Verband deutscher Gewerbevereine vorschlägt, nur einen Mustersteuersatz im Reichsgesetz vor-

---

1) Verhandlungen der ersten ordentlichen Hauptversammlung des Verbandes deutscher Gewerbevereine zu Köln a. Rh. am 14. und 15. November 1892, Köln 1892, S. 17.

sehen wollte, nach dem sich die einzelnen Bundesstaaten zu richten hätten, so würden doch bei der größten Beflissenheit der Einzelstaaten, sich an dieses Muster zu halten, zu verschiedene Kreise in den verschiedenen Ländern getroffen werden, da bei der Verschiedenartigkeit der Steuererhebung eine Einheitlichkeit sich nicht erzielen läßt.

Fällt auch dieses Kennzeichen der Scheidung weg, so bleibt nur noch als Auskunftsmittel die Zahl der regelmäßig im Betriebe beschäftigten Hilfsarbeiter als Grenze übrig. Diese Scheidung ist eine rein mechanische, zu ihr hat aber, wie der Staatsminister Dr. von Böttícher am 6. Dezember 1892 im Reichstag ausführte, in der vorläufigen Vorlage die Regierung auch ihre Zuflucht nehmen müssen.

Die Zahl der Hilfsarbeiter ist bereits in der österreichischen Gewerbeordnung vom 15. März 1883 als Hauptscheidungsmerkmal zwischen Handwerk und Fabrik angenommen. Ist sie zu diesem Zweck in Oesterreich völlig ungenügend, weil dort von der Zahl der Hilfsarbeiter abhängt, ob der Gewerbetreibende ein Gewerbe ohne Befähigungsnachweis selbständig betreiben darf oder nicht, so dürfte für unsere Zwecke, wo wir keineswegs Handwerk von Fabrik scheiden wollen, sondern wo nur eine Scheidung zwischen Gewerbetreibenden herbeigeführt werden soll, deren Interessen entweder nach der Großindustrie oder nach dem Handwerk gravitieren, die Hilfsarbeiterzahl als Scheidungsmerkmal genügen. Erst wenn man in Deutschland mit dieser Scheidung die Durchführung des Befähigungsnachweises, wie in Oesterreich, verbinden wollte, würde sie sich als ungenügend erweisen.

Auch in unserer Gewerbeordnung hat man zweimal in den §§ 134 und 134a die Zahl der Hilfsarbeiter zur Bestimmung von Fabriken, welche besonderen Normen unterworfen sind, herangezogen. Man hat den Begriff Fabrik in der deutschen Gewerbeordnung nicht bestimmt, jedoch ist in den erwähnten Paragraphen von Fabriken die Rede, welche in der Regel mindestens zwanzig Arbeiter beschäftigen. Ganz analog der österreichischen Gewerbeordnung wird also hier ein Betrieb, der mindestens zwanzig Hilfsarbeiter beschäftigt, als Fabrik im bestimmten Sinne betrachtet [1]). In dem Unfallversicherungsgesetz ist ferner ebenfalls eine Scheidung zwischen Handwerk und Fabrik vorgenommen. Nach diesem Gesetz gelten unbedingt als Fabriken Betriebe zur gewerbsmäßigen Bearbeitung oder Verarbeitung von Gegenständen, in welchen mindestens zehn Arbeiter regelmäßig beschäftigt werden, sowie Betriebe zur gewerbsmäßigen Erzeugung von Explosivstoffen und explodierenden Gegenständen [2]).

1) Hampke: Der Befähigungsnachweis im Handwerk, Jena 1892, S. 102 fg.
2) Handbuch der Unfallversicherung, Leipzig 1892, S. 11.

Hier ist die Grenze schon bei zehn Arbeitern festgesetzt. Um eine richtige Grenze zwischen Handels- und Gewerbekammer zu stipulieren, muß man sich vergegenwärtigen, welche gewerblichen Kreise in den zu schaffenden Gewerbekammern eine Vertretung finden sollen.

Wir wollten die Gewerbetreibenden, deren Interessen mit denen des Handwerkerstandes übereinstimmten, in diese Interessenvertretung gewiesen sehen und betonten, daß hauptsächlich die Handwerker, die sich zu kleinen Fabrikanten aus dem Handwerk emporgeschwungen haben, wie alle diejenigen, welche eine Art Zwischenstufe zwischen Handwerk und Fabrik bilden, in die Gewerbekammer gehören.

Die so bezeichneten gewerblichen Kreise glauben wir am besten zu treffen, wenn wir alle diejenigen technisch-produktiven Gewerbetreibenden, welche regelmäßig mindestens fünfundzwanzig Hilfsarbeiter beschäftigen, der Gewerbekammer zuweisen. Diejenigen Gewerbetreibenden, welche mehr als fünfundzwanzig Hilfsarbeiter beschäftigen, gehören unseres Dafürhaltens deshalb nicht mehr in die Gewerbekammern, weil dieselben wohl meist ihr Gewerbe nicht in einer handwerksmäßigen Lehre erlernt, sondern sich durch kaufmännische Ausbildung oder Studium die Fähigkeiten zur Leitung ihres Betriebes angeeignet haben und weil ferner in allen diesen Betrieben meistens eine Lehrlingsausbildung, wie sie in dem Handwerk gepflegt wird, nicht mehr stattfindet.

Gerade weil die Gewerbekammer, wie wir bei der Bestimmung der Kompetenzen dieser Kammer zeigen werden, eine Aufsichtsbehörde über das Lehrlingswesen werden soll, halten wir eine weitere Verschiebung der Grenze nach oben für unthunlich. Wir sind uns vollkommen bewußt, daß es manche Betriebe mit weniger als fünfundzwanzig Hilfsarbeitern giebt, die schon vollständig den Charakter der Großindustrie an sich tragen. Für diese könnte der Bundesrat, die Grenze auf eine niedrigere Hilfsarbeiterzahl normieren.

Wir glauben, daß sich bei den jetzigen gewerblichen Verhältnissen trotz der großen Mängel dieser Scheidungsart nach Hilfsarbeitern eine bessere Form nicht wird finden lassen.

Die Möglichkeit, daß sich auch noch größere Fabrikanten der Gewerbekammer zuwenden, möchten wir jedoch gewahrt wissen. Alle selbständigen technisch-produktiven Gewerbetreibenden, welche mehr als fünfundzwanzig Hilfsarbeiter beschäftigen, müßten, wenn sie ihre Aufnahme in die Wählerlisten der Gewerbekammer selbst beantragen, zu dieser wahlberechtigt und wählbar sein. Auf diese Weise würden alle diejenigen Großindustriellen, welche lieber in der Gewerbekammer ihre Interessenvertretung sehen (daß dies vorkommt, zeigt Bremen), dieselbe in ihr finden können.

Wie die Handwerkerpresse zeigt, hat der vorläufige Entwurf der Regierung für die Organisation des Handwerks die Grenze zwischen den Gewerbetreibenden, welche in die Handwerkerkammern gehören, und denjenigen, welche zur Handelskammer wahlberechtigt sein sollen, ebenfalls in der Zahl der Hilfsarbeiter zu finden gesucht.

Wie aus mehreren Artikeln des „Handwerker", des Organs des Centralausschusses der vereinigten Innungsverbände Deutschlands, welcher genau über die Pläne der Regierung orientiert zu sein scheint, hervorgeht, hat die Regierung die Grenze schon bei zehn Hilfsarbeitern ziehen wollen [1]). Hiergegen erhebt sich selbst bei den Freunden der Handwerkerkammern Opposition, denn diese weisen darauf hin, daß sie vielfach in ihren Innungen Genossen hätten, welche mehr als zehn Hilfsarbeiter beschäftigten. Diese würden dann wohl zur Innung, aber nicht zur Handwerkerkammer gehören. Diese Grenze ist zu niedrig. Gerade die intelligenten Gewerbetreibenden, welche gern in der Gewerbekammer ihre Interessenvertretung sehen würden, wären dann prinzipiell ausgeschlossen. Auf eine Handwerkerkammer, die nur die Gewerbetreibenden mit weniger als zehn Hilfsarbeitern umfassen sollte, würden alle von uns gegen Handwerkerkammern überhaupt angeführten Argumente in vollem Maße zutreffen.

Aber auch noch eine zweite Art der Scheidung wäre möglich. Wir glauben, daß sich auch analog den Vorschlägen der sächsischen Handels- und Gewerbekammern eine Trennung zwischen den Gewerben, welche in die Handels- und in die Gewerbekammer gehören, würde leicht für das Reich herbeiführen lassen.

Man könnte bestimmen, daß alle Gewerbetreibenden, welche den von uns auf Seite 210 citierten Gewerben angehören, zur Gewerbekammer wählbar und wahlberechtigt sind, wenn ihre Betriebe nicht zweifelsohne als Großbetriebe zu bezeichnen sind. Alle anderen dort nicht aufgeführten technisch-produktiven Gewerbetreibenden wären dann zur Gewerbekammer nur wählbar und wahlberechtigt, wenn sie mindestens fünfundzwanzig Hilfsarbeiter regelmäßig beschäftigten.

Die aufgeführten Gewerbe sind meist solche, unter welchen man heute noch schlechtweg Handwerke versteht. Von diesen würden diejenigen Gewerbetreibenden, welche mehr als fünfundzwanzig Hilfsarbeiter besitzen, ihre Interessenvertretung im allgemeinen besser in der Gewerbe- als Handelskammer haben. Nur die allergrößten Betriebe, wie Exportschlachter, Fischreder, große

1) Der Regierung hat die Bestimmung des Unfallversicherungsgesetzes als Muster gedient.

Dampfmühler ꝛc. würden der ganzen Art ihrer Interessen nach mehr in die Handelskammer gehören.

Glauben wir so die Zuständigkeit der Kammer nach oben richtig abgegrenzt zu haben, so ist noch zu entscheiden, ob auch eine Abgrenzung nach unten eintreten soll. In Sachsen und anderen Staaten ist dies geschehen.

In Sachsen sind nur diejenigen wahlberechtigt und wählbar, welche mindestens 600 M. abgeschätztes Einkommen haben. Im neuen badischen Gesetz ist bestimmt, daß alle diejenigen, welche gar nicht zur Gewerbesteuer veranlagt sind und auch kein steuerbares Einkommen aus Gewerbebetrieb haben, das 700 M. oder mehr beträgt, auf das Wahlrecht verzichten können [1]). In Bayern ist ebenfalls ein Minimalsteuersatz vorgesehen, der je nach der Größe der Städte verschieden ist, in der die Wähler ihren Wohnsitz haben.

Durch diese Bestimmungen soll bezweckt werden, daß alle diejenigen kleinen Gewerbetreibenden, welche nicht so viel verdienen, daß sie zur Steuer herangezogen werden können, auch in der Gewerbekammer mitraten und mitthaten sollten.

Wenn wir vollkommen anerkennen, daß ein selbständiger Gewerbetreibender, welcher nicht 6—700 M. zu verdienen versteht, kaum in der Lage sein wird, zum Wohle seines Standes in der Kammer mit beizutragen, so halten wir doch eine derartige Abgrenzung nach unten für untunlich, weil man wieder die Steuerverhältnisse mit heranziehen müßte, die in den einzelnen Bundesstaaten verschieden sind. Wir glauben, daß solche unbedeutenden Gewerbetreibenden von selbst wohl fast nie von ihrem Wahlrecht Gebrauch machen werden, und daß ein derartiger Gewerbetreibender selbst in die Kammer gewählt würde, ist nicht anzunehmen.

Soll in die Gewerbekammer auch der Kleinhandel, welcher bisher in der Handelskammer noch keine Interessenvertretung findet, mit einbezogen werden, wie es z. B. in Sachsen und Bayern geschieht, oder nicht?

Unseres Dafürhaltens gehört der Kleinhandel mit in die Handelskammer, denn die Interessen von Groß- und Kleinhandel sind nicht so divergent, wie die von Groß- und Kleingewerbe. Soviel uns bekannt, hat nie der Kleinhandel das Bedürfnis nach einer besonderen Interessenvertretung geäußert, ein Zeichen, daß seine Interessen bisher doch schon durch die Handelskammer gewahrt worden sind. Die ganz zufällig nur sehr vereinzelt in die sächsischen Gewerbekammern gewählten Kleinhändler können nicht als Vertreter des Kleinhandels gelten. Sie vermögen schon wegen ihrer geringen Anzahl ihre Spezialinteressen gar nicht zur Geltung zu bringen.

---

1) Vergleiche das neue badische Gewerbekammergesetz vom 22. Juni 1892, S. 5.

In der Handwerkerpresse macht sich eine starke Opposition gegen diese, anfänglich von der Regierung geplante Einbeziehung des Kleinhandels ganz mit Recht geltend. Denn wenn die Gewerbekammer eine Aufsichtsbehörde über das gewerbliche Lehrlingswesen sein soll, so muß das kaufmännische Element, welches keine technischen Kenntnisse besitzt, ausscheiden.

Es läßt sich nicht leugnen, daß eine Scheidung zwischen Händler und Gewerbetreibendem häufig sehr schwer ist. Handwerker sind größtenteils gleichzeitig Händler. Auf dem Wege der Verbaldefinition würde sich eine Trennung daher nicht formulieren lassen. Es müßte jeder Händler, der irgendwie technisch produktiv thätig ist, der Gewerbekammer zugehören jeder andere hätte in der Handelskammer seine Interessenvertretung zu finden. Gemäß der Bestimmung des Artikel 7 der Ordnung für die Lübeckische Gewerbekammer (publiziert am 21. September 1877) müßten auch alle in Titel II, §§ 29—37 der Reichsgewerbeordnung angeführten Gewerbetreibenden von der Wahl zur Gewerbekammer ausgeschlossen sein, weil Apotheker, Aerzte, Seeschiffer, Schauspielunternehmer, Pfandleiher, Feldmesser 2c. nicht zum Gewerbe im engeren Sinne gehören.

— —

Fünftes Kapitel.

Die Organisation der Gewerbekammern.

A. Sind die Gewerbekammern obligatorisch oder fakultativ ins Leben zu rufen?

Ein Hauptstreitpunkt ist stets der gewesen: sollen derartige Organisationen obligatorisch oder fakultativ sein? Bekanntlich sind die preußischen Handelskammern fakultativ.

Nach § 2 des preußischen Handelskammergesetzes vom 24. Febr. 1870 unterliegt die Errichtung einer Handelskammer der Genehmigung des Ministers und eine Kammer kann nur da ins Leben treten, wo sich ein Bedürfnis zeigt. Das Gesetz stellt jedoch keine Bedingungen fest, unter welchen Handelskammern errichtet werden können; dagegen besteht die Uebung, daß allein auf Antrag von Interessenten und nur da, wo Handel und Gewerbe die Institution lebensfähig erhalten können, die Genehmigung erteilt wird. Es fehlt also ein allgemeiner Plan, nach welchem das Land in Handelskammerbezirke zerlegt wird. Die einzelnen Kammern sind vielmehr nach und nach, wie sich das Bedürfnis zeigte, bald für einzelne Städte, bald für größere oder kleinere Bezirke ins Leben getreten, so daß sich in Preußen große, wirtschaftlich sehr bedeutende Gebiete außerhalb des Wirkungskreises der bestehenden Handelskammern befinden [1]).

Auf der Nürnberger Delegiertenversammlung des Centralverbandes deutscher Industrieller (1882) konstatierte der Regierungsrat Beutner, daß im preußischen Staaten nahezu die Hälfte des ganzen Gebietes durch Handelskammern nicht vertreten ist. Seitdem haben sich allerdings einige neue Kammern gebildet und sind ferner die Bezirke einiger anderen erweitert worden. Im Wesentlichen wird jetzt das Verhältnis kein anderes sein. Wenn heute die preußische Regierung die Handelskammern hört, so ist die Hälfte des Landes in den Handelskammern nicht vertreten, und man wird nicht

---

1) Verhandlungen, Mitteilungen und Berichte des Centralverbandes deutscher Industrieller, Nr. 17, Berlin 1882, S. 49.

sagen können, daß die Urteile der Handelskammern für die wirtschaftlichen Bedürfnisse und Interessen des ganzen Landes maßgebend sind. Interessenvertretungen, in denen die Wünsche und Bedürfnisse aller Berufszweige zum Ausdruck kommen sollen, müssen notwendig auch über alle Teile des Landes netzartig verbreitet sein.

Die nahezu der Willkür der einzelnen kleineren oder größeren Interessengruppen überlassene Einrichtung der Handelskammern hatte zur Folge, daß die einzelnen diesen letzteren zugewiesenen Bezirke wirtschaftlich von außerordentlich verschiedener Bedeutung sind, daß infolgedessen diese Organe bald den größten, bald den allergeringsten Einfluß auf das wirtschaftliche Leben und die Gesetzgebung ausüben und in der Qualität ihrer Leistungen ebenso sehr differieren [1]). Die Zahl der Mitglieder ist eine sehr verschiedene und darum auch die Vertretung der verschiedenen Interessenkreise durch dieselben ohne irgend welche Norm.

Die Einrichtung der Handelskammern war eine fakultative, weil man glaubte, man werde Scheinorganisationen schaffen, wenn dieselben obligatorisch geschaffen würden, da sie dann nicht von dem Bedürfnis und Wunsch der Interessenten getragen würden.

Die bayrischen und sächsischen Kammern, welche obligatorisch sich über die betreffenden Länder hin verbreiten, sind keineswegs Scheinorganisationen geblieben.

Bei fakultativer Errichtung der Gewerbekammern tritt die Gefahr nahe, daß nur die Ansichten der Gewerbetreibenden, in deren Bezirk sich gerade durch die Anregung weniger tüchtiger Männer Gewerbekammern gebildet haben, und nicht die des ganzen Gewerbestandes zum Ausdruck kommen.

Will man den Gewerbekammern auch Funktionen der Selbstverwaltung überweisen, und dies ist die Absicht der Regierung, so muß man schon aus diesem Grunde sie obligatorisch machen, weil sonst dort, wo keine derartigen Organisationen bestehen, wieder die Magistrate die Funktionen derselben übernehmen müßten. Es tritt dann von neuem die Verquickung von Gewerbekammer und Magistrat ein, die zum Untergange der preußischen Gewerberäte erheblich beitrug.

Wollte man Gewerbekammern fakultativ errichten, so würde wahrscheinlich bei der großen Interesselosigkeit innerhalb der kleingewerblichen Kreise das ganze Gesetz ein Schlag ins Wasser sein und fast keine derartige Organisation ins Leben treten.

In Baden ist nach dem Gewerbegesetz vom 24. September 1862 keine einzige derartige fakultative Gewerbekammer ins Leben gerufen werden [2]).

1) Steinmann-Bucher: Die Nährstände und ihre zukünftige Stellung im Staate, 2. Auflage, Berlin 1886, S. 9.

2) Vergl. S. 20 dieser Schrift.

Im neuen badischen Gewerbekammergesetz erfolgt die Feststellung der Bezirke und Sitze der Kammer nach Erhebung der in den beteiligten Kreisen bestehenden Wünsche durch Untersuchung des Ministeriums des Innern. Trotzdem durch eine bedeutende gewerbliche Bewegung die badische Regierung zu dem Erlaß des neuen Gewerbekammergesetzes gedrängt worden ist, hat bisher noch keine Gewerbekammer errichtet werden können [1]).

Das Bedürfnis wird sich nur immer in einzelnen Orten geltend machen. Wenden sich diese mit ihren Wünschen an die Regierung, so wird diese wiederum diesen Forderungen nicht willfahren können, weil es bei einer Gewerbekammer sehr auf die richtige Festsetzung des Bezirks ankommt. Eine Gewerbekammer wird sich nur in den seltensten Fällen auf eine Stadt allein beschränken können, denn die kapitalschwachen Kleingewerbetreibenden würden nicht in der Lage sein, diese Institution zu unterhalten. Der Bezirk einer Gewerbekammer wird deshalb schon aus pekuniären Gründen ein größerer sein müssen.

In einem größeren Bezirk das Bedürfnis nach einer Gewerbekammer zu erwecken, ist jedoch ungemein schwer, weil die Landkreise sich stets ablehnend verhalten werden. Auf diese Weise wird der Minister nur selten in die Lage kommen, die Errichtung einer Gewerbekammer genehmigen zu können.

Wir sind daher der Ueberzeugung, daß die Errichtung von Gewerbekammern eine obligatorische sein soll und daß sich die Bezirke der Kammern über das ganze Reich hin netzartig verbreiten müssen.

Vielfach hat man sich an der Zwangssteuerpflicht gestoßen, die mit der obligatorischen Einrichtung derartiger Organisationen verbunden ist. Der Handelsstand mit seiner viel höheren Intelligenz hat ohne dieses Recht nicht auszukommen vermocht, viel weniger würde der Kleingewerbestand ohne dasselbe auszukommen vermögen.

Ist der Beitritt den einzelnen Gewerbetreibenden freigestellt, so ist die Beteiligung eine zu geringe, denn diejenigen, denen es gut geht, bedürfen einer Vertretung ihrer Interessen nicht, glauben wenigstens einer solchen nicht zu bedürfen, diejenigen, denen es schlecht geht, leben leicht stumm und hoffnungslos dahin, sie scheuen vermöge ihrer Lage die Ausgabe. Von den übrigen sind viele zu interesselos, bei andern ist der Bildungsgrad nicht vorhanden, um die Vorteile der Einrichtung zu erkennen. Alledem kann nur durch obligatorische Errichtung begegnet werden.

Da die gewerblichen Verhältnisse je nach Landesteilen Verschiedenheiten zeigen, so hat die Feststellung der Bezirke solcher Gewerbekammern am besten

---

1) Vergleiche S. 20 dieser Schrift.

von den Landesbehörden derart zu geschehen, daß die Gewerbeverhältnisse des betreffenden Bezirks den an ein solches Organ notwendig zu stellenden Anforderungen voll entsprechen.

Der Bezirk darf nicht zu klein sein, damit der Kammer genügende Mittel zur Verfügung stehen, um allen Anforderungen gerecht zu werden; er darf aber auch wiederum nicht zu groß sein, um nicht den Geschäftsgang durch die weiten Reisen der Mitglieder zu erschweren. Als Norm dürfte wohl für Preußen die Größe eines Regierungsbezirks das Richtige treffen.

B. Sind reine Gewerbekammern oder Handels- und Gewerbekammern zu bilden?

Wichtig ist ferner die Frage, sollen reine Gewerbekammern errichtet werden, oder ist diese Organisation mit den Handelskammern in Verbindung zu bringen?

Bei einer Verbindung beider Kammern liegt die Gefahr einer abhängigen und untergeordneten Stellung der Gewerbekammer gegenüber der Handelskammer und damit die Verkürzung der Interessen des Gewerbestandes, vor allem des Kleingewerbes nahe. Die Handelskammer ist der Gewerbekammer in der Regel nicht nur überlegen vermöge der größeren Intelligenz und sozialen Bedeutung ihrer Mitglieder, sondern es ist ihr insofern ein Vorzugsrecht eingeräumt, als ihr Vorsitzender zugleich Vorsitzender des vereinigten Plenums ist und somit einen maßgebenden Einfluß auf die Leitung der Kammer zu üben in der Lage ist.

Bei Angelegenheiten, welche sowohl die Handels- als die Gewerbekammer gleichmäßig angehen, könnten diese beiden Kammern entweder in Ausschüssen oder in der Gesamtheit zu gemeinsamen Beratungen zusammentreten [1]).

Die Verquickung beider Kammern ist wohl hauptsächlich gefordert worden, weil man glaubte, daß für eine besondere Gewerbekammer die Kosten schwer aufzubringen seien und daher der Kammerbezirk sehr ausgedehnt werden müsse, wollte man die Gewerbekammer finanziell lebensfähig machen.

Aus diesem Grunde würde es sich vielleicht empfehlen, daß an den Orten, wo bereits Handelskammern bestehen und Gewerbekammern errichtet

---

1) Verhandlungen der ersten ordentlichen Hauptversammlung des Verbandes deutscher Gewerbevereine zu Köln a. Rh. am 14. und 15. November 1892, Köln 1892, S. 17.

werden sollen, sich beide Organisationen über ein gemeinsames Büreau und gemeinsame Beamte verständigen. Diese Vereinigung würde nur eine mechanische und keine organische sein. Sie hätte den Vorteil, daß die Kosten für beide Organisationen, namentlich aber für die Gewerbekammer, bedeutend vermindert würden. Wenn man bedenkt, daß die erheblichen Kosten der hanseatischen Kammern vom Staate bestritten werden, daß jedoch die Kosten der neuen Kammern von den Interessenten aufgebracht werden sollen, so würde sich dieses Verfahren zur Verminderung der Belastung der kleingewerblichen Kreise empfehlen.

Wenn wir nicht irren, hatte schon zwischen der schleswig-holsteinischen Gewerbekammer und der Kieler Handelskammer, ferner zwischen der Magdeburger Handelskammer und der Gewerbekammer für den Regierungsbezirk Magdeburg eine derartige mechanische Vereinigung stattgefunden.

Unserer Ansicht nach sollte das Reichsgesetz die Bestimmung darüber, ob beide Kammern vereinigt oder jede für sich bestehen soll, der Entscheidung der Landesbehörden überlassen. In Bayern und Sachsen, wo sich bisher eine große Opposition gegen diese Vereinigung nicht geltend macht, könnte dieselbe auf Wunsch der dortigen Interessenten weiter erhalten bleiben. Jedenfalls müßte aber auch da, wo die Kammern vereinigt sind, jede einzelne Körperschaft jederzeit selbständig Beschlüsse fassen können und die Abgrenzung der Mitgliedschaft nach den vom Reich aufgestellten Normen erfolgen.

C. Innung und Handwerkerkammer.

Eine der wichtigsten Streitfragen ist auch die, wie das Verhältnis der Innungen zu den Gewerbekammern gestaltet werden solle.

Wie wir sahen, hat diese Frage in der ganzen Bewegung eine große Rolle gespielt. Bereits der Entwurf des Vereins selbständiger Handwerker und Fabrikanten vom Jahre 1879 hatte die Wahlberechtigung zu den Handwerker-Gewerbekammern nur auf diejenigen beschränkt, welche sich in Innungen zusammenzuthun pflegen [1]).

Bei der Durchberatung des Innungsgesetzes im Jahre 1881 hatte sich sodann die Debatte hauptsächlich darum in der Kommission gedreht, ob die Handwerkerkammer nur aus Innungsangehörigen oder auch aus anderen Gewerbetreibenden gewählt werden sollte.

---

1) Vergleiche S. 100 dieser Schrift.

Man stand damals davon ab, derartige Innungskammern zu gründen, weil man erst die Bewährung der Innungen abwarten wollte.

In der Resolution, welche in der Kommission beschlossen wurde, hatte man wenigstens eine sachgemäße Beteiligung sowohl der Innungen, wie der außerhalb stehenden Gewerbetreibenden gewünscht. Wie man sich diese dachte, war nicht gesagt. Bei den diesbezüglichen Verhandlungen im Jahre 1884 hatte dann besonders der Abgeordnete von Kleist-Retzow betont, daß eine bevorzugte Beteiligung der Innungen bei Schaffung von Gewerbekammern nötig sei.

Wie wir sahen, hatten die Handwerker selbst in der Handwerker- oder Innungskammer eine Innungsorganisation gedacht, die, falls sie nicht überhaupt nur aus Innungsmeistern bestehen sollte, diesen wenigstens einen überwiegenden Einfluß einräumte, und auch in den Verhandlungen im Reichstag vom 24. November 1891 und 6. Dezember 1892 hatten die Freunde des organisierten Handwerks stets betont, daß eine hervorragende Beteiligung der Innungen in den Handwerkerkammern für sie das Wichtigste sei.

In seiner Rede vom 24. November 1891 hatte der Staatsminister von Bötticher gleich hervorgehoben, daß man eine Organisation des gesamten, also auch des außerhalb der Innungen befindlichen Handwerks plane. Daß Organe, welche die Interessen des Gewerbestandes zum Ausdruck bringen sollten, nicht nur die in Innungen vereinigten Handwerker, sondern den ganzen Stand umfassen müssen, liegt auf der Hand.

Sollten derartige Organisationen allein aus Innungen bestehen, so würde man nur Innungsausschüsse schaffen, die auf kleinere Bezirke beschränkt, bereits am 1. Dezember 1890 133 an der Zahl in Preußen bestanden.

Die Innungen haben im deutschen Kleingewerbestande eine viel geringere Verbreitung gefunden, als man nach Erlaß des Innungsgesetzes vom 18. Juli 1881 allgemein erwartete. In ganz Deutschland bestanden am 1. Dez. 1890 10223 Innungen mit 321219 [1]) Innungsmitgliedern [2]).

Nimmt man die Zahl der Handwerker Deutschlands rund auf drei Mill. an, so würde die Zahl der Innungsmeister höchstens zehn Proz. von der Gesamtheit ausmachen [3]). Dies haben die Innungsführer, die stets im Namen des gesamten Handwerks sprechen, wiederholt zugestanden.

1) Darunter für Bayern die Mitglieder von 42 nicht organisierten Innungen.

2) Handwörterbuch der Staatswissenschaften, IV. Bd., Artikel „Innungen“ von W. Stieda.

3) Sozialpolitisches Centralblatt, II. Jahrgang, Nr. 4, „Die Statistik der deutschen Innungen“.

Dieses Verhältnis gestaltet sich für die süddeutschen Staaten noch viel ungünstiger. Nach der Begründung des neuen badischen Gewerbekammergesetzentwurfs zählte man 1882 im Großherzogtum 27 822 Gewerbetreibende, die nicht mehr als fünf Arbeiter beschäftigten. Davon gehörten 1890 nur 1063, d. h. 4,5 Proz., den Innungen an [1]). Noch schlimmer ist das Verhältnis in Württemberg, denn wie der Staatsminister von Bötticher in seiner Rede vom 6. Dezember 1892 hervorhob, umfassen dort die Innungen noch nicht ein Prozent der innungsfähigen Meister. Aehnlich liegen auch die Verhältnisse in Bayern und Hessen.

Wie unberechtigt eine Bevorzugung der Innungen dort wäre, zeigt ein Vergleich der Zahl der Innungsmeister mit der der Gewerbetreibenden, die sich in Gewerbevereinen zusammengeschlossen haben.

In Preußen gab es am 1. Dezember 1890 7823 Innungen mit 226 049 Mitgliedern [2]). Ueber die Zahl und Größe der preußischen Gewerbevereine fehlt leider jeder Anhalt, so daß ein Vergleich für Preußen nicht möglich ist.

In Bayern bestanden 156 Innungen mit 11 144 Mitgliedern, und unter diesen befinden sich noch die Mitglieder von 42 nicht reorganisierten Innungen, welche eigentlich nicht mitgerechnet werden dürften. Im Jahre 1893 umfaßte dagegen der Verband bayrischer Gewerbevereine 55 Vereine mit 9997 Mitgliedern [3]). Zu diesen kommt noch der Verband pfälzischer Gewerbevereine mit 17 Vereinen und 2400 Mitgliedern [4]). Alle bayrischen Gewerbevereine umfassen also 72 Vereine mit 12 397 Mitgliedern. Es stehen daher 156 Innungen mit 11 144 Innungsmeistern 72 Vereine mit 12 397 Mitgliedern gegenüber.

In Sachsen, wo die Innungsbildung sehr weite Fortschritte gemacht hat, bestehen 1264 Innungen mit 55 574 Innungsmeistern, denen 133 Gewerbe- und Handwerkervereine mit 26 000 Mitgliedern gegenüberstehen [5]).

In Württemberg existieren 28 Innungen mit 1112 Innungsmeistern, daneben bestehen 90 Gewerbevereine mit 10 958 Mitgliedern [6]). Dem Verbande württembergischer Gewerbevereine gehören nur 76 Vereine mit 8000 Mitgliedern an.

---

1) Beilage zum Protokoll der 15. Sitzung der zweiten badischen Kammer vom 21. Januar 1892.

2) Alle Daten über die Innungen beziehen sich auf den 1. Dezember 1890. Vergl. Handwörterbuch der Staatswissenschaften, Artikel „Innungen“ von W. Stieda.

3) Nach einer Mitteilung des bayrischen Gewerbemuseums.

4) Verhandlungen des Verbandes deutscher Gewerbevereine zu Köln am 14. und 15. November 1892, S. 6.

5) Jahresbericht der Handels- und Gewerbekammer zu Zittau 1891, S. 15.

6) Nach einer Mitteilung der Königlich württembergischen Centralstelle für Gewerbe und Handel.

In Baden bestehen 31 Innungen mit 1063 Innungsmeistern, denen der Verband badischer Gewerbevereine mit 65 Vereinen und 5581 Mitgliedern gegenübersteht [1]).

In Hessen existieren 33 Innungen mit 1291 Innungsmeistern, daneben besteht der hessische Landesgewerbeverein mit 54 Zweigvereinen und 4907 Mitgliedern [2]).

Fassen wir Bayern, Württemberg, Baden und Hessen zusammen, so befanden sich am 1. Dezember 1890 in allen diesen Ländern 248 Innungen mit 14 610 Innungsmeistern, denen jetzt 281 Gewerbevereine mit 33 837 Mitgliedern gegenüberstehen [3]).

In diesem Teile Deutschlands überwiegen die Gewerbevereine, die dort sehr segensreich zum Gedeihen des Gewerbes wirken, die Innungen ganz erheblich. Es würde ein schweres Unrecht gegen diese sein, wenn man die Innungen dort bei der Beteiligung zur Gewerbekammer bevorzugen wollte.

Eine künstliche Stärkung des Innungselements in den Gewerbekammern ist jedoch nicht nötig, denn die Innungen werden schon an sich eine sehr erhebliche Bedeutung in diesen Korporationen erlangen, weil eine fest organisierte Minderheit stets über die unorganisierte Mehrzahl den Sieg erringt. Nur in Bayern, Württemberg, Baden und Hessen wird das Uebergewicht nicht so stark zur Geltung kommen, weil ihnen hier ein in Vereinen organisierter Gewerbestand gegenübersteht. In allen anderen Teilen Deutschlands, wo die Gewerbevereinsbildung eine minimale ist, werden die Innungen fast allein diese Kammern besetzen.

Ein schlagendes Beispiel für unsere Behauptung sind die hanseatischen Gewerbekammern, die fast vollständig aus Innungsmeistern bestehen, obgleich dort das ganze Gewerbe wahlberechtigt ist. In Lübeck bestanden am 1. Dezember 1890 18 Innungen mit 640, in Bremen 23 Innungen mit 1169 und in Hamburg 28 Innungen mit 4258 Mitgliedern. Die Anzahl der Innungsmitglieder dieser drei Städte ist im Vergleich zur Zahl aller Wahlberechtigten eine geringe, und doch sind in Hamburg von 15 Mitgliedern der Kammer 12, in Lübeck von 15 Mitgliedern 10 und in Bremen von 21 Mitgliedern 18 Innungsmeister [4]).

---

1) Verhandlungen der ersten ordentlichen Hauptversammlung des Verbandes deutscher Gewerbevereine zu Köln am 14. und 15. November 1892, S. 6.

2) Die Daten bezüglich der hessischen Innungen beziehen sich auf den 1. März 1893 (vergl. den Handwerker V. Jahrgang Nr. 18). Am 1. Dezember 1890 bestanden nur 26 Innungen mit 996 Mitgliedern.

3) Die Daten bezüglich der Gewerbevereine beziehen sich auf das Jahr 1893. Die Innungen haben in Süddeutschland in den letzten Jahren so wenig zugenommen, daß ein Vergleich wohl möglich ist.

4) Vergl. S. 8 dieser Schrift.

In Sachsen, wo auch der Kleinhandel zu den Gewerbekammern wahlberechtigt ist, ist dieses Verhältnis gleich günstig. Das Verhältnis der gegenwärtigen Mitglieder der sächsischen Gewerbekammern zur Zahl der Innungsmeister unter diesen gestaltet sich folgendermaßen: in Dresden 20:17, in Leipzig 15:13, in Plauen 15:14, Chemnitz 15:10 und in Zittau 12:6. Von allen 77 Mitgliedern gehören also allein 60 Innungen an.

Obwohl die Innungsbildung, wie wir sahen, in Bayern eine sehr geringe war, sind auch in den bayerischen Gewerbekammern zahlreiche Innungsmeister vorhanden. Wohl organisierte und disziplinierte Minoritäten befinden sich stets auch noch so großen Majoritäten gegenüber im Vorteil. Die Innungen brauchen also kein besonderes Vorzugsrecht zu verlangen, sie werden auch ohnedies durch ihre Geschlossenheit und den größeren Zusammenhalt ihrer Mitglieder regelmäßig einen stärkeren Einfluß auf das Wahlergebnis üben, als es lediglich nach dem numerischen Verhältnis der Fall sein würde. Ein solches Vorzugsrecht der Innungen könnte leicht dahin führen, daß faktisch in den Gewerbekammern ausschließlich die Innungen vertreten sein würden und erstere somit zu bloßen Innungsausschüssen statt Vertretungen des Gesamtgewerbes herabsinken würden [1]).

Wollte man, wie dies verschiedentlich angeregt ist, eine besondere Innungsabteilung innerhalb der Gewerbekammern konstituieren, so würde der Zwist zwischen Innungs- und Nichtinnungsmeister geradezu in die Institution hineingetragen. Es würde dann das eintreten, was man vermeiden will, denn es würden alsdann zwei gesonderte Vertretungen des Handwerks existieren, zwischen denen es an Konfliktstoff nicht fehlen dürfte.

D. Der Wahlmodus zur Gewerbekammer.

Schließen wir die Frage des Wahlmodus gleich an dieser Stelle an, so glauben wir für indirekte Wahlen plaidieren zu müssen. In Bremen und Hamburg ist die Wählerschaft nach Gewerbegruppen geordnet, während in Bayern, Sachsen und Lübeck keinerlei Gruppierung besteht.

In den Kreisen des sogenannten organisierten Handwerkes tritt man jedoch für derartige Gruppierungen ein.

1) Denkschrift betr. die Errichtung der Gewerbekammern, sowie die Organisation und Zuständigkeit derselben. (Jahresbericht der hamburgischen Gewerbekammer für 1882—1883, Hamburg 1884, S. 58.)

Der Reichstagsabgeordnete Biehl führte in Bezug hierauf in seiner Rede auf dem bayerischen Handwerkertag im September 1892 zu Deggendorf aus: „Absolut notwendig ist, daß sich die Wahl durch eine sogenannte Gruppenwahl vollzieht, daß z. B. sämtliche Maurermeister ihren Vertrauensmann oder ihre Vertrauensmänner miteinander wählen; ebenso sämtliche Schlossermeister, oder wenn wir anders ausscheiden wollen, daß die Feuerarbeiter zusammentreten und aus ihrer Branche ihre Vertrauensmänner bestimmen, so daß die Mitglieder der Handwerkerkammer aus sogenannter Gruppenwahl hervorgehen. Ich will hierbei aber nicht, daß einzelne Gewerbe in den Handwerkerkammern nicht vertreten seien. Ich möchte Vertreter von jedem einzelnen Handwerke sehen und will nicht dem Uebelstande Vorschub leisten, daß gewisse Streber bei der Wahl sich an die Spitze hinzudrängen wissen und in großer Zahl in die Handwerkerkammern hineinkommen, während es anderen Handwerkern, welche weniger mit dem Munde fortkommen, aber die Sache gerade so gut beurteilen, nicht möglich ist, in die Handwerkerkammer hineinzukommen.

Die Kollegen, die miteinander konkurrieren und miteinander in den Innungen sind, können auch beurteilen, wer in eine derartige Korporation hineinpaßt, da bedarf es keiner großen Kandidatenrede. Die Wahl soll prozentual erfolgen, d. h. ein größerer Stand, wie die Schuhmacher, Schneider, wird nach meiner Meinung im prozentualen Verhältnis in die Handwerkerkammer mehr Vertreter entsenden, als die Goldarbeiter, Uhrmacher, welche in kleinerer Zahl vorhanden sind. Endlich denke ich mir, daß die in die Handwerkerkammer Gewählten sich selbst ihr Büreau wählen und sich konstituieren, damit sage ich, daß ich für die Handwerkerkammer keinen vom Staate bestimmten Vorgesetzten will" [1]).

Daß die von Biehl gedachte Handwerkerkammer ein vollständiges Unding sein würde, läßt sich leicht erweisen. Redner wollte, daß jedes Handwerk in der Kammer vertreten sei. Biehl hatte nach seinem am 20. Januar 1890 im deutschen Reichstag zur Annahme gelangten Antrag für 63 Gewerbe den Befähigungsnachweis gefordert, also würden für Biehl 63 Handwerke existieren. Diese Zahl der Mitglieder der Handwerkerkammer würde jedoch noch nicht genügen, da die einzelnen Gewerbe prozentual vertreten sein sollen. Schuhmacher und Schneider u. s. w. würden nicht nur ein, sondern mehrere Mitglieder in die Kammer zu wählen haben, so daß diese wahrscheinlich aus mehr als hundert Mitgliedern bestehen müßte.

---

1) Protokoll über die Verhandlungen des X. Allgemeinen bayrischen Handwerkertages und des X. Delegiertentages des bayrischen Handwerkerbundes zu Deggendorf am 7., 8. und 9. September 1892, in der Allgemeinen Handwerkerzeitung, Nr. 43, 44, 45 und 46 des 10. Jahrganges 1892.

Daß eine derartige Kammer von vornherein als totgeboren zu betrachten wäre, bedarf wohl keiner Begründung. Aus dem letzten Satz Biehl's scheint jedoch hervorzugehen, daß er mehr an einen Gewerbekonvent dachte, wie er in Bremen besteht, der seinerseits die Gewerbekammer wählt. Auch in diesem Falle ist die Gruppenwahl zu verwerfen, wie dies das Beispiel Hamburgs und Bremens zeigt. In Bremen bestehen 10 Gruppen mit 60, in Hamburg 50 mit 174 Gewerbszweigen.

In seiner Schrift: „Die hanseatischen Gewerbekammern, ihre Organisation und Wirksamkeit" [1]) hebt Nagel, der langjährige Sekretär der Hamburger Gewerbekammer, ganz besonders hervor, dieses Wahlsystem habe sich deshalb nicht bewährt, weil stets aus den stärksten Gewerbszweigen, wie Schuhmachern, Schneidern, Fleischern 2c., ein Vertreter in die Kammer käme, selbst wenn unter diesen Gewerben sich gar nicht so sehr geeignete Persönlichkeiten fänden, während die geeignetsten Personen in kleinen Gewerben überhaupt nie in die Kammer gewählt würden. Ferner ist doch dieses System nur bei Kammern anwendbar, die sich auf eine Stadt oder deren nächste Umgebung erstrecken. Bei Gewerbekammern mit großen Bezirken ist dieses System unanwendbar, da Teilgruppen sich nicht bilden lassen, und eine über eine Reihe verschiedener Orte zerstreute Gesamtgruppe ein Unding ist.

In Sachsen und Bremen bestehen indirekte, in Bayern, Hamburg und Lübeck direkte Wahlen. Die direkte Wahl würde auch nur bei Gewerbekammern mit kleinem Bezirk anwendbar sein, weil sich in diesem Falle die Wähler leicht über die geeigneten Personen verständigen können.

Bei großen Bezirken ist die indirekte Wahl das einzig Sachgemäße. Der Hauptvorzug des indirekten Wahlmodus ist der, daß er als ein Filtrierapparat wirkt, welcher die lokalen, partikularen und persönlichen, überhaupt die mehr zufälligen Interessen und Einflüsse zurückdrängt. Ein Wahlmännerkollegium, das sich über die zu Wählenden einigen soll, wird solchen Personen den Vorzug geben, die der Mehrzahl oder doch mehreren unter den Wahlmännern als geeignete Vertreter des Gewerbes gelten; während bei der direkten Wahl sehr leicht eine, etwa in einer Innung verbundene Anzahl von Genossen eines bestimmten Gewerbszweiges ihrem Kandidaten die Mehrheit verschaffen kann, der nichts weiter für sich hat, als daß er gerade in dieser Gruppe einen maßgebenden Einfluß übt. Aus diesem Grunde müssen wir die allgemeine Einführung des indirekten Wahlmodus wünschen [1]). In Sachsen und Bremen hat sich dieser auch von jeher bewährt.

---

1) Schmollers Jahrb. für Ges. und Verwaltung, VII, S. 561 fg.

Von sehr hoher Bedeutung für das Gedeihen der Gewerbekammern wird auch die Bestimmung der Größe des Bezirks sein, auf welchen sich dieselben zu erstrecken haben. Derselbe darf nicht zu klein sein, weil sonst die Wahlberechtigten gar nicht in der Lage sein würden, die nötigen Mittel aufzubringen. Die betreffenden Kammern würden dann wegen mangelnder Mittel kein Sekretariat errichten können. Die hanseatischen Kammern, die sehr segensreich gewirkt haben, erstrecken sich nur auf einen verhältnismäßig kleinen Bezirk, jedoch werden die Kammern dort auf Staatskosten unterhalten.

Der Bezirk darf andererseits nicht zu groß sein, weil die Körperschaften, wenn sie überhaupt eine gedeihliche Lebensthätigkeit entwickeln sollen, von dem Interesse der Beteiligten getragen sein müssen. Dasselbe wird unwillkürlich ein geringes sein, wenn die Gewerbetreibenden nicht fortwährend die Leistungen dieser Körperschaften vor Augen haben. Kommt den Interessenten deutlich zum Bewußtsein, daß ihre Wünsche und Anregungen gern entgegengenommen, gern diskutiert und schnell an die zuständigen Behörden übermittelt werden, so wird das Interesse für derartige Körperschaften sich heben.

Kann aber aus materiellen Gründen der Bezirk der Kammern kein kleiner sein, wie es im Interesse der Popularität der Kammern zu wünschen wäre, so müssen Unterorgane geschaffen werden, welche teils an der Ausführung der von der Kammer gegebenen Anregung sich beteiligen, teils für sich eine durch Berücksichtigung örtlicher Bedürfnisse gebotene, selbständige Wirksamkeit innerhalb des allgemeinen Rahmens des zulässigen Geschäftskreises entwickeln. Eine derartige Einrichtung sind in Bayern die Bezirksgremien. Diese haben sich jedoch nicht sonderlich bewährt.

Man sollte da, wo Innungen bestehen, obligatorisch zu errichtende Innungsausschüsse oder gemischte Innungen, wo solche nicht bestehen, die Gewerbevereine mit den Aufgaben solcher Unterorgane betrauen.

Am Sitz der Gewerbekammer müßte sich jedoch stets eine gewisse Anzahl von Mitgliedern derselben befinden, die in der Lage wäre, laufende Geschäfte zu erledigen. Aus diesem Grunde hatte der im Auftrage des Gewerbekammertages in Stuttgart (1881) ausgearbeitete Gesetzentwurf im Artikel 3 bestimmt [2]): „Ueberall, wo der Bezirk der Gewerbekammer über ihren Sitz hinausgeht, hat dieselbe aus einem engeren und einem weiteren

---

1) Denkschrift betr. die Errichtung von Gewerbekammern, sowie die Organisation und Zuständigkeit derselben. (Jahresbericht der hamburgischen Gewerbekammer für 1882—1883, Hamburg 1884, S. 63.)

2) Vergleiche Seite 166 dieser Schrift.

Plenum zu bestehen. Das engere Plenum muß mindestens ein Drittel der Gesamtzahl der Mitglieder des weiteren Plenums umfassen." Im Artikel 4 war dann bestimmt, „das engere Plenum hat die laufenden Geschäfte der Kammer zu führen und diejenigen Obliegenheiten derselben wahrzunehmen, die ihm durch Beschluß des weiteren Plenums übertragen werden" [1]). Wir halten eine derartige Bestimmung für erforderlich, denn wenn die Gewerbekammer wirksam ins Leben treten soll, müssen viele Sitzungen gehalten werden. Dies ist jedoch unmöglich, wenn stets auch die auswärts wohnenden Mitglieder zu denselben herangezogen werden sollen. In der That finden bei den meisten der jetzigen Gewerbekammern alljährlich nur ein paar Sitzungen statt, während z. B. die hamburgische, welcher schon einige, wenn auch nicht sehr ausgedehnte, Befugnisse der gewerblichen Selbstverwaltung übertragen sind und deren Sitz das Stadtgebiet ist, regelmäßig alle 14 Tage Sitzungen hält. Es muß demnach Sorge getragen werden, daß vor allem die laufenden Geschäfte der Kammer, deren Zahl sich, sehr vermehren wird, wenn die Kammern Selbstverwaltungsorgane werden, ohne Beteiligung der auswärtigen Mitglieder erledigt werden können, was unmöglich ist, wenn, wie dies bei einigen sächsischen Kammern der Fall ist, fast kein Mitglied am Sitz der Kammer wohnt. Auch bei den preußischen Gewerbekammern befand sich oft kein Mitglied am Sitz der Kammer, und hierin ist mit ein Grund zu erblicken, daß dieselben keine Lebenskraft erlangten. Dem Einwurf gegenüber, daß die Gewerbetreibenden des Bezirks hierin eine Verkürzung ihrer Rechte erblicken würden, ist zunächst zu erwidern, daß in Bayern sogar nur die am Sitze der Kammer wohnhaften Gewerbetreibenden für dieselben wählbar und wahlberechtigt sind, ohne daß sich gegen diese Bestimmung eine große Opposition geltend machte. Allerdings bestehen dort die sogenannten Bezirksgremien, deren Vorsitzende jederzeit in der Kammer erscheinen können und Stimmrecht in derselben haben. Ferner ist in Betracht zu ziehen, daß den am Kammersitze wohnhaften Mitgliedern auch entsprechende größere Aufwendungen von Zeit und Arbeit angesonnen werden. Und da beides, sowohl die Beschränkung der Wählbarkeit als diese Belastung, ausschließlich im Interesse der Gesamtheit des Gewerbestandes geschieht, für welche auf anderem Wege eine kontinuierlich thätige Vertretung sich nicht wohl herstellen läßt, so darf erwartet werden, daß beide Teile sich unschwer mit der Einrichtung befreunden werden [2]).

1) Vergl. S. 165 fg. dieser Schrift.

2) Denkschrift betreffend die Errichtung von Gewerbekammern, sowie die Organisation und Zuständigkeit derselben, im Jahresbericht der hamburgischen Gewerbekammer für 1882—1883, Hamburg 1884, S. 62.

E. Die Kompetenzen der zu schaffenden Gewerbekammern.

Eine der schwierigsten Fragen ist die Bestimmung des Wirkungskreises dieser Organisationen.

Zunächst müssen Gewerbekammern konsultative Organe sein, welche die allgemeinen Interessen des Gewerbestandes zu vertreten und zu fördern haben. Es muß ihnen das Recht der Initiative zustehen, d. h. sie können, auch wenn sie nicht gefragt werden, unaufgefordert Anträge, Wünsche und thatsächliche Mitteilungen Namens des Gewerbestandes den Regierungen unterbreiten.

Die Frage ist nun die, darf man der Regierung die Verpflichtung auferlegen, vor Erlaß jedes den Gewerbestand betreffenden Gesetzes diese konsultativen Organe zu hören.

Im bremischen Gewerbekammergesetz ist ausdrücklich ausgesprochen: „Ueber alle in Gewerbeangelegenheiten zu erlassenden Gesetze wird vorab die Gewerbekammer, welche auf Erfordern eine Beratung des Gewerbekonventes darüber veranstaltet, zu einer Begutachtung veranlaßt" [1]).

In Bayern und Sachsen ist man nicht so weit gegangen. In Bayern sind die Kammern, *soweit thunlich*, in Sachsen, *soweit es die Verhältnisse irgend gestatten*, bei jeder wichtigen Angelegenheit zu hören. Auch in dem neuen badischen Gewerbekammergesetz ist betont, die Gewerbekammern sollen, *soweit thunlich*, vor gesetzlicher oder behördlicher Regelung von wichtigeren, die Interessen des Kleingewerbes unmittelbar berührenden Angelegenheiten mit ihrer gutachtlichen Aeußerung gehört werden. Es ist also in den meisten Gesetzen diese Verpflichtung, die Kammern zu hören, nur bedingt ausgesprochen.

Wir halten *eine obligatorische Verpflichtung der Regierung, diese Kammern vor den bezüglichen Gesetzentwürfen und Verwaltungsakten gutachtlich zu hören, für notwendig.* Wenn in Oesterreich und in den Hansestädten, wo diese Verpflichtung besteht, sich derartige Bestimmungen gut durchführen lassen, so dürfte dies auch in Deutschland allgemein möglich sein. Allerdings wird durch das Bestehen

---

1) *Jacobi:* Die bremische Gewerbekammer in den Jahren 1849—1884. Im Selbstverlage der Gewerbekammer, S. 306.

solcher konsultativer Organe schon an sich ein moralischer Druck auf die Regierungen ausgeübt, dieselben, wenn irgend angängig, zu hören. Jedoch hat derselbe nicht hingereicht zu verhindern, daß vielfach über die Köpfe der Handelskammern hin Gesetze, die für den Handel von Wichtigkeit waren, ohne diese zu hören, ins Leben traten.

Die Gewerbekammern müssen alsdann, wie die Handelskammern, alljährlich über die Lage der Gewerbe und über die Thätigkeit und Wirksamkeit der Kammern Bericht erstatten. Ebenso müßte ihnen ein Vorschlagsrecht bei der Bestellung von gewerblichen Sachverständigen zustehen.

Die Kammern dürfen jedoch nicht nur konsultative Organe bleiben, sie müssen auch Funktionen der Selbstverwaltung übernehmen, wenn die traurigen Verhältnisse im Handwerkerstand geordneteren weichen sollen.

Eine Neuorganisation des Innungswesens war im Jahre 1881 hauptsächlich deshalb vorgenommen worden, weil sich auf dem Gebiete des Lehrlings- und Gesellenwesens nach Auflösung dieser gewerblichen Organisationen die mannigfachsten Mißstände zeigten. Für das Unterstützungswesen, für den Arbeitsnachweis, für das Herbergswesen, für alle diese Einrichtungen, für welche die früheren Zünfte so segensreich gewirkt hatten, fehlten die ausführenden Organe, so daß auf allen diesen Gebieten so gut wie nichts mehr geschah. Um für diese Funktionen wieder die notwendigen Instanzen zu schaffen und der Organisationslosigkeit im Kleingewerbe entgegenzutreten, wurde das Innungsgesetz vom 18. Juli 1881 erlassen, welches den Innungen auf allen diesen Gebieten weitgehende Aufgaben zuwies. Namentlich sollten sie die Pflege des Gemeingeistes, sowie die Aufrechterhaltung der Standesehre sich angelegen sein lassen, ferner sollten sie ein gedeihliches Verhältnis zwischen Meistern und Gesellen anstreben und die Fürsorge für Herbergswesen und Arbeitsnachweis übernehmen. Als wichtigste Aufgabe war ihnen jedoch die nähere Regelung des Lehrlingswesens überwiesen.

Obgleich die Innungen sich, wie man anerkennen muß, mit großem Eifer diesen Aufgaben widmeten, so konnten sie das angestrebte Ziel, Wandel zu schaffen, nicht in dem gewünschten Maße erreichen, weil die verhältnismäßig geringe Zahl der Innungen und Innungsmeister nicht in der Lage war, diese Aufgaben des gesamten Gewerbestandes zu erfüllen. Wenn die Innungen sich des Lehrlingswesens annahmen und für Fach- und Fortbildungsschulen sorgten, so kamen diese Verbesserungen doch meist nur den Lehrlingen der Innungsmeister zu gute, für die bei weitem größere Zahl der außerhalb der Innung stehenden geschah nichts. Wenn die Innung das Unterstützungswesen regelte und wandernden Gesellen Unterstützung gewährte, so konnte sie ebenfalls nicht den Anforderungen genügen, denn die Gesellen, mochten sie bei Fabrikanten, bei Nichtinnungsmeistern oder bei Innungsmeistern gearbeitet haben, sie alle wollten auf der Wanderschaft Unterstützung haben. Die wenigen Innungsmeister waren nicht in der Lage, die dazu erforderlichen Mittel aufzubringen. Wurde ein Arbeitsnachweis von Seiten einer Innung eingerichtet, so kam jeder Arbeitsuchende und wollte denselben benutzen. Es zeigte sich überall, daß Aufgaben, die im Interesse des gesamten Gewerbestandes liegen, von dem gesamten Gewerbestand und nicht von einem Bruchteil desselben getragen werden müssen. Gerade dadurch, daß mit der Erfüllung aller dieser Aufgaben Opfer verbunden waren, wurden viele von den Innungen fern gehalten, weil sie dann, ohne Geldmittel aufzuwenden, in gewissem Sinne die Vorteile, welche diese Innungen dem Gewerbe brachten, mit genossen.

Dieser Zustand hat unter den organisierten Handwerkern zu der Forderung der obligatorischen oder Zwangsinnung geführt, denn man wollte, daß jeder Handwerker in die Innung gezwungen werde, um an diesen Lasten mit teilzunehmen.

Dieser Zustand hat ferner als ersten Schritt auf dem Wege des Zwanges zur Aufnahme der §§ 100e und 100f [1]) in das Innungsgesetz geführt, durch

1) § 100 e. Für den Bezirk einer Innung, deren Thätigkeit auf dem Gebiete des Lehrlingswesens sich bewährt hat, kann durch die höhere Verwaltungsbehörde nach Anhörung der Aufsichtsbehörde bestimmt werden:

1) daß Streitigkeiten aus den Lehrverhältnissen der im § 120 a bezeichneten Art auf Anrufen eines der streitenden Teile von der zuständigen Innungsbehörde auch dann zu entscheiden sind, wenn der Arbeitgeber, obwohl er ein in der Innung vertretenes Gewerbe betreibt und selbst zur Aufnahme in die Innung fähig sein würde, gleichwohl der Innung nicht angehört;

2) daß und inwieweit die von der Innung erlassenen Vorschriften über die Regelung des Lehrlingsverhältnisses, sowie über die Ausbildung und Prüfung der Lehrlinge auch dann bindend sind, wenn deren Lehrherr zu den unter Nr. 1 bezeichneten Arbeitgebern gehört.

Haben sich hiernach Lehrlinge solcher Gewerbetreibenden, welche der Innung nicht angehören, einer Prüfung zu unterziehen, so ist dieselbe von einer Kommission vorzunehmen, deren Mitglieder zur Hälfte von der Innung, zur Hälfte von der Aufsichtsbehörde berufen werden;

3) daß Arbeitgeber der unter Nr. 1 bezeichneten Art von einem bestimmten Zeitpunkte an Lehrlinge nicht mehr aufnehmen dürfen.

Die Bestimmungen sind widerruflich.

§ 100 f. Für den Bezirk einer Innung kann auf Antrag derselben durch die höhere Verwaltungsbehörde bestimmt werden, daß Arbeitgeber, welche, obwohl sie ein in der Innung vertretenes Gewerbe betreiben, derselben nicht angehören, und deren Gesellen zu den Kosten:

1) der von der Innung für das Herbergswesen und den Nachweis für Gesellenarbeit getroffenen, bezw. unternommenen Einrichtungen (§ 97 Ziffer 2),

2) derjenigen Einrichtungen, welche von der Innung zur Förderung der gewerblichen und technischen Ausbildung der Meister, Gesellen und Lehrlinge ge-

welche Innungen, falls sie sich bewährt haben, besondere Rechte auch gegenüber Nichtinnungsmeistern gewährt werden. Durch diese Paragraphen sollte auf die außerhalb den Innungen stehenden, zur Aufnahme fähigen Meister ein Druck geübt werden, denselben beizutreten.

Die Einführung der obligatorischen Innung hat keine Aussicht auf Erfolg, denn mit dankenswerter Klarheit hat der Staatsminister von Bötticher in seiner Rede vom 24. November 1891 ausgeführt, daß die verbündeten Regierungen sich nicht zu diesem Experiment herbeilassen würden. Die obligatorische Innung würde uns wieder in die unhaltbaren Zustände der Zunftzeit hineinversetzen. Die Zwangsinnung würde, wenn sie den Handwerkern wirklich Vorteile bringen soll, sich nicht damit begnügen, das Herbergs- und Unterstützungswesen, den Arbeitsnachweis ꝛc. zu regeln, sondern sie würde, damit pekuniäre Vorteile für die Mitglieder zu erreichen sind, wieder den Befähigungsnachweis durchführen wollen, um so die Konkurrenz zu beschneiden, sie würde wieder Preisfestsetzungen für Handwerksartikel erlassen ꝛc.: alles Dinge, die sich nicht mehr durchführen lassen und die die unhaltbarsten gewerblichen Zustände herbeiführen müßten. Daß die obligatorische Innung sofort den angedeuteten Weg einschlagen würde, geht schon daraus hervor, daß der Handwerkerstand mit dieser Forderung aufs engste die des Befähigungsnachweises verbindet. An den Versuchen, Preisfestsetzungen durchzuführen, hat es schon jetzt bei der fakultativen Innung nicht gefehlt [1]).

Deshalb müssen andere Gesamtorganisationen des Gewerbestandes die gewünschten Aufgaben übernehmen, und diese gedachten Organisationen sind die Gewerbekammern.

Es ist ein fundamentaler Unterschied, ob jemand in eine obligatorische Innung hineingezwungen wird, in der er mit seiner ganzen Person und mit seinem ganzen Betriebe den Bestimmungen derselben unterworfen ist, oder ob er das Wahlrecht zu einer Gewerbekammer erhält, in der nur ein Zwang ausgeübt wird, einen gewissen Beitrag zu zahlen, der dazu verwendet wird, im allgemeinen Interesse liegende Aufgaben zu erfüllen, wofür der Betreffende das Recht erhält, seine speziellen Interessen durch diese Gewerbekammern vertreten zu lassen. Allerdings muß sich ein jeder der Gewerbe-

---

troffen sind, bezw. unternommen werden (§§ 97 Ziffer 3, 97a Ziffer 1 und 2),

3) des von der Innung errichteten bezw. zu errichtenden Schiedsgerichts (§ 97a Ziffer 6)

in derselben Weise und nach demselben Maßstabe beizutragen verpflichtet sind, wie die Innungsmitglieder und deren Gesellen.

Die Bestimmungen sind widerruflich.

1) Th. Hampke: Der Befähigungsnachweis im Handwerk, Jena 1892.

kammer unterworfene Gewerbetreibende auch den allgemeinen, von der Gewerbekammer erlassenen Bestimmungen fügen. Aus diesem Grunde ist wohl auch die Staatsregierung zu dem Entschluß gekommen, die zu schaffenden Organisationen zu Selbstverwaltungskörpern zu machen, die vor allen Dingen das Lehrlingswesen ordnen sollen. Der wundeste Punkt in der neueren Entwickelung des Handwerks ist das Lehrlingswesen, welches trotz der Verbesserungen, die durch das Gesetz vom 17. Juli 1878 geschaffen wurden, auch heute zu den weitestgehenden Klagen Anlaß giebt. Der Hauptgrund hierfür liegt darin, daß eine Behörde bisher fehlte, die sich die spezielle Aufgabe gestellt hat, die Durchführung der Bestimmungen der §§ 126—133, das Lehrlingswesen betreffend, in der R.G.O. zu überwachen.

Wenn im § 126 der R.G.O. gesagt ist: Der Lehrherr ist verpflichtet, den Lehrling in den bei seinem Betriebe vorkommenden Arbeiten des Gewerbes in der durch den Zweck der Ausbildung gebotenen Reihenfolge und Ausdehnung zu unterweisen: er muß entweder selbst oder durch einen geeigneten, ausdrücklich dazu bestimmten Vertreter die Ausbildung des Lehrlings leiten: er darf dem Lehrling die zu seiner Ausbildung und zum Besuche des Gottesdienstes an Sonn- und Festtagen erforderliche Zeit und Gelegenheit durch Verwendung zu anderen Dienstleistungen nicht entziehen: er hat den Lehrling zur Arbeitsamkeit und zu guten Sitten anzuhalten und vor Ausschweifungen zu bewahren — so ist keine Behörde da, welche darüber wacht, daß der Lehrherr den ihm hier vorgeschriebenen Vorschriften wirklich nachkommt. Wer die gesetzlichen Pflichten gegen die ihm anvertrauten Lehrlinge verletzt, ist nach § 148 Nr. 4 allerdings mit Geldstrafe bis zu 150 M. und im Unvermögensfalle mit Haft bis zu vier Wochen bedroht; da jedoch keine Instanz vorhanden ist, die über die Durchführung der Bestimmungen wacht, so kommen nur in den allerseltensten Fällen der Pflichtverletzung Bestrafungen vor. Ebenso verhält es sich bei allen übrigen die Lehrlinge betreffenden Bestimmungen.

Wie verlautet, werden im Reichsamt des Innern und im Handelsministerium seit Monaten Bestimmungen, betreffend die Neuregelung des Lehrlingswesens, ausgearbeitet, über deren Einzelheiten nichts Sicheres bisher bekannt geworden ist. Es handelt sich insbesondere um die Frage, wer berechtigt sein soll, Lehrlinge zu halten, auf welchen Zeitraum die Lehrzeit zu bemessen ist, ob die Befugnis zur Haltung von Lehrlingen entzogen werden kann, wie die Stellung der Meister zu den Lehrlingen zu gestalten ist und ob, um die sogenannte Lehrlingszüchterei zu verhindern, eine Verhältnisziffer zwischen Gesellen und Lehrlingen festgestellt werden soll [1]).

1) Sozialpolitisches Centralblatt, II. Jahrgang, Nr. 30.

Um mit dem Letztern zuerst zu beginnen, so halten wir eine Bestimmung einer Verhältnisziffer zwischen Gesellen und Lehrlingen für gänzlich undurchführbar, weil je nach dem Geschäftsgang die Zahl der Gesellen eine schwankende ist. Hat jemand große Aufträge und stellt er deshalb viel Gesellen ein, so darf er verhältnismäßig viel Lehrlinge halten. Entläßt er, nachdem die Aufträge ausgeführt sind, die Gesellen wieder, soll er dann die Lehrlinge auch entlassen oder darf er dieselben weiter beschäftigen?

Viel wichtiger erscheint uns die Festsetzung der Schriftlichkeit des Lehrvertrages, die obligatorisch in ganz Deutschland eingeführt werden sollte. Den Gewerbekammern könnte man, ähnlich wie es in Hamburg bereits geschieht, das Recht geben, alle Lehrbriefe zu beglaubigen und bei dieser Gelegenheit zu prüfen, ob der betreffende Vertrag zur Begründung eines soliden Lehrverhältnisses geeignet erscheint [1]). Die Berechtigung, Lehrlinge zu halten, kann nicht von einem Befähigungsnachweis abhängig gemacht werden. Man sollte diese Berechtigung allen im Besitz der bürgerlichen Ehrenrechte befindlichen Personen zugestehen, die bereits das 25. Lebensjahr zurückgelegt haben und die, wenn sie nicht einen freiwilligen Befähigungsnachweis erbringen, mindestens ihr Gewerbe drei Jahre selbständig oder als Werkmeister betrieben haben müssen.

Eine Festsetzung der Zeitdauer einer ordnungsmäßigen Lehrzeit halten wir für schädlich, da der eine Lehrling intelligenter als der andere ist und daher auch schneller lernt [2]). Man sollte vielmehr nur die Gewerbekammer beauftragen, ein Zeugnis über die ordnungsmäßig zurückgelegte Lehrzeit auszustellen, und zwar könnte sich die Gewerbekammer von der Fruchtbarkeit der Lehrzeit durch Lehrlingsprüfungen überzeugen. Würden die §§ 126—133 der Gewerbeordnung in diesem Sinne reformiert, so würde die von den Handwerkern so sehr gewünschte Ordnung im Lehrlingswesen auch ohne Befähigungsnachweis und Zwangsinnung wieder einkehren.

Die Ueberwachung des Herbergwesens, die Einrichtung des Arbeitsnachweises, die Regelung des Unterstützungswesens hätten ebenfalls der Gewerbekammer zu unterstehen, welche berechtigt sein müßte, die daraus erwachsenden Kosten durch Umlagen auf alle ihrer Kompetenz unterstehenden Gewerbetreibenden aufzubringen. Zur Durchführung aller dieser Zwecke gehören nicht unerhebliche Mittel, die, wenn alle Interessenten herangezogen werden, in genügender Höhe aufgebracht werden können.

Ferner hätte die Gewerbekammer freiwillige Gesellen- und Meister-

---

1) Vergl. S. 10 dieser Schrift.

2) Vergl. Hampke: Der Befähigungsnachweis im Handwerk, Jena 1892, S. 122 fg.

prüfungen durchzuführen, wie diese schon in größerem Maßstabe in Hessen, Württemberg und Baden eingerichtet sind. Die Gewerbekammer müßte eine allgemeine Prüfungsordnung entwerfen, nach welcher diese Prüfungen vorzunehmen sind. Die Prüfung selbst könnte nach wie vor von den Innungen oder Gewerbevereinen, unter Aufsicht der Gewerbekammer vorgenommen werden. Ueber den Erfolg derselben hätte dann die Gewerbekammer ein Zeugnis auszustellen. Da, wo Fach- und Fortbildungsschulen bestehen, müßten die Lehrer derselben bei den Prüfungen beteiligt werden. Eine der wichtigsten Aufgaben müßte auch eine Vereinheitlichung, Hebung und Vermehrung der Fach- und Fortbildungsschulen sein. Lehrwerkstätten, überhaupt alle Arten von Anstalten zur Förderung gewerblicher Bildung müßten der Aufsicht der Gewerbekammer unterstehen und da, wo sie noch nicht existieren, von dieser ins Leben gerufen werden.

Aehnlich wie in Bremen hätte die Gewerbekammer Veranstaltungen zur Förderung der gewerblichen, technischen und sittlichen Ausbildung der Gesellen, Gehilfen und Lehrlinge zu treffen. Sie könnte, wie es z. B. auch in Hessen bereits geschehen ist, für ihren Bezirk eine technische Mustersammlung und eine gewerbliche Bibliothek einrichten, um auf diese Weise bildend auf die ihr unterstehenden gewerblichen Kreise zu wirken. Würde der Kreis der Kompetenzen für die Gewerbekammer so weit gezogen, so würde dieselbe, ebenso wie es bereits seit Jahren von den hanseatischen Gewerbekammern und von der Großherzoglich hessischen Centralstelle für Gewerbe geschehen ist, segensreich zum Wohle des Gewerbestandes zu wirken vermögen.

Schließlich könnte die Gewerbekammer an dem Aufsichtsrecht über die Innungen zu beteiligen sein, wie es in Hamburg bereits durch Gesetz vom 2. Februar 1882 geschehen ist [1]). Man hätte die Kammer in der Weise bei dieser Aufsicht heranzuziehen, daß die Lokalbehörden sämtliche ihnen eingereichte Statuten neuer Innungen zunächst an die Gewerbekammer des Bezirkes einzusenden hätten, welche dieselbe alsdann zu prüfen und je nach Befund mit dem Antrag auf Genehmigung oder Abweisung an die höhere Verwaltungsbehörde zu übermitteln haben würde. Die Gewerbekammer würde weit eher als die letztere in der Lage sein, in zweifelhaften Fällen sich eine sachgemäße Auskunft von den Beteiligten zu verschaffen. Auf diese Weise würden einerseits die Klagen der Innungen über ihre bisherigen Aufsichtsbehörden beseitigt werden und die Innungen andererseits durch die Gewerbekammern Unterstützung und Anregung empfangen.

Weist man alle die angeführten Kompetenzen der Gewerbekammer zu,

---

1) Vergl. S. 10 dieser Schrift.

so nimmt man, allerdings unserer Ansicht nach nur scheinbar, den Innungen den größten Teil ihrer Aufgaben, denn diesen stand bisher die Aufsicht über Lehrlings-, Gesellen-, Herbergswesen, Arbeitsnachweis u. s. w. zu. Aus diesem Grunde wird aus Innungskreisen und von den politischen Parteien, die den Innungen sympathisch gegenüberstehen, eine Opposition gegen die Schaffung von Gewerbekammern laut, denn man will vor allen Dingen den Innungen ihre Vorrechte erhalten wissen.

Die wesentlichsten Bedenken werden darüber geäußert, daß als notwendige Konsequenz der Einrichtung derartiger Gewerbekammern die beiden größten Vorrechte der Innungen, die §§ 100e und 100f, fallen müßten. Man glaubt, daß wenn man diese Rechte den Innungen nimmt, so würden sich diese auflösen, weil sie dann gar keine Macht hätten, die außerhalb der Innung stehenden Meister zu sich heranzuziehen. Wir können diese Bedenken nicht teilen.

Was den § 100e betrifft, so haben bis zum 1. Dezember 1890 von 10223 in Deutschland bestehenden Innungen nur 1965 den Antrag auf Verleihung der Vorrechte dieses Paragraphen gestellt, und nur 1190 sind in den Genuß der Vorrechte dieses Paragraphen getreten [1]). Es hat also etwas mehr als der achte Teil aller Innungen die Rechte des § 100e erhalten. Nur ein sehr kleiner Teil derselben würde daher von der Aufhebung dieser Vorrechte betroffen werden.

Der § 100e hat gar nicht die von ihm erhofften Vorteile den Innungen gebracht. Im Gegenteil, er hat die Kreise, die den Innungen nicht beitreten wollten und denen durch Verleihung des § 100e an die im Orte befindliche Innung das Recht, Lehrlinge zu halten, genommen wurde, nur in eine erbitterte Opposition gegenüber den Innungen gedrängt. Vielfach hat man gar nicht erreichen können, daß den außerhalb der Innung Stehenden die Lehrlinge entzogen wurden, denn diese haben die Lehrlinge unter dem Name jugendlicher Arbeiter behalten, die ihnen, obwohl die Innungen den Rechtsweg beschritten, nach richterlichem Urteil nicht genommen werden konnten.

Der § 100f, von dem man die allergrößten Vorteile erwartete, denn durch ihn sollte die Innung die Mittel erhalten, die im allgemeinen Interesse getroffenen Einrichtungen in größerem Maßstabe durchführen zu können, ist überhaupt so gut wie gar nicht in Kraft getreten. Von 10223 Innungen haben nur 138 die Verleihung beantragt und dann schließlich 57 die Rechte dieses Paragraphen erhalten. Von diesen 57 Innungen sind allein 54 preußisch, und nur drei gehören dem ganzen

1) Stieda: „Innungen" im Handwörterbuch für Staatswissenschaften IV. Bd. S. 591.

übrigen Deutschland an. Wenn dieser Paragraph aufgehoben würde, so wären nur 57 Innungen durch diese Aufhebung betroffen. Wahrscheinlich würden diese Innungen mit der Aufhebung dieses Vorrechtes gar nicht unzufrieden sein, denn dieser Paragraph hat in seiner praktischen Durchführbarkeit den betreffenden Innungen solche Lasten gebracht, daß er als Danaergeschenk mit Fug und Recht bezeichnet werden kann.

Nach § 100l muß über die Einnahmen und Ausgaben der Innung für solche Einrichtungen, für welche die im § 100f bezeichnete Bestimmung getroffen ist, nach näherer Anweisung der höheren Verwaltungsbehörde getrennte Rechnung geführt werden. Das ausschließlich für diese Einrichtung bestimmte Vermögen ist getrennt von dem übrigen Innungsvermögen zu verwalten. Verwendungen für andere Zwecke dürfen aus demselben nicht gemacht werden. Die über diese Einrichtungen gelegte Jahresrechnung ist vor ihrer Abnahme der Aufsichtsbehörde vorzulegen. Erinnerungen derselben sind von der Innung vorbehaltlich der Beschwerde gemäß § 104 Absatz 7 zu erledigen [1]).

Diese Bestimmungen haben eine so umfassende Kassen- und Buchführung nötig gemacht, daß, wenn man die Abneigung der Handwerker gegen Buchführung kennt, man sich denken kann, daß die Innungen keineswegs mit der Durchführung dieses Paragraphen einverstanden waren. Die schlimmsten Folgen hat jedoch der § 100m für die mit dem Recht des § 100f versehenen Innungen gehabt.

Derselbe lautet:

Von der Beitragspflicht (§ 100f) sind befreit

1) Arbeitgeber, deren Betriebe zu den Fabriken zu zählen sind, und deren Arbeiter;

2) Arbeitgeber, welche Mitglieder einer anderen Innung sind, oder auf Grund des § 100f zu den Kosten von gleichartigen Einrichtungen einer anderen Innung beizutragen verpflichtet sind, und deren Gesellen;

3) Gewerbetreibende, welche in ihrem Betriebe regelmäßig weder Gesellen noch Lehrlinge beschäftigen.

Für Arbeitgeber oder Gesellen, welchen durch die Lage ihrer Arbeitstätte oder durch sonstige Umstände die Benutzung aller oder einzelner im § 100f aufgeführten Einrichtungen unverhältnismäßig erschwert wird, ist die Befreiung von der Beitragsleistung zu den Kosten dieser Einrichtungen von Amts wegen oder auf Antrag durch die Aufsichtsbehörde auszusprechen. Beschwerden über die Gewährung oder Versagung der Befreiung entscheidet die höhere Verwaltungsbehörde unter Ausschluß des Rechtsweges endgiltig.

---

1) **Berger**: Reichsgewerbeordnung nebst Ausführungsbestimmungen. 12. Aufl. Berlin 1892, S. 114.

Die Befreiung kann sich auch auf die Beiträge zu den Kosten einzelner Einrichtungen beschränken.

Da der Begriff der Fabrik nicht feststeht, so mußte schon Alinea 1 dieses Paragraphen zu Streitigkeiten führen. Aehnliche Resultate hatten jedoch auch Alinea 2 und 3.

Die Innungen, welche diese Bestimmungen durchführen wollten, sind aus Prozessen häufig nicht herausgekommen. Uns ist von Innungsmeistern, die im Besitz der Vorrechte des § 100f sich befanden, versichert worden, daß sie froh wären, wenn sie diese lästigen Vorrechte nicht mehr hätten.

Wie aus halbamtlichen Mitteilungen hervorgeht, sind eingehende Ermittelungen über die Wirkungen der §§ 100e und f neuerdings angestellt worden. Es dürfte die Absicht dabei sein, zu erwägen, ob diese Paragraphen nicht wieder aufgehoben werden sollen. Wir glauben, daß das Resultat dieser Enquete die schleunige Aufhebung derselben sein wird.

Die Innungen, die unserer Ansicht nach unbedingt erhalten bleiben müssen, werden durch Aufhebung von Vorrechten, die überhaupt kaum in Kraft getreten sind und die sich praktisch oft nicht als Vorrechte, sondern als Lasten erwiesen haben, nicht ihrem Untergang entgegengeführt werden. Man kann den Innungen im Gegenteil neue Lebensfähigkeit dadurch geben, daß man sie, ebenso wie die Gewerbevereine, zu Unterorganen der Gewerbekammern macht. Denn da der Bezirk der Gewerbekammer meist ein großer sein wird, so braucht diese überall Organe, die sie in der Ausführung ihrer Aufgaben unterstützen, und diese könnten Innungsausschüsse, gemischte Innungen oder Gewerbevereine sein.

Eine Gewerbekammer, die sich z. B. auf einen Regierungsbezirk erstreckt, braucht in jedem größeren Orte des Bezirkes ein Organ, welches das Lehrlingswesen im Sinne der Anordnungen der Gewerbekammer überwacht, welches das Herbergswesen, den Arbeitsnachweis 2c. regelt. Es müssen überall ausführende Organe vorhanden sein, welche, wie die Gewerbekammer selbst, nicht Fachorganisationen, sondern gemischt gewerbliche Organisationen sind. Hierzu würden sich die Innungsausschüsse eignen, die bisher nirgends rechte Aufgaben zu erfüllen hatten. In kleineren Orten würden gemischte Innungen dieselben Dienste thun können. In Süddeutschland, überhaupt überall da, wo Gewerbevereine überwiegen, müßten diesen die gleichen Aufgaben zufallen, und da, wo beide, Gewerbevereine und Innungen bestehen, müßten die bez. Unterorgane aus beiden Vereinigungen gebildet werden.

Auf diese Weise würden die bisher bestehenden Organisationen in ihrer Lebensfähigkeit gestärkt werden. Es würde dann zwischen den Innungen und Gewerbevereinen einerseits und den Gewerbekammern andererseits ein

Verhältnis entstehen, wie es bereits in Hessen zwischen dem Landesgewerbeverein und der Centralstelle für Gewerbe existiert. Daß auch neben leistungsfähigen Gewerbekammern die Innungen gut blühen können, beweisen die Hansestädte, wo das Innungswesen trotz des Bestehens der Gewerbekammern eine weite Verbreitung gefunden hat [1]). Wir halten es daher, wie wir nochmals betonen wollen, für unbedingt nötig, daß die Innungen erhalten werden, andererseits ist es, unserer Ansicht nach, nicht erforderlich, die Innungen an den Gewerbekammern besonders zu beteiligen, wenn man ihnen die Funktionen eines Ausführungsorgans der Gewerbekammer giebt.

Vor allen Dingen wird es nötig sein, das Verhältnis der neuen Kammern zu den bestehenden Behörden festzulegen, damit nicht wieder, wie zur Zeit der Gewerberäte, durch Kompetenzstreitigkeiten zwischen ihnen und anderen Behörden, z. B. den Magistraten, ihre Lebensfähigkeit gehindert werde. Der Gewerbekammer muß behördlicher Charakter verliehen werden und sie muß daher die Rechte einer juristischen Person erlangen.

Wie aus den Ausführungen des Staatsministers von Bötticher hervorgeht, sollen die Kammern die Befugnis erhalten, an der Mitwirkung bei der Ueberwachung der Arbeiterschutzbestimmungen der Gewerbeordnung sich zu beteiligen. Wir halten es nicht für gut, den direkten Interessenten ein Aufsichtsrecht über den Arbeiterschutz zugestehen zu wollen. Man sollte anfänglich den Rahmen der Kompetenzen in dieser Beziehung nicht gleich zu weit spannen, sondern abwarten, wie sich die neuen Kammern bewähren, später könnte einem Ausbau der bezüglichen Gesetzgebung auch eine weitere Ausdehnung der Rechte vorbehalten bleiben.

Die von uns den Gewerbekammern zugewiesenen Kompetenzen decken sich ungefähr mit denen, welche Staatsminister von Bötticher denselben zugewiesen wissen wollte. Sie stimmen auch ferner mit dem ungefähr überein, was die Kommission des Reichstages im Jahre 1881 und die Denkschrift des Stuttgarter Gewerbekammertages als Wirkungskreis dieser Interessenvertretungen bezeichneten [2]).

Nach dem vorläufigen Entwurfe der Regierung sollen die Mitglieder aus der Zahl der Gewerbetreibenden, die mindestens 25 Jahre alt und zum Schöffenamt fähig sein müssen, gewählt werden, zum passiven Wahlrecht soll ferner ein Lebensalter von 30 Jahren und außerdem zweijährige Ansässigkeit erforderlich sein. Wir halten diese Bestimmungen, die sich ähnlich auch in den anderen deutschen Gewerbekammergesetzen finden, für durchaus sachgemäß. Die Zahl der Mitglieder der Kammer darf keine zu große sein

1) Vergleiche Seite 226 dieser Schrift.
2) Vergleiche Seite 165 dieser Schrift.

20—25 Mitglieder würden genügen. Das Amt ist Ehrenamt, und für auswärtige Mitglieder dürften nur Reisekostenentschädigungen gezahlt werden. Den Vorsitzenden, stellvertretenden Vorsitzenden und Sekretär wählt die Kammer selbständig, auch hätte sie den Geschäftsgang durch ein selbst aufgestelltes, von der höheren Verwaltungsbehörde zu bestätigendes Statut zu regeln. Ebenso hätte die Kammer die Kassenverhältnisse selbst zu ordnen. Die Kosten hätten die Beteiligten zu tragen. Dieselben würden nach Maßgabe eines Steuermodus aufzubringen sein. Dies würden die hauptsächlichsten Bestimmungen über die zu schaffenden Gewerbekammern sein.

Die von uns nicht berührten Punkte, ob z. B. an den Sitzungen der Kammer, wie in Bayern, ein Regierungskommissar teilnehmen darf oder nicht ꝛc., halten wir für untergeordnete und soll auf diese nicht besonders eingegangen werden.

Nur noch die Frage, ob die Arbeitnehmer mit in den Gewerbekammern beteiligt werden sollen, ist zu berühren.

Wie wir sahen, waren bereits in den preußischen Gewerberäten anfänglich die Arbeitnehmer, mit Ausnahme derer des Handelsstandes, wählbar und wahlberechtigt. Durch Gesetz vom 15. Mai 1854 wurde ihnen dieses Recht genommen, weil erstens das Interesse, welches die Arbeitnehmer diesen Organisationen entgegengebracht hatten, ein zu geringes war und weil ferner die Arbeitgeber es ablehnten, mit ihren Arbeitern in denselben Organisationen zusammen zu tagen. Es zeigte sich, daß die Arbeitnehmer bei ihrer meist einseitigen technischen Ausbildung zur Beurteilung allgemeiner Gewerbsinteressen vielfach unfähig waren.

Später ist in den Reichstagsverhandlungen in den Jahren 1869 und 1881 der Gedanke, die Arbeitnehmer gleichmäßig zu beteiligen, von der sozialistischen und deutsch-freisinnigen Partei mehrfach angeregt worden, ohne zu einem Resultat zu führen. Im Jahre 1884 trat dann die sozialdemokratische Partei selbst mit der Forderung gesonderter Arbeiterkammern hervor. Diese Bestrebungen haben insofern Eindruck auf die Regierung gemacht, als der vorläufige Regierungsentwurf, wie aus halbamtlichen Mitteilungen hervorgeht, auch an eine Vertretung der Arbeitnehmer ursprünglich gedacht hat.

Die Mitglieder der geplanten Kammern sollten zu drei Vierteln ihrer Zahl von den selbständigen Handwerksmeistern, und zu einem Viertel von den bei diesen beschäftigten Gesellen und Gehilfen gewählt werden.

Auch Prof. Schmoller hatte sich in seinem Referat über die Reform der Gewerbeordnung im Jahre 1877 sympathisch für eine Beteiligung der Arbeitnehmer in der Gewerbekammer ausgesprochen, indem er ausführte, es müsse der Handwerksmeister neben dem Arbeiter sitzen, der sich im gewerblichen Schiedsgericht fähig gezeigt habe.

Wir wollen die Frage der Interessenvertretung der Arbeitnehmer nicht an dieser Stelle aufrollen [1]). Wir sind jedoch der Ansicht, daß, wenn man nicht von vornherein die Gewerbekammern zum Scheitern bringen will, vorläufig von einer gemeinsamen Vertretung der Arbeitnehmer und Arbeitgeber abgesehen werden muß. Den Arbeitnehmern mangelt der Ueberblick über das Ganze, d. h. über die allgemeinen gewerblichen Interessen, so daß ihre Mitbeteiligung bei der Abgabe sachverständiger Voten über allgemeine gewerbliche Fragen vorläufig nicht wünschenswert erscheinen kann. Sodann ist die Zahl der Arbeitnehmer eine so große, daß sich dieselben mit ihren wiederum sehr verschiedenen Interessen nicht leicht werden in solchen Kammern unterbringen lassen.

Daß auch eine Interessenvertretung der Arbeitnehmer durchaus wünschenswert und notwendig ist, erkennen wir an. Wir glauben jedoch, daß zuerst eine Organisation der Arbeitgeber allein vorgenommen werden sollte, weil diese leichter realisierbar ist. Wenn diese Organisation gelungen ist und wenn sich auch unter den Arbeitnehmern weitere Versuche freiwilliger Organisation gezeigt haben, dann wird es der Gesetzgebung überlassen werden können, auf diese Versuche stärkend zu wirken und durch eine Beteiligung der Arbeitnehmer in den Gewerbekammern auf eine Versöhnung der Interessen der Arbeitgeber und Arbeitnehmer hinzuwirken.

Der Plan der Regierung, welche drei Viertel an Arbeitgebern und ein Viertel an Arbeitnehmern in die Kammern aufnehmen wollte, hat nirgends Sympathien gefunden und scheint auch bereits fallen gelassen zu sein, denn auf die wiederholten Anfragen der Abgeordneten Auer und Joest, ob die Gesellen und Arbeiter auch in den Kammern vertreten sein sollten, antwortete der Staatsminister Dr. von Bötticher am 6. Dezember 1892 im Reichstage nicht.

1) R. Grätzer: Die Organisation der Berufsinteressen, Berlin 1890, S. 281 fg.

Schluß.

Haben wir uns auf Grund unserer Untersuchungen gegen Handwerker- und für Gewerbekammern ausgesprochen und kurz skizziert, wie wir uns derartige Organisationen denken, wenn sie segensreich für den Gewerbe- und namentlich den Handwerkerstand wirken sollen, so glauben wir doch vor allzu großen Hoffnungen über die Leistungen derartiger Organisationen warnen zu müssen.

Gerade wie 1849 die übertriebenen Hoffnungen, die man an die Gewerberäte knüpfte, dazu führten, daß, als diese nicht ganz in Erfüllung gingen, das Interesse der Beteiligten schnell erkaltete, so würde jetzt ebenfalls bei übertriebenen Ansprüchen leicht Interessenlosigkeit diese neuen Organisationen zum Scheitern bringen.

Wenn erst die Handwerker und Kleinindustriellen sich daran gewöhnt haben, alle ihre Wünsche und Beschwerden der Kammer ihres Bezirkes zu unterbreiten, und diese schnell und energisch für die berechtigten Wünsche ihrer Interessenten eintritt, so wird auf diesem Instanzenwege manche Verbesserung und Erleichterung für das Kleingewerbe sich schaffen lassen. Eine Gewerbekammer, deren Mitglieder aus den intelligentesten Männern des ganzen Bezirkes besteht, wird, falls sich Mißstände im Handwerk und Kleingewerbe zeigen, diese auf ihre eigentlichen Ursachen prüfen und denn mit geeigneten Abänderungsvorschlägen hervortreten, während jetzt der kleine Handwerker ohne lange Ueberlegung nur zu leicht in der Gewerbefreiheit, die er für alles verantwortlich macht, die Ursache der gedrückten Lage des Kleingewerbes erblickt. Wird die Gewerbekammer auch Selbstverwaltungskörper, dem durch Beiträge aller Beteiligten genügende Mittel zur Verfügung stehen, weitgehende Aufgaben zu erfüllen, so wird durch besondere Beaufsichtigung des Lehrlingswesens ꝛc. wieder die herbeigesehnte Ordnung im Handwerk auch ohne Zwangsinnung und Befähigungsnachweis einkehren.

Dadurch, daß man die Innungen und Gewerbevereine der Aufsicht dieser Kammern unterstellt und sie als Unterorgane an der Erfüllung der

Aufgaben der Gewerbekammer beteiligt, werden auch diese freien gewerblichen Organisationen neue Lebenskraft erhalten und weiter segensreich zu wirken vermögen. Die Gewerbekammer wird dann, wenn sie, was zu erwarten steht, wirklich von dem Interesse der Beteiligten getragen wird, sich allmählich für ihren Bezirk zu einer Centralstelle entwickeln, von der jede Art von Auskunft und Belehrung in gewerblichen Angelegenheiten ausgeht.

Namentlich werden die von den Gewerbekammern zu errichtenden Anstalten zur technischen Hebung des Gewerbes jederzeit die Beteiligten mit neuen gewerblich-technischen Fortschritten bekannt zu machen suchen, um auch auf diesem Wege eine Besserung der Lage des Kleingewerbes herbeizuführen. Tritt die Regierung mit einem Gesetzentwurf hervor, der diese weiten Kompetenzen den Gewerbekammern zuweist und der auf Grund der in einzelnen Bundesstaaten gemachten Erfahrungen für das ganze Deutsche Reich netzartig derartige Korporationen ins Leben ruft, so steht zu hoffen, daß das Kleingewerbe unter fortwährender Belehrung, Aufsicht und Anleitung dieser Kammern wieder einen goldenen Boden erlangt. Die Vorurteile, die in Deutschland teilweise gegen Gewerbekammern verbreitet sind, werden dann in Angesicht der Erfolge dieser Körperschaften schwinden.

Wird aber das Gewerbekammerwesen von Reichs wegen in dem Sinne geregelt, wie wir andeuteten, so wird auch eine Reorganisation des Handelskammerwesens nötig. Es ist zu wünschen, daß dann die Reichsregierung auch dieses einheitlich regelt und vor allen Dingen diese Interessenvertretungen gleichfalls obligatorisch über das ganze Reich hin netzartig einrichtet. Ob dann später die Gewerbekammern in einem besonderen Gewerbekammertage und die Handelskammern in einem Handelstage, oder ob überhaupt alle Interessenvertretungen zusammen in einem Volkswirtschaftsrate eine einheitliche Spitze erhalten sollen, ist eine Frage, die der Zukunft überlassen werden kann. Erst müssen die Unterorgane geschaffen sein, bevor an einen weiteren Ausbau eines einheitlichen Organismus aller Interessenvertretungen gedacht werden kann.

Am 3. Juni 1890 sprach gelegentlich der Audienz der Handwerkerdeputation seine Majestät Kaiser Wilhelm II. die Worte: „Ich habe den sehnlichsten Wunsch, daß das Handwerk wieder zu der Blüte gelangen möge, in der es bereits im vierzehnten Jahrhundert gestanden hat". Möchte die baldige Schaffung der in Aussicht gestellten Gewerbekammern dazu beitragen, diesen Wunsch unseres Kaisers zur Wahrheit werden zu lassen.

Anhang.

I.

Petition der Vorstände sämtlicher Berliner Innungen. (Februar 1869.)

Seitens des Königlichen Ministers für Handel, Gewerbe und öffentliche Arbeiten ist am 4. Januar bei dem Hohen Hause der Abgeordneten ein Gesetzentwurf über die Handelskammern eingebracht worden, nach dessen § 1 dieselben im Allgemeinen die Bestimmung haben:

Die Gesamtinteressen der Handel- und Gewerbtreibenden ihres Bezirks wahrzunehmen und die Provinzial- und Centralbehörden in der Förderung des Handels und der Gewerbe durch thatsächliche Mitteilungen und Erstattung von Gutachten zu unterstützen.

Zur Teilnahme an der Wahl der Mitglieder sollen diejenigen Kaufleute und Gesellschaften berechtigt sein, welche als Inhaber einer Firma in dem für den Bezirk der Handelskammer geführten Handelsregister eingetragen stehen.

Außer der im § 1 des Gesetzentwurfs den Handelskammern zugesprochenen allgemeinen Befugnis, thatsächliche Mitteilungen und gutachtliche Aeußerungen in ihrem und der Gewerbtreibenden Gesamtinteresse an die Provinzial- und Centralbehörden zu machen, ist den Handelskammern noch das Recht zuerkannt:

1) Sich vollkommen frei und selbständig zu konstituieren.
2) Zur Durchführung ihrer Zwecke sämtliche Kaufleute ihres Bezirks zu besteuern.
3) Zur Verwahrung ihrer Mitglieder-Beiträge die Gemeindekassen-Verwaltung an ihrem Sitze zu benutzen.
4) Alljährlich bis spätestens Ende Juni über die Lage und den Gang des Handels während des vorhergegangenen Jahres an den Handelsminister und die Bezirksregierungen zu berichten.
5) Auch in anderen Fällen unmittelbar an die Central- und Provinzialbehörden zu berichten und endlich
6) Börsen und andere für den Handelsverkehr bestehende öffentliche Anstalten zu beaufsichtigen.

Wir sind nun weit davon entfernt, den Handelsstand um die vorangeführte Er- und Einrichtung von Handelskammern zu beneiden, noch wollen wir deren Zweckmäßigkeit irgendwie in Frage stellen. Wenn es jedoch im § 1 des Gesetzentwurfes heißt, daß die Handelskammern die Gesamtinteressen der Handel- und Gewerbtreibenden ihres Bezirkes wahrzunehmen und die Provinzial- und Centralbehörden in der Förderung des Handels und der Gewerbe durch thatsächliche Mitteilungen und Erstattung von Gutachten zu unterstützen haben, so ist damit klar und deutlich ausgesprochen, daß man für die Handwerker und Gewerbtreibenden nicht nur keine besonderen Interessen anerkennt und keine den Handelskammern ähnliche Einrichtung herzustellen im Sinne hat, sondern daß der Handelsstand auch noch zum Vormunde der Handwerker und Gewerbtreibenden eingesetzt werden soll.

Gegen eine solche Mißachtung des Gewerbestandes und Bevorzugung der Klasse des Handelsstandes, welche dem Art. 4 der Verfassung, wonach „alle Preußen vor dem Gesetze gleich sind und Standesvorrechte nicht stattfinden", schnurstracks widerstreiten, da durch dieselben dem von uns vertretenen Stande der Handwerker und Gewerbetreibenden gegenüber nicht nur eine Ungleichheit hergestellt, sondern auch für den Handelsstand ein Vorrecht begründet wird, müssen wir nun aber im Namen des Gesetzes und der Gleichberechtigung aller Klassen der Bevölkerung hiermit den feierlichsten Protest erheben.

Wir nehmen das gleiche Recht, wie es dem Handelsstande durch die Gewährung von Handelskammern zu Teil werden soll, auch für den Handwerker- und Gewerbestand durch die Errichtung von Gewerbekammern in Anspruch, und weisen die Vertretung der Gesamtinteressen des Handwerker- und Gewerbestandes durch den Handelsstand als eine unwürdige Bevormundung und gänzliche Mißachtung unserer eigenen und besonderen Interessen mit aller Entschiedenheit zurück.

Demgemäß wünschen wir, daß, gleichzeitig mit den Handelskammern, für den Handwerker- und Gewerbestand Gewerbekammern errichtet werden, welche aus den Vertretern aller selbständigen Gewerbtreibenden bestehen, die auf Grund des § 19 des Gewerbesteuer-Gesetzes vom 20. Mai 1820 den Betrieb eines selbständigen Gewerbes anzumelden verpflichtet, und nicht als Kaufleute an der Wahl für die Handelskammern bereits teilzunehmen berechtigt sind.

Diesen Gewerbekammern würde, entsprechend der Stellung der Handelskammern, gleichfalls das Recht, beziehungsweise die Pflicht zuzusprechen sein:

1) Die Gesamtinteressen der Gewerbtreibenden ihres Bezirks wahrzunehmen und die Central-, wie sonstigen Behörden, in der Förderung der Gewerbe durch thatsächliche Mitteilungen und Erstattung von Gutachten zu unterstützen.
2) Sich ebenfalls vollkommen frei und selbständig zu konstituieren.
3) Nicht minder zur Durchführung ihrer Zwecke sämtliche Gewerbtreibende ihres Bezirks nach dem Klassen- und Einkommensteuerfuße zu besteuern.
4) Ebenso zur Verwahrung ihrer Mitgliederbeiträge die Gemeindekassen-Verwaltung an ihrem Sitze zu benutzen.
5) Gleichfalls bis spätestens Ende Juni über die Lage und den Gang der Gewerbe während des vorhergegangenen Jahres an den nicht bloß als Minister für den Handel, sondern auch für die Gewerbe bestehenden und sich demgemäß bezeichnenden Staatsminister, wie an die Bezirksregierungen und sonst beteiligten Behörden zu berichten.
6) Auch in anderen und besonderen Fällen unmittelbar dem Gewerbeminister und den übrigen Behörden Bericht zu erstatten und Anträge vorzubringen.
7) Die für den gewerblichen Betrieb und Absatz, das gewerbliche Arbeitsnachweisungs-, Lehrlings- und Fortbildungswesen bestehenden öffentlichen Einrichtungen und Anstalten zu beaufsichtigen oder zu verwalten.

8) In entsprechender Weise bei einem herzustellenden gewerblichen Schiedsgerichtswesen mitzuwirken.

9) Je nach der Verschiedenheit der einzelnen Gewerbszweige, sich, sofern ein betreffender Gewerbszweig mindestens zehn Mitglieder zählt und ein Bedürfnis dafür vorliegt, in besondere Abteilungen zu spalten, in welchem Falle alsdann nur die allgemeinen Angelegenheiten der Samt-Gewerbekammer verbleiben, während die besonderen, namentlich die Beaufsichtigung oder Verwaltung der für die besonderen Gewerbszweige bestehenden öffentlichen Einrichtungen und Anstalten (z. B. Schlachthäuser u. s. w.) der bezüglichen Zweig-Gewerbekammer zu überweisen sind.

10) Würde der Regel nach innerhalb jedes Stadt- oder Landkreises mindestens eine Gewerbekammer zu errichten sein und im Uebrigen der Gesetzentwurf über die Handelskammern als Grundlage für ein Gewerbekammer-Gesetz im Allgemeinen maßgebend bleiben können.

Indem wir dem Hohen .... unsere vorausgesprochenen Wünsche und Forderungen hiermit ehrerbietigst darzulegen uns erlauben, glauben wir auf deren Gewährung in der zuverlässigsten Weise rechnen zu dürfen.

Dem Handelsstande fortdauernd eine Einrichtung zuzugestehen, welche ihn in der Förderung seiner besonderen Interessen, sowie, zufolge der Handelskammerlitteratur in der Wissenschaft, in der Presse und in der durch dieselben erzeugten „öffentlichen Meinung" bereits weit über alle übrigen Berufsklassen an Bedeutung emporgehoben hat, und welche die vielfach thatsächlich schon bestehende bürgerliche Lehnsherrschaft desselben auch noch staatsrechtlich befestigen und erhöhen zu wollen scheint; dagegen dem von uns vertretenen Stande der Handwerker und Gewerbtreibenden, obgleich derselbe ebenso viele Millionen zählt als der Handelsstand Hunderttausende, die gleiche Einrichtung zu versagen, ja den Handelsstand uns sogar zum bürgerlichen Vormunde einzusetzen — hieße in der That die Herstellung einer modernen Klassenherrschaft begünstigen, welche die blutigen Errungenschaften früherer Jahrhunderte völlig vereiteln und die Elemente der Gesellschaft, statt friedlich in gleichberechtigter Weise mit einander zu versöhnen, von neuem wirtschaftlich und politisch zum feindseligen Kampfe gegen einander herausfordern würde.

Wir sind in unseren eigenen Kreisen gleichfalls noch uneins und teilen mit der herrschenden Staatsweisheit, der Wissenschaft und öffentlichen Meinung die Ungewißheit und die Zweifel darüber, wie dem immer stärker hereinbrechenden Verfalle der mühevoll schaffenden und arbeitenden, dagegen der immer mehr steigenden Willkür der vorwiegend nur durch Ausübung der Besitzesherrschaft über die Erwerbsgüter existierenden Klasse der Bevölkerung eine wirksame und nachhaltige Schranke entgegenzusetzen ist, und welche neuen Gestaltungen demgemäß unsere heutige Gesellschaft annehmen muß, um unter der veränderten Produktionsweise und bei dem ungeahnten Fortschritte der Verkehrsmittel sämtlichen Klassen der Bevölkerung das ihnen gebührende Recht gleichmäßig zu Teil werden zu lassen.

Indes darüber sind wir, trotz der sonst verschiedenen Ansichten, insgesamt mit allen unseren Berufsgenossen des ganzen Landes vollkommen unter einander einig, daß dem frevelhaften Spiele, welches bisher von den politischen Parteien mit der „Handwerker-, Gewerbe- und sozialen Frage" getrieben worden ist, schleunigst ein Ende gemacht werden muß, und daß die **Handwerker** und **Gewerbtreibenden**, im Falle durch die Errichtung von Gewerbekammern dem freien unverfälschten Austausch ihrer wechselseitigen Ansichten mit einander ein regelmäßiger und geordneter Ausdruck gegeben, wie gleichmäßig allen Teilen derselben eine geregelte und gesetzmäßige Förderung und Pflege ihrer Gesamtinteressen gesichert wird, selbst am besten und sicherlich imstande sein werden, mit der Zeit allen Gebrechen Abhilfe zu verschaffen, welche ihren eigenen und den mit den ihrigen verflochtenen Verhältnissen der übrigen Klassen der Gesellschaft ankleben.

Es hieße an dem Siege der Vernunft, Wahrheit und Gerechtigkeit überhaupt verzweifeln, wenn das fortdauernde und unverfälschte, geregelte und gesetzmäßige Zusammenwirken des Volksgeistes nicht den wirklich berechtigten Anforderungen und Bedürfnissen desselben aus eigener Kraft nach allen Richtungen hin am zuverlässigsten Genüge zu leisten und Abhilfe zu schaffen vermöchte.

Dem Hohen .... unser gehorsamstes Anliegen wiederholend, bitten wir, noch im Laufe der gegenwärtigen Session des Landtages

> den Erlaß eines Gesetzes über die Errichtung von Gewerbekammern in der von uns vorbezeichneten Weise veranlassen und den Gesetzentwurf über die Handelskammern nur unter gleichzeitiger Gewährung von Gewerbekammern ins Leben treten lassen zu wollen.

Wir schließen mit der Versicherung, daß zahlreiche Berufsgenossen von uns im ganzen Lande sich unseren Wünschen und Forderungen anschließen werden.

II.

Entwurf von Grundzügen zu Titel VI der Gewerbeordnung,

die Gewerbekammer betreffend.

§ 1. Zur Förderung des Gewerbewesens und der Interessen des Gewerbestandes werden durch ganz Deutschland gleichmäßig nach den folgenden Grundzügen Gewerbekammern eingerichtet.

Unter Gewerbe im Sinne dieser Grundzüge ist jedes Handwerk zu verstehen, welches auf Grund des Titel VI der Gewerbeordnung vom 21. Juni 1869 sich in Innungen organisieren darf.

I. Die Gewerbekammer.

Zweck.

§ 2. Die Gewerbekammer ist berufen, auf alles, was für das Gewerbewesen dienlich sein kann, fortwährend ihr Augenmerk zu richten, die ihr zur Förderung des Gewerbeverkehrs angemessen scheinenden Maßregeln bei den zuständigen Behörden zu beantragen und auch als ständige Verwaltungsbehörde selbstthätig einzugreifen, so daß sie als die Vertreterin der Gesamtinteressen der ihr zugehörigen Gewerbetreibenden ihres Bezirks zu gelten hat. Demgemäß

1) unterstützt die Gewerbekammer die Central- wie die sonstigen Behörden in der Förderung der Gewerbe durch thatsächliche Mitteilungen und Erstattung von Gutachten;

2) berichtet sie jährlich bis spätestens Ende Juni über die Lage und den Gang der Gewerbe ihres Bezirks und über ihre Geschäftsthätigkeit während des vorhergegangenen Jahres an die Ministerien, wie an die Bezirksregierungen und sonst beteiligten Behörden, nachdem diese Berichte halbjährlich in den im Mai und Oktober jeden Jahres stattfindenden ordentlichen Versammlungen des Gewerbekonvents vorgetragen sind;

3) auch in anderen und besonderen Fällen, z. B. wo es sich um die Anknüpfung und die Förderung überseeischer Absatzquellen und Geschäftsverbindungen handelt, bringt sie an den Gewerbeminister und die übrigen Behörden selbständig Anträge vor;

4) beaufsichtigt oder verwaltet die Gewerbekammer die für den gewerblichen Betrieb und Absatz, das gewerbliche Arbeitsnachweisungs-, das Lehrlings- und Fachschulwesen bestehenden öffentlichen Einrichtungen und Anstalten;

5) insbesondere liegt der Gewerbekammer die Fürsorge ob für die berufsmäßige Ausbildung der gewerblichen Lehrlinge, die Lossprechung derselben zu Gesellen und Gehilfen, sowie die Ausstellung von Lehrbriefen;

6) gebührt der Gewerbekammer die Handhabung des Legitimationswesens der gewerblichen Hilfskräfte;

7) trägt die Gewerbekammer Sorge für gemeinnützige Veranstaltungen auf dem Gebiete des Kassenwesens im Interesse der ihr zugehörigen Gewerbetreibenden;

8) hat die Gewerbekammer sich der Aufstellung einer möglichst gründlichen Gewerbestatistik zu befleißigen;

9) steht die Gewerbekammer als die entscheidende Appellations-Instanz da in allen das Innungswesen angehenden gewerblichen Angelegenheiten, insbesondere kommen ihr die Befugnisse zu, welche § 95 der Gewerbeordnung vom 21. Juni 1869 gegenwärtig der Gemeindebehörde überweist;

10) auch kann die Gewerbekammer auf Erfordern von Gewerbetreibenden gegen Entgelt Sachverständigen-Gutachten erteilen;

11) errichtet die Gewerbekammer zur Entscheidung von Streitigkeiten zwischen Meister einer- und Gesellen (Gehilfen) andererseits Schiedsgerichte, in welchen die Beisitzer, unter Leitung des Vorsitzenden der Kammer, in gleicher Zahl aus beiden Teilen zu wählen sind;

12) endlich ist sie gewillt, sobald die Mittel es gestatten, ein technisches Bureau zur Unterstützung kunstgewerblicher Leistungen einzurichten.

Mitglieder und Wahl derselben.

§ 3. Entsprechend der Anzahl der Abteilungen des Gewerbekonvents wird für jede Abteilung ein Mitglied zur Gewerbekammer gewählt. Die Wahl geschieht abteilungsweise in der Versammlung des Konvents.

§ 4. In die Gewerbekammer wählbar ist jeder, welcher innerhalb des Kammerbezirks wohnt und einer Innung oder einer gewerblichen Vereinigung angehört, die Glied der Kammer ist. Es ist nicht erforderlich, daß der Gewählte derjenigen Wahlabteilung angehört, welche ihn gewählt hat.

§ 5. Die Namen der Gewählten werden öffentlich bekannt gemacht.

Die Anfechtung der Giltigkeit einer Wahl muß binnen acht Tagen nach dieser Bekanntmachung bei dem Vorsitzenden der Gewerbekammer schriftlich erfolgen. Die

Gewerbekammer, mit Ausschluß der Mitglieder, deren Wahl angefochten wird, entscheidet über die Anfechtung definitiv in ihrer nächsten Versammlung. Bis zu dieser Entscheidung besteht die Wahl als giltig.

§ 6. Die Wahl in die Gewerbekammer kann ohne Genehmigung des Gewerbekonvents niemand ablehnen, es sei denn, daß er bereits das fünfundsechszigste Lebensjahr vollendet habe oder schon zum zweiten Male in die Gewerbekammer gewählt worden sei.

Wer aufhört, Mitglied des Gewerbekonvents zu sein, hört dadurch auch auf, der Gewerbekammer anzugehören.

§ 7. Die Mitglieder der Gewerbekammer werden auf fünf Jahre in dieselbe gewählt, alljährlich scheidet ein Fünftel derselben aus, welche das Los bestimmt. Die erste Auslosung geschieht mit Ablauf des ersten Verwaltungsjahres.

§ 8. Für diejenigen, welche aus der Gewerbekammer ausscheiden, oder die Wahl in dieselbe ablehnen, werden, nachdem vorab die im Gewerbekonvent etwa entstandenen Lücken ergänzt worden sind, spätestens in der nächsten Versammlung des Gewerbekonvents Ergänzungswahlen vorgenommen. Die Ausscheidenden sind sofort wieder wählbar.

§ 9. Die Geschäfte eines Mitgliedes der Gewerbekammer werden unentgeltlich wahrgenommen.

§ 10. Die Gewerbekammer hat dafür Sorge zu tragen, daß möglichst genaue Mitgliederlisten der einzelnen bei der Gewerbekammer beteiligten Innungen oder gewerblichen Vereinigungen zur Feststellung der Wahlberechtigten in den einzelnen Abteilungen des Gewerbekonvents regelmäßig geführt und zur allgemeinen Einsicht ausgelegt werden.

§ 11. Die Gewerbekammer macht Zeit und Ort bekannt, wann die Wahlen für den Gewerbekonvent stattfinden sollen. Die Wahl, bei welcher die einfache Stimmenmehrheit und im Falle von Stimmengleichheit das Los entscheidet, geschieht durch Stimmzettel unter Leitung von Mitgliedern der Gewerbekammer, welche befugt sind, zu ihrer Beihilfe noch andere geeignete Personen hinzuzuziehen. Die zur Wahl Erscheinenden haben auf Verlangen dieser Kommission ihre Identität mit den in den Listen Aufgeführten in geeigneter Weise darzuthun.

Finanzen.

§ 12. Die gesamten Kosten der Gewerbekammer werden durch Umlage bei den beteiligten Innungen oder gewerblichen Vereinigungen nach Maßgabe ihrer Mitgliederzahl aufgebracht.

§ 13. Alljährlich in der ordentlichen Versammlung des Gewerbekonvents im Laufe des Mai hat die Gewerbekammer für das folgende Jahr einen Budgetentwurf vorzulegen, in welchem übersichtlich Einnahmen und Ausgaben geordnet sind und, wie hoch der Beitrag für das folgende Jahr zu bemessen sei, vorgesehen ist. Der Gewerbekonvent hat das Budget zu genehmigen und über die Mitglieder-Beitragshöhe endgiltig zu entscheiden.

§ 14. Jeder Innungs- oder Vereinsvorstand ist verpflichtet, auf Grund solches Beschlusses des Gewerbekonvents für seine Mitglieder die festgesetzten Quartalsbeiträge praenumerando einzuziehen und bis Ausgang des zweiten Monats im Quartal an die Kasse der Gewerbekammer abzuführen.

§ 15. Die Gewerbekammer beruft den Gewerbekonvent und stellt die Tagesordnung fest zu den ordentlichen Versammlungen des Konvents im Mai und im November jeden Jahres, sowie zu außerordentlichen Versammlungen, so oft wichtige zum Wirkungskreise der Gewerbekammer gehörende Angelegenheiten eine Beratung und Meinungsäußerung des Gewerbekonvents wünschenswert erscheinen lassen.

II. Der Gewerbekonvent.

Zusammensetzung.

§ 16. Der Gewerbekonvent wird aus den Mitgliedern der zur Gewerbekammer gehörigen Innungen und gewerblichen Vereinigungen des Gewerbekammer-Bezirks mittelst einer von solchen Gewerbetreibenden vorzunehmenden Wahl gebildet.

Wahl.

§ 17. Eine dem Gewerbekammerstatut beigefügte Anlage ergiebt, welche Gewerbetreibende und in welchen Abteilungen dieselben zu wählen berechtigt sind.

Wählbar ist jeder Wahlberechtigte.

§ 18. Jede der in der Anlage aufgestellten Abteilungen wählt für bis 100 Mitglieder je 10 Personen, für 101 bis 200 Mitglieder je 15, für 201 bis 500 je 20 und für 501 und darüber Mitglieder je 30 Personen in den Gewerbekonvent.

§ 19. Zum Zwecke der Wahlen wird für jede der Abteilungen eine möglichst genaue Liste der zu ihr gehörenden wahlberechtigten Gewerbetreibenden angefertigt, und zwar geschieht dieses durch die Gewerbekammer.

Die zu den einzelnen Abteilungen gehörenden Gewerbetreibenden sind berechtigt, sich in die Liste der entsprechenden Abteilungen eintragen zu lassen, sobald sie darin nicht auf Grund der Innungs- oder Vereins-Mitgliederverzeichnisse bereits aufgenommen worden sind. Sie haben zu dem Ende sich bei ihrem Innungs- oder gewerblichen Vereinsvorstande zu melden und mit einer von diesem ausgestellten Bescheinigung ihrer Qualifikation ihre Eintragung in die Liste bei der Gewerbekammer zu bewirken.

Die Listen der Abteilungen werden zur Einsicht der Beteiligten ausgelegt. Vor dieser Auslegung werden Ort und Zeit derselben von der Gewerbekammer bekannt gemacht.

Einsprachen gegen die Listen sind binnen 14 Tagen nach Beginn der Auslegung bei der Gewerbekammer schriftlich anzubringen und von derselben ohne Verzug und für die bevorstehende Wahl endgiltig zu erledigen. Nur diejenigen sind zur Teilnahme berechtigt, welche in die Listen aufgenommen sind.

Wer mehrere Gewerbe betreibt, darf nur bei einem Gewerbe sein Wahlrecht ausüben.

§ 20. Die Wahlen in den einzelnen Abteilungen finden nach vorgängiger Einladung der Wähler unter Vorsitz und Leitung der Gewerbekammer statt.

Nur derjenige ist als gewählt anzusehen, welcher die absolute Mehrheit der abgegebenen Stimmen erhalten hat.

Die Namen der Gewählten werden von der Gewerbekammer öffentlich bekannt gemacht. Die Anfechtung der Giltigkeit einer Wahl muß binnen 14 Tagen nach dieser Bekanntmachung bei der Gewerbekammer schriftlich erfolgen. Bis zu der von dieser Behörde abzugebenden Entscheidung besteht die angefochtene Wahl als giltig.

Ausschließung.

§ 21. Eine Verpflichtung zur Annahme der Wahl findet nicht statt. Auch ist der Austritt aus dem Gewerbekonvent jeder Zeit gestattet.

Derjenige, bei welchem später ein Verhältnis eintritt, welches seiner Wählbarkeit entgegengestanden haben würde, hört auf, Mitglied des Gewerbekonvents zu sein.

§ 22. Wer sich beharrlich weigert, den ihm als Mitglied des Gewerbekonvents obliegenden Verpflichtungen nachzukommeu, oder die der Versammlung oder seiner Stellung schuldige Achtung gröblich verletzt, kann seines Rechtes zur Teilnahme an dem Konvente verlustig erklärt werden. Ein hierauf gerichteter Antrag muß der Gewerbekammer schriftlich eingereicht werden und von mindestens dreißig Mitgliedern des Gewerbekonvents unterzeichnet sein. Der Beteiligte wird durch die Gewerbekammer von diesem Antrage sofort in Kenntnis gesetzt.

Findet der Beteiligte sich nicht zum freiwilligen Austritt bewogen, so ist die Entscheidung des Konvents in dessen nächster Versammlung durch die Gewerbekammer zu veranlassen. In dieser Versammlung kann der Beteiligte selbst oder durch ein anderes Mitglied seine Verteidigung vortragen. Die Verhandlung und Beschlußfassung erfolgt in geheimer Sitzung.

Amtsdauer.

§ 23. Alle zwei Jahre tritt ein Dritteil sämtlicher Mitglieder des Gewerbekonvents aus und wird gegen die Zeit des Austritts durch Neuwahlen ergänzt. Die Abgehenden sind sofort wieder wählbar.

Lehnt ein Gewählter die Wahl ab, oder fällt derselbe aus einem anderen Grunde gleich oder später aus, so ist spätestens binnen sechs Wochen eine Ergänzungswahl in der Abteilung, welcher der Ausgefallene angehört hat, für die Zeit, während welcher er noch Mitglied des Gewerbekonvents gewesen sein würde, zu veranlassen.

§ 24. Die Geschäfte eines Mitgliedes des Gewerbekonvents werden unentgeltlich wahrgenommen.

Zweck.

§ 25. Der Gewerbekonvent bildet die selbständig entscheidende Vertretung der als Innungs- oder Vereinsmitglieder der Gewerbekammer angehörigen Gewerbetreibenden des Kammerbezirks. Dieser Stellung entsprechend

1) revidiert und ändert er nach Bedürfnis das Gewerbekammer-Statut ab;
2) wählt er abteilungsweise aus seiner Mitte die Mitglieder der Gewerbekammer;
3) stellt er in seiner ordentlichen Versammlung im Mai jeden Jahres das Budget und die Mitgliederbeiträge für das folgende Geschäftsjahr fest;
4) nimmt er die Geschäftsberichte der Gewerbekammer entgegen;
5) stellt er seine eigene Geschäftsordnung fest;
6) genehmigt er diejenige der Gewerbekammer, sowie er auch
7) über die Instruktion für den Sekretär der Kammer beschließt, und
8) giebt er sein Votum ab in allen wichtigen gewerblichen Angelegenheiten, wo die Gewerbekammer eine Beratung derselben veranlaßt.

Bei Anträgen auf Abänderung des Gewerbekammer-Statuts ist die Stimmenmehrzahl von Zweidritteilen der in einer außerordentlichen Versammlung erschienenen Konventsmitglieder erforderlich.

Versammlungen.

§ 26. Ordentliche Versammlungen des Gewerbekonvents finden zweimal jährlich, im Mai und im November statt, außerordentliche, so oft die Gewerbekammer es für erforderlich hält oder bei ihr von wenigstens dreißig Mitgliedern des Gewerbekonvents unter Angabe des Zwecks schriftlich darauf angetragen wird. Jedes Mitglied wird zu der Versammlung mindestens drei Tage vorher besonders und schriftlich geladen. Die Tagesordnung wird öffentlich bekannt gemacht.

Die Verhandlungen sind für wahlberechtigte Mitglieder von den der Gewerbekammer angehörigen Innungen oder gewerblichen Vereinen öffentlich, jedoch mit Ausnahme des im § 22 gedachten Falles, sowie der Fälle, in welchen eine geheime Beratung und Beschlußnahme besonders beschlossen werden sollte.

Vorsitz.

§ 27. In den Versammlungen des Gewerbekonvents hat der Vorsitzende der Gewerbekammer den Vorsitz und die Leitung der Beratungen.

Das Protokoll wird von dem Protokollführer der Gewerbekammer geführt, am Ende der Sitzung verlesen und nach erfolgter Genehmigung von dem Vorsitzenden und dem Protokollführer unterzeichnet.

Beschlüsse.

§ 28. Beschlüsse werden mit absoluter Stimmenmehrheit der anwesenden Mitglieder gefaßt, ausgenommen, wo es sich um Abänderung des Gewerbekammer-Statuts (§ 30) handelt. Die Mitglieder der Gewerbekammer haben mit den übrigen Mitgliedern gleiches Stimmrecht.

Anträge.

§ 29. Jedes Mitglied des Gewerbekonvents hat das Recht, Anträge über Gegenstände, die in den Geschäftskreis des Konvents gehören, zu stellen und eine Beratung und Beschlußnahme zu veranlassen.

Solche Anträge sind jedoch wenigstens drei Tage vor der Versammlung schriftlich und motiviert der Gewerbekammer einzureichen.

Später eingebrachte Anträge können nur dann zur Beratung kommen, wenn sich wegen Dringlichkeit zwei Dritteile der anwesenden Mitglieder dafür erklärt haben.

§ 30. Den Umfang des Kammerbezirks und den Sitz derselben bestimmt die oberste Verwaltungsbehörde. Im Allgemeinen dürften 3—4 Landratskreise oder ein Reichstagswahlkreis einen Bezirk bilden.

§ 31. Die nächste vorgesetzte Behörde der Gewerbekammer ist die oberste Landesbehörde.

§ 32. Die Gewerbekammern erhalten Korporationsrechte, sobald sie als die höhere Verwaltungsinstanz einer genügenden Anzahl korporierter Innungen oder gewerblicher Vereinigungen bestehen.

§ 33. Solange an den einzelnen Orten die Innungen noch nicht gekräftigt sind, können nur aus Gewerbetreibenden zusammengesetzte gewerbliche Vereinigungen, die sich die Hebung des Innungswesens zur besonderen statutarischen Aufgabe ihrer Vereinigung machen, die Obliegenheiten von aktiv und passiv Wahlberechtigten zum Konvent und zur Gewerbekammer wahrnehmen. Sie tragen in diesem Falle die Kosten nach Maßgabe des § 12. In Bezug auf die Ausübung dieser Rechte stehen sie indessen unter der Leitung ihrer Gemeindebehörden.

§ 34. Wo solche gewerbliche Vereine nicht bestehen, dürfen die dortigen Gewerbetreibenden nicht auf die Wohlthaten des Kammerstatuts Anspruch machen.

§ 35. Die einzelne Gewerbekammer und der Gewerbekonvent organisiert sich im Uebrigen auf Grund eines eigenen Statuts selbständig. Letzteres muß indessen, ehe es in Kraft tritt, die Genehmigung der vorgesetzten Landesbehörde erhalten.

§ 36. Gewerbliche Innungen mit Korporationsrechten oder Vereine haben diese Grundzüge als integrierenden Teil in ihre Innungs- oder Vereinsstatuten aufzunehmen.

III.

Beschlüsse der Eisenacher Kommission des Central-Verbandes Deutscher Industrieller (August 1882).

Die in Eisenach gefaßten Resolutionen lauten, wie folgt:

1) Die wirtschaftliche Interessenvertretung soll durch ein Reichsgesetz einheitlich für den ganzen Umfang des Deutschen Reiches geregelt werden.

2) Die Errichtung dieser wirtschaftlichen Interessenvertretungen für das Reich soll eine obligatorische sein und sich auf alle Teile desselben erstrecken.

3) In den neu zu bildenden lokalen Institutionen soll von einer Beteiligung der Landwirtschaft abgesehen werden, dagegen sollen die mit der Landwirtschaft verbundenen technischen Gewerbe in denselben vertreten sein

4) Alle anderen Erwerbsgruppen: Handel, Fabrikation und Handwerk sind zur Bildung der lokalen Körperschaften heranzuziehen; die letzteren sollen daher den Namen Handels- und Gewerbekammern führen.

5) Ausnahmsweise soll, wo bestehende eigentümliche Verhältnisse dies zweckmäßig und wünschenswert erscheinen lassen, die Bildung gesonderter Gewerbekammern mit Genehmigung der Landesbehörde gestattet sein, wobei indessen die gemeinschaftliche Beratung der Handels- und Gewerbekammern für gewisse Fragen vorbehalten bleibt.

6) a) Die Handels- und Gewerbekammern sind Landesanstalten und ressortieren von ihren Landesregierungen.

b) Die Reichsregierung hat nach wie vor die Befugnis, die einzelnen Kammern zur Beantwortung von Fragen und Erstattung von Gutachten aufzufordern.

c) Den Handels- und Gewerbekammern ist es unbenommen, sich mit direkten Anträgen an die Reichsregierung zu wenden.

d) Von dem direkten Verkehr zwischen den Kammern und der Reichsregierung ist gleichzeitig den Regierungen Kenntnis zu geben.

e) Die Kammern sind verpflichtet, ihre Jahresberichte auch der Reichsregierung einzureichen.

7) Die Handels- und Gewerbekammern bilden ein einheitliches Ganzes und über alle Gegenstände gemeinsamen Interesses wird in pleno beraten und beschlossen. Ueber die Frage, ob in den einzelnen Handels- und Gewerbekammern 2 oder 3 Abteilungen zu bilden sind, hat die höhere Verwaltungsbehörde nach Anhörung der Kammern und nach Lage der Sache Entscheidung zu treffen.

8) Die Distrikte der Handels- und Gewerbekammern umfassen in der Regel den Bezirk einer höheren Verwaltungsbehörde, doch bleibt es der Landesregierung überlassen, mehrere höhere Verwaltungsbezirke zu einem Handels- und Gewerbekammer-Distrikt zu vereinigen, oder in einem höheren Verwaltungsbezirke mehrere Handels- und Gewerbekammern zu errichten, oder auch einzelne Teile eines höheren Verwaltungsbezirks den Handels- und Gewerbekammern eines benachbarten Verwaltungsbezirks zuzuteilen.

9) Der Präsident der höheren Verwaltungsbehörde oder der von ihm ernannte Kommissar sind jederzeit berechtigt, den Verhandlungen der Handels- und Gewerbekammer mit beratender Stimme beizuwohnen. Zur Beratung über wichtige, den ganzen Handels- und Gewerbekammer-Distrikt betreffende wirtschaftliche Maßnahmen sind von den Präsidenten der höheren Verwaltungsbehörde zu den kollegialischen Sitzungen der letzteren Delegierte der Handels- und Gewerbekammer zuzuziehen. Insoweit die Landwirtschaft von diesen Maßnahmen gleichfalls betroffen wird, ist auch die Zuziehung landwirtschaftlicher Delegierten durch Vermittelung der landwirtschaftlichen Bezirks- oder Provinzialvereine zu bewerkstelligen.

10) Die Handels- und Gewerbekammer wählt ihren Vorsitzenden und dessen Stellvertreter im Plenum. Wo die Bildung von Abteilungen erfolgt ist, werden die Vorsitzenden der letzteren von den Abteilungen gewählt.

11) Die Handels- und Gewerbekammer soll mindestens 21 und höchstens 42 Mitglieder haben. Die Abmessung der Mitgliederzahl bleibt der höheren Verwaltungsbehörde überlassen.

12) a) Die Verteilung der Mitgliederzahl auf die einzelnen Erwerbsgruppen hat die höhere Verwaltungsbehörde des Bezirks unter Zuziehung von Notabeln der verschiedenen Erwerbsgruppen, nach Maßgabe der Bedeutung derselben für den lokalen Bezirk und mit Berücksichtigung der von jeder einzelnen aufzubringenden Steuerquoten vorzunehmen.

b) Für jede dieser Gruppen ist ein besonderes Wahlregister auf Grund der Ergebnisse der Berufsstatistik durch die höhere Verwaltungsbehörde des Bezirks unter Zuziehung der Notabelnkommission anzulegen und das Wahlrecht ist angemessen abzustufen.

13) Wahlberechtigt ist, wer 25 Jahr alt ist, die bürgerlichen Ehrenrechte besitzt, 10 Mark jährlicher Staatssteuern bezahlt und 5 Jahre innerhalb des Kammerdistriktes ein Handelsgeschäft oder einen Gewerbebetrieb selbständig geführt hat.

14) Bei dem Vorhandensein der sub 13 aufgeführten Vorbedingungen ist in die Wahlregister der verschiedenen Erwerbsgruppen einzutragen:

a) Für die Industrie: diejenigen Unternehmer oder Gesellschaften, welche innerhalb des Distriktes ein Fabrikgeschäft oder Unternehmen selbständig betreiben, ferner die im Bezirk den Bergbau treibenden Eigentümer oder Pächter eines Bergwerkes, Gewerkschaften und in anderer Form organisierten Gesellschaften.

b) Für den Handel: diejenigen Kaufleute und Gesellschaften, welche als Inhaber kaufmännischer Geschäfte in das Handelsregister eingetragen sind.

c) Für das übrige Gewerbe: derjenige, welcher selbständig ein Handwerk oder verwandtes Gewerbe betreibt.

15) Wer nach vorstehenden Bestimmungen in demselben Kammerbezirke mehrfach stimmberechtigt ist, darf gleichwohl nur eine Wahlstimme abgeben und hat sich, wenn er gleichzeitig in mehreren Wahlkreisen des Bezirks stimmberechtigt ist, vor Ablauf

der zu Einwendungen gegen die Wählerliste bestimmten Frist zu erklären, in welchem Wahlbezirk er sein Stimmrecht ausüben will. Dagegen steht jedem Firmeninhaber, Geranten oder Vorstandsmitgliede einer Gesellschaft die Ausübung des aktiven Wahlrechts zu, sofern die Firma oder Gesellschaft, welcher er angehört, eine die Zahl der betreffenden Personen deckende Vielheit des bestimmten Steuerminimums für die Wahlberechtigung überhaupt bezahlt.

16) Zum Mitgliede einer Handels- und Gewerbekammer kann nur gewählt werden, wer

a) in dem Bezirk der Kammer seinen ordentlichen Wohnsitz hat;
b) die aktive Wahlberechtigung besitzt, oder
c) die aktive Wahlberechtigung früher mindestens fünf Jahre besessen hat, und gegen den nichts vorliegt, was ihn sonst von der aktiven Wahlberechtigung ausgeschlossen haben würde. Die ad c. wählbaren Mitglieder dürfen jedoch höchstens ein Fünftel der Kammermitglieder ausmachen.

17) Insofern sich aus den örtlichen Verhältnissen hierzu ein Bedürfnis ergiebt, sind innerhalb des Kammerdistrikts besondere Wahlkreise zu bilden, in denen für die Wahl der Mitglieder, je nach der für die einzelne Erwerbsgruppe festgestellten Verhältniszahl, Wahlmänner zu wählen sind. Die Wahlmänner der einzelnen Erwerbsgruppen wählen die auf die letzteren entfallende Anzahl von Mitgliedern der Kammer entweder in den einzelnen Wahlkreisen, oder insoweit solches nicht ausführbar ist, für den ganzen Bezirk im Hauptorte desselben.

18) Die Wahl der Kammermitglieder erfolgt für eine Dauer von sechs Jahren. — Alle drei Jahre scheidet die Hälfte aus.

19) Die innerhalb der Wahlperiode in dem Personalstand der Mitglieder entstehenden Lücken werden durch die Wahlmänner der betreffenden Erwerbsgruppe ergänzt. Für die Wahlmänner ist daher eine entsprechende Anzahl von Ersatzmännern zu bestellen.

20) Die Plenarsitzungen der Kammer sind öffentlich, sofern nicht Gegenstände zur Beratung vorliegen, welche als für die Oeffentlichkeit nicht geeignet von den Behörden besonders bezeichnet, oder von den Kammern selbst zur Veröffentlichung nicht geeignet befunden werden. Ueber jede Beratung ist ein ausführliches Protokoll aufzunehmen und der höheren Verwaltungsbehörde mitzuteilen.

21) Die Kammern sind verpflichtet, den Interessenten ihres Bezirks durch fortlaufende Mitteilung von Auszügen aus den Beratungsprotokollen, sowie von ihren Einnahmen und Ausgaben, durch von der Kammer dazu bestimmte öffentliche Blätter Kenntnis zu geben.

22) Der Sekretär der Kammer muß fachwissenschaftlich gebildet, mit Handel und Gewerbe vertraut sein und darf der Handels- und Gewerbekammer nicht als Mitglied angehören.

Seine Wahl erfolgt durch die Kammer und bedarf der Bestätigung der Regierung.

Die Besoldung soll eine auskömmliche sein, und ist dem Sekretär für den Fall der Dienstunfähigkeit eine Pensionsberechtigung zuzusichern.

23) Die etatsmäßigen Kosten, soweit sie nicht durch Staatszuschüsse gedeckt werden, werden auf die sämtlichen Wahlberechtigten veranlagt und als Zuschlag erhoben zu den aus dem Gewerbe zu entrichtenden Staatssteuern. Die Erhebung der Beiträge geschieht auf Anordnung der Regierung.

24) Die Handels- und Gewerbekammern haben die Bestimmung, die Gesamt-

interessen der Handel- und Gewerbetreibenden ihres Bezirkes wahrzunehmen, insbesondere die Behörden in der Förderung des Handels und der Gewerbe durch thatsächliche Mitteilungen, Anträge und Erstattungen von Gutachten zu unterstützen. Insbesondere haben dieselben folgende näher bestimmte Befugnisse und Obliegenheiten:

a) Dieselben haben den betreffenden lokalen Landes- und Reichsbehörden als begutachtende sachverständige Organe in allen Fragen zu dienen, welche die wirtschaftlichen Interessen ihrer Bezirke angehen. Zu diesem Zwecke sind sie über Gesetzentwürfe, welche diese Interessen berühren, zu hören, bevor dieselben von der Regierung den gesetzgebenden Körperschaften zur verfassungsmäßigen Behandlung vorgelegt werden, desgleichen über alle den Abschluß oder die Erneuerung von Handelsverträgen betreffenden Fragen, ferner über solche wichtigere Verordnungen, welche die Reichs-, Landes-, Provinzial- und Bezirksbehörden inbezug auf Handel, Industrie und Kleingewerbe erlassen wollen, desgleichen endlich über Einrichtungen des Verkehrswesens, Errichtung von Handelsgerichten, Börsen, Filialen der Reichsbank, technischen Schulen und sonstigen Anstalten für Handel und Gewerbe.

b) Dieselben haben alle ihnen aus den beteiligten Kreisen ihres Bezirkes zugehenden Wünsche und Vorschläge über kommerzielle und gewerbliche Angelegenheiten in Beratung zu nehmen und ihre Wahrnehmungen und Vorschläge über die Bedürfnisse der durch sie vertretenen Wirtschaftsgruppen, sowie über den Zustand der Verkehrsmittel, sowohl auf erhaltene Aufforderung, als auch aus eigener Initiative zur Kenntnis der Reichs-, Landes- und Bezirksbehörden zu bringen.

c) Sie führen die Aufsicht über die Handhabung der Firmen-Register, und haben die Gerichte ihren Anträgen auf Löschung solcher Firmen, deren eingetragene Inhaber verstorben, ausgewandert oder verschollen sind, sowie auf Herbeiführung der Anmeldung solcher Geschäfte, welche nach ihrem Ermessen im Sinne der handelsgesetzlichen Bestimmungen zur Eintragung in das Handelsregister verpflichtet sind, ex officio Folge zu geben.

d) Sie üben den durch besondere Gesetze und Vorschriften näher bestimmten Einfluß auf die Prüfung und Ernennung der Waren- und Wechselmakler (Censale), ebenso auf die Verwaltung der Börsen, Entrepôts und sonstiger allgemeiner Handelsinstitute, soweit selbige aus öffentlichen Mitteln errichtet und nicht Eigentum besonderer Korporationen sind.

e) Sie üben das Vorschlagsrecht bezüglich der zu ernennenden Handels- und Schiedsgerichts-Beisitzer und derjenigen Personen, welche seitens der Gerichte als geeignete kaufmännische oder gewerbliche Sachverständige, Liquidatoren und Konkursverwalter zu berufen sind, und erteilen auf Requisition der Behörden kompetentes Zeugnis über Handelsusancen 2c.

f) Sie haben alljährlich bis spätestens Ende Juni an die höchsten Stellen der Reichs-, Landes- und Bezirksbehörden einen ausführlichen Bericht über die Lage und den Gang des Handels und der Gewerbe ihres Bezirkes zu erstatten und denselben mit ihren gutachtlichen Bemerkungen zu begleiten. Dieser Bericht ist zu veröffentlichen und den beteiligten Interessentenkreisen zugänglich zu machen.

g) Sie wählen eventuell in Gemeinschaft mit anderen Kammern zum

Volkswirtschaftsrat und zu anderen staatlich zu bildenden wirtschaftlichen Korporationen (Bezirks-Eisenbahnrat ꝛc.).

h) Ueber die Frage, welche Gegenstände der Gewerbe-Abteilung zuzuweisen sind, bleibt besondere Bestimmung vorbehalten.

25) Ueberall da, wo für den höheren Verwaltungsbezirk oder für die Provinz, zu welcher derselbe gehört, kommunale Selbstverwaltungs-Körperschaften bestehen, haben die Handels- und Gewerbekammern das Recht, ebenso wie die landwirtschaftlichen Bezirks- oder Centralvereine, Delegierte für die Bezirks- resp. Provinzialvertretung oder auch für den administrativen Ausschuß zu ernennen.

26) Insoweit nicht in Vorstehendem etwas anderes vorgesehen ist, sollen für die Organisation und Wirksamkeit der Handels- und Gewerbekammern die Bestimmungen des preußischen Gesetzes vom 24. Februar 1870 als Richtschnur dienen.

27) Freien wirtschaftlichen Vereinigungen, welche eine Spezialbranche vertreten, soll — wenn sie in ihrer Organisation den von der Reichsregierung aufzustellenden Normativ-Bestimmungen entsprechen, — die offizielle Anerkennung dahin erteilt werden, daß sie in allen einschlägigen Fragen gleich den Kammern gutachtlich gehört werden, sowie daß sie bei der Delegierung von Mitgliedern staatlich zu bildender wirtschaftlicher Organe (Bezirks-Eisenbahnräte ꝛc.) berücksichtigt werden.

28) Sobald die reorganisierten Handels- und Gewerbekammern in Wirksamkeit getreten sind, ist unter Beteiligung derselben, sowie unter Mitwirkung der freien wirtschaftlichen Vereinigungen und der legalen Vertretung der Landwirtschaft, teils durch Wahl, teils durch kaiserliche Ernennung, für das ganze Reich ein deutscher Volkswirtschafts-Rat zu bilden.

IV.

Bestimmungen über die neuen preußischen Gewerbekammern.

Vorlage der Preußischen Staatsregierung an die Provinziallandtage.

§ 1.

Für jeden Regierungsbezirk wird eine Gewerbekammer errichtet, welche die wirtschaftlichen Gesamtinteressen desselben wahrzunehmen und die Reichs- und Landesverwaltung in der Förderung der Gewerbe zu unterstützen berufen ist.

Durch Anordnung der Minister für Handel und Gewerbe, der öffentlichen Arbeiten und für Landwirtschaft, Domänen und Forsten können mehrere Bezirke zu einer Gewerbekammer vereinigt oder in einem Bezirke mehrere Gewerbekammern errichtet oder Teile eines Bezirks der Gewerbekammern eines benachbarten Bezirks zugewiesen werden.

§ 2.

Die Gewerbekammern werden aus Vertretern der Landwirtschaft, des Handwerks, der Industrie und des Handels zusammengesetzt.

Der Sitz und die Zahl der Mitglieder jeder Gewerbekammer sowie deren Verteilung auf den großen und den kleinen landwirtschaftlichen Betrieb, das Handwerk, den Bergbau und den Fabrikbetrieb sowie den Handel wird nach Anhörung des Provinziallandtages durch die Minister für Handel und Gewerbe, der öffentlichen Arbeiten und für Landwirtschaft, Domänen und Forsten bestimmt.

§ 3.

Die Mitglieder der Gewerbekammern werden vom Provinziallandtag gewählt.

Wählbar ist, wer das dreißigste Lebensjahr zurückgelegt hat und in dem Bezirk der Gewerbekammer mindestens seit einem Jahre das Gewerbe, zu dessen Vertretung er berufen werden soll, als Unternehmer für eigene Rechnung oder als Vorstand einer gewerblichen Gesellschaft betreibt.

§ 4.

Die Mitglieder werden auf sechs Jahre gewählt. Alle drei Jahre scheidet die Hälfte derselben aus und wird durch neue Wahlen ersetzt. Die erstmalig ausscheidenden werden für jedes der vier Gewerbe (§ 2 Abs. 1) durch das Los bestimmt. Die Ausscheidenden bleiben bis zum Eintritt ihrer Nachfolger in Funktion und können wiedergewählt werden.

§ 5.

Die Gewerbekammer kann ein Mitglied, welches sich der öffentlichen Achtung unwürdig gemacht hat, nach Anhörung desselben durch Beschluß ausschließen.

Dem Beteiligten steht gegen den Beschluß binnen einer Frist von zwei Wochen die Beschwerde bei dem Oberpräsidenten zu, welcher endgiltig entscheidet.

§ 6.

Die Ersatzwahl für Mitglieder, welche durch Tod, freiwilligen Austritt oder Ausschließung ausgeschieden sind, findet bei dem nächsten Zusammentritt des Provinziallandtages statt.

§ 7.

Die Gewerbekammer wählt alle drei Jahre aus ihrer Mitte einen Vorsitzenden und einen Stellvertreter desselben. Scheidet der eine oder der andere vor Ablauf von drei Jahren aus, so wird für den Rest dieser Zeit ein neuer Vorsitzender oder Stellvertreter gewählt.

§ 8.

Die Vertreter 1. der Landwirtschaft, 2. des Handwerks, 3. der Industrie, 4. des Handels bilden je eine besondere Abteilung der Gewerbekammer. Die Abteilungen haben außer denjenigen Gegenständen, welche ihnen nach der Geschäftsordnung (§ 16) zufallen, diejenigen Angelegenheiten zu erledigen, welche ihnen von der zuständigen Staatsbehörde oder von dem Plenum der Gewerbekammer zugewiesen werden.

Auf die Wahl der Abteilungsvorsitzenden und ihrer Stellvertreter durch die Abteilungen finden die Bestimmungen des § 7 Anwendung.

§ 9.

Die Gewerbekammer kann die Oeffentlichkeit ihrer Plenarsitzungen beschließen.

Ausgenommen von der öffentlichen Beratung sind diejenigen Angelegenheiten, welche die zuständige Staatsbehörde oder die Gewerbekammer als dazu nicht geeignet bezeichnet.

§ 10.

Die Gewerbekammer und deren Abteilungen fassen ihre Beschlüsse mit Stimmenmehrheit. Bei Stimmengleichheit giebt die Stimme des Vorsitzenden den Ausschlag.

Zur Abfassung eines giltigen Beschlusses ist die Ladung aller Mitglieder unter Mitteilung der Beratungsgegenstände und mindestens die Anwesenheit der Hälfte der Mitglieder erforderlich.

§ 11.

Der Regierungspräsident oder dessen Stellvertreter ist berechtigt, an den Sitzungen der Gewerbekammer und ihrer Abteilungen teilzunehmen, und muß auf sein Verlangen zu jeder Zeit gehört werden. Die gleichen Befugnisse haben die Vertreter derjenigen Behörden, von welchen der Gewerbekammer Vorlagen zur Beratung überwiesen worden sind bei der Verhandlung dieser Gegenstände und in denjenigen Angelegenheiten, bei welchen die Gewerbekammer ihre Zuziehung beantragt.

Der Vorsitzende der Gewerbekammer ist verpflichtet, rechtzeitig vor jeder Sitzung die Tagesordnung derselben dem Regierungspräsidenten und den sonst beteiligten Behörden zuzustellen.

§ 12.

Ueber jede Sitzung ist ein Protokoll aufzunehmen, welches die Namen der Anwesenden, die gestellten Anträge, eine Darstellung des Ganges der Verhandlungen und die gefaßten Beschlüsse enthalten muß. Dasselbe ist von dem Vorsitzenden und dem Protokollführer zu unterzeichnen.

§ 13.

Die Gewerbekammern haben auf Erfordern der Reichs- und Staatsbehörden über wirtschaftliche Verhältnisse ihres Bezirks Erhebungen innerhalb des Kreises der Gewerbetreibenden anzustellen und Gutachten abzugeben.

§ 14.

Die Gewerbekammern sind berechtigt, in wirtschaftlichen Angelegenheiten Anträge an die zuständigen Behörden zu richten.

§ 15.

Die Gewerbekammern sind berechtigt, mit Zustimmung des Regierungspräsidenten von den Gewerberäten über Gegenstände ihrer amtlichen Wirksamkeit Auskunft zu erfordern.

Jeder Gewerberat hat seine Jahresberichte der für seinen Amtsbezirk zuständigen Gewerbekammer zuzustellen. Die letztere reicht die Berichte mit den Bemerkungen, zu welchen ihr dieselben Anlaß geben, dem Minister für Handel und Gewerbe ein.

§ 16.

Jede Gewerbekammer regelt ihren Geschäftsgang durch eine Geschäftsordnung, welche der Bestätigung durch die Minister für Handel und Gewerbe, der öffentlichen Arbeiten und für Landwirtschaft unterliegt.

§ 17.

Jede Gewerbekammer erstattet bis Ende April jeden Jahres an die Minister für Handel und Gewerbe, der öffentlichen Arbeiten und für Landwirtschaft, Domänen und Forsten einen Bericht über Lage und Entwickelung der wirtschaftlichen Verhältnisse ihres Bezirks sowie über ihre Wirksamkeit während des abgelaufenen Jahres. Der Bericht ist von der Gewerbekammer mit den Bemerkungen zu veröffentlichen, deren Beifügung von den Ministern angeordnet wird.

§ 18.

Der Geldbedarf der Gewerbekammern wird von dem Provinzialverbande nach den Beschlüssen des Provinziallandtages aufgebracht.

Der Etat jeder Gewerbekammer wird von dieser für je drei Jahre vorgelegt und vom Provinziallandtage festgestellt.

Ueber die Einnahmen und Ausgaben legt die Gewerbekammer nach Ablauf jedes Jahres dem Provinziallandtage Rechnung.

§ 19.

Die Mitglieder der Gewerbekammern erhalten Ersatz für die baren Auslagen, welche ihnen durch die Teilnahme an den Sitzungen und durch die Erledigung der ihnen erteilten Aufträge erwachsen. Die Sätze für die Vergütung von Reisekosten und Tagegeldern werden vom Provinziallandtage bestimmt.

Erläuterung zu der Regierungsvorlage über die Errichtung von Gewerbekammern.

Bisher haben nur einzelne Zweige der gewerblichen Thätigkeit eine organisierte Vertretung ihrer Interessen erhalten. Das infolge der fortschreitenden Entwickelung der Landwirtschaft in den Kreisen der ländlichen Grundbesitzer hervorgetretene Bedürfnis einer Vereinigung ihrer Berufsgenossen zur gemeinsamen Pflege ihrer Interessen hat in der Gründung landwirtschaftlicher Kreisvereine seinen Ausdruck gefunden. Aus der Notwendigkeit einer engeren Verbindung der Kreisvereine unter einander sind die Provinzialvereine hervorgegangen. Als die berufene Vertretung der Gesamtinteressen des Grundbesitzes ihres Bezirks können diese Vereine jedoch schon um deshalb nicht angesehen werden, weil sie auf dem Prinzip der Freiwilligkeit beruhen und demgemäß nur diejenigen vertreten können, welche sich ihnen angeschlossen haben.

Während der Grundbesitz aus eigener Initiative eine Organisation für die Vertretung seiner Interessen durch ein über das ganze Land verzweigtes Netz von Kreis- und Provinzialvereinen geschaffen, hat sich die Vertretung der Handelsinteressen auf der gleichen breiten Basis und einheitlich für und über den ganzen Staat nicht zu entwickeln vermocht. Neben den in den hervorragendsten Handelsstädten — z. B. Berlin, Königsberg, Danzig, Stettin, Magdeburg, Altona — bestehenden kaufmännischen Korporationen, welche aus der Initiative des Handelsstandes hervorgegangen sind, haben sich auf Grund des Gesetzes vom 24. Februar 1870, betreffend die Errichtung von Handelskammern, für gewisse Orte oder Bezirke Handelskammern gebildet; erstere sind im Wesentlichen nur dem allgemeinen staatlichen Aufsichtsrecht unterliegende

Privatvereine, wogegen letztere staatlich organisiert und mit gewissen öffentlich-rechtlichen Funktionen ausgestattet sind. Die kaufmännischen Korporationen sowohl wie die Handelskammern sind im Allgemeinen auf die Wahrnehmung und Förderung der in ihnen vertretenen Interessen des Handels und der Fabrikindustrie beschränkt. Zwar haben die Handelskammern nach dem Gesetz vom 24. Februar 1870 die Bestimmung, „die Gesamtinteressen der Handel- und Gewerbetreibenden ihres Bezirkes wahrzunehmen"; es geht jedoch aus den Vorschriften dieses Gesetzes über das aktive Wahlrecht, das lediglich auf die in das Handelsregister eingetragenen Kaufleute beschränkt ist, sowie aus den parlamentarischen Verhandlungen über den Erlaß desselben unzweifelhaft hervor, daß die Vertretung der Interessen des Handwerks und der Kleinindustrie den Handelskammern nicht hat übertragen werden sollen.

Da das Gesetz die Bildung von Handelskammern nicht obligatorisch gemacht hat, so ist die Entwickelung, welche diese Institution in den einzelnen Provinzen genommen hat, wie aus der anliegenden Nachweisung der bestehenden Handelskammern und ihrer Bezirke hervorgeht, eine sehr verschiedene gewesen. So ist z. B. in der über $1^1/_2$ Millionen Einwohner zählenden Provinz Posen nur der Handelsstand der beiden Städte Posen und Bromberg, die zusammen etwa 100 000 Einwohner haben, vertreten, wogegen der Bezirk der im Jahre 1882 gebildeten Handelskammer in Oppeln den ganzen Regierungsbezirk Oppeln umfaßt.

Können demgemäß die Handelskammern, weil sie sich nicht über das ganze Staatsgebiet gleichmäßig ausdehnen, als eine ausreichende Vertretung des Handelsstandes nicht angesehen werden, so haben bisher das Handwerk und der Kleingrundbesitz auf eine allgemeine Vertretung ihrer Interessen durch organisierte Körperschaften überhaupt verzichten müssen. Zwar ist durch das Reichsgesetz vom 18. Juli 1881 dem Handwerk die Möglichkeit gegeben, die Aufgaben, welche das gewerbliche Leben der Gegenwart an die gemeinsame Thätigkeit der Berufsgenossen stellt, mit Erfolg in Angriff zu nehmen und die zur Förderung der gemeinsamen gewerblichen Interessen notwendigen Organisationen zu schaffen; jedoch haben bisher die Bestrebungen der Innungen, soweit es sich um Vertretung der Interessen des Handwerks handelt, nennenswerte Resultate nur da aufzuweisen, wo sie sich mit einander zu Innungsverbänden vereinigt und dadurch die Kraft zu einer wirksamen Förderung der Interessen des Handwerks gewonnen haben.

Ebenso fehlt es dem kleinen Grundbesitz an einer umfassenderen Organisation für die Wahrnehmung und Vertretung seiner Interessen, und es hat diese bisher fast ausschließlich den landwirtschaftlichen Kreis- und Provinzialvereinen obgelegen.

Bei dieser Sachlage erscheint es nicht auffällig, daß das Bedürfnis nach einer durchgreifenden Reform der gewerblichen Interessenvertretung in den beteiligten Kreisen tief empfunden wird. Nicht bloß haben sich die Handwerker in zahlreichen Petitionen an die gesetzgebenden Körperschaften und die Staatsregierung mit der Bitte um Errichtung von Handwerkerkammern gewandt, sondern auch in den Kreisen des Handelsstandes gewinnt die Erkenntnis immer mehr an Boden, daß die durch das Gesetz vom 24. Februar 1870 geschaffene Organisation eine zweckentsprechende und die realen Bedürfnisse befriedigende nicht ist. So hat sich z. B. die Handelskammer in Frankfurt a. M. infolge der Ausschließung der Kleinindustrie und der Handwerke veranlaßt gesehen, zur gemeinsamen Erörterung der gewerblichen Verhältnisse, zur Vorberatung der Wünsche und Beschwerden in Betreff des Gewerbewesens sowie zur Berichterstattung über die Lage desselben eine besondere Gewerbeabteilung zu bilden und in dieselbe nicht bloß Mitglieder der Handelskammern, sondern auch Vertreter der gewerblichen Vereinigungen und andere von der Handelskammer berufene Gewerbetreibende aufzunehmen. Ingleichen hat die Handelskammer in Oppeln bereits in dem ersten Jahre ihrer Wirksamkeit das Bedürfnis empfunden, eine gemischte Kommission, bestehend aus Delegierten der Handelskammer und aus Delegierten des Verbandes landwirtschaftlicher Vereine in Oberschlesien, zum Zweck der Vorberatung der den beiden Erwerbsgruppen gemeinsamen Angelegenheiten zu bilden.

Beweist dieses Vorgehen, wie notwendig eine Reform der gewerblichen Interessenvertretung ist, so zeigt dasselbe gleichzeitig die Zielpunkte dieser Reform. Das Bedürfnis der genannten Handelskammern, diejenigen Fragen, an denen nicht nur sie selbst, sondern auch das Kleingewerbe und die Landwirtschaft ein direktes Interesse haben, gemeinsam mit den berufenen Vertretern dieser Erwerbsgruppen zu beraten, ist offenbar der Ueberzeugung entsprungen, daß alle produktiven Gewerbe Teile eines einheitlichen Organismus und als solche in ihren Existenzbedingungen von einander abhängig sind; die notwendige Konsequenz dieses Gedankens weist aber auf eine alle Zweige der gewerblichen Thätigkeit gemeinsam umfassende Organisation ihrer Vertretung hin. Denn wie der Handel zur Vermittelung zwischen Produktion und Konsumtion ein notwendiger Faktor im nationalen Wirtschaftsbetriebe ist und als solcher an der regen Entwickelung der einzelnen Produktionszweige das lebhafteste Interesse hat, so bestehen auch zwischen der Industrie und der Landwirtschaft so vielfache und wichtige wechselseitige Beziehungen, daß auf die Dauer durch jede Schädigung des einen Zweiges der gewerblichen Thätigkeit die andern Zweige in Mitleidenschaft gezogen werden müssen. Nicht also in ihrer Isolierung und ohne Rücksicht auf die konkurrierenden und kollidierenden Interessen der anderen Gewerbe oder auf das allgemeine wirtschaftliche Interesse des Staates, sondern in ihrem organischen Zusammenhange mit dem gesamten nationalen Wirtschaftsleben sollen die einzelnen Zweige der gewerblichen Thätigkeit eine Vertretung finden. Am zweckmäßigsten wird dieses durch die Errichtung von Gewerbekammern für größere Bezirke geschehen, in denen sämtliche Zweige der gewerblichen Thätigkeit eine ihrer wirtschaftlichen Bedeutung in diesem Bezirk entsprechende Vertretung finden, und für die gedeihliche Wirksamkeit dieser Gewerbekammern wird es von besonderer Wichtigkeit sein, daß die Gestaltung und die Thätigkeit derselben mit der Selbstverwaltung der kommunalen Verbände in möglichst engen Zusammenhang gebracht werden. Die Pflege und Hebung der wirtschaftlichen Interessen des Bezirks gehört zu den vornehmlichsten Aufgaben der Selbstverwaltungsorgane, und es erscheint demgemäß berechtigt, den letzteren einen entscheidenden Einfluß auf die Zusammensetzung der Gewerbekammern, deren Wirksamkeit ebenfalls die Förderung dieser Interessen bezweckt, einzuräumen. Es wird dadurch der Vertretung der Provinzialverbände die Möglichkeit gegeben, diejenigen Personen in die Gewerbekammern zu berufen, welche sie mit Rücksicht auf die in denselben zu behandelnden Gegenstände für die geeignetsten hält. Die Befugnis dieser Verbände zur Mitwirkung bei der Bildung der Gewerbekammern kann ebensowenig zweifelhaft sein, wie ihre Befugnis zur Aufwendung der dazu notwendigen Mittel.

Zu den einzelnen Bestimmungen des Entwurfs ist Folgendes zu bemerken:

Zu § 1. In der Regel soll für jeden Regierungsbezirk eine Gewerbekammer errichtet werden. In denjenigen Provinzen, in denen im Wesentlichen die Interessen einzelner Regierungsbezirke gleichartig sind, erscheint jedoch die Vereinigung dieser Regierungsbezirke zu einer Gewerbekammer angängig und im Interesse der Kostenersparnis zweckmäßig. Anderseits kann es unter Umständen geboten erscheinen, für einen Regierungsbezirk, wenn die einzelnen Teile desselben zugleich besondere Wirtschaftsgebiete mit wesentlich verschiedenen Interessen darstellen, mehrere Gewerbekammern zu bilden, oder, soweit die Grenzen solcher Wirtschaftsgebiete sich mit den Grenzen der Regierungsbezirke nicht decken, Teile eines Bezirks der Gewerbekammer eines angrenzenden Bezirks zuzuweisen.

Auf die von der Vertretung der Provinzialverbände hinsichtlich der Abgrenzung der Gewerbekammerbezirke geäußerten Wünsche wird nach Möglichkeit Rücksicht genommen werden.

Zu § 2. Die Gewerbekammern sollen aus Vertretern aller Zweige der gewerblichen Thätigkeit — Landwirtschaft, Handwerk, Industrie und Handel — bestehen; nur so ist eine Gewähr dafür geboten, daß in den alle oder mehrere Zweige berührenden Fragen alle Interessen in gehöriger Weise durch ihre berufenen Vertreter zu Wort kommen. Bei dem wesentlich konsultativen Charakter der Gewerbekammern, und da es sich vorzugsweise um eine sachgemäße Vorbereitung und unparteiische Prüfung der die wirtschaftlichen Interessen des Bezirks berührenden Maßregeln der Gesetzgebung und der Verwaltung handelt, ist eine Majorisierung der Vertreter einzelner Zweige durch die Vertreter anderer ausgeschlossen.

Was die Anzahl der Mitglieder der Gewerbekammern anlangt, so wird dieselbe von dem Umfang des Bezirks und der Intensität seines wirtschaftlichen Lebens abhängig zu machen und demgemäß so zu bemessen sein, daß alle Hauptzweige der Gewerbsthätigkeit in derselben vertreten sind. Die Verteilung der Mitglieder auf die einzelnen Zweige der gewerblichen Thätigkeit richtet sich nach der wirtschaftlichen Bedeutung derselben für den Bezirk. Durch die Vorschrift, daß über diese Fragen der Provinziallandtag gehört werden soll, ist demselben eine sachgemäße Mitwirkung bei der Gestaltung der Gewerbekammern seines Bezirkes gesichert.

Zu § 3. Die Wahl der Mitglieder der Gewerbekammer soll dem Provinziallandtage überlassen werden; derselbe ist jedoch befugt, sich hierbei der Mitwirkung der landwirtschaftlichen und industriellen Vereine, der Handelskammern sowie der Innungsverbände zu bedienen.

Durch die Beschränkung des passiven Wahlrechts auf diejenigen, welche das Gewerbe, zu dessen Vertretung sie berufen werden sollen, mindestens ein Jahr als Unternehmer für eigene Rechnung oder als Vorstand einer gewerblichen Gesellschaft betrieben haben, soll Fürsorge getroffen werden, daß nur solche Personen Mitglieder der Gewerbekammer werden, welche im praktischen Leben stehen und mit den realen Bedürfnissen des durch sie vertretenen Gewerbes völlig vertraut sind.

Zu § 4. Um eine gewisse Kontinuität in den Verhandlungen der Gewerbekammer zu sichern, erscheint es zweckmäßig, nach Ablauf einer bestimmten Frist nur einen Teil der Mitglieder ausscheiden und durch Neuwahlen ersetzen zu lassen.

Durch die Gestattung der Wiederwahl ausscheidender Mitglieder ist die wünschenswerte Möglichkeit gegeben, bewährte Kräfte der Gewerbekammer dauernd zu erhalten.

Zu § 5. Die Berechtigung der Gewerbekammer, ein Mitglied, welches sich der öffentlichen Achtung unwürdig gemacht hat, nach Anhörung desselben durch Beschluß auszuschließen, erscheint im Interesse ihrer Stellung und Wirksamkeit notwendig.

Zu § 7. Bezüglich der Regelung ihrer internen Angelegenheiten soll den Gewerbekammern die möglichste Freiheit gelassen und ihnen demgemäß auch die Wahl ihres Vorsitzenden überlassen werden. Für die Bestimmung der Wahlperiode war der Umstand maßgebend, daß alle drei Jahre eine teilweise Neuwahl der Mitglieder stattfindet.

Zu § 8. Die Bildung besonderer Abteilungen für die einzelnen Gewerbe empfiehlt sich nicht bloß zu dem Zweck, um eine sachverständige Vorberatung solcher Fragen, welche nur einzelne Gewerbe interessieren, zu erleichtern, sondern auch namentlich, um einer jeden Gruppe Gelegenheit zu geben, die Vorlagen vom Standpunkte ihrer speziellen Interessen aus einer Prüfung und Beurteilung zu unterziehen, und sie dadurch vor einer jeden unberechtigten Majorisierung durch die Vertreter anderer Gruppen wirksam zu schützen.

Zu § 11. Die Vertretung der beteiligten Staatsbehörden in den Sitzungen der Gewerbekammer und ihrer Abteilungen ist im Interesse einer sachgemäßen und förderlichen Erledigung der Beratungsgegenstände geboten.

Zu § 12. Bei dem wesentlich konsultativen Charakter der Gewerbekammern genügt die Registrierung der Majoritätsbeschlüsse nicht; es ist vielmehr die Aufnahme eines Protokolls geboten, aus welchem namentlich die gestellten Anträge sowie der wesentliche Inhalt der Verhandlungen hervorgehen müssen. Durch ein solches Protokoll erlangt insbesondere auch die Minorität die Sicherheit, daß ihre Ansichten zur Kenntnis der vorgesetzten Behörden gelangen.

Zu §§ 13 und 14. Da die Gewerbekammer die wirtschaftlichen Interessen ihres Bezirks vertreten soll, so muß ihr einerseits das Recht, diese Interessen berührende Anträge an die zuständigen Behörden zu richten, eingeräumt, anderseits aber auch die Pflicht auferlegt werden, die von ihr erforderten Gutachten zu erstatten und die dazu notwendigen Erhebungen anzustellen.

Zu § 15. Eine Mitwirkung der Gewerbekammern bei den Funktionen, welche den Gewerberäten übertragen sind, empfiehlt sich, um eine Garantie dafür zu schaffen, daß die Anforderungen, welche von diesen Behörden an die Ordnung des Fabrikbetriebes gestellt werden, nicht das Maß dessen überschreiten, was demselben ohne Schädigung berechtigter wirtschaftlicher Interessen auferlegt werden darf.

Zu § 16. Die Regelung ihres Geschäftsganges soll der Gewerbekammer selbst überlassen bleiben; der Vorbehalt der Genehmigung der Geschäftsordnung durch die Ressortminister erscheint jedoch zur Wahrung der Interessen der Minorität und zur Sicherung einer möglichst einheitlichen Wirksamkeit der Gewerbekammern notwendig.

Zu § 17. Um ein klares, zuverlässiges und vollständiges Bild über Lage und Entwickelung der wirtschaftlichen Verhältnisse der einzelnen Gewerbekammerbezirke zu erhalten, soll jede Gewerbekammer alljährlich einen Gesamtbericht erstatten, der zugleich über ihre Wirksamkeit Auskunft giebt. Die Bestimmung, daß dieser Bericht mit den Bemerkungen veröffentlicht werden soll, deren Beifügung von den Ressortministern angeordnet wird, bezweckt, zu verhindern, daß irrtümliche thatsächliche Angaben unberichtigt in die Oeffentlichkeit gelangen.

Zu § 18. Die Kosten der Gewerbekammern, welche, wie erwähnt, von den Provinzialverbänden getragen werden sollen, bestehen im Wesentlichen aus den Ausgaben für Diäten und Reisekosten der Mitglieder, Lokalmiete, Bureaubedürfnisse, Drucksachen und dem Gehalte eines ständigen Sekretärs.

Außerordentliche im Etat vorgesehene Ausgaben (z. B. für Enquêten zur Untersuchung bestimmter für die wirtschaftlichen Interessen des Bezirks oder einzelner Produktionszweige desselben besonders wichtiger Fragen) bedürfen der vorherigen Genehmigung durch den Provinziallandtag.

Zu § 19. Ebenso wie den Mitgliedern des Provinziallandtages wird auch den Mitgliedern der Gewerbekammern Ersatz ihrer baren Auslagen nach den von dem Provinziallandtag zu bestimmenden Sätzen zu gewähren sein.

V.

Eingabe des Verbandes deutscher Gewerbevereine an seine Excellenz den deutschen Reichskanzler nach der Beschlußfassung des Vorstandes und Vorstandsrates vom 13. November 1892.

Excellenz! In seiner Erwiderung auf die Interpellation des Abgeordneten Hitze in der Sitzung des deutschen Reichstages vom 24. November 1891 hat der Herr Staatssekretär für das Reichsamt des Innern, Staatsminister von Böttcher die Mitteilung gemacht, daß die verbündeten Regierungen darauf bedacht seien, u. a. Handwerker- oder Gewerbekammern ins Leben zu rufen.

Diese Mitteilung giebt dem ergebenst unterzeichneten Vorstande des Vororts des Verbandes deutscher Gewerbevereine, der im September vorigen Jahres hier in Köln gegründet worden ist, Veranlassung, an Ew. Excellenz mit gegenwärtigen Vorschlägen heranzutreten, deren Zweck sein soll, festzustellen, wie in weiten Kreisen des deutschen Gewerbestandes über die Absicht der verbündeten Regierungen geurteilt wird und nach welcher Richtung man eine Lösung der schwebenden Frage erhofft.

Die Regierung scheint den langgehegten berechtigten Wünschen zahlreicher Gewerbetreibenden, die bisher keine Interessenvertretung fanden, Rechnung tragen zu wollen. Die Handeltreibenden und grösseren Industriellen waren in der Lage, durch die Handelskammern in angemessener Weise ihre Wünsche bei der Regierung zum Ausdruck zu bringen. Den kleineren Industriellen und Handwerkern fehlte jedoch bisher im großen und ganzen ein derartiges Organ, denn nur in wenigen Landesteilen des Deutschen Reiches bestehen Gewerbekammern.

a) Handwerker- oder Gewerbekammern.

Aus der Aeußerung des Herrn Staatsministers v. Böttcher, daß die Errichtung von Handwerker- oder Gewerbekammern geplant werde, ist zu entnehmen, daß über diese Alternative bisher eine Entscheidung noch nicht stattgefunden hat. Die Entscheidung ist jedoch von grundlegender Bedeutung, weshalb der ergebenst unterzeichnete Vorstand zunächst aussprechen zu sollen glaubt, daß es vom Uebel wäre, wenn man „Handwerkerkammern" bildete, weil dadurch die neue Organisation einen zu engen Rahmen erhalten würde.

Die Teilnahme der Industriellen an den geplanten Kammern ist bis zu einem gewissen Grade ein unentbehrliches Element für alle gewerblichen Beratungen; eine Isolierung der Kleingewerbetreibenden unter Ausschließung aller anderen gewerblichen Interessen dürfte daher einseitige Beschlüsse zur Geltung bringen, so daß diese Kammern entweder eine kümmerliche oder eine ungesunde Lebensthätigkeit entwickeln müßten. Eine Einschränkung der Kammern allein auf das Handwerk würde ferner eine gesetzgeberische Unmöglichkeit sein, da eine feste klare Grenze, welche das Handwerk von den sonstigen, mehr oder weniger fabrikmäßig betriebenen Gewerben scheidet, sich bei unserer jetzigen industriellen Entwicklung nicht mehr ziehen läßt. Das Handwerk ist mit dem Gewerbe an sich so eng verwachsen, daß eine Trennung bei der Interessenvertretung den natürlichen Verhältnissen widerspricht.

Als Beweis dafür darf wohl angeführt werden, daß zahlreiche Gewerbevereine über ganz Deutschland verbreitet sind, in denen Handwerker und Gewerbetreibende aller Art sich aus eigenem Antriebe zusammengefunden haben, um gemeinschaftlich ihre Angelegenheiten zu fördern. Gerade bei unserer neuen gewerblichen Entwicklung, in welcher das Handwerk selbst immer mehr auf vervollkommnete, durch Maschinen betriebene Werkzeuge hingedrängt wird und sich daher der industriellen Betriebsform erheblich nähert, sollte man die Industrie nicht vollkommen vom Handwerk abschließen wollen. Und wer sind denn vorzugsweise die hier in Betracht kommenden Industriellen? Die meisten davon, und nicht die schlechtesten, sind Männer, die durch Fleiß und Tüchtigkeit sich aus kleinen und kleinsten Anfängen im Handwerk emporgearbeitet haben und die früher gezogenen Grenzen des Handwerks verschieben.

Es kann demnach nicht zweifelhaft sein, daß nur die Errichtung von Gewerbekammern, zu welchen gleichmäßig Handwerker und Gewerbetreibende ihre Vertreter wählen, den thatsächlichen Verhältnissen entspricht. Nur durch Ausgleich der Meinungen der Industriellen und der Handwerker können die wahren Bedürfnisse der Gewerbetreibenden zum klaren und sachgemäßen Ausdruck kommen.

Es wäre übrigens auch kaum denkbar, außer abgesonderten Handwerkerkammern noch Gewerbekammern zu errichten; es würden demnach viele Gewerbetreibende mit ihren Interessen weder in den Handwerker- noch in den Handelskammern ein Unterkommen finden können.

b) Wer wählt zu den Gewerbekammern?

Es wird nicht leicht sein, die Frage der Wahlberechtigung für die Gewerbekammer zu entscheiden. — Der ergebenst unterzeichnete Vorstand glaubt zunächst in dem Maße der Entrichtung der Gewerbesteuer das Merkmal finden zu sollen. Angenommen, daß für den Gewerbestand mit Rücksicht auf dessen Zugehörigkeit zur Gewerbekammer die Steuerstufe III als äußerste Grenze bestimmt würde, so wäre wohl im Allgemeinen der durch Gewerbekammern zu vertretende Gewerbestand richtig abgegrenzt.

Es würden dann, um dies näher zu erklären, alle diejenigen in der Gewerbekammer ihre Interessenvertretung finden, welche 4—192 M. jährlich Gewerbesteuer zahlen, welche Steuersätze einem jährlichen Ertrage von 1500 bis ausschließlich 30 000 M. entsprechen. Wir sind aber der Ansicht, daß mit Rücksicht auf die verschiedenartigen Verhältnisse in den einzelnen Bundesstaaten es den Bundesregierungen überlassen bleiben muß, die Grenze der Wahlberechtigung im Rahmen des vorstehenden Vorschlags nach oben und unten festzusetzen. Man könnte zudem den in höheren Stufen veranlagten Gewerbetreibenden, die sich zu dem vorhin bezeichneten Gewerbestand hingezogen fühlen, frei stellen, anstatt zu den Handelskammern zu wählen, der Klasse der Wahlberechtigten für Gewerbekammern beizutreten, wenn man nicht vorzieht, die Frage der Zugehörigkeit der Großindustrie zu den Gewerbekammern überhaupt offen zu halten. Dieserhalb anzulegende Wählerlisten würden zur Verhinderung einer zweifachen Ausübung des Wahlrechts genügen.

Dieses Optionsrecht der Großindustriellen erscheint sachgemäß insofern, als dieselben der kaufmännischen Seite ihres Betriebes nach dem Handel und der technischen Seite nach dem Gewerbestande angehören, wodurch gleichzeitig dem Einwand begegnet wird, daß den Handelskammern durch Entziehung der Großindustrie eine starke Lebensquelle genommen würde.

Der unterzeichnete Vorstand glaubt sich auch entschieden für reine Gewerbekammern, d. h. für Kammern, die nicht in Verbindung mit den Handelskammern stehen, sondern getrennt von diesen sind, aussprechen zu müssen, da bei einer Verbindung beider Kammern die Gefahr einer abhängigen und untergeordneten Stellung der Gewerbekammer gegenüber der Handelskammer und damit eine Verkürzung der Interessen des Gewerbestandes naheliegt.

Bei der wesentlichen Verschiedenheit der Aufgaben der beiden Stände — des Handels- und Gewerbestandes — ist es auch nicht ratsam, die Vertretung beider Interessen in eine Hand zu legen.

Bei Angelegenheiten, welche sowohl die Handels- als auch die Gewerbekammern gleichmäßig angehen, könnten diese beiden Kammern entweder in Ausschüssen oder in der Gesamtheit zu gemeinsamen Beratungen zusammentreten. Die Verquickung beider Kammern ist wohl bisher meist aus Sparsamkeitsrücksichten gefordert worden, weil man glaubte, daß für eine besondere Gewerbekammer die Kosten schwer aufzubringen seien und man daher den Kammerbezirk allzusehr ausdehnen müsse, wollte man die Gewerbekammer finanziell lebensfähig machen.

Durch die Heranziehung der dritten Steuerstufe zur Gewerbekammer glaubt jedoch der unterzeichnete Vorstand Kräfte herangezogen zu haben, die wirtschaftlich stark genug sind, um die Kosten der Kammer bei richtiger Abgrenzung des Bezirks auch ohne Staatszuschuß tragen zu können.

c) Unter welchen Bedingungen sollen Gewerbekammern errichtet werden?

Gewerbekammern sollen im ganzen Deutschen Reich auf Grund eines Gesetzes obligatorisch errichtet werden; jedoch sollen die in einzelnen Bundesstaaten bestehenden Organisationen, welche nach dem Urteil der betreffenden Landesregierung geeignet erscheinen, die Aufgaben einer Gewerbekammer zu erfüllen oder solche thatsächlich seit Jahren erfüllt haben, dort die Gewerbekammern bilden. Eine obligatorische Einrichtung der Kammern ist deshalb nötig, weil bei fakultativer Einrichtung derselben bei dem Mangel an Interesse breiter Schichten des kleinen Gewerbestandes für die angestrebte Organisation die praktische Wirksamkeit der gesetzlichen Einrichtung außerordentlich gefährdet und beeinträchtigt sein würde.

Selbst die durch Verordnung vom 11. Februar 1848 fakultativ ins Leben gerufenen preußischen Handelskammern haben, obwohl sie doch besonders rührige nnd intelligente Kräfte umfassen, nach nun bereits 50-jährigem Bestehen sich nicht über ganz Preußen ausbreiten können, so daß noch immer weite Kreise des Handelsstandes keine Interessenvertretung in Handelskammern finden.

Gewerbekammern aber sollen die Interessen und die Wünsche des ganzen Gewerbestandes im Deutschen Reiche bei den Regierungen zum Ausdruck bringen.

Bei fakultativer Errichtung der Gewerbekammern tritt die Gefahr nahe, daß nur die Ansichten der Gewerbetreibenden, in deren Bezirk sich gerade durch die Anregung weniger tüchtiger Männer Gewerbekammern gebildet haben, und nicht die des ganzen Gewerbestandes zum Ausdruck kommen.

Nur durch obligatorische, über das ganze Deutsche Reich netzartig verbreitete Gewerbekammern, deren Bezirk je nach den jeweiligen Verhältnissen festgelegt ist, können Organisationen geschaffen werden, in denen der ganze deutsche Gewerbestand eine einheitliche Vertretung findet.

Da die gewerblichen Verhältnisse je nach Landesteilen große Verschiedenheit zeigen, so hat die Feststellung der Bezirke solcher Gewerbekammern von den Landesbehörden derart zu geschehen, daß die Gewerbeverhältnisse des betreffenden Bezirks den an ein solches Organ notwendig zu stellenden Anforderungen voll entsprechen.

Wenn von der Reichsregierung durch ein Gesetz die Gewerbekammern obligatorisch gemacht werden, so muß doch aus dem oben genannten Grunde die Bestimmung ihrer Zahl und ihrer Bezirke den Landesbehörden überlassen bleiben.

d) Befugnisse und Wirkungskreis der Gewerbekammern.

Die Gewerbekammern haben nicht nur als staatlich anerkannte Auskunftsstellen für die verbündeten Regierungen zu dienen, sondern auch diejenigen Aufgaben zu übernehmen, welche die deutsche Gewerbeordnung im Allgemeinen und Besonderen zur Förderung des Gewerbewesens enthält.

e) Aufbringung der Kosten.

Die Aufbringung der Kosten der Gewerbekammer geschieht durch Zwangsbeiträge der Gewerbetreibenden, die als Steuerzuschläge zu den Sätzen der Gewerbesteuer erhoben werden.

Glauben wir so in großen Zügen die grundlegenden Gesichtspunkte beleuchtet zu haben, so wollen wir keineswegs, daß die bereits bestehenden Gewerbekammern nach Maßgabe des zu erlassenden Gesetzes umgestaltet werden.

Nach einigen Jahren der Erfahrung wird sich aus der Wirksamkeit der neu errichteten und der bestehenden Gewerbekammern im Vergleich mit einander entnehmen lassen, welche Einrichtung der Gewerbekammern für ganz Deutschland geeignet ist.

Denn, daß es sich um eine Interessenvertretung für ganz Deutschland in einheitlichem Sinne handelt, das erkennen wir mit den verbündeten Regierungen freudig an.

Verzeichnis der Druckfehler.

Seite 19 Zeile 7 von oben „bilden“ anstatt „bildet“.

" 23 " 7 von oben „Beamte“ anstatt „Beamten“.

" 27 " 5 von unten „allein eine durchgreifende“ anstatt „allein durchgreifende“.

" 38 " 8 von oben „sondern auch die Arbeitnehmer“ anstatt „sondern Arbeitnehmer“.

" 40 " 17 von oben „kann“ anstatt „kan“.

" 58 " 11 von unten „Mitthun“ anstatt „Mitthaten“.

" 68 " 10 von oben „Gewerbsgruppen und unter“ anstatt „Gewerbsgruppen unter“.

" 84 " 9 von oben „seltsam“ anstatt „seltsamen“.

" 92 " 5 von unten „vorhanden sein“ anstatt „vorhanden“.

" 95 " 18 von unten „dieser Bedeutsamkeit“ anstatt „Bedeutsamkeit“.

" 101 letzte Zeile „den“ anstatt „den den“.

" 104 Zeile 12 von unten „Gemäß diesem Beschlusse“ anstatt „Gemäß dieses Beschlusses“.

" 105 " 9 von oben „Gemäß diesem Vorschlage“ anstatt „Gemäß dieses Vorschlages“.

" 108 " 19 von unten „höheren“ anstatt „höherer“.

" 111 " 6 u. 7 von unten muß heißen: „§ 104d und § 104e ist zu streichen und an Stelle des § 104f folgender § 104d zu setzen“.

" 112 " 20 von oben „möglich“ anstatt „mögiich“.

" 119 " 5 von unten „Kleist“ anstatt „Kleiß“.

" 128 " 13 von oben „gegen“ anstatt „gehen“.

" 133 " 13 von oben „Sie“ anstatt „sie“.

" 134 " 5 von oben „denselben“ anstatt „derselben“.

" 136 " 11 von oben „eine“ anstatt „ein“.

" 144 " 14 von oben „obligatorischem“ anstatt „obligatorischen“.

" 158 " 9 von oben „Statuten“ anstatt „Statut“.

" 170 " 8 von oben „preußische“ anstatt „preußischen“.

" 181 " 12 von unten „kann“ anstatt „können“.

" 182 " 13 von oben „Ins-Leben-Treten“ anstatt „Inslebentreten“.

" 200 " 5 von oben „seien“ anstatt „sind“.

" 217 " 1 von oben „Dampfmühlenbesitzer“ anstatt „Dampfmühler“.

" 217 " 16 von oben „mitthun“ anstatt „mitthaten“.

" 217 " 20 von oben „unthunlich“ anstatt „untunlich“.

" 219 " 6 von unten „Staate“ anstatt „Staaten“.

" 221 " 6 von unten „zufolge“ anstatt „vermöge“.

Frommannsche Buchdruckerei (Hermann Pohle) in Jena. — 1147